U0091903

知情人口述，揭開

中國近代

歷史真相

溥儀、晚清大臣、民國學者……
從歷史人物到學術史家，用第一手口述資料來現身說「史」！

張程 著

當史家說：「五十年內無信史」，
清宮祕辛 × 歷史公案 × 政治變局 × 軍閥日常……
歷史不可盡信，不如從「微」觀視角來看中國近代史！
晚清民國祕聞，從「口述史」中看真相！

目錄

目錄

目錄

六、三千年未有之變局，讓我們撞著了

參考文獻舉要

自序

　　歷史關照現實。現實因歷史而溫暖，而清晰。離我們越近的歷史，對現實的關照越強烈。

　　歷史豐富多彩又撲朔迷離，離我們越近的歷史就越讓我們眼花撩亂、欲罷不能。

　　這就是近代史的魅力所在。

　　歷史離不開時間的沉澱。有史家說：「五十年內無信史。」大意是說，距離當今太近的歷史缺乏足夠的沉澱，可信度低。時間會保留歷史的精華，拂去浮華龐雜，藏起厚重粗礫的真相等待後人去挖掘評說。相比中國古代史，近代史的累積太淺，人為的雜音太多，敘述的難度隨之增大。

　　然而，正如我們不會畏難放棄追尋家族的過去一樣，我們也不會因為雜音和繁複放棄對中國近代史的追尋。

　　從民國開始，不斷有人號召口述歷史，推崇親歷者的自述。儘管有人選擇將耳聞目睹、所思所想帶入墳墓，更多的人選擇付諸文字。這其中難免自我美化，難免意氣用事，難免為尊者諱，但親歷者的文字依然是可信度最高的，它們和汗牛充棟的傳統歷史著作相互配合。勾勒出了歷史的粗稿。

　　宏大的歷史敘述，近年來也遭到反思。繁忙的現代生活，使得我們沒有充裕的時間和足夠的精力去追隨宏大的歷史敘述。人們似乎更喜歡微觀切入、細節描寫和一針見血的敘述風格。現今社群媒體如微博的發展，很能說明此現象。篇幅的嚴格限制，倒逼寫作者只保留最生猛、犀利、核心、醒目的內容。

自序

　　呈現在讀者諸君面前的這本書就是上述思路的產物。它側重依據親歷者的自述，雖不能保證全部可信，但絕對新鮮生動；它以微博貼文形式貫穿始終，雖稱不上詳實周全，但足以逼近事實的真相。

　　全書大致上以時間為序，將同一主題的相關內容整合成一個個模組。讀者可以挑選感興趣的模組切入，而不必擔心存在閱讀障礙。在技術上，全書捨棄了大眾耳熟能詳的史實，遴選那些直指歷史真相、揭示歷史規律，或者可能撼動大眾既有認知的片段。為了適應微博篇幅的要求，筆者對親歷者的回憶、學者的論述，在不影響觀點的前提下進行了削減乃至改寫。同一主題的不同史實、觀點，都在書中得以保留，以求全面還原歷史。

　　如果你做好準備迎接一本新形式的真歷史，請翻過這一頁進入正文吧！

張程

一、晚清亂得不得了

西班牙、葡萄牙派人到廣州要求通商，一位滿族大員一本正經地說；「葡萄有牙，西班也有牙，天下哪有這麼多國家？還不是洋鬼子提出來嚇唬我們的嗎？」

滿大人威武！

張祖翼：# 滿人的腐朽無能 # 我參加過一個飯局，為首的是一位滿族長者，聽說是黑龍江副都統，正二品高官。席間，他問我：「聽說十幾年前，你們江南出現過大亂子？」我就說是鬧太平天國。他著急地追問：「現在怎麼樣了？」我完全被嚇呆了，後來才知道這位滿人人當了三十年副都統，竟然不識字，也不看檔案，只熱衷騎馬射箭。

張程：這位滿大人還算好的，起碼會騎射。晚清杭州城內的滿族官兵，據說只有一個人會騎馬。

張祖翼：有個滿族翰林，二十多歲，參加國史修撰，讀到羅澤南、劉蓉等人的傳記資料的時候，大罵：「羅澤南教官出身，竟然列名布政使，死後還要請諡；劉蓉本是一個候補知縣，幾年內竟然升到了布政使。外省官場賣官鬻爵，可見一斑。」

@ 有個漢族同僚看不下去，就說羅張二人是淮軍名將，沒有他們，朝廷可能都亡了。該名滿族翰林問：「淮軍是什麼？」同僚驚問：「你難道不知道數年前太平軍亂賊的事情？」翰林回答：「賊人的事情，我怎會知

道！」於是，辦公室裡安靜了……

張程：西班牙、葡萄牙派人到廣州要求通商，一位滿族大員一本正經地說：「葡萄有牙，西班也有牙，天下哪有這麼多國家？還不是洋鬼子提出來嚇唬我們的嗎？」

@ 滿洲正黃旗人瑞麟擔任兩廣總督，他識字很少，白字連篇，一次市面上米價大漲，他問漲價原因，下屬回答：「乃是市儈居奇。」瑞麟問：「四怪居奇？那四怪是什麼？」下屬張口結舌，哭笑不得。有個姓宓的同知求見，瑞麟看了名帖後對他說：「你的姓，我不識得，你可自報。」

@ 鑲藍旗人剛毅不學無術，擔任刑部尚書，每次看到囚犯「瘐死監牢」的報告，都要提筆把「瘐」字改為「瘦」字，而且申斥下屬官員不識字。他還曾對某巡撫說：「別入都說我剛復（愎）自用，我只知有剛直，何謂剛復？實在不可理解。」

@ 剛毅後來當了軍機大臣，看到四川奏報剿匪大捷中有「追奔逐北」一詞，大怒，說：「川督不小心到如此地步，連奏摺都寫錯了！他怎麼知道敵人沒有向東、向南、向西逃竄，偏偏向北呢？」同事翁同龢告訴他「追奔逐北」是個成語，是追擊潰敵的意思，還告訴他「剛愎」不讀「剛復」。剛毅為此恨上了翁同龢。

@ 乾嘉年間有個兩淮鹽運使不知道「孔夫子」是誰，問塾師，塾師說是「聖人」；他不懂，再問師爺，師爺說是「居魯國司寇，攝行相事」；他更不懂，問同事，同事說：「相當於刑部尚書兼協辦大學士。」他恍然大悟，叫來塾師和師爺痛罵：「什麼夫子，什麼聖人，你們竟然連孔中堂都不知道！」

@ 正黃旗人榮慶擔任管學大臣，負責清末的教育，一次問留日學生去日本怎麼走？留學生回答先去秦皇島，榮慶問：「秦皇島在哪裡？」頓了一下，自言自語：「想必是日本的別稱吧？」

@甲午戰爭激烈之時，某官嘆道：「戰事緊急，非起用檀道濟為大將不可。」檀道濟為南朝名將，為宋文帝所殺，文帝後來被敵所困，追悔道：「若道濟在，豈至此！」有位滿族御史不知道檀道濟是何人，聽了這話想搶功勞，竟然上奏摺請求起用檀道濟！

@光緒年間興新學，旗人官員德壽提出要刪除數學、體操、地理三門課程：「算學可刪，因做官的自有帳房先生管理財務；體操可刪，因我輩是文人，不必練那個；地理一科是風水先生之言，何必叫讀書人去做風水先生呢？」

@滿族權貴的素質，連光緒皇帝看著都直搖頭，他對一位將要做副都統的漢人說：「你就要與旗人共事了，他們都糊塗啊！」滿族官員中的開明分子，大多承認自己的文才不如漢人。某屆軍機處中有兩個滿族軍機大臣，文理都不甚通達，常常需要漢族軍機大臣把公文函件細細講述給他們聽。

19世紀末20世紀初外國人看中國的明信片

張口評史：滿族人占據肥缺要職，欺壓漢人，又昏庸無能，愚昧無知，空費錢糧。這是革命者鼓吹「排滿」革命的民意基礎。而滿大人們白白掌握著政權，卻無力應對亂局，「鐵桿子莊稼」丟在自個兒手上，也怨不得別人。

張祖翼：太平天國是對滿族權貴的一大考驗，滿族督撫殉節者有之，而勇於抵抗太平軍者卻沒有 —— 更不用說鎮壓了！滿人沒用，當時當權的肅順等人和之後垂簾的慈禧太后，都不得不借助漢族官僚的力量。

@ 咸豐末期當權的肅順為人驕橫，唯獨對漢族文士非常謙恭客氣。遇到滿族官僚，肅順大呼其名，惡語穢罵也無所忌，一見到漢族官吏，立即改容致敬，或稱先生，或稱某翁、某老爺。肅順索賄，也只敲詐勒索滿族人，對漢族官員的一絲一粟都不敢受。

@ 慈禧和恭親王雖然殺戮肅順等人上臺，卻繼承了肅順重用漢人的思想，還發展為「汰滿用漢」。同治初年，天下只有湖廣總督官文一個滿族地方一把手，官文罷官後，三年沒有出現一個滿族督撫。同治八九年間，十八省督撫、提督、總兵中，有一大半是湘軍、淮軍將領。

@ 慈禧攬權後期，恭親王被罷，滿漢關係又為之一變，滿人之焰復張。光緒二十年（西元 1894）後，滿族督撫又遍布天下。

張程：光天化日之下，廣州街頭，溫生才手持槍械，走到重重護衛的廣州將軍孚琦轎前，開槍行刺。孚琦沒有被射中要害，大喊救命。周圍的親兵護衛竟然相顧錯愕，茫然無措。溫生才對準孚琦頭部又開一槍，孚琦這才斃命。溫生才不放心，又補了兩槍，確認孚琦死了，環顧左右，發現數十名滿族兵丁早已逃散一空！

@ 溫生才最後從容地走過大街小巷，逃出城去。事後，孚琦的遺孀要追究衛隊官兵的責任。衛隊聽任刺客連開四槍，又逃散一空，豈能無罪？負責的一名標統（相當於團長），也是紈褲子弟，知道後嚇得昏厥倒地，家人好不容易才把他灌救過來。孚琦遺孀見此，不得不大事化小，不再追究。

@ 孚琦遇刺後，滿族官吏閉門謝客，輕易不上街，偶爾上街也加強戒備，攜帶重兵護衛。那些當兵的旗人，很不願意護衛長官出巡，擔心連累自己死於革命黨人槍下。

八國聯軍時期西方的宣傳漫畫明信片

@ 一次，福州將軍樸壽外出，那場面搞得像軍事演習一樣。一大群荷槍實彈的八旗官兵團團圍住樸壽的轎子，在福州街頭搜尋前進。突然，一聲槍響！樸壽嚇得七魂出竅，摸摸身上沒事後大喊「救命」；護衛旗兵不是臥倒在地，就是跑到街邊躲避。事後查明：一名八旗兵精神過於緊張，手槍走了火。

@ 起先革命黨人和起義官兵，對裝備先進的八旗軍還是很忌憚的，在戰術上很重視。畢竟旗人占著要害重鎮，那黑洞洞的炮口、明晃晃的鋼槍，都在那裡擺著呢！弄不好，要犧牲好多革命同志。誰知一打起來，旗人壓根不足為慮。多數八旗官兵在槍響後，都乖乖待在家裡，靜候新政權來收編。少數旗兵跑出家門，一鬨而散。

禁煙是清朝基本國策

張程：＃嚴禁和弛禁＃道光十二年（1832 年），紫禁城中出了一樁驚天醜聞：宮廷太監集體吸食鴉片。此案涉及首領太監熊來福和大太監張進幅、劉成、王貴玉、郭志、楊幅、何進祿等多人，還牽涉到了已故太監鄭進玉和告病為民的前太監李資福等人，轟動朝野。大太監張進幅隱藏在深宮中，騰雲駕霧了 30 多年！

@《宣宗實錄》留下了朝野大臣吸食鴉片的駭人聽聞的紀錄。吸食者有姓名的 39 人，未列姓名者 80 餘人，爵位最高的為親王（莊親王），另有宗室、將軍、總兵、御史、知縣等等。其中在京師附近，計有房山縣知縣宋嘉玉、密雲縣知縣冉學詩、良鄉縣縣丞胡履霜、寶坻縣典史王心培因抽鴉片被查辦 —— 沒有被查辦的更多。

@ 道光五年（1835 年）的中國，全國吸食鴉片的人超過 200 萬，占總人口的千分之七。一些外國人記載，中國城鎮「煙館」之多，就如同英國的杜松子酒店一樣，「從養尊處優的官員到落魄潦倒的奴僕」，都有吸煙成癮的人。兒女餓得啼哭可以不問，妻子沒褲子穿可以不管，而鴉片煙則非吸食不可。

@ 鴉片深深滲入清朝官府和軍隊，緝私官兵受賄賣放現象普遍存在。據統計，部分官兵收入的 99％來自鴉片走私和銷售商孝敬的「土規」。廣東水師副將韓肇慶是鴉片走私的「保護傘」。他調軍隊為走私船護航，逢百抽一，一百箱鴉片抽走一箱。再用贓款上下活動或者「報功」，連連升官，最後升至總兵、賞戴孔雀翎。

@1838 年，鴻臚寺卿黃爵滋有鑑於之前嚴厲打擊鴉片走私和銷售的方法都不行，鴉片危害越來越大，提出了嚴厲懲罰鴉片吸食者的主張，建議道光皇帝下令，以一年為期限，逾期不能戒掉鴉片的中國人，不管地位高

低，一律殺頭！這就是著名的「嚴禁鴉片折」，黃爵滋也被後人樹立為嚴禁派的領袖。

＠ 道光把黃爵滋的奏摺下發給高級官員討論，多數官員反對。有人認為鴉片走私和銷售是源頭，吸食行為是支流，黃的意見本末倒置、源流不分。有人認為量刑過重，抽鴉片怎麼能和殺人放火同罪呢？有人認為吸食者太多，此舉不具備可操作性。但所有人都贊成「嚴禁」，誇獎黃爵滋「慮患甚深」、「持論甚勁」。

＠ 道光最後綜合各方意見，頒布《欽定嚴禁鴉片煙條例》，銷售鴉片、開煙館者殺頭；抽鴉片者「無論官員軍民等」，一概死緩（絞監候）。並任命湖廣總督林則徐為欽差大臣，去廣州查禁鴉片走私與銷售。道光在思想上採納了黃爵滋「嚴禁」的意見，但在具體操作上，還是延續之前嚴懲流通、輕吸食的老路。

王開璽：人們往往以是否贊成黃爵滋以死論處吸食鴉片者為區分，贊成者，被褒譽為「嚴禁派」；反對或不贊成者，則被貶抑為「弛禁派」。其實，兩派都主張嚴禁鴉片，但在禁煙的思路和方法上存在分歧。

＠ 清朝嚴禁鴉片，禁煙始終是清廷的既定政策，無論哪一派都未曾對此表示過懷疑。不過，當時清朝吏治腐敗、官風毒化，就禁煙的實際結果而言，任何人提出的任何禁煙措施都不可能從根本上長久地取得禁絕鴉片的成效。

張程：中英《南京條約》沒有提及禁絕鴉片的問題，也沒有允許鴉片貿易。但在之後的中美《望廈條約》中，明文禁止鴉片貿易，在中法《黃埔條約》中，鴉片被規定為「違禁品」。因為中美、中法沒有發生過戰爭，所以清政府勇於明確表露堅決禁煙的態度。

＠ 對英交涉的耆英為息事寧人，對英國公使璞鼎查明確表示：中國把禁煙範圍嚴格限制在國內，「各國攜帶鴉片與否，中國無須過問，也無庸

對他們採取任何措施」。他「禁內不禁外」的思路得到了道光皇帝的肯定。之後，清朝政策對中國人吸食鴉片加大懲罰，放鬆了對流通環節的懲處，在操作上採納了黃爵滋的意見。

@ 璞鼎查向耆英表示，要求清政府對鴉片弛禁，作為正常進口商品徵稅。耆英等人不敢當面拒絕，藉口弛禁鴉片後，中外奸民奸商未必能進口報關繳稅，如果英國官方能夠代繳一年的鴉片稅，耆英可以請示皇帝，請旨定奪。一年鴉片稅多少呢？耆英要價 500 萬兩。璞鼎查認為「完全不切合實際」，寧願維持鴉片走私局面。

@ 由於清政府沒有禁絕鴉片貿易，外國人就利用條約特權，瘋狂走私鴉片。還利用清政府懼外苟安心理，不斷施加政治、外交甚至軍事壓力，試圖讓鴉片貿易合法化。太平天國起義，清朝財政拮据，部分官員認為禁煙既然無效，不如弛禁，徵收鴉片稅來渡過難關。西元 1858 年，英國終於迫使清政府同意進口「洋藥」（即鴉片）。

@ 為了保護鴉片販子的權益，英國將條約確定的領事裁判權擴大到在華外國鴉片販子身上。一批鴉片販子甚至兼任領事官。《南京條約》還規定了領事報關制度，外國領事把鴉片隱匿不報。在條約保護和英國推動下，輸華鴉片數量劇增，西元 1848 年輸入鴉片 38,000 箱，1854 年 61,523 箱，1855 年 65,354 箱，已經超過戰前輸入量近一倍。

@ 鴉片進口合法化後，清政府獲得了不菲的稅收，到西元 1866 年突破 200 萬兩。地方政府在鴉片上的收益遠遠超過中央，1868 年中央收入鴉片稅 160 萬兩，地方官府是 260 萬兩。1887 年鴉片厘金併入關稅，每石徵銀 110 兩，稅率約為 25%，遠高於其他商品進口稅率的 5% 至 7.5%，第一年報部厘金 4,645,000 兩，第二年達到 6,622,000 兩。

張口評史：中國抽取的鴉片稅越多，就意味著流失的白銀越多，受毒害的百姓、被破壞的家庭也就越多！

「夷婦與大皇帝」

　　張程：#鴉片戰爭#西元1836年12月上任的英國駐華商務監督義律，旗幟鮮明地反對鴉片貿易。他指責鴉片貿易是「大英帝國的恥辱」，「給打著天主教旗號的國民丟臉」，一上任就督促本國商人停止走私鴉片。但在擴大通商問題上，義律竭盡全力也要打破中國的閉關鎖國，以英國商人的「東方代理人」自居。他既「親華」又「反華」。

　　@到1841年初，義律發現和清朝官員談判，簡直是對牛彈琴，無法擴大通商，轉而傾向暴力解決。他指揮英軍占領了香港。但英國政府對義律四五年才取得的這麼一點「成果」非常不滿，把他撤職，派對華強硬的璞鼎查接替。璞鼎查的任務除了開啟通商口岸外，還包括為英國在中國沿海獲得殖民地。一個鷹派取代了鴿派。

　　@香港多山少資源，是塊彈丸之地，但擁有天然良港，方便英國將它改造成一個貿易據點。清政府的法令管不了這塊地方，英國當局就在香港大肆走私鴉片，香港很快成為世界最大的鴉片走私總站之一。到1850年代後期，總部設在香港的鴉片走私洋行達到50多家。

　　@英軍強占香港後，道光在一天之內連發四道上諭：嚴懲琦善；派新欽差奕山赴粵「一意進剿」；嚴令前線將領極力攻剿，毋使稍留餘孽，致滋後患；令兩江總督裕謙進剿北上浙江的英軍，「殲此醜類」。自此到西元1842年五月下旬，道光一再發出各種「痛殲蠻夷」的上諭，無奈前線節節敗退，將帥逃命，潰不成軍。

　　@1842年英軍進攻浙東，浙江布政使常恆昌「於該省軍務一味推諉」，找各式各樣的理由不去上班。他所委任的浙江各州縣官員有的拖延幾個月不去赴任，就等英軍撤走後再去上任。常恆昌也不聞不問，「以致諸事廢弛」。杭州知府淩泰封其間屢次稱病不出，躲在家裡樓上看書。

@ 奉化知縣金秀坤做得更絕，一聽英軍來犯，帶著親信衙役大開城門——不是開城迎戰，而是逃之夭夭。英軍不費吹灰之力，占領奉化縣，大掠浙東地區。事後，金秀坤竟然謊稱自己率部抵抗未果，羞愧之下投水自盡，誰知道被人救下，遺憾不能「以死報國」。金秀坤完全稱得上「厚顏無恥」四個字。

@ 浙江提督餘步雲和兩江總督裕謙同守鎮海。餘步雲藉口保護民眾主張投降，被裕謙拒絕。他就一把鼻涕一把淚地向裕謙哭訴，家中有妻兒老小三十餘口，而且女兒當天出嫁，請求回家看看。裕謙不答應，嚴令他堅守城池。英軍一開始攻城，餘步雲帶頭放棄炮臺，狂奔而逃，守軍跟著潰散。鎮海失守，裕謙殉國。

@ 英軍兵臨廣州城下，欽差大臣奕山打著白旗投降。怎麼向皇帝交待呢？奕山奏報：「據稱英夷不准貿易，貨物不能流通，資本折耗，負欠無償……是以來此求大將軍轉懇大皇帝開恩，追完商欠，俯准通商，立即退出虎門，繳還各炮臺，不敢滋事。」

@ 奕山的公文寫作能力很高，將主動乞降的人換成英國人，又透過英國人的嘴巴把自己答應的和談條件，比如追還商人欠款，同意通商等一一說出，末了還不忘向道光展示英國人「立即退出虎門，繳還各炮臺，不敢滋事」的美妙前景。

@ 鴉片戰爭的失敗是國家糜爛的後果，不是個人能夠挽回的。不論是和是戰，清朝都無力抵抗英國入侵，注定要喪失權益。但是當時社會嚴重分裂，主戰主和兩派黨同伐異，勢不兩立。兩派官員交替指揮，對鴉片戰爭的慘敗都有責任。琦善、林則徐、鄧廷楨三人，「朝廷皆不得已而罪之」。兩三年後，三人都復出為官。

張程：道光皇帝愛新覺羅·旻寧是一個「好皇帝」：六歲進入上書房學習，勤奮好學，沒幾年就「經史融通，奎藻日新」：十歲就能引弓獲鹿。嘉

慶十八年（1813）天理教起義，部分農民軍攻進紫禁城，旻寧臨危不懼，指揮太監反擊，並親手射殺多名農民軍，挽救了皇宮。執政後，道光為政勤勉，常常批閱奏章到深夜。

@ 道光皇帝難能可貴的地方是，生活異常節儉，衣服破了就打上補丁繼續穿。內務府給做件新龍袍都需要請示匯報，由道光親自定奪。

@ 道光一再要求對英軍「痛剿」，那只是他的一廂情願而已。他一再發出諭旨，嚴令不准答應英國人的「乞恩」條件。仗打不贏，談判的大門又早早被道光關閉了，耆英等前線大臣左右為難，硬著頭皮混一天是一天。最後，萬般無奈的耆英等人乾脆向道光明言情勢，報告條約已草簽。道光最後不得不追認既成事實。

@ 道光帝之所以追認條約，據說是看重了「功費正等」。道光是個節儉到吝嗇的皇帝，祖訓讓他守住家業，他就以祖宗家業不流失為標準，一心使祖宗財富不外流。簽訂割地賠款的條約，道光皇帝內心痛苦萬分。據記載：「傳聞和局既定……一日夜未嘗暫息。使者但聞太息聲，漏下五鼓，上忽頓足長嘆」。

@ 江蘇布政使李星沅看到《南京條約》，頓時胸悶氣短，驚呼：「我朝金甌無缺，忽有此蹉跌，至夷婦與大皇帝並書，且約中如贖城、給煙價、官員平行、漢奸免罪，公然大書特書，千秋萬世何以善後！」蠻夷女子和皇上在一張紙上共署名諱，皇上還要公開承認道歉賠款，怎不讓自居天朝上國的大小臣工義憤填膺呢？

@ 首任英國駐上海領事巴富爾以「居住方便」為由，從上海道臺那裡撥了830畝地作為英國居留地——當時在上海的英國商人和傳教士總共只有25人。到西元1848年擴大到2,820畝，此時上海的英國人雖有增加但總數還不足一百。此後1849年，僅有的兩個法國商人得到了986畝的「法租界」；1863年，7,895畝的遼闊地區成為了「美租界」。

@ 當時中國官民也不願意外國人和自己住在一起，很願意在郊區劃一塊地把外國人「關」起來。於是，各大口岸城市的郊區就出現了一個個「國中之國」── 租界。

@ 歷史學家蔣廷黻說：「在鴉片戰爭以前，我們不肯給外國平等待遇；在以後，他們不肯給我們平等待遇。」

@ 道光臨終遺囑，感嘆列祖列宗的功德，己心不敢和祖先相提並論，不敢「安稱顯號」。他自認「實無稱述之處，徒增後人譏評，朕不取也」，「（墓碑）斷不可於九孔橋南別行建造，石柱四根，亦不准豎立，碑文亦不可以『聖神功德』字樣率行加稱」。道光認為自己讓祖宗蒙羞，不讓後人為自己立聖德神功碑。

西醫開啟清國大門

張程：參加《中美望廈條約》談判的美國傳教士伯駕，事後在耶魯大學神學院的一次講演中說，允許西方在華傳教的條款是參加談判的中方隨員潘仕成主動提議加進。這在伯駕看來是該條約最為重要的條款。潘仕成為什麼這麼做呢？原來，潘是十三行商人，不僅眼界開闊，而且父母曾是伯駕的病人，對伯駕有感激之情。

@ 潘仕成的提議固然重要，但決策的關鍵人物是兩廣總督耆英。他為什麼接受這一條款呢？原來，耆英也是伯駕的病人。耆英患皮膚病，輾轉向伯駕講述病情求醫。伯駕精心為他配好藥方，使他病情明顯好轉。耆英多次在公眾場合讚美醫藥傳教，並手書條幅「妙手回春，壽世濟人」贈給伯駕。

張口評史：中國允許西方在華傳教，竟然是中方代表出於對西方傳教

士的感激！

張程：來華西方傳教士，大多會西醫，濟世救人，以此在中國社會擴大影響。兩廣總督、廣東巡撫衙門的大小官員，直接請伯駕治病的人為數不少，清政府官員請傳教醫師看病在當時是一個公開的祕密。傳教士也樂意為中國官員治病，藉此抬高身分，方便傳教。

@ 欽差大臣林則徐就曾請伯駕看病。林則徐有疝氣病，派人問伯駕有「特效藥」不？伯駕說要病人親自來。林沒有去，派了個替身，取回了幾只疝氣袋，用了以後，病情明顯好轉。於是，林則徐成了伯駕醫務檔案中的第 6565 號病人。事後，林則徐派人送水果給伯駕以示謝意。

@ 清人筆記記載，林則徐臨終大呼「星斗南」三字而卒。朱維錚先生認為，「星斗南」三字正是閩語「新豆欄」，是伯駕在廣州的醫局所在地。西醫的震撼力，由此可見一斑。

@ 李鴻章妻子生病，中醫久治無效，不得已請天津的倫敦會傳教醫師馬根濟治療，很快痊癒。李大為感激，資助馬根濟在天津開了一所小醫院「總督醫院」（Viceroy's Hospital）。一年以後，馬根濟提出辦一所醫學學校，培養醫生。李鴻章徇其請。學校經費由李鴻章從海防軍費中開支。這就是天津醫學堂的前身。

@ 一個不知名的傳教士馬尚德是湖北巡撫譚繼洵（譚嗣同他爹）家的「家庭醫生」，譚家有人生病就把他請來。馬尚德幫譚繼洵的孫子譚傳贊戒除了鴉片，還在「男女授受不親」的背景下為譚繼洵的孫媳龍氏做過乳房切除手術。這可能是中國最早的「乳房切除手術」。

@ 榮祿腰部生瘤，請了數十名中醫診治，未見好轉，反而日見沉重，患處腐潰方圓七八寸，洞出三十餘孔，痛苦不堪。萬般無奈，他找了在北京的傳教醫師德貞。德貞為他做了兩次外科麻醉割除手術，患處日見起色，兩個月便平復痊癒。榮祿大為嘆服，稱讚德貞醫術「精妙絕倫」，還

為德貞編的醫書《全體通考》作序。

@ 早在鴉片戰爭前，西醫在廣州就受到熱烈歡迎：士民雲集擠擁醫院，老幼男女如蟻來，莫說廣東之各府廳州縣之人，就是福建、浙江、江西、江蘇、安徽、山西各省居民也遠道前來求醫。到了 1860～1870 年代，在中國通商口岸，西醫已普遍被接受。

@1885 年春，康有為患病，頭痛如裂，群醫束手無措。康有為臥床呻吟了好幾個月，開始檢視書籍，從容等死了。一個偶然的機會，他閱讀西醫圖書，買了西藥，依方試服，竟漸漸痊癒。這段經歷促使康有為體會科學方法與西方近代思想間的深層連繫，進而對中國傳統思維方式進行反思。

張口評史：西醫既是西方的器物，背後又隱藏著西方科學思維和文化觀念，加上和人們生活密切相關，很容易成為打入中國社會的「利器」。

張程：西醫在中國影響越來越大，很快超越了中醫，掌握了醫學的話語權。1927 年，西醫掌握了國民政府衛生部，決定廢止中醫、推廣西醫，激起了中醫的劇烈反彈。中醫界反問了兩大問題：為什麼要用西醫的標準來評判中醫？你怎麼證明中醫全都無效？

皇帝鬥不過太監

張程：# 內務府醜聞 # 道光喜歡吃「粉湯」，曾經下令御膳房做粉湯。等了多日沒見到粉湯的影子，道光皇帝就召來內務府官員質問。官員訴苦，做粉湯的成本太高了，奴才們正在籌措資金呢！道光皇帝大怒：一碗粉湯要幾個錢？官員答：御膳房要成立專門做粉湯的機構，要增加相關的編制，加上原料採購運輸，每年需要增加六萬兩預算。

@ 道光皇帝才不會為了一碗粉湯多花六萬兩銀子呢！他不是三歲小孩，冷笑道：「不必了，朕登基前在前門大街吃過粉湯，兩個銅板一碗，內務府安排一個小太監，每天去前門大街買粉湯回來就是了。」道光皇帝心想：你們想矇我，門都沒有。

@ 可是過了好幾天，道光還是沒見到粉湯。他再次召來相關官員訓斥。官員答：「奴才近日去前門大街找遍了，沒找到有賣粉湯的攤販，就跑遠點去買。可是跑得太遠了，粉湯端回來又不好吃了。奴才正煩惱著呢！」真實情況是，內務府派人把前門大街賣粉湯的所有攤販和店鋪都給趕跑了，就是要逼道光增加「粉湯預算」。

@ 道光又恨又惱，咬牙說：「罷罷罷，朕從此不吃粉湯了。」為了一碗粉湯，皇帝竟然鬥不過內務府！

溥儀：這有什麼？內務府的太監們還公開偷盜紫禁城珍寶呢！到我結婚的時候，偷盜已發展到這種程度：剛行過婚禮，由珍珠玉翠裝嵌的皇后鳳冠上的全部珍寶，竟整個被換成了贗品。

張程：北京民謠：「房新樹小畫不古，此人必是內務府。」說的是如果哪天皇城根下出現一戶暴發戶，房子是新蓋的、院子裡新栽了樹苗、牆上掛著現代人的畫，那這戶人家肯定是內務府的官吏。為什麼這麼說？因為在內務府當差來錢快，上任沒幾天就能在寸土寸金的四九城置辦高宅大院。

@ 順治入關，建立了為皇帝和紫禁城服務的十三個衙門，由太監主管。十三個衙門後併為「總管內務府衙門」，設定專門的長官「總管內務府大臣」。既然是「大臣」，就不能再由太監主管了，從康熙皇帝起任命皇室家奴（包衣）來負責內務府。太監們負責伺候皇上，人事關係自然也在內務府。

@ 道光皇帝是個吝嗇到要把一個銅板掰成兩瓣的主，一天看到膝蓋破

了個洞，就讓內務府去縫補一下。補完了，道光皇帝問花了多少錢，內務府回答：三千兩白銀。道光聽了差點暈過去。一個補丁竟然比一件龍袍的價格還要貴！內務府解釋說：皇上的褲子是有花的湖綢，剪了幾百匹綢才找到對應相配的圖案，所以貴了，一般的補丁大概五兩銀子就夠了。

@ 皇帝打補丁，大臣們上行下效，紛紛扎破官服打上補丁。一次，道光看到軍機大臣曹文正膝蓋上打著塊醒目的補丁，突然問：「打個補丁要多少銀子？」曹文正頭皮發麻，只好說得貴一點：「要三錢銀子。」三錢銀子都可以買一整套衣服了。沒想到，道光聞言嘆道：「外面就是比皇宮裡便宜，我打個補丁需要五兩銀子呢！」

@ 道光皇帝繼續問：「外面的雞蛋多少錢一個啊？」曹文正趕緊回答：「臣從小有病，不能吃雞蛋，所以不知道雞蛋的價錢。」

@ 內務府採購的雞蛋多少錢呢？一個雞蛋只要幾個銅板，但內務府的採購單價是三十兩銀子。光緒每年單吃雞蛋就要「吃」掉上萬兩白銀。他曾問老師翁同龢：「翁師傅，你能吃得起雞蛋嗎？」翁同龢推脫說：「臣家中只有遇到祭祀大典才吃一兩個，平時不敢買。」光緒終生都以為雞蛋很貴，連朝廷大官都吃不起。

@ 光緒大婚洞房門簾，內務府買價 25,000 兩紋銀，市場價不超過 25 兩；紫禁城內搭建一個竹棚，內務府報帳 40,000 兩紋銀，市場價不超過 40 兩。內務府一般以市場價的 1,000 倍在「採購」。

張口評史：內務府腐敗墮落的根子，在皇帝身上。皇帝成立專門機構伺候自己，不讓外人知道自己的私事家事，不讓朝臣們染指，更不受衙門和公卿們的監督。而他自己又管不了內務府，就只能坐視這些奴才來掏自己的腰包了。

張程：光緒想打四個鐲子給慈禧作生日禮物。內務府郎中慶寬做了四個樣品給慈禧太后看，慈禧太后都很喜歡。光緒問需要多少錢，慶寬說需

要四萬兩銀子。光緒大吃一驚，脫口而出：「豈不是要抄我家了？」原來，光緒辛辛苦苦攢了四萬兩私房銀子，偷偷存在宮外的錢鋪裡吃利息。慶寬一開口就要走他全部的私房錢。

@ 慶寬高調地貪汙，大報花帳，氣焰逼人，尤其是在慈禧六十大壽期間主持慶典處，一個人包攬一切器物的採辦，大發其財。他斷了他人的財路，得罪了包括同僚在內的許多人。有御史密奏慶寬家藏御座，圖謀不軌，還說他假冒太監，兩條都是殺頭的大罪。光緒不管真假，馬上下令組織專案組，一心要殺慶寬。

@ 查了許多天，專案組沒有查到可以定死罪的證據（猜想慶寬貪汙是真，篡位是假）。光緒反覆詢問專案組，苦於沒有真憑實據，拿著放大鏡到處找，還真發現慶寬的家門口立了塊「下馬石」，屬於他這個級別的官員不應該享受的待遇。於是，光緒馬上將慶寬「革職抄家」。

@ 不久，光緒赫然發現新任「江西鹽法道」竟然是慶寬！慶寬被革職抄家後，搖身一變，升了官（正四品）、掌了實權（鹽法道）。其中的運作和彎彎繞繞，光緒身為皇帝都搞不清楚。更讓他鬱悶的是，他竟然無法否決這項人事任命。

張口評史：這說明內務府勢力盤根錯節，在朝廷中形成了氣候。人們已經不能阻止內務府的蛀蟲們了。

圓明園不是一把火燒光的

張程：＃火燒圓明園＃康熙晚年為兒子們別築宮苑。他把海淀一處名叫掛甲屯的地方撥給四兒子胤禛（後來的雍正帝），修建賜園。胤禛崇信佛教，還取了個法號叫「圓明居士」，康熙皇帝就親題園名為「圓明園」。

後來經過雍正、乾隆兩代人的大規模營建，原先的賜園成了「萬園之園」。如今很少有人知道「掛甲屯」，都知道圓明園。

@ 英法聯軍火燒圓明園。根據西方史料記載，法軍最先進入了圓明園，並開始洗劫。英軍迷路了，晚到了一步，但搶的東西多，為了掩蓋罪名，放火燒了圓明園。

@ 很多史料都指出，龔自珍的兒子龔孝拱是火燒圓明園的嚮導。是他告訴洋人清朝的寶貝都在圓明園，還為英法聯軍帶的路。之前，他當過英國公使威妥瑪的文書，英法聯軍侵入北京時，跟著威妥瑪到了北京。據說居住在海淀的旗人，渾水摸魚，也溜進圓明園搶劫，最後還是他們提供火種給放火的英法聯軍。

@ 在搶劫、焚燒圓明園的群體中還有一批廣東勞工，他們是英軍從香港徵召來的隨軍苦力。《倫敦畫報》刊登了這些苦力的素描群像：他們身穿中國深色棉布衣服，配白色挎肩斜帶，上面用中英兩文書寫編號；頭戴小斗笠，斗笠外沿圍以白色帶子，上書英文「MILITARY TRAIN」（軍訓），每人手持一根長竹槓來擔運物件。

@ 這些廣東苦力為了一點工錢，吃苦耐勞，還冒著炮火保證英軍的後勤。英軍稱他們是「苦力之王」。

@ 據說聯軍之所以下令焚毀圓明園，一個主要的原因就是為了驅逐不斷湧來參與搶劫的中國人。

@ 火燒圓明園之前，英國額爾金勛爵在北京張貼告示，說明了燒圓明園的原因和預定的放火時間：「任何人，無論貴賤，皆需為其愚蠢的欺詐行為受到懲戒，18日將火燒圓明園，以此作為皇帝食言之懲戒，作為違反休戰協定之報復。與此無關人員皆不受此行動影響，唯清政府為其負責。」

@ 當時圓明園的管園大臣文豐，知園不保，投園中福海自盡，數名隨

從與他一同自盡。園中的三百多名太監，也被燒死了。

@ 在洗劫火燒圓明園後，英法聯軍在北京成立了戰利品分配委員會，英法各出 3 個人負責。搶劫來的文物被分為三大部分，大的重要的文物獻給英女王和法國拿破崙三世；將軍們也分到一部分；參戰士兵也獲得了部分戰利品獎勵，文物先被估了價，每個士兵差不多能分到 200 法郎。

@ 侵華法軍司令孟託邦將從圓明園搶來的戰利品獻給了拿破崙三世和歐仁妮王后，歐仁妮王后在巴黎近郊的楓丹白露宮建造了「中國館」，專門收藏這些文物。館內收藏文物 1,000 餘件，全部是從圓明園掠奪的。館內最顯著的位置擺放著一座 2 公尺高的金佛塔，通體各層鑲嵌著綠寶石，與故宮珍寶館內的金塔基本相似。

@ 乾隆皇帝御用軍刀、盔甲等則在法國軍事博物館內展出。

@1860 年圓明園被燒後，並不是一片段壁殘垣，還有不少精美的建築和文物寶貝。因為看守乏力，偷竊事件不斷。值錢的物品偷光後，小偷們又將散落的、埋沒土中的細碎寶物挖地三尺地搜尋。這還真有點淘金的模樣。當時北京有民諺說：「篩土，篩土，一輩子不受苦。」

@1900 年，八國聯軍攻陷北京，圓明園更陷入無政府狀態，散兵遊勇以及周邊老百姓再次湧入園中。圓明園遭到了第二輪大破壞。能拆的拆了，能砍的砍了，能搬的搬了，圓明園殘存的殿堂、亭榭被毀，巨大的松柏也被砍掉賣錢，磚瓦和木料被盜運出園。短短一個月後，圓明園內的林木和殘存的建築蕩然無存。

@ 民國時，有錢有勢者為修繕私家宅院甚至墓地，就打起了園中漢白玉石雕、石碑以及假山、太湖石的主意。圓明園成了「建築原料場」。遠在保定的曹錕為了修建花園，不嫌路遠和運輸麻煩，從圓明園拉走數十車太湖石，裝上火車運走了。那些太湖石最初是宋徽宗蒐集到開封的花石綱，金軍滅宋後，把石頭運到了北京。

慈禧出場了！

張程：#辛酉政變 #英法聯軍這邊在燒圓明園，咸豐那邊在「北狩」承德，還死在了避暑山莊。咸豐臨死規定，新帝載淳年幼，不能親政，下達命令要加蓋「御賞」、「同道堂」兩枚印章。「御賞」章由母后皇太后，也就是慈安太后保管。「同道堂」由小皇帝保管。咸豐此舉，是為了防禦大臣挾持皇帝，專擅弄權，導致皇權旁落。

@載淳生母慈禧根本不在咸豐的權力安排之中，並無權過問兩枚印章的保管與使用，更無權干預朝政。但她藉口兒子太小，以生母身分「代子」保管並使用「同道堂」章。咸豐臨終前的權力安排，給了慈禧干預朝政，乃至後來垂簾聽政的可乘之機。慈禧之後幾十年的所作所為，完全背叛了丈夫的意志。

@咸豐遺命由肅順等八大臣「贊襄輔政」，朝政由八大臣擬定處理意見後，由慈安太后、載淳蓋章。但是慈禧對此很不滿，拒絕「代子」蓋「同道堂」章。肅順等人面對慈禧的挑戰，雖然聲稱自己「係贊襄皇上，不能聽命太后」，甚至說「請太后看折亦係多餘之事」，但最後還是妥協了，讓兩宮太后參與決策。

王開璽：肅順等人之所以要對慈禧太后做如此重大的妥協，大概不能僅以其政治上的幼稚不成熟來解釋，他們面對的不是慈禧個人，而是充斥於人們腦海中神聖不可侵犯的皇權。

@慈禧工於權術，竭力利用滿朝文武的正統皇權思想和忠君意識，將自己打扮成長久受人欺侮的孤兒寡母，肅順等人則是欺君藐上、專權謀逆的亂臣賊子。回到北京，慈禧就對前來迎接的大臣們哭訴，如何受肅順等人欺負。不明就裡的大學士周祖培當場憤然奏稱：「何不重治其罪？」

@據溥雪齋先生回憶，奕訢到達熱河後，有人當著奕訢的面，用手提

著肅順的辮子大聲說：「人家要殺你哪！」肅順當時也只好低著頭，連聲說：「請殺，請殺！」君要臣死臣不得不死，由此我們可見臣子無可奈何皇權之一斑。

張程：西元 1861 年 11 月 7 日，以載淳名義釋出的上諭稱咸豐死後，肅順等人「假傳諭旨，造作贊襄政務名目」，肅順等人偽造了咸豐皇帝的臨終遺命。咸豐臨死，已經沒有能力親自書寫遺詔，的確是由肅順等人「承寫」的。面對天大的罪名，肅順等人百口莫辯，敗局已定。

@ 頗受肅順等人信任倚重的漢族督撫，如曾國藩、李鴻章等人，也紛紛譴責肅順等人假傳聖旨、欺負帝后，稱頌慈禧誅殺肅順等人「為自古帝國所僅見」的「英斷」之見，支持慈禧垂簾聽政。畢竟，太后抱著小皇帝垂簾是正常的權力結構，遠遠好過大臣欺負小皇帝和皇太后。

@ 曾國藩如何看待慈禧呢？西元 1869 年 7 月，曾國藩與親密幕僚趙烈文議論政局時說，兩宮太后「才地平常」。

@ 辛酉政變後，英國人曾說：「恭親王及其同僚之操權，乃是對外國人維持友好關係使然。這個令人感到滿意的結果，全是幾個月來私人交際造成的。」英國使臣給外相的信中說：「在過去的十二個月中，造成了一個傾心於並相信友好交往可能性的派別，有效地幫助這一派人掌權，這是一個非同小可的成就。」

王開璽：當時士大夫還在郡夷地稱外國人為夷人，對外國人疑懼頗深，沒人敢公開宣稱與外國和好。如果此時某人得到外國人的公開支持，會得到過街老鼠，人人喊打的下場。所以，不能認為慈禧、奕訢一派勾結外國勢力發動政變上臺。中外公開勾結，是辛酉政變以後的事情。

殺安德海真不容易

溥儀：＃剷除安德海＃據說西太后乍一入宮時，是個宮女，名叫蘭兒，咸豐皇帝很喜歡她，便在暗中有了身孕。皇后鈕祜祿氏（後來的慈安太后）趁咸豐坐朝聽政的時候，命人把蘭兒抓了來，打算加以拷問毒打。正在這千鈞一髮的時候，咸豐趕了過來，就拿「蘭兒有孕」這一句話，消除了一場風波。

許指嚴：西太后是慈禧，慈安太后則是東太后，皇后出身，所以地位在慈禧之上。她賢淑溫厚，精通文墨禮法。咸豐沉溺於美色。慈禧多次向慈安哭訴，想激怒她，讓她勸諫咸豐的荒淫。慈安反而從容地勸慈禧不要多事。同治繼位，兩人並列為太后，慈安事事退讓，慈禧因漸縱恣。慈安服御簡樸，慈禧奢靡成性，嗜戲成癖。

＠咸豐很寵幸慈禧，數日不坐朝。清宮規定皇上宿某處、御某妃嬪，都要登記，皇后有權稽考，杖斥嬪妃。皇帝沉美色，太監也有權在寢門外誦祖訓，皇帝必須起來跪聽，然後停止淫樂出去辦公。一日，咸豐正和慈禧親熱，慈安頂著祖訓跪在門外，讓太監叫皇上起來敬聽祖訓。咸豐趕緊出來，說：「我立刻上朝。」

＠咸豐登殿辦公，突然想起心愛的蘭兒還落在皇后手上呢！皇后有權杖責嬪妃。他頓足大叫：「苟如是，蘭兒危矣。」他趕緊拋下奏摺，跑回後宮。果然蘭兒跪在地上，皇后正襟危坐，一條條數落蘭兒「狐媚惑主」，正要下令打板子。咸豐大呼：「請皇后免責，蘭兒已有娠矣。」蘭兒逃過一劫，對皇后唧恨在心。

張程：慈安、慈禧並列太后，很快就因為太監安德海的事情鬧出了矛盾。安德海是河北河間人，年輕時自宮當了太監。民間傳說慈禧太后能夠得到咸豐的寵幸，安德海幫過忙；又傳說辛酉政變初期，慈禧假裝痛責安

德海，把他趕出承德行宮。安趁機逃往北京聯繫奕訢，探聽風聲，之後往來北京和承德之間，立下了汗馬功勞。

@ 同治登基後，安德海權勢炙手可熱。清朝對太監限制很嚴，嚴禁太監干政，不能交結大臣，私自出宮者殺無赦。安總管受不了約束，在同治八年（1869 年）藉口要為同治皇帝採辦龍袍和大婚器物，請得慈禧同意後直奔江南去了。沿途州縣官員都捧著他哄著他。七月，安德海大搖大擺到達山東德州，大搖大擺為自己慶壽。

@ 安德海的壽宴擺得太高調，請的戲團隊太扎眼，很快就傳到了德州知州趙新耳裡。趙新沒有接到公文，不知道有欽差大臣過境，連忙呈文山東巡撫丁寶楨。丁寶楨正途出身，清正剛硬，早就對狐假虎威、胡作非為的安德海不滿了。士大夫本來就看不起太監，對干政跋扈的太監更是深惡痛絕。丁寶楨決定給安好看。

@ 丁寶楨派知府程繩武捉拿安德海。程知府不敢抓，丁寶楨加派了總兵王正起帶軍隊去執行。王總兵追到泰安縣，終於將安德海一行截下逮捕。抓捕行動在一個深夜進行。安德海警惕性很高，聽到一絲聲響抓起金銀珠寶就跳進後院的水井藏了起來，但最終還是人贓並獲。王總兵不敢懈怠，連夜把安德海等人押送濟南。

@ 丁寶楨親自來會安德海。安德海很囂張，趾高氣揚，不肯下跪。丁寶楨一示意，就有一個軍官過來狠狠地摁住安德海的頭，把他給摁跪在地。安德海質問：「丁寶楨，你認不認得我？」丁寶楨說：「當然認得，抓的就是你安總管。」「我是欽差。」丁寶楨問：「聖旨在哪裡？」安德海這才意識到自己沒有請得聖旨。

@ 安德海說：「丁寶楨，你殺不了我。」丁寶楨答：「我是殺不了你，但其他人會幫我殺你的。」

張程：安德海平日飛揚跋扈，得罪了很多人。恭親王奕訢就看不慣。

一次，奕訢求見慈禧，看到慈禧正同安德海閒聊，安德海談天論地，神態輕浮，甚為隨便；慈禧也同他親暱忘形，竟然沒有接見恭親王。奕訢非常惱怒，退下來就對他的親信說：「非殺安，不足以對祖宗、振朝綱也。」

@ 小同治也對安德海恨之入骨。慈禧太后對同治皇帝的要求很嚴格，安德海狐假虎威，對同治的要求也很嚴格。同治對安德海假以辭色，安德海就跑到慈禧面前說同治的壞話，惹得同治被慈禧責罵多次。同治曾做了個泥人然後一刀砍下它的腦袋。旁人就問了：「皇上這是何意呀？」小同治惡狠狠地說：「殺小安子！」

@ 丁寶楨奏報朝廷，說抓了一個冒充欽差的太監安德海，怎麼辦？很快返回意見：該太監擅自外出，不用審訊，就地正法！為什麼這麼順利？難道慈禧沒有阻攔嗎？流行說法是，奕訢接到奏報後進宮，剛好當時慈禧在看戲（一說生病臥床），小同治「證明」說根本沒派太監出去，他就和慈安一合計，做出了決定。

@ 第二種說法是慈禧看到了丁寶楨奏報，大吃一驚。可是安德海罪狀確鑿慈禧不知道怎麼搭救，只好和慈安、同治一起召見奕訢等大臣商量辦法。結果，同治說自己沒有派遣太監出去採辦龍袍，慈安說祖制嚴禁太監私自出京，奕訢就要求按照規定將安德海殺無赦。大臣們也紛紛贊同。慈禧有心搭救卻無力回天了。

@ 表面上看，奕訢、慈安、同治三人聯合整死安德海，實質上是在發洩對慈禧的不滿。慈禧大權獨攬，讓三人都不舒服。安德海的死，是三人對慈禧的一個打擊。也有人分析說，慈禧清楚慈安、奕訢、同治三個人聯合起來對付自己，她不想把關係搞僵了，所以「棄車保帥」，用安德海的死來緩和與三人的關係。

@ 實際上，山東的丁寶楨為防夜長夢多，沒等接到朝廷諭旨，就先把安德海給斬首了。隨從的太監也一併處決，其他人分別處以刑罰。丁寶楨並沒

有因此受到慈禧太后的刁難，反而被認為是能臣幹才，升任四川總督去了。

　　許指嚴：慈安雖然殺了安德海，但操作中刻意躲避慈禧，煞費苦心，可知她仁而不武、大權旁落。事後，慈禧也老羞成怒，竟然質問慈安，說不和自己商量就把安德海殺了，未免輕視自己，態度蠻橫。慈安面對慈禧的淫威非但不敢爭辯，反而驚懼不已，此後再也不敢與慈禧作對了。

「六鬼子」奕訢

　　張祖翼：#奕訢事蹟#光緒初年，奕訢當權，事無大小，都謹守決制，不敢僭越。北海、中海、南海離紫禁城很近，小有殘破，一直沒有修繕。慈安、慈禧兩個太后帶著同治皇帝遊玩這三海的時候，奕訢也在場，慈禧就探他的話：「此處該修了。」奕訢每回都說：「喳！」不過都沒有下文，慈禧也不便再言。慈安則說：「沒錢，奈何？」

　　張程：同治長大後，也想重修圓明園，態度很堅決。奕訢堅持反對。君臣兼叔姪兩人在朝堂上吵了起來。同治擺下狠話，招呼奕訢：「來來來，這個皇位給叔叔你來坐！」奕訢當然不敢去坐龍椅，他甩甩手，不管事了。奕訢朝臣跟著撂挑子，朝廷不運轉了。最後還是慈禧出來道歉：皇帝年紀小、不懂事，六叔你別和他一般見識。

　　張祖翼：奕訢被排擠出權力核心後，新團隊迎合慈禧，大修三海。慈禧貪心又起，還想修復圓明園。有人就上奏，修圓明園要三千多萬銀子，不如在萬壽山重新修個園了，地方好風景好，而且只要千餘萬，便宜。於是才有了修頤和園的主意。

　　@可是修頤和園的一千多萬，也沒地方找啊！慈禧就打起了海軍的念頭，一方面從海軍衙門每年提海軍經費二百萬兩來修園，一方面打著「建

設海軍」的幌子賣官鬻爵，規定捐一萬兩銀子就能買個立即上任的知縣。在實際執行中，打了七折，七千兩就能買個知縣。這又獲得數百萬銀子，最後修成頤和園。

張程：頤和園畢竟是藉著建設海軍的由頭修的，昆明湖「立項」的時候也是海軍的訓練池，怎麼也得擺幾樣與海軍相關的東西裝裝樣子。現在，昆明湖西邊還有水師操練學堂的遺跡。

張祖翼：頤和園修成後，每日耗費 12,000 兩銀子維護。甲午戰爭中國慘敗，李鴻章恨恨地說：「如果海軍經費每年能夠如數發給，北洋海軍何致大敗？」

@ 光緒二年（1876），我在北京應試時，與朋友遊覽了三海兩次。三海中，南海最漂亮，遍海都是荷花，海中有宮殿，名叫瀛臺。

同治皇帝不學好

張祖翼：#同治之死#同治皇帝的家庭生活很不幸福，夫妻生活老受親媽慈禧的干涉。久而久之，同治就偷偷跑出宮去尋花問柳。上等的風月場，同治不敢去，怕撞見皇親國戚、達官顯貴，撞見了大家就都尷尬了。所以他只能去找小衚衕裡的暗娼。陪他做壞事的，除了一兩個小太監，就是恭親王奕訢的長子、貝勒載澄。

許指嚴：太監們陪著同治皇帝在南城逛窯子。同治自稱是江西拔貢陳某，一次與大臣毛文達、昶熙等在某酒館中相遇。同治衝著兩人微笑點頭，毛文達大驚失色，嚇得一溜煙跑了！他把消息透露給了步軍統領，後者派勇士十餘人密隨同治左右。同治回宮後，專門叫來毛文達痛罵，說他「多事」。

張祖翼：同治皇帝最後得了性病，腰間化膿，臭不可聞。太醫自然是知道怎麼回事，但投鼠忌器，反過來請示慈禧：「太后，您說皇上是得了什麼病？」慈禧答：「天花。」於是，太醫如此向外宣傳，也按照天花來治療，結果同治皇帝就死了。

溥儀：我聽說，同治先帝死於天花。天花並非必死之症，但先帝在病中受了刺激，發生病變而死。據說有一天皇后去探病，在同治床前說起了婆婆又責罵了她，失聲哭泣。同治勸她忍著，說將來會有出頭之日。慈禧恰好偷聽到談話，怒氣沖沖地闖了進來，一把抓住皇后的頭髮，舉手痛打。同治嚇得昏厥過去了。

張口評史：慈禧太后果然厲害，對親兒子、兒媳也這麼凶悍。她的控制欲可見一斑。可憐同治的皇后在同治死後兩個月也死了，說不定是被慈禧折磨死的。

張程：同治皇后之死，有說是慈禧折磨死的，也有說法是皇后在同治死後、同輩的光緒繼位後，苦於身分尷尬，在宮中難以立足，就偷偷寫信請教父親、狀元崇綺。崇綺捎回一張紙，紙上只有一個字：死！（也有說是一個空食盒的。）可憐的同治皇后就在內外兩股壓力下，死去了。

張祖翼：載澄教唆、陪伴皇帝胡作非為，自己更不是什麼好東西。一個夏天，載澄去什剎海遊玩，看到一個漂亮女子，很快勾搭成奸。後來，載澄又策劃了一齣「強搶民女」的鬧劇，當街將此女子搶入王府。這個女子也是宗室女子，只是家道沒落了，論起輩分來，還是載澄的姑姑呢！

@ 恭親王奕訢對兒子載澄的惡行，深惡痛絕。載澄大病，他大喜，盼望著兒子早死，對延醫治藥也不熱心。載澄快不行了，奕訢說：「姑念父子一場，我就去給他送終吧！」到了載澄臥室，看到他氣息奄奄，身上還穿著黑縐綢，用白絲線遍身繡滿蝴蝶。奕訢一見大怒：「即此一身匪衣，早就該死了。」

官運來了擋不住

胡思敬：#清末吏治之亂#一天，慈禧太后讓翰林院提供有關江西情況的「內參」。當天值班的張履春就去匯報了，慈禧記下了「張履春」這個名字。第二天朝會，湖北武昌知府出缺，不等大臣推薦人選，慈禧隨口說：「張履春可用。」大臣們面面相覷，都不曉得張履春是何方神聖？張履春就這樣從七品的翰林編修，破格提拔為四品的知府。

@張履春，草根出身，科舉考試的名次又不高，好不容易留在翰林院，當編修又不到兩年，資歷最淺。按資排輩也好，擇賢選能也好，按說都輪不到他。差役來向張履春報喜的時候，張履春壓根就不讓進門。他說：「這是下人們來訛我的賞錢！這等好事比中樂透還難。」第二天上班，張履春才知道自己真中了頭彩。

張程：可憐張履春的頂頭上司，四品的翰林院侍讀翁斌孫，兩個月後外放山西大同知府。翁斌孫出身常熟翁家，豪門才子，又在翰林院混了十幾年了，這才謀得了一個知府，不過是平級調動，又是偏遠、貧瘠的大同。想起張履春的武昌知府，翁斌孫鬧了好幾天情緒，不願去上任。

@清朝原先很重視地方知府、道臺的人選，往往任命那些考核優秀、為官多年的老成持重之人。清朝中期以後，權臣、督撫保舉推薦的，皇帝、太后隨意任命的，越來越多，打亂了正常的人事秩序。可算是清朝政治亂象之一。

張程：鎮壓太平軍、捻軍，之後又編練水師、收復新疆，湘軍和淮軍為了激勵官兵，保獎極濫，一有功就保舉當官。僧多粥少，絕大多數人只能「記名」（有級別沒有實職），最後記名提督八千人，總兵不下二萬人，副將以下軍官車載斗量，不可勝數，遠遠超過了實際職數。清末高級官員要想得到實職，非督撫密保不可。

@ 剛鎮壓太平天國不久，曾國藩就大舉裁撤湘軍。湘軍官兵怨聲載道。一日，他在南京街頭看到一名衣衫襤褸的老兵，挑著扁擔在乞討，扁擔上掛著記名提督的官服和紅頂戴。一問，原來是跟著他戰鬥多年、現在被裁撤的老湘軍。曾國藩給了他一百兩銀子，讓他把扁擔收起來，不要「汙了朝廷名器」。

許指嚴：書生朱某懷才不遇，投身左宗棠的湘軍，西征作戰。統領很照顧朱某，一天晚上強拉著朱某同床共枕。朱某以為統領是同性戀，大驚，上了床發現統領竟然是個處女！原來，該女子很小就在湘軍中當夥夫，因為皮膚黑、力氣大、能吃苦，沒人懷疑她是女的。她竟然憑著戰功，一路升至統領，指揮數營軍隊。

@ 朱某天天和統領同床共枕，同僚們都鄙視他倆。不久統領的肚子大了，不敢墮胎。朱某就慫恿她向左宗棠直言相告。左宗棠開始以為這是花木蘭從軍故事的清朝版，想上奏朝廷。幕僚勸止，說朝廷猜疑漢人，這事又涉及欺君，不如讓朱某冒充統領，李代桃僵。左宗棠同意。朱某之後因功升為提督。原統領成了他妻子。

@ 桐城人陳春萬，農夫也，多力而有膽。同治初投湘軍，隨大軍轉戰關隴，因功保舉至記名提督。因為不識字又缺乏謀略，陳春萬在左宗棠麾下當了十幾年營官，不要說獲得提督實職，就是想升為統領也無望。後來裁軍，陳春萬的部隊被裁掉了。陳春萬因此失業，窮得竟然沒盤纏回家，漂泊異鄉。

@ 陳春萬走投無路，去找左宗棠，希望能安排個工作，職位高低不挑，只要有口飯吃就行。誰知，左宗棠一見他，就連聲道賀。陳春萬吃驚地說：「標下是來求中堂賞口飯吃的，何賀之有？」左宗棠命設香案，命陳跪聽聖旨。聖旨特任陳春萬為肅州鎮掛印總兵，一品大員。左宗棠嫉妒地說：「你的大印比我還大呢！」

張程：掛印總兵，地位尊崇，和一般總兵不同。常常兼任將軍銜。比如定化鎮總兵，乃掛定邊左副將軍印。掛印總兵可以專摺奏事，直接找皇帝，不受總督指揮。

許指嚴：聖旨寄到左宗棠軍中好多天了，大家找不到陳春萬，正著急呢！左宗棠以為陳春萬搭上了李鴻章這條線（陳李都是安徽人），是李鴻章祕密保薦的。因為肅州鎮總兵，一般由左宗棠這個陝甘總督保舉。左宗棠保舉了兩個人，並沒有陳春萬。所以他懷疑，極可能是李鴻章搞的小動作。

@ 後來聽太監說，軍機處列出了符合肅州鎮總兵任職條件的所有候選人，把左宗棠保舉的兩個人排在最前，奏請御筆圈定。皇帝一般選排名第一的人。皇帝提筆時，把朱墨蘸得太飽，筆還沒舉到左宗棠保舉的兩個人名字上面，就有一滴朱墨滴在了陳春萬名字上。皇帝只好下筆，在陳春萬名字上畫圈，說：「就他了。」

許指嚴：剛毅家世寒微，從滿文翻譯起步，當到了廣東巡撫。慈禧六旬大壽，他讓東造幣廠趕製銀幣三萬圓，親自攜帶入京，賄賂太監一萬圓，其餘孝敬慈禧，說造新幣供太后萬壽賞犒。慈禧見銀幣色澤光亮，很喜歡。太監們也到處說剛毅的好話。不久，剛毅就被提拔為戶部尚書，當了軍機大臣，都是三萬銀幣的功勞。

@ 廣東造幣廠的總辦不知道那三萬圓如何做帳，也不敢問剛毅，不得已把它列入了解京專案下報銷。剛毅得知後，大怒，授意繼任廣東巡撫把這個總辦彈劾罷官了。

許指嚴：聽說當年剛毅進獻慈禧鐵破圖風十二面。因為獻來的禮品太多，慈禧懶於遍閱，只是照收而已。剛毅想讓太后看到自己的屏風，賄賂太監數萬金，把屏風放在宮中必經的路旁。慈禧經過，太監就說：「剛毅進屏風鐵花殊精奇，老佛爺曾賞覽否？」慈禧果然滿意，把屏風搬到自己寢宮存放，從此看好剛毅。

@剛毅不學無術,又極端鄙視讀書人。他說:「人凡求治,何必學問?我沒讀過幾年書,如今備位宰輔,那些讀書人整天咬文嚼字,如今落拓窮途,自保都做不。你說讀書有什麼用?」

@八國聯軍入京,氣勢洶洶地捉拿排外的罪魁禍首。剛毅身為禍首之一,知道不能倖免,想自殺,又沒膽量,就痛飲五色瓜湯,腹瀉了好幾天才死。他聚斂了巨額金錢,去江浙諸省查帳時,把當地的公私積蓄搜刮一空。他死後家財都被洋人所得。家奴林某在剛毅臨死時,偷了十餘萬銀子和剛毅的寵姬,逃往天津逍遙了。

張知本:岑春煊年輕時丁憂期滿回京銷假,覲見皇帝,要上書議論時局。他找人代筆。代筆的人寫得實在太好了,引起了慈禧的注意,很快召見了岑春煊,並擢升他為廣東布政使。岑春煊開始走上仕途快車道。代筆者是個落魄舉人,叫做張鳴岐,當時窮得連換洗褲子都沒有。岑春煊發跡後,張跟著他混,最後官至兩廣總督。

胡思敬:戊戌變法時,岑春煊在北京結交維新黨人,還加入保國會,慷慨上書,因此由候補京卿當上了廣東布政使。到任後與兩廣總督譚鍾麟(譚延闓的父親)關係鬧僵了,兩人相打小報告、互相告狀。團隊不團結,最讓高層頭疼了。結果譚鍾麟的官當到了頭,在總督任上退休了;岑春煊則被貶到偏遠貧瘠的甘肅為官。

@岑春煊性情粗莽,做事咄咄逼人,不計後果。甘肅稅收虧空幾十年,陝甘總督陶模怕岑春煊揭破,又汲取譚鍾麟的教訓,等岑春煊一到任就不斷誇獎岑春煊,多次上摺子保薦岑春煊,盼著早日把這尊瘟神送走。

@1900 年鬧八國聯軍時,岑春煊也不徵得陶模的同意,帶上六營官兵,從甘肅繞道內蒙古,輾轉上千里進軍北京。走到居庸關遇到了逃難的慈禧,穿得像村姑一樣,再看看光緒,耷拉著腦袋坐在驢車上,身邊只有零星幾個衣衫襤褸的太監、宮女。岑春煊忙下馬,跪地大呼:「奴才救駕

來遲！」於是，岑春煊的官運來了！

張程：岑春煊撿著大寶了，一路護送著慈禧、光緒逃到西安。當時端方已經代理陝西巡撫，就等實授了，慈禧硬是撤下了端方，擢升岑春煊為陝西巡撫，幾年內又升山西巡撫、兩廣總督、四川總督。

胡思敬：話說回來，岑春煊雖有老佛爺撐腰，但有恣睢叱吒之才，並非攀緣裙帶的無用之輩。廣東鉅富周榮曜，家產數百萬。岑要他捐錢報效國家，周不肯，巨金賄賂奕訢，買了一個四品頂戴，將要出使比利時。岑春煊大怒，抓緊蒐羅周榮曜的罪狀，要抓他入獄。周逃亡香港，岑春煊就抄沒他的家產充公。奕訢一點辦法也沒有。

胡思敬：李鴻章非常看重鄉誼，重用安徽同鄉。他晚年坐鎮直隸，對同鄉有求必應。安徽人聞風而來，直隸各衙門和北洋各軍營到處是安徽人，幾乎沒有外省人立足的地方。李鴻章的理由是：我率安徽子弟為國家捐軀、殺賊保疆，如今天下太平了，當然要讓子弟們積錢財、長子孫，他們的小過小錯都可以不問。

@ 各省鄉試的主考官，由朝廷在京官中挑選任命。因為雲貴兩省最邊遠，所以兩地的正副主考最先發表，好讓他們早準備、早出發。慈禧七十大壽的前一年，各省鄉試，朝廷挑選李哲明為貴州正考官，劉彭年為副；張星吉為雲南正考官，吳慶坻為副。四人名字合為「明年吉慶」。個中原因就兩個字：獻媚。

張程：名字很重要。末代科舉狀元劉春霖就是因為名字喜慶，才被提到頭名，讓慈禧看著有個好心情。而譚延闓就因為姓譚，又是湖南人，和慈禧痛恨的譚嗣同同姓同鄉，即使中了頭名進士，也被挪到二甲三十五名，淹沒在眾人中，免得觸了慈禧的霉頭。

胡思敬：袁世凱以同知銜分配直隸候補。很多這個級別的官候補了幾十年都得不到任何差使。直隸布政使周馥管人事，得知袁是袁甲三的姪

子，才分給他幾件事做。袁世凱發達後，周馥反過來向他獻媚。周時任山東巡撫，只要有人拿著袁的薦書來，不管是什麼貨色，都委以要職。布政使不解，周馥說：「這是慰帥（袁世凱）的意思啊！」

曾國藩「自我批評上癮」

張程：＃曾國藩與天津教案＃曾國藩這個人，極端自律。按照他自己的話說是「日三省吾身」，現代人看來純粹是「自我批評上癮」。他如果沒有早起，哪怕是比打鳴的公雞晚起了一分鐘，就罵自己「一無所為，可恥」；偶爾吟詩作賦、尋章摘句，沒把精力用在經史子集和八股文章上，他就罵自己好名，「可恥」。

＠曾國藩當官後，寫信給地方官吏，親切一點，就罵自己「意欲餌他饋問」，「鄙極醜極」，提筆重寫一封語氣平淡的回信；有時和人清談，爭口頭便宜，曾國藩又罵自己妄語，如果再犯「明神殛之」。

＠聽到黃色段子，曾國藩難免心癢癢，不過馬上痛罵自己是「真禽獸」；他去朋友家赴喜筵，看到女子在座，難免寒暄了幾句笑話，曾國藩就自責：「放蕩至此，與禽獸何異！」有一次，他看人下棋，忍不住說了幾句怎麼下，被下棋的人制止後，曾國藩依然如故。事後，他痛責自己：「直不是人！」

張口評史：曾國藩是一個智商平庸、出身寒微的草根，能當官，能當大官，還要感謝常年不懈的「自我批評」。他始終保持著刻苦、認真和謹慎小心的做派，才能從一個草根做到封疆大吏。

張程：曾國藩小時候天賦不高，一次重複朗讀一篇文章，就是背不起來。他就不睡覺，深更半夜了還一直讀。有個梁上君子，趴在屋簷下，就

等曾國藩睡覺後下來偷東西。可是曾國藩老是背不起來，害得他沒法下手。小偷實在忍不住了，跳下來大聲說：「這種水準讀什麼書？」他當著曾國藩的面，把那篇文章背了一遍，揚長而去。

@ 曾國藩所處的時代是中國「三千年未有之大變局」，西方列強洶湧而來，中國外患接踵不斷。曾國藩對朝廷一再受辱痛心疾首，不過對越來越多的不平等條約，曾國藩主張「恪守和局」，要「誠信」，要忍讓，對列強不能強硬，因此被看做「投降派」。

@ 曾國藩的對外忍讓，並不是投降，而是冷靜分析敵我力量後的務實選擇。敵強我弱，事實就擺在那裡，我們與其盲動，遭惹更大的打擊和屈辱，不如遵守現行外交制度，利用新的遊戲規則來保護自己。暫時的忍讓是為了將來的作為，曾國藩希望國家能夠在和平的環境中，埋頭發展，韜光養晦，以待來日。

@ 曾國藩認為：「既已通好講和，凡事公平照拂，不使遠人吃虧，此恩信也。至於令人敬畏，全在自立自強，不在裝模作樣。臨難有不可屈撓之節，臨財有不可點染之廉，此威信也。」

張口評史：一國的國際地位不在於口號，而在於實力！裝模作樣，慷慨激昂都是沒用的。

張程：**西元 1870 年夏天**，天津城內發生了多起拐匪用迷藥誘拐小孩事件。官府無暇偵破，事主和鄉紳們就自發組織起來，捉住了一名叫武蘭珍的迷拐犯。在民眾的嚴刑拷問之下，武蘭珍供稱其作案所用迷藥為法國天主教堂的王三所提供。一段不可靠的招供，引發了一樁近代史上的大案！

@6 月 21 日，天津靜海知縣劉傑帶武蘭珍去天主堂對質，發現「堂中之人，該犯並不認識，無從指證」，也沒有武蘭珍所供的王三這個人，更沒有他所供稱的地點、物件等。後來在武蘭珍的身上發現了「跪傷」、「棒傷」和「踢傷」，可以認為武蘭珍是被屈打成招，信口攀附的。

張口評史：真相如何，並不重要。人們長期累積的對外國教會的不滿，藉著迷拐案爆發了出來。義憤填膺的天津百姓很快相信法國天主教堂就是迷拐案的幕後真凶。

張程：天主教堂辦有有嬰堂，收容無家可歸或者病重的孩子。可是人們只看到孩子進去，沒看到孩子出來，也很少看到教堂中孩子們歡蹦亂跳。相反看到教堂裡有許多玻璃瓶子，裝著各種器官，其中有的酷似人的眼睛。當年夏天，人們還看到教堂後面出現了不少新墳，常常有野狗刨開墳墓拖出小孩子的屍體來，慘不忍睹。

張口評史：教堂收留的孩子，有些奄奄一息，進來不久就死了。教堂因為平日和中國民眾關係緊張，不敢在白天掩埋，選擇在夜間草草下葬。因此埋得很淺，所以容易暴露。

張程：教堂修女展開「危機公關」，計劃邀請百姓派代表進入教堂實地檢視。這不失為解決問題的可行辦法。

@ 但法國駐天津領事豐大業不讓修女們這麼做。只見他腰上插兩桿槍，手上拿著利刃，帶著隨從氣勢洶洶地闖入三口通商衙門，要求通商大臣崇厚鎮壓群眾。崇厚打著官腔說：「有話好好說。」豐大業驕橫慣了，拔槍就射崇厚，沒打中。崇厚趕緊找個地方藏起來。豐大業咆哮不已，在衙門內打砸一通，揚長而去。

@ 崇厚見豐大業要走，探出頭來，好心衝著豐大業的後背喊：「領事大人，外面的群眾情緒已經失控了，我勸你還是別出去，防止出意外啊！」豐大業大喊：「我不怕中國百姓！」然後拿著刀和槍，大搖大擺走到天津街道上耀武揚威去了。

@ 還真是巧了，豐大業出衙門，遇到靜海知縣劉傑。雙方沒說幾句，豐大業又是拔槍向劉傑射擊，當場打死劉傑的家人劉七。「洋鬼子殺人了！」圍觀的百姓蜂擁而上，將豐大業及其隨從群毆致死。事情至此大爆

發，沒辦法逆轉了。

@ 百姓吶喊著衝入天主教堂，扯爛法國國旗，打死法國神父修女，一把火燒了教堂、法國領事署。英美教堂也受到池魚之禍，被燒成廢墟。騷亂波及外國商行，演變成全面的排外事件。外國外交官、神職人員、商人及其妻兒等，共計 20 人被殺，還有數十位受僱於外國人的中國百姓遇害。這就是震驚中外的「天津教案」。

天津教案只能這麼辦

張程：# 天津教案善後 # 西元 1870 年，直隸總督曾國藩 59 歲，右眼失明，肝病加重，經常出現眩暈乃至昏厥。他在家信中坦言：「十六日餘患眩暈之症 …… 十七、十八日病狀如常，登床及睡起則眩暈旋轉，睡定及坐定之時則不甚眩暈，仍似好人。」他的日記則記載：「床若旋轉，腳若朝天，首若墜水，如是者四次，不能起坐。」

@ 天津教案發生後，朝廷下令曾國藩去處理善後。但早在一個月前，曾國藩就請病假一個月臥床養病，在接到聖旨前幾天剛剛續假一月，得到了慈禧批准。曾國藩完全可以不去天津善後，但抱著「我不入地獄誰入地獄」之心，不顧身染沉痾，開始了悲壯的天津之行。

@ 慈禧太后下達了兩項任務給曾國藩：「和局固宜保全，民心尤不可失。」既不能得罪洋人，又不能委屈百姓，這是多麼冠冕堂皇的要求，又是多麼美好的願望啊！遺憾的是，它是「不可能的任務」。

@ 北京的大臣們制定政策時，為了推卸自身責任和壓力，根本不考慮底下的實情和經辦人的苦衷。曾國藩沒有直接的外交權力，每件事情都要「請旨辦理」。朝廷「高度重視」教案，平均三四天就頒布諭旨給曾國藩，

指手畫腳。事實上，諭旨已經替曾國藩規定了具體善後措施：查辦燒教堂殺洋人的凶手；查辦地方官員。

@ 法國公使羅淑亞要求懲治凶手，而且明說此案是天津地方官員主使行凶，要求交出天津知府張光藻、靜海知縣劉傑及天津總兵陳國瑞給豐大業抵命。如果不交人，羅淑亞揚言要派兵遠征中國。法方再三照會曾國藩，要求上述三名官員抵命。曾國藩置之不理，反問：「法使稱府縣主使，究有何據？」翻譯口塞不能回答。

@ 曾國藩抵達天津時，教案已經過去 20 天，但天津百姓依然激憤不已，滿城囂囂。官民上下都強烈呼籲對外強硬，拒絕妥協。曾國藩的轎子在街頭壓根就走不動，攔轎遞稟的官紳百姓填街溢市。曾國藩「每收一稟，其衣冠而來者，必數十或數百人」。人們不知道，在朝廷和法國的雙重壓力下，曾國藩並沒有自主的餘地。

@ 曾國藩好不容易到衙門坐下來，天津地方官員又集體進謁。他們無一不主張排外，請求不惜一戰，有說藉助天津百姓的義憤，驅逐一切洋人的；有說聯合俄羅斯、英國，專攻法國的；有彈劾崇厚，主張繼續激勵官民士氣的；有說調動軍隊，準備戰爭的。曾國藩深切感到天津官民氣勢洶洶，不好得罪。

@ 天津百姓對燒教堂殺洋人的「壯舉」津津樂道。涉案百姓被捕入獄，城內外都視之為英雄，人人為之串供；沒有被捕的涉案之犯，家家為之藏匿。民間把天津教案進行史詩般的理解，畫圖刻板，印刷斗方、扇面，到處流傳。有人還將之編成戲曲演出，雖然很快被曾國藩查禁，但人心向背可見一斑。

@ 曾國藩設立發審局，懸賞緝捕犯人、日夜審犯求供。即便如此，案件審訊進展緩慢，審案官員千方百計、嚴刑峻法，都不能讓犯人供認一語，即便供認了也時供時翻。涉案百姓紛紛說：「只要殺我便能了事，將

我殺了便是，何必拷供？」又說：「官辦此案是國家的事，我等雖死亦說不得，但不能令洋人來辱我。」

@ 曾國藩感覺此案「節節棘手，愈辦愈窘」。朝廷對曾國藩的勞累、苦楚視而不見，只看到案件遲遲不能了結，於是一日一函，語氣越來越重，催促結案。「又要速，又要實，又要多，又要機密」，曾國藩的幕僚都認為朝廷「信筆豪言」，「何異癡人說夢」！

@9 月，曾國藩奏報清廷，定首批「要犯」32 人，其中 15 人正法，10 月又將 9 名「要犯」上奏，其中正法 5 人。曾國藩根據「一命抵一命」的原則，拿 20 條中國人命給被殺的 20 名洋人「抵命」。朝野直斥此舉荒謬。行刑之時，百姓萬人圍觀，高呼「好漢」為他們壯行。

徐珂：天津四門千總張某，對教案發生也有責任。他見曾國藩左右為難，就收買了 16 個貧民，每人給五百貫錢，讓他們「認罪」參與教案，並許諾不會有性命危險。案定後，16 人都被處死了。罔民之罪雖在張某，而曾國藩實操縱之，一直愧疚在心。

張程：法國人對曾國藩的判決不能理解。有法國人感嘆曾國藩就像是在一個陌生廟宇中的中世紀族長，完全無法溝通。其實，曾國藩何嘗不知道「以命抵命」的荒謬，但只有這樣做，才能完成善後任務。

@ 屠刀一落下，舉國譁然。曾國藩迅速淪為舉國口誅筆伐的對象，成了新的「賣國賊」，北京的湖南同鄉以曾國藩為奇恥大辱，虎坊橋長郡會館中懸掛的曾國藩「官爵匾額」被人擊毀。湖南當地的士大夫集會，一致決定將曾國藩削去「省籍」，不承認他是湖南同鄉。

@ 一個舉子撰寫了對聯，刻薄挖苦曾國藩：「殺賊功高，百戰餘生真福將；和戎罪大，早死三年是完人。」在輿論裡，曾國藩簡直就是個士林敗類、朝堂奸臣。他很快被朝廷調任兩江總督，百口莫辯，鬱鬱寡歡，沉默少語，兩年後病逝。

曾紀澤虎口奪食

張程：＃新疆危機＃同治初期，新疆各族人民反清大起義。南疆喀什的割據勢力向中亞汗國浩罕乞師求援，要迎請長期流亡境外的分裂分子、大小和卓之後、張格爾之子布素魯克汗返回新疆。浩罕國同意了，派一名叫阿古柏的軍官護送布素魯克汗進入南疆。進入南疆不久，阿古柏驅逐布素魯克汗，攻占天山南北大部分地區，自立為汗。

＠阿古柏是個兩面派。英國拉攏阿古柏，資助他軍火，女王還寫了一封親筆信給他。阿古柏宣稱自己是英國最親密的朋友，英國政府承認了阿古柏政權。沙俄政府也來拉攏他，派出使團承認阿古柏政權，阿古柏又宣稱自己是俄羅斯的老朋友。俄國和阿古柏簽訂了《俄國和喀什噶爾條約》，在新疆獲得了大量侵略權益。

＠阿古柏帶著浩罕軍隊進入新疆之初，清政府還以為阿古柏是來「報效」清朝、「助中國討賊」的。等到阿古柏勢力幾乎占領新疆全境，割斷中西交通，清政府這才意識到問題麻煩了。但是為時已晚。當時清政府國庫空虛、軍隊貧弱，東南沿海和新疆都出現問題，先顧哪邊呢？「海防塞防」之爭爆發。

＠直隸總督李鴻章認為「海防西征，力難兼顧」，主張放棄新疆，「移西餉以助海防」。他認為國家主要威脅來自海上，而「新疆不復，於肢體之元氣無傷」。陝甘總督左宗棠力主收復新疆。新疆雖遠，關係到全國安危，一旦新疆落入他人之手，則本來不穩的蒙古局勢將惡化，蒙古動盪將直接影響京畿地區。

八國聯軍俄國官兵在北京

@1878年，左宗棠收復除伊犁外的其他新疆領土。新疆內亂伊始，沙俄就出兵占領伊犁，清政府馬上與俄國交涉。俄方謊稱俄軍「代為占領」伊犁，避而不談交還伊犁的內容。清政府一聽「友邦」這麼好心，也就沒有再深入交涉下去。平亂後，清朝派盛京將軍崇厚出使俄國，計劃「要」回伊犁。

@天津教案發生後，需要有人出國向外國賠禮道歉。滿朝大臣沒人願意把臉丟到國外，去向化外蠻夷低頭賠罪。朝廷只得指定崇厚「充出使大法國欽差大臣」，讓他賠禮道歉。如今，伊犁難題棘手，朝廷很自然地就讓「經驗豐富」的崇厚去找俄國人交涉了。

@崇厚是個軟柿子，被俄國人一嚇唬，擅自於西元1879年簽訂了《里瓦幾亞條約》。中國收回伊犁孤城，卻將周邊的領土割讓給俄國，賠償沙俄「代收代守伊犁兵費」500萬盧布；向俄國開放更多口岸，俄商在中國蒙古地方及新疆全境免稅貿易等等。崇厚的確收回了伊犁，但喪失了比伊犁主權更多的主權。

@ 條約一經公布，掀起軒然大波。其中喪權辱國內容就是讓一味投降的庸才也接受不了。李鴻章雖然也對崇厚擅自割地賠款不滿，但覺得：「崇厚出使，係奉旨給予全權便宜行事，不可謂無立約定議之權。若先允後翻，其曲在我。」主張接受既定事實。

@ 清政府於西元 1880 年 1 月將崇厚革職拿問，定為「斬監候」，並在 2 月照會俄國，崇厚所議條約不算數，中國改派一等侯、駐英法公使曾紀澤兼任駐俄公使，和沙俄談判改訂條約事宜。同時左宗棠抬著棺材，兵分三路進逼伊犁，準備一旦談判破裂就強攻伊犁。這是近代外交中，中國少有的強硬姿態。

張程：曾紀澤是曾國藩的兒子，是「第一個懂得外語的中國外交官」。曾紀澤是第一個用個人名義公開發表英文文章的中國外交官。〈中國先睡後醒論〉（*China, the Sleep and the Awakening*）在倫敦《亞洲季刊》1887 年 1 月號上發表，曾紀澤闡述了對殖民的看法，預測中國必將崛起。

@ 曾紀澤的英語，是在替父親曾國藩守孝的時候自學的。守靈期間，曾紀澤在沒有教材、沒有老師、沒有基礎的條件下，僅靠一本英漢詞典和教會發的《聖經》，竟然掌握了英語基礎。之後，曾紀澤幾乎每天都花大量時間學習英語，能夠自如閱讀英文書籍，和洋人流暢交流。

@1880 年代，英國興起了禁煙運動，清政府也想提高輸華鴉片稅收。曾紀澤藉助英國禁煙運動的聲勢，與禁煙協會保持密切聯繫，終於在西元 1885 年迫使英國政府同意鴉片稅在原來每箱 30 兩的基礎上加徵厘金 80 兩，稅厘並徵 110 兩。

@ 談判開始，沙俄搬出俄國與阿古柏政權的條約，堅持賴在伊犁。曾紀澤反駁說阿古柏是入侵者，政權本身不合法，況且已被消滅，俄國與阿古柏政權的所有條約都是非法的。沙俄稱俄軍「代管」伊犁消耗了大量的人力、物力、財力，不能撤軍。曾紀澤說既然你們承認「代管」，那伊犁

就是清朝領土，賴著不走就是侵略。

@ 沙俄鑑於曾紀澤在領土問題上寸步不讓，決定同意將伊犁全境歸還清朝。但提出了兩個附加條件：第一清朝從黑龍江或者從烏蘇里江領域劃一地給俄國，補償沙俄從崇厚那裡得到的割地；第二清朝賠償俄國「代管」伊犁付出的兩億盧布。曾紀澤指出，願意將伊犁西邊之地在修界時酌讓若干，已到極限，拒絕其他要求。

@ 沙俄繞開曾紀澤，派軍艦進入渤海，恫嚇清王朝。朝廷被嚇壞了，總理衙門連連催促曾紀澤盡快完結談判。慈禧太后甚至發來懿旨，要求曾紀澤妥協簽約。曾紀澤全都頂住不辦，承受了巨大壓力。俄國要派代表去北京找慈禧直接談，曾紀澤就收拾行李，說：我也去北京，反正你們只能和我談！

@ 僵持期間，沙皇亞歷山大二世在閱兵時遭炸彈襲擊身亡！曾紀澤如釋重負，相信沙俄內政將急遽惡化，政局不穩，沒有資本繼續耗下去了。他馬上向俄國人表示，要向「新沙皇」遞交國書。沙俄外交部很快答覆：伊犁問題按曾紀澤提出的條件簽約，並且建議第二天就簽字，越快越好！

@1881 年 2 月，中俄簽訂《伊犁條約》。清朝除接管伊犁九城外，爭回了原來崇厚私自割讓的伊犁南面兩萬多平方公里的領土。該條約依然是一個不平等條約，中國喪失了領土、賠款、商務和外交上的許多權益。但曾紀澤畢竟為國家爭回了大片土地，廢除了部分不平等內容。這是晚清外交少有的大勝利。

@ 條約一公布，世界輿論譁然。英國駐俄國公使德佛羅當日向英國外交部電告此事時稱：「奇蹟！中國的曾紀澤已迫使俄國做出了它未做過的事，把業已吞下去的領土又吐了出來！」法國駐俄公使商西也用「奇蹟」評價曾紀澤的表現：「無論從哪方面看，中國的曾紀澤創造的都是一個奇蹟！」

@1883 年至 1884 年，曾紀澤在巴黎就越南局勢與法國政府進行談判，立場強硬，為國爭利。但朝廷上層一意主和，決心妥協。結果，曾紀澤被解除駐法公使的職務，並在西元 1885 年 6 月卸任駐英俄公使職務，被召回國。曾紀澤歸國後無甚作為，不滿 52 歲便鬱鬱而終，諡號「惠敏」。

東太后與西太后

許指嚴：同治駕崩，皇后有孕在身。兩宮皇太后召集王公大臣討論繼位問題。慈禧藉口皇后不知道什麼時候能生，皇位不能空缺，要立他人。奕訢反對，建議祕不發喪，等皇后分娩後再討論新帝人選不遲。多數人讚同此議。慈禧說南方太平軍未滅，朝廷不能無主，要求擁立他人。軍機大臣首先贊成，於是慈禧的意見通過。

@ 據說同治有「遺詔」，要傳位貝勒載澍。同治病中單召軍機大臣李鴻藻入見。李到後，看皇后也在，忙免冠伏地。同治說，現在不是講禮的時候。皇后表示國賴長君，她不願居太后之虛。於是，同治口授遺詔，以載澍入承大統，由李鴻藻在御榻側寫成。整個詔書千餘字。寫完後，同治讓李鴻藻保管好詔書。

@ 沒想到，李鴻藻出去後，兩腿顫慄，面無血色，跑到慈禧宮中，把事情和盤托出，從袖中拿出遺詔遞給了慈禧。慈禧閱畢，怒不可遏，立刻把遺詔撕得粉碎，擲在地上，把李鴻藻罵出去。她下令斷絕同治的醫藥飲食，封鎖同治所在的乾清宮。不久，同治就駕崩了。他可是慈禧的親生兒子啊！

張程：載澍是康熙長子胤禔的六世孫，光緒四年（1878）過繼給道光第九子孚郡王奕譓為嗣，封為貝勒，光緒二十三年被革去貝勒，杖責

八十，永遠圈禁，四年後被釋放但不准回府。慈禧死後，載漪才被接回王府，但沒有爵位，以「頭等侍衛」了卻餘生。革爵、杖責和永遠圈禁是對宗室最重的刑罰，後人懷疑是慈禧報復載漪。

@ 慈禧喜歡包辦婚姻，將弟弟桂祥的小女兒「指婚」給了載漪。載漪不喜歡新娘，婚後夫妻不和（和光緒情況類似）。他年輕氣盛，拌嘴時難免說氣話，說了些慈禧的過頭話。老婆把話傳回娘家，桂祥夫人又添油加醋傳給了慈禧。為了樹威，慈禧請所有宗室王爺來為載漪「議罪」。奕訢、奕譞等求情，載漪才保住性命。

@ 乾隆朝開始優待親貴，愛新覺羅皇族的日子很好過。但慈禧因為小夫妻拌嘴就對載漪嚴刑懲罰。打板子原本就做做樣子，太監報個數字就行。據說打載漪板子時，桂祥夫人派人監刑，載漪真被打得皮開肉綻。慈禧為了震懾同樣夫妻不和的光緒，在頤和園的島上修建了一座天牢，把載漪關在裡面坐井觀天，生不如死。

@ 李鴻藻和李鴻章沒有關係，更不是兄弟，李鴻章是安徽合肥人，他是河北保定人，被咸豐指定為大阿哥的師傅，也就是同治的帝師。他出賣同治有功，歷任尚書、大學士、軍機大臣，光緒二十三年（1897）死，78歲，諡號文正，贈太子太傅。李鴻藻雖位極人臣，但不像李鴻章那樣拉幫結派，作為和影響也遠不及後者。

@ 李鴻藻的小兒子李石曾後來投身革命，成了國民黨元老，是勤工儉學運動的倡導者、故宮博物院首任理事長，還跟著馮玉祥的軍隊逼溥儀搬出紫禁城。當時的內務府大臣看到李石曾，驚奇地說：「你不是故相李鴻藻大人的公子嗎？也來逼皇上？」

許指嚴：# 光緒繼位 # 慈安推薦恭親王之子繼位，因為血統最親。奕訢聽了，叩首說「不敢」。慈禧又問宗室載淇。慈安就勢推薦載淇的兒子溥倫。溥倫是同治姪子輩中最年長的。可是載淇也叩首謙讓。慈禧就推薦

奕譞之子載湉，也就是自己的外甥。慈安心裡不同意，也不說話。奕訢說載湉太小，要立長不立幼。慈禧說，那就投票決定吧！

@ 王公大臣寫名字投入一個小甌中，當場唱票揭曉。奕譞等人投溥倫，有三人投奕訢的兒子，其他人都投給了載湉。年齡、血統都不占優勢的載湉繼位，就是光緒皇帝。慈安以為是天意。其實慈禧在同治年間黨同伐異，她的黨羽早在王公大臣中占據優勢。看似公平公開的投票，成了慈禧的遮羞布。皇帝年幼，慈禧依然垂簾聽政。

張程：傳說奕譞和哥哥咸豐關係最親密。咸豐臨終前，想學漢武帝殺母立子以防後患的做法，賜死慈禧。奕譞力勸不可，慈禧才保住性命，對奕譞最感恩在心。慈禧選定奕譞的兒子為新皇帝，有報恩的成分在，並不僅僅因為他是自己的妹夫。

許指嚴：慈禧成天和戲子談天宴樂，或者稱病不視朝，慈安忍讓大度，有事就屈尊前往慈禧住處商量。某一天去得很早，太監宮女們要稟報，慈安搖手不讓，直接進入慈禧寢室，看到慈禧橫臥榻上，一男子穿著伶人服裝為她撫膚捶腰。兩人關係曖昧。慈安義憤填膺。慈禧當下俯地叩首，痛哭流涕，表示痛改前非。

@ 慈安說：「我受先帝遺詔，本應處死妳，念妳才堪臂助，我們又情同姐妹，不忍下手。妳不速速改正，我就公事公辦了。」慈安當下將伶人賜死，幫慈禧遮擋了過去。死的伶人姓金。這事是金家的人說的。

張程：慈安說的「先帝遺詔」是怎麼回事呢？@ 許指嚴

許指嚴：慈禧生性殘忍，肆意侮辱下人，曾灌水殘殺他人。咸豐死前，對慈禧的變態心理大有防備，對慈安說「那拉氏絕不可信，如遇大事，由妳決斷」，「彼果安分無過，自當始終曲全恩禮。若其失行彰著，汝即可召集廷臣，將朕此旨宣示：立即賜死，以杜後患」。他留了一封詔書給慈安，作為尚方寶劍 @ 張程

@ 慈安以為幫慈禧遮掩，慈禧會感恩戴德；誰知慈禧殺心已定，表面佯裝平靜。據說慈禧開始百般討好慈安，慈安竟被哄得燒掉了咸豐的遺詔。慈安喜歡吃點心，慈禧假裝民間貢獻點心，請慈安品嘗。慈安很高興就吃了，當天即暴卒宮中。

@ 慈安吃完，出來召見軍機大臣，見了恭親王奕訢、大學士左宗棠、尚書王文韶、協辦大學士李鴻藻等。王公大臣散後，宮中就傳來慈安駕崩的噩耗，大家驚駭不已，趕到慈安宮中，看到慈禧端坐在那。慈禧說：「姐姐平時身體不錯，何以突然暴變？」王公大臣們沒一個敢接她的話，也沒一個人敢追問病因。

@ 凡后妃歿，要傳家屬及親戚入後宮瞻視後才小殮。慈安死後，慈禧卻不讓慈安的家人入宮檢視。群臣也沒有一個人敢提出這事，有的是懾於慈禧之威，更多的人是甘為慈禧死黨。

@ 同治留下的懿貴妃年輕貌美，和總管內務府的慈禧心腹榮祿勾搭成奸，被人撞見私通現場，報告慈禧。兩人渾身哆嗦，以為大禍臨頭。慈禧暗示庇護，但慈安不肯，要公事公辦。此事被翁同龢奏劾，請明正典刑。懿貴妃羞憤自盡，榮祿在慈禧庇護下罷官閒散 7 年。慈安死後，榮祿復出，對慈禧死心塌地。

躺著也中槍的楊乃武

楊睿：# 楊乃武小白菜案 # 我的父親楊乃武，20 多歲考取了秀才。我父親性情耿直，平日看到地方上不平之事，他總是打抱不平，又常把官紳勾結、欺壓平民等事編成歌謠。官府說他慣作謗詩，譏謗官府。

@ 餘杭倉前鎮是漕米重鎮。百姓完糧，陋規極多，交銀子有火耗，交

糧米有折耗，量米時還要用腳踢三腳，讓米溢位斛外，溢位的米不許農民掃取。受欺的都是一些中小糧戶，他們叫苦連天。我父親代人寫狀子，向衙門陳訴糧胥剋扣浮收，請求官府剔除錢糧積弊，減輕糧戶額外負擔。

@ 餘杭縣官劉錫彤，為官貪暴，見我父親寫狀子告糧吏浮收舞弊，認為是多管閒事。倉前鎮收糧官何春芳更反咬我父一口，說我父鼓動農民抗糧不交，代農民包交漕米，從中牟利。劉錫彤根據何春芳的反訴，傳我父去訊問。我父據理辯白，劉錫彤說我父吵鬧公堂，目無王法，趕出衙門。錢糧之舞弊如做。

@ 我父親憤恨不過，於夜間在縣照牆上貼上一副對了：「大清雙王法，浙省兩撫臺。」因為大清曾有明令，量米不許用腳踢，撫臺也有布告，溢米准出糧戶掃取，但餘杭卻仍是不改。由於此事，縣官、胥吏都怨恨我父親。

張程：性格決定命運。楊乃武是餘杭士大夫階層的一個刺兒頭，屢屢破壞潛規則，壞了不少人的好事。他人緣很不好，一旦出什麼事，幫忙的少，袖手旁觀的、起鬨的甚至衝上來踩幾腳的人就多。

楊睿：小白菜本名畢秀姑，餘杭人，童年喪父，生活無靠，其母改嫁一喻姓小販。小白菜隨母到喻家，為繼父所不喜，在家幫母親做些粗活，常受市井無賴的調笑侮辱。因為她喜歡穿件綠色衣服，繫條白色圍裙，人又清秀，街坊給她起個綽號叫「小白菜」。

@ 倉前鎮對岸葛家村人葛品連，是餘杭一個豆腐作坊的夥計。同治十年（1871 年），葛品連透過媒人聘畢秀姑為妻。秀姑時年 18 歲。葛品連成親後，因房屋狹窄，久居不便，想在外面另租房屋。恰好我家自居外尚有餘屋一間。葛品連即向我父承租，月租 1,000 文。

@ 葛品連每天半夜就要起床做豆腐，宿在作坊，不常回家。秀姑常請我父親教她識字，我父又教她念佛經。我母親常叫她在我家吃飯。一些市井無賴便製造謠言，說「羊（楊）吃白菜」。謠言可畏，我父想擺脫困境，

藉口葛品連拖欠房租，要收回房子。葛品連藉機另租了一間房屋居住。之後，我們兩家切斷了聯繫。

@十月初九早晨，品連因病回家休息，第二天早晨在家死亡。葛死時正是十月小陽春天氣，氣候很暖，品連身胖，至夜間屍體口鼻內有淡血水流出。品連義母馮許氏對生母沈喻氏說，品連死得可疑。十一日黎明，由地保、沈喻氏赴縣衙報案。

@（葛家訴狀）僅說死因不明，並未涉及任何人。知縣劉錫彤正想帶領仵作前往驗屍，當地紳士陳竹山到縣衙來給人看病。陳是個秀才，懂得一點醫道，平日進出官府，與我父不睦。他聽說葛品連身死不明，屍親報案，即對劉錫彤說，外面早有傳言，說楊乃武與葛品連之妻有私。葛品連暴亡，內中恐有別情。

張程：知縣劉錫彤是個年逾花甲的老官僚，早就對為民做主、對抗官府的楊乃武有所不滿，聽了陳竹山的耳邊風，先入為主地懷疑「案情複雜」起來。

楊睿：劉錫彤隨即前往驗屍。當時屍體已經膨脹，上身作淡青色，肉色紅紫，仵作沈祥辨認不真，認作服毒。因屍體未僵，沈祥說可能是煙毒。門丁沈彩泉因聽了陳竹山說的話，心疑與我父有關，就說不是煙毒，一定是有人用砒霜毒死。

張程：劉錫彤迅速把畢秀姑抓起來，嚴刑拷打加威逼利誘。畢秀姑在酷刑之下，承認自己下砒霜毒死了丈夫葛品連，而砒霜是楊乃武給的。

楊睿：因我父是新科舉人，不便用刑，（劉錫彤）十二日即申請將我父功名革去。不等上面批下來，即動刑審問，一連審了數次，夾棍火磚等刑都使用了，我父還是不承認。案發時我父在南鄉我外婆家除靈，無由交給畢秀姑毒藥。我堂叔、舅父等都到衙門作證，為我父剖白。（劉錫彤拒絕採納，判楊乃武、畢秀姑通姦殺人。）

@ 案子報到杭州，知府陳魯翻閱原供，見我父並未承認，就叫把全案解府覆審。劉錫彤親到杭州打點，還把原供作了捏造修改。把沈喻氏供稱死者「口鼻流血」改為「七竅流血」；探毒銀針「未用」皂角水擦洗，加上「已用」皂角水擦洗；因畢秀姑供稱是初五拿砒霜，而當天我父在外婆詹家，劉錫彤就改為「初三」。

@ 陳魯是軍功出身，看不起讀書人。他早知我父慣作謗詩，譏謗官府，認為我父是一個不守本分的人。倉前鎮糧戶鬧糧的事，也知是我父為首。又有劉錫彤先入之言，故此案一解到府裡，即不容我父置辯。用嚴刑逼問我父，跪釘板、跪火磚、上夾棍，幾次昏去。（楊乃武屈打成招，供認從錢寶生處買的砒霜。）

@ 陳魯取得我父口供後，不傳錢寶生來對質，卻叫劉錫彤於廿七日轉回餘杭傳訊錢寶生，訊問他賣砒霜的經過。錢寶生說這個月並沒看見過楊乃武，更沒有賣過砒霜。並說自己開的是小藥鋪，鋪裡並沒有砒霜。而且說他的名字也不叫錢寶生，是叫錢坦，從來沒用過錢寶生這個名字。劉錫彤一再威逼騙誘，錢寶生還是不肯承認。

@ 陳竹山編錢寶生的弟弟錢塏說，賣砒霜的藥鋪不必為砒霜的用途負責，承認下來沒什麼罪，至多是杖責，不承認反而有罪。錢塏就勸哥哥承認。錢寶生聽他們這樣一說，就寫了一張賣砒霜給楊乃武的證明。劉錫彤騙得錢寶生的證明後，陳魯即據供詞及甘結定案，按律擬罪：「葛畢氏凌遲處死」，「楊乃武斬立決」。

@ 此案到了巡撫衙門，巡撫楊昌浚派桌臺會審，不問案情真假，一味庇護府縣原判。我父一再供稱並無購買砒霜之事，前係畏刑亂供。楊昌浚委派個官員去餘杭「密查」。劉錫彤重賄官員，盛席招待。官員酒足飯飽後，回報「無冤無濫」。楊昌浚即依照原擬罪名斷結，勘題上報。只要刑部回文一到，就要立即執行。

楊乃武案是一盤很大的棋

楊睿：＃楊乃武翻案＃寫呈詞沒有紙筆，有個監視我姑媽探監的獄卒，很同情我父，設法弄來紙筆。我父將呈詞擬好，交給我姑媽帶出，由我父親的舅父姚賢瑞作「抱告」，陪同進京。我姑媽和我母親帶著我哥榮緒，身背黃榜（冤單），歷盡千辛萬苦，走了兩個多月，才到北京，向都察院衙門控訴。

＠浙江有個京官叫夏同善，丁憂期滿要回京，杭州胡慶餘堂胡雪巖為他餞行。胡雪巖有個西席吳以同作陪客，吳以同是我父的同學，知道我父此案有冤情，在席間和夏同善談起這個案子的曲折情況及我父平日為人。夏同善記在心裡，答應回京相機進言。吳以同介紹我姑媽見胡雪巖，胡雪巖襄助了到京的路費和用度。

張程：這個夏同善可不是一般的官員，而是光緒皇帝的老師。光緒皇帝有兩個老師，一個是後來大名鼎鼎的翁同龢，另一個就是夏同善。有了夏同善的參與，楊乃武案就不是一般的訴訟了。

楊睿：夏同善答應設法幫忙，介紹我姑媽遍叩浙江在京的一些官員30餘人，並向步軍統領衙門、刑部、都察院投遞冤狀。夏同善又商之於翁同龢，翁同龢也很表同情，把本案內情面陳兩宮太后，請皇上重視此案。西太后下了一道諭旨，叫刑部令飭楊昌浚會同相關衙門親自審訊，務得實情。同時又叫御史王聽到浙江私訪。

＠楊昌浚得知欽派胡瑞瀾提審此案後，就向胡威逼利誘，說此案已經反覆審問多次，無偏無枉，不宜輕率變動。如果有所更改，不僅引起士林不滿，地方負責官吏，今後亦將難以辦事。同時又推薦寧波知府邊葆誠、嘉興知縣羅子森、候補知縣顧德恆、龔世潼，幫同審理。劉錫彤得知欽派大員提審，即多方重金行賄。

@（胡瑞瀾等人）日夜熬審，各種刑具都使用了，最後一堂（我父）兩腿均被夾折。秀姑也十指拶脫，最後一堂還用銅絲穿入乳頭。我父及秀姑熬刑不過，乃都誣服。畫供時已氣息奄奄，神志模糊，無法自己畫供，兩旁差役拿起我父的手，捺上指印。胡瑞瀾疏奏維持原判，這批湖南幫的大小官員都認為從此鐵案如山，彈冠相慶。

張程：浙江籍京官不滿結果，指出主犯數次翻供，屢翻屢服，胡瑞瀾又奏稱「熬審」不諱，其中必有隱情。30餘舉人生員聯名向都察院及刑部控告，揭露楊乃武案七審七決，都是嚴刑逼供，屈打成招，上下包庇，草菅人命。夏同善、翁同龢等一再在慈禧面前為此案說話，認為只有提京審訊才能澄清真相。

楊睿：慈禧對地方大吏審定的要案，不願輕易更張，不准提京覆審，只是讓刑部和胡瑞瀾再行認真審辦。審了兩次，胡瑞瀾復奏，說主犯又翻供，證人錢寶生卻在監病故，難以定讞。錢寶生之死，楊昌浚、胡瑞瀾是報在監病故，傳說是自縊身死。但據與錢同監之犯人出獄後說，錢寶生是劉錫彤買通獄吏弄死的，藉以滅口。

@一些浙江人，特別是一些舉人、進士、翰林，他們認為這件案子如果真有冤抑不予平反，這不僅是楊乃武、葛畢氏兩條人命的問題，是有關整個浙江讀書人的面子問題。夏同善、張家驤（張亦係浙江人，時為翰林院編修）向慈禧太后說，此案如不平反，浙江將無一人肯讀書上進矣。

@刑部有個侍郎袁保恆得悉案情內幕，看到胡瑞瀾之疏奏中歧異矛盾之處甚多，亦認為有提京詳細研訊的必要。邊寶泉在此時又上了一個奏摺，主提交刑部審訊。我姑媽在京，亦迭向各衙門遞呈，請求提京審問，在這樣多方面的環請下，慈禧才下了一道諭旨，交刑部徹底根究，提京審問。

張程：此處的袁保恆是袁世凱的叔叔。楊乃武案，至此鬧成了舉國皆知的大新聞。

楊睿：解差都如狼似虎，沿途不許犯人、證人說話，夜間睡覺，枷鎖手銬亦不寬鬆。隨去的師爺途中威嚇秀姑不准翻供。對我父及秀姑受刑的創傷，沿途曾給予診治，大概是為了要消滅嚴刑逼供的證據。葛品連的屍棺裝在船上，每到一個州縣，都要加貼一張封條，有兩個差人看守。以後傳說屍骨已經掉換過，沒有這回事。

@ 刑部、都察院、大理寺三法司會審。刑部兩個尚書到堂，都察院也有人參加會審，兩邊陪審的、觀審的，有不少侍郎、御史。觀審的以江浙和兩湖的在京官員為多。

張程：為什麼江浙和兩湖的官員這麼關注楊乃武案呢？因為湘軍鎮壓太平天國運動後，湖南籍官員幾乎壟斷了江浙一帶的地方官職，引起了江浙籍官員的不滿。楊乃武案的結果，決定著現任湖南籍官員的命運，所以引來了眾多關注。

楊睿：我父把案子發生經過，從頭到尾，詳細削辯，既未與葛畢氏通姦，更無合謀毒死葛品連之事，之前都是畏刑誣服。畢秀姑開始只是口呼冤枉，不敢翻供。問官一再叫她照實直說，她只說以為丈夫是病死，不知丈夫是服毒；毒藥從哪裡來的也不知道；前供楊乃武授給流火藥，也沒有這件事；與楊乃武亦無姦情。

@ 愛仁堂藥鋪夥計楊小橋供稱並不知有賣砒霜事，藥鋪進貨簿上從來也沒有進過砒霜。錢寶生的母親供亦如之。仵作沈祥供稱，驗屍的銀針沒有用皂角水擦洗過，只見口鼻血水流入兩耳，就在屍格上填了七竅流血。曾與門丁沈彩泉爭執，一說砒毒，一說煙毒，屍單上就含糊注了個服毒。

@ 門丁沈彩泉供出了陳竹山、錢塏在門房勸錢寶生出具賣砒甘結的經過。當門丁、仵作供出以上情事時，劉錫彤站起來捋袖揎拳撲到兩個人的前面舉拳毆打二人，罵他們信口胡說。問官大聲叱止，他還不聽，兩個差役硬把他拉到原地跪下。

@ 當問官訊問劉錫彤，錄他的口供時，他又咆哮起來，說他是奉旨來京督驗，並不是來受審的，反責問官糊塗，不應把他當犯人看待。當問他銀針並未擦洗，為什麼上詳時說已用皂角水擦洗過？為什麼不叫錢寶生與主犯對質，卻叫陳竹山勸誘錢寶生出具甘結？為什麼將原供口鼻流血改為七竅流血？劉錫彤均瞠目不答。

@ 光緒二年（1876）十二月初九日，刑部尚書桑春榮帶領刑部堂官、司官、仵作、差役，帶同全部人犯，開棺驗屍。先叫劉錫彤認明原棺無誤，即中刑部仵作開棺。司官先驗，堂官再驗，驗得原屍牙齒及喉骨皆呈黃白色，四周仵作皆說無毒。再叫餘杭仵作沈祥復驗，沈祥低頭不語。又叫劉錫彤去看有毒無毒，劉錫彤至此氣焰始落，面色慘白，全身發抖。

張程：開棺驗屍在楊乃武一案中異常關鍵，據說刑部召集了有 60 多年驗屍經驗的老仵作，一齊上陣。

楊睿：驗屍時，寺內寺外看的人很多。有個法國記者也在場，他看到木籠裡兩個穿紅衣的犯人，跑到籠邊看了又看。開棺時，又跑去看驗屍，聽說驗屍結果無毒，又跑回木籠邊對我父說：「無毒，無毒。」

@ 統治集團內部分成了兩派，一派以大學士翁同龢、翰林院編修張家驤、夏同善為首。因為翁同龢是江蘇人，張家驤、夏同善是浙江人，附和的又以江浙人為最多，所以稱為江浙派，又稱朝議派。另一派以四川總督丁寶楨為首，附和的多係湖南、湖北人，稱兩湖派，又稱實力派。因為這一派都是封疆大吏，掌握實權。

@ 刑部尚未奏結時，丁寶楨正在北京。這個總督曾殺過得寵的太監安德海，一般京官都怕他。他認為此案不應平反，各級官員並無不是，主犯仍應按照原擬罪名處決。他聽說刑部要參革楊昌濬及有關官員，有一天跑到刑部大發雷霆，面斥刑部尚書桑春榮老耄糊塗，並威嚇說，這個鐵案如果要翻，將來沒有人敢做地方官了。

@ 丁寶楨大肆咆哮時，刑部大小官員沒有一個人敢與他爭辯。只有侍郎袁保恆說：刑部奉旨提審勘驗，是非出入自有「聖裁」，此係刑部職權，非外官所可干預。丁寶楨悻悻而去。刑部尚書卓保本來主張平反，受了楊昌浚的厚賄就不說話了。尚書桑春榮年老顢頇，沒有主見，經丁寶楨一嚇，就拿不定主張，不敢出面了。

@ 一直拖到光緒三年（1877）二月十六日平反的諭旨才下來。我父出獄後，曾到在京的浙省官員家踵門叩謝，有見的，有不見的。返回的路費，仍然是胡雪巖資助的。我父幾成殘廢，我看到時兩膝創傷累累，刑部卻說刑傷業已平復，並無傷筋折骨。畢秀姑吃了這樣多的苦頭，還要杖80。我父舉人革職。所謂平反，實是反而不平。

@ 我父出獄後，家產蕩然，生活困難，依靠親友幫助贖回幾畝桑地，養蠶種桑為生。有人說我父親出獄後做訟師，不是事實，不過有時也替別人寫寫狀子。狀子寫在一塊水牌上，要當事人自己抄。自己不會抄，就請別人抄，抄好即抹去，因為是驚弓之鳥，怕官府來找麻煩。1914 年 9 月，我父因患瘡疽不治身死，年 74 歲。

@ 畢秀姑出獄後，回到餘杭，在南門外石門塘準提庵出家為尼，法名慧定。庵裡沒有香火，以養豬、養雞了其殘生，死於 1930 年。（劉錫彤發配黑龍江充軍，未登程而身亡。）

張程：浙江巡撫楊昌浚一意袒護下屬官員，還愚不可及地重金向刑部尚書卓保行賄，企圖維持原判。為了籌餉的順利進行，他必須維護浙江官場中湘軍集團的利益。案情真相大白那一天，浙江官場大地震。巡撫楊昌浚、學政胡瑞瀾、杭州知府陳魯等數十名官員被革職。受牽連者更多。盤踞江浙官場的湘系勢力，元氣大傷。

皇帝的老爸不好當

　　張程：＃奕譞事蹟＃醇親王奕譞在清朝的地位很尷尬，言行很矛盾：他果敢有為，卻長期韜光養晦，甚至夾著尾巴做人；他深愛親生兒子——光緒皇帝，卻一再犧牲兒子的利益，在兒子和慈禧太后的鬥爭中始終偏向太后。醇親王府一共出了兩個皇帝，光緒皇帝和宣統皇帝，可惜奕譞沒等到孫子宣統登基就在 51 歲時逝世了。

　　溥儀：有一天王府裡演戲、演到《鍘美案》最後一場，年幼的六叔載洵看見陳世美被包龍圖鍘得鮮血淋漓，嚇得坐地大哭，我祖父立即聲色俱厲地當眾喝道：「人不像話！想我 21 歲時就親手拿過肅順，像你這樣，將來還能擔當起國家大事嗎？」

　　張程：辛酉政變時，21 歲的奕譞深夜帶兵，手擒肅順，乾淨俐落，很有擔當的樣子。同治駕崩，沒有子嗣，慈禧太后提議奕譞的兒子載湉繼承皇位。奕譞一聽這天大的「喜訊」，立刻癱倒在地。奕譞從此言行大變，謹言慎行，完全換了一個人。

　　張口評史：深知後宮權謀的人都知道，兒子當了皇帝，是禍不是福。

　　溥儀：祖父謹小慎微，戰戰兢兢。他命名正房為「思謙堂」，命名書齋為「退省齋」，擺設上刻著「滿招損，謙受益」的銘言。子女房中掛著的格言家訓裡有這樣一段話：「財也大，產也大，後來子孫禍也大，若問此理是若何？子孫錢多膽也大，天樣大事都不怕，不喪身家不肯罷。」其實問題不在錢財，而是怕招災惹禍。

　　《清史稿》：兒子當皇帝後，奕譞上奏說自己「倉猝昏迷，罔知所措」，「犯舊有肝疾，委頓成廢」，因此請求退休，不再擔任一官半職。奕譞說「為天地容一虛糜爵位之人，為宣宗成皇帝留一庸鈍無才之子」。慈禧雖然剝奪了奕譞所有職務，卻允許他爵位世襲、退休後領取雙份薪水。奕譞退

休後,「待遇」卻大大提高了。

@ 光緒長大後,慈禧說要「歸政」,把實權交給光緒。想不到,光緒的親生父親奕譞跳出來公開反對,說「歸政」後一切事務要先請示慈禧,再報告給光緒,這樣才能「俾皇帝專心大政,承聖母之歡顏,免宮闈之劇務」。

張程:兒子當皇帝後,奕譞一直擔心慈禧忌憚自己的身分。他自己不敢拿身分說事,更怕別人拿自己的身分說事,為此密奏慈禧,說自己「感懼難名」,因為「邪說自必潛匿」,因此請求禁止一切人拿「皇帝生父」的話題說事。慈禧把詔書公諸大眾。

@《清史稿》記載了一道稱讚奕譞的聖旨:「皇帝入承大統,醇親王奕譞謙卑謹慎,翼翼小心,十餘年來,彈竭心力,恪恭盡職。每優加異數,皆涕泣懇辭,前賜杏黃轎,至今不敢乘坐。其秉心忠赤,嚴畏殊常。」這段聖旨,可算是對奕譞的正確評價。

@ 奕譞死後,皇帝對他的稱謂又是一個敏感問題。叫叔叔吧,不確切;叫「皇考」吧,政治上又不正確。最後折衷,光緒稱他為「本生考」,宣統稱他為「本生祖考」。

溥儀:西太后對醇王府頗為猜疑。據說在我祖父園寢(墓地)上有棵銀杏樹,長得非常高大,不知是誰在太后面前說,醇王府出了皇帝,是由於醇王墳地上有棵銀杏樹,「白」和「王」連起來不就是個「皇」字嗎?慈禧聽了,立即叫人把銀杏樹砍掉了。

君主不專制

胡思敬:革命者張口閉口就罵「君主專制」,其實不對。不論是用人還是花錢,君主都不能專制獨行。我在朝廷當官多年,知道不少這樣的段子:

@ 大太監李蓮英有四個養子，分別是福恆、福德、福立、福海。他們四人都買了郎中的官職，在戶、兵、刑、工四部候補。李蓮英請慈禧替養子謀個實職。慈禧親自找刑部尚書葛寶華說情，葛寶華說：「補缺當遵部例，臣何敢專？」慈禧沒辦法，只好對李蓮英說：這事辦不了。

@ 魯伯陽向珍妃行賄了四萬兩銀子，珍妃吹光緒的耳邊風，魯伯陽就當上了上海道的肥差。頂頭上司兩江總督劉坤一知道後，不等魯伯陽到任滿一個月就把他彈劾罷免了。

@ 同治皇帝大婚，花銷大，內務府錢不夠，向戶部借錢給皇帝娶老婆。戶部高層集體商議後，決定不借。理由是：內務府和戶部，一個負責皇室開支，一個負責政府開支，界限分明，不能混淆。慈禧太后要修頤和園，錢也不夠，想挪用戶部的錢，戶部也不肯，最後才不得不挪用海軍費用。

張程：之前道光皇帝吃不上粉湯、光緒治不了慶寬，似乎也可證明皇權有限。皇帝單槍匹馬，面對官僚機制的龐然大物，難免有無力感。胡思敬說的「君主不專制」，一方面有個人的無力感，另一方面是中國政治和文化傳統中有對君主專制的制約因素在。當然，葛寶華等耿直官員也功不可沒。

清朝無外交？

徐珂：# 晚清外交 # 晚清無戰不敗，敗必償款，這是國恥。但清朝的公私文書，都諱稱賠償，叫做「撫卹」外國。中日甲午開戰，清朝檄文歷數天朝「深仁厚澤」，說鴉片戰爭、中法戰爭兩次賠款都是中國「戰勝外夷」，「撫卹遠人」，「恩威並用」。英法使臣為此到總理衙門詰問，說條約

明明寫著「賠款」，怎麼就成「賞賜」了呢？

許指嚴：英法聯軍攻占北京。當時很多官員都說，洋人即使不像遼金那樣割據燕雲，也要清朝像北宋那樣割地輸幣。恭親王留守北京，召六部九卿商議。一位稍微知道外情的侍御史說：「外國人爭的是權利的得失，失敗者只要賠償勝利者軍費就能議和，占領的土地也會歸還。他們並不必割據土地、奴役他國人民。」

@ 有高官認為城下之盟是大辱，鼓吹國君死禮稷、人夫死眾之義，要和英法聯軍決一死戰，雖亡國猶榮。侍御史斥責說：「彼一時此一時，書生誤國，還要讓皇上為賭注最後一戰！京都破即國亡，我們還怎麼決戰？英法洋人遠涉重洋，其勢必不能守，其不覬覦中國土也甚明。」

@ 戰前，英法兩國的使節被清朝扣押。一個侍郎說：「是可斬也。如果洋人追究，臣請以十萬大軍，與之搏死戰，必可得志。」稍微明白些事理的大臣，都心知其非，或一笑置之。

徐珂：光緒庚子之變，慈禧太后命軍機大臣王文韶去東交民巷使館，向外國人解釋「苦衷」。而王文韶畏葸不敢前，剛好當天大雨，第二天清晨他入宮回覆慈禧，「雨太大沒去成」。慈禧都沒有言語了。

張程：總理衙門官僚氣息深重，外國公使極不滿意。威妥瑪說：「總理衙門總說『從容商辦』，其實根本不辦，今日騙我，明日敷衍我，以後我斷不能受騙了」，「非先換總署幾個人不可」，「實信不過總理衙門，所說之話，所辦之事，全是騙人。」

@ 威妥瑪對總理衙門大臣文祥、沈桂芬極不滿意，聲稱：「我在中國當了七年駐京大臣，受盡文中堂折磨，慪氣太多。文中堂去世，又有沈中堂，無非薄待洋人，欺瞞哄騙，不免有種種爽約之處。」

@ 威妥瑪還說：「各國使臣到總理衙門，必具酒果，各級官員都來陪坐，彷彿飲食是最重要的交涉。」中方外交官，遇事敷衍，既沒人勇於負

責，也沒人勇於公開表述個人意見。外國使臣說一句話，中方面面相覷，下級看上級、資歷淺的看資歷深的、大臣看親王，親王說一句，大家轟然響應。親王不說話，一片沉默。

徐珂：外國人譏笑中國外交，為「兒戲外交」。英國公使威妥瑪說：「總理衙門大臣都是喃喃學語的小兒，擊之則號哭，撫之又嬌慣。左手打，右手摸，是對中國外交家的法寶。」俄國公使與總理衙門親王大臣交往，常常投贈金錢為禮物，他對人說：「今日又投若干錢，與小兒買餻饃矣。」

徐珂：同治朝，各國公使覲見皇帝。總理衙門大臣文祥和他們商議禮節，手段很高明。外國公使要帶很多隨從入覲。文祥就帶著外國人經過很多宮殿，穿過很多門，每經過一道宮門，就安排官員殷勤招待或者找些事情。外國使團每經過皇宮一道門就留下幾個人應付。結果到了紫光閣，公使們發現身邊只剩下翻譯了。

@ 唐廷樞同治初年在總理衙門任職。總理衙門諸大臣不熟悉西方外交，遇到歐洲公使盛氣凌人，縮著脖子不敢發一語。一日，英國公使威妥瑪在總理衙門拍著桌子叫罵。唐廷樞也拍起桌子，和威妥瑪對罵。別人問他為什麼敢得罪英國公使。唐說，我去過歐洲，知道他在公堂拍案，有錯在先，理在我這一邊，我不怕。

@ 總理衙門很「好客」，外國使節來了，就拿出酒果熱情款待，不管對方當天是否來過。外國人貪吃貪酒，有事沒事就往總理衙門跑，有時候一天跑好幾次。李鴻章兼總理衙門大臣後，命令：「外賓當天第一次來，可以招待，再來就免去招待，直接談事。」結果，外國人的辦事待遇大減，很不高興，但又不好發作。

@ 李鴻章擔任總理衙門大臣時，法國公使施阿蘭為人狡黠，態度傲慢。一天，李鴻章突然問施阿蘭：「你今年幾歲？」外國人不喜歡別人直接問年齡，施阿蘭懾於李鴻章的威望，不能不答。李鴻章笑道：「你和我某

某孫子一樣大。你知道我在巴黎，曾經和你爺爺聊過好幾天嗎？」施阿蘭從此不敢在李鴻章面前造次。

張程：總理衙門始終不是清朝的正式機構，而是一個臨時的「衙門」。裡面的辦事人員，都是其他部門抽調過來的官員，全部是兼職，每個人都有自己的本職。因為在中國傳統政治體制中，根本就沒有「外交部」。天下都是皇帝的，哪來外交？直到《辛丑條約》，在列強的要求下，才改總理衙門為外務部，位列各部之首。

@1898 年刑部郎中沈端琳就上摺指出：外交事務日漸加重，總理衙門應接不暇，陳請朝廷「將總理衙門改為外部」，「以重交涉而策富強」，「重外交以裨內政」。《辛丑條約》的議和大臣奕劻也承認，即便列強不要求，中國也要「自加整頓」總理衙門。中國自身的改革要求，是朝廷改總理衙門為外務部的動力之一。

張程：外國使臣覲見同治皇帝，中外爭議的焦點是使臣們見到皇帝行什麼禮。清廷堅持行跪拜禮，公使團認為跪拜禮有失本國尊嚴和個人人格。他們表示在本國見君主，並不跪拜，只是三鞠躬。為了表示對中國皇帝的「特別敬誠」，可以增加到五鞠躬。日本使臣副島種臣則堅持，只向同治行三揖禮。

@1868 年，清朝官員志剛、孫家谷隨著美國前駐華公使蒲安臣出使西方各國。在倫敦，孫家谷見到了英國女王，採用的就是三鞠躬禮。他還和女王站著說了幾句話。進進出出，始終沒有像在國內那樣對皇帝三拜九叩。

@ 官制禮節規定，官員相見，只有三揖之禮而無屈膝之儀，更沒有跪拜請安的規定。在實踐中，下級官員見上級官員，不僅屈膝，還下跪請安。1906 年，兩廣總督岑春煊下令，下級官員對上司的敬意「在盡心而不在屈膝」，免去廣東、廣西官場的屈膝、跪拜等禮，官員相見一律長揖。

@ 當年，其他各省紛紛學習兩廣的做法。廢除下級官員見到上司自稱「卑職」的陋習，廢除屬下對上級的屈膝與跪拜，下級官員第一次見高官行三揖之禮，第二次以後只行一揖之禮即可。

二、再難也得往前走

1906 年 9 月 1 日，清政府宣布準備立憲，一下子舉國歡騰張燈結綵，學生也遊行慶祝，商店也打折，敲鑼打鼓。當時有報導說：「何幸一道光明從海而生，立憲上諭從天而降，試問凡我同舟，何等慶幸！」有人撰寫了〈歡迎立憲歌〉歌頌朝廷，「大清立憲，大皇帝萬歲萬萬歲！光緒三十二年秋，歡聲動地球。」

康有為的「公車上書」

費行簡：# 康有為造假 # 光緒要變法，又怕慈禧等人阻攔。其實慈禧曾明白無誤地對光緒說：「變法乃素志，同治初即納曾國藩議，派子弟出洋留學，造船製械，以圖富強也。苟可致富強者，兒自為之，吾不內製也。」

張程：懦弱的光緒可能因為這句話，才大刀闊斧變起法來的。可惜心急吃不了熱豆腐，光緒恨不得一夕之間就把中國變個樣，可是社會承受不起。而且，簇擁在他身邊鼓搗變法的那幾個書生，人品和表現也有缺陷。

@ 康有為把自己裝扮成救世主、道德完人，其實工於心計，權力欲很強。他貪功冒進，在國內黨同伐異，一心突出自己，流亡國外後又扯著光緒的旗幟，招搖撞騙。他說自己 1890 年前後在廣州創辦萬木草堂，就開始培養變法力量。萬木草堂其實是「科舉復讀班」，落榜生康有為一邊「教學相長」，一邊賺些散碎銀子餬口。

姜鳴：西元 1895 年 5 月 2 日，康有為梁啟超拿著 1,200 多名舉人聯署的上書，率領 18 省舉人與數千市民到都察院請求代奏，遭到拒絕。這事多是根據康的《公車上書記》為本的，但當時舉子們並沒有形成共識，更沒有聯署。翁同龢日記列出了光緒及都察院當日的工作流水帳，證明沒有出現過舉人到都察院遊行示威並且被拒的事情。

@ 當時上書反對簽《馬關條約》的人很多。大批官員從 4 月中旬就開始上奏。30 日起都察院每天都有大批舉人上書，僅 5 月 2 日那天就接到七省舉人的八批公呈。到 5 月 8 日，上書總量 31 件，簽名者 1,555 人，其中梁啟超領銜廣東舉人 80 人上書。所謂康有為發起的「公車上書」頂多只能稱作「公車集會」或「公車擬上書」而已。

茅海建：「公車上書」是有兩個不同的概念，一是由政治高層發動、京官組織的上書，其數量多達 31 件，簽名的舉人多達 1,555 人次，且上書已達御前；另一個是由康有為組織的 18 行省舉人聯名上書，那是一次流產的政治事件。而且康有為組織的 18 省聯名上書，並不是都察院不收，而是康有為根本沒有去送。

張口評史：那麼，康有為一再宣傳「公車上書」的「壯舉」，就是要突出自己、撈取政治資本嘍！

慈禧是革命的助產婆

雷頤：1906 年 9 月 1 日，清政府宣布準備立憲，一下子舉國歡騰，張燈結綵，學生也遊行慶祝，商店也打折，敲鑼打鼓。當時有報導說：「何幸一道光明從海而生，立憲上諭從天而降，試問凡我同舟，何等慶幸！」有人撰寫了〈歡迎立憲歌〉，歌頌朝廷：「大清立憲，大皇帝萬歲萬萬歲！

光緒三十二年秋，歡聲動地球。」

　　張口評史：當時人心傾向溫和改良，排斥流血革命。有一副對聯寫道：「紛紛革命頸流血，無非蠻動力；一人坐定大風潮，立憲及今朝。」

　　雷頤：慈禧讓袁世凱設計政治體制改革。袁世凱提出來要成立責任內閣，取代軍機處，把原來的六部九卿改為 11 個部，每部一個尚書。從前各個衙門都是滿漢各一個尚書，袁沒說什麼人當部長。這方案一出來，就遭到滿族親貴強烈反對。開會討論，醇親王載灃拔出手槍對準袁世凱胸口：「你以為你是什麼人？我要替主子收拾你。」

　　張口評史：在滿族親貴心中，自己始終是主子，漢族人是奴才。這就夠讓體制內的漢族官僚傷心的了，更何況體制外的。

　　雷頤：管太監的內務府比較腐敗，袁世凱提出要整頓。社會上就傳要撤太監。有一次他正好卜朝，好幾十上百個太監把袁世凱圍起來群毆，最後還是袁世凱花錢收買的慶親王奕劻，把袁世凱拉出重圍，落荒而逃。

　　@ 朝廷說了要改革，就得做個樣子。慈禧就拋棄袁世凱，另外計劃了一套政治體制改革方案，軍機處不撤，掌握實權；滿族親貴不撤，八旗的事不議，太監不撤，待遇照舊；中央官署整合成 11 個部，任命了 13 個尚書，其中漢人尚書只有 5 人。這連之前滿漢尚書各一個人的水準都沒達到。

　　梁啟超：革命黨者，以撲滅現政府為目的者也。而現政府者，製造革命黨之一大工廠也。（梁著〈現政府與革命黨〉，載於 1907 年初《新民叢報》）

苦命皇帝光緒

張程：#悲慘的光緒#近代中國在任時間最長的「國家領導人」是光緒皇帝，他4歲登基，死於38歲，在位時間34年，是清朝統治時間第三長的皇帝，僅次於康熙與乾隆。可惜與兩位祖先創造了盛世比起來，光緒朝的34年是內憂外患不斷，國家不斷沉淪的34年。

@光緒十四年，皇帝大婚。光緒大婚是紫禁城辦理的最後一場皇帝婚禮，費銀400多萬兩，極盡奢華。不料大婚前一月，紫禁城太和門失火。為按期舉辦婚禮，重修太和門等建築已經來不及了，朝廷只好派人把火場打掃乾淨，找來棚匠，支搭臨時蓆棚代替太和門，紮彩張燈，勉強辦了婚事。

@太和門失火，起因是值夜打更的兩名60歲開外的老太監打瞌睡了，沒有及時發現火星，待被火焰驚醒，火勢很大，已無法收拾。當時正是寒冬時節，內金水河冰凍三尺，大家鑿冰取水救火，延誤了救火時機。老太監、打瞌睡、冰凍三尺、鑿冰救火，這些關鍵詞多麼具有象徵意義，彷彿是當時大清王朝的寫照！

@光緒雖然貴為皇帝，其實是慈禧的一個木偶。他從小就被慈禧搶過來「教養」，缺少親情與關愛，日夜生活在寂寞鬱悶之中，生活並不如意。就是宮中的太監、宮女，看到光緒無權，也不把他真正當皇帝對待。

許指嚴：寇連材是光緒的心腹太監，就像李蓮英是慈禧心腹一樣。光緒自幼入宮，身體孱弱，慈禧絕不憐顧，只有寇太監悉心調護，光緒才長大成人。但幼年缺衣少食，還是嚴重傷害了光緒皇帝的身體。後來光緒患痼疾，精神萎敗，不能生育，就是幼年時缺少關愛所致。寇連材在戊戌變法時替光緒求情，被慈禧殺死。

@寇連材記載光緒「生母雖與西太后同氣，而西太后待遇殊落寞，飢

渴寒暖，從未一問」。慈安對光緒還多有照顧，光緒11歲時慈安就死了，此後「遂無一人調節起居」。「帝雖貴為天子，曾不及一乞人兒」。生母醇王福晉每次談到光緒，都痛哭欲絕。從光緒被抱入宮中到醇王福晉逝世，二十多年母子從未見面。

張程：據說光緒每日三餐，菜餚數以百計，擺滿幾張桌子，可是離他稍遠的飯食都已臭腐，數日不換，只是擺擺樣子而已。光緒只能吃面前的幾道飯菜，這幾道雖然沒有腐爛發臭，可是經多次加熱，根本談不上可口，也就維持個溫飽。

@ 光緒與慈禧的姪女、隆裕皇后的婚姻也是慈禧一手安排的。一天，光緒與隆裕皇后吵了一架，隆裕跑到慈禧面前哭訴。慈禧大怒，對身邊的人說：「皇上是我所立，實乃忘恩之舉，隆裕是我的親姪，辱罵皇后就是對我最大的不敬，實在難以忍受。」接連數日，光緒入宮請安，慈禧一言不發。

@ 光緒「親政」後，要實施戊戌變法，被慈禧鎮壓了，還被軟禁在中南海的瀛臺，瀛臺四面環水，只在北端有一個板橋通到岸上。光緒被囚後，太監每天送飯時架起橋板，走到瀛臺來，用飯完畢，就抽掉橋板。光緒就在小小的瀛臺上，度過了生命中最後的十多年。

@ 冬天結冰，從瀛臺不透過板橋也可以從冰上到達岸邊。有一次光緒帶了小太監踏冰離開瀛臺，被發現後，大太監李蓮英下令鑿冰，以防光緒離開。據說光緒仰天長嘆：「我還不如漢獻帝啊！」

張口評史：傳說光緒最不喜歡聽梆子戲，因為他認為梆子戲是悲調。這麼一個悲苦的年輕皇帝，其實內心是渴望歡喜的。

被指定的皇后：隆裕

張程：＃隆裕事蹟＃隆裕太后葉赫那拉氏是中國最後一個皇后，也是最後一個太后。她是慈禧的姪女，光緒的皇后，但既不得光緒寵愛，也不得姑母慈禧的歡心，平日與諸命婦王妃見面時也不太有威信。和命婦們應酬時，經濟窘困的隆裕，只能時常命人將首飾等值錢物品送至宮外典當，因此她在宮中的生活可以說是「悲慘」的。

＠隆裕名義上握有六宮之權，其實受制於太后和皇帝，對下不能管制嬪妃，就是對太監，也不敢驕傲自尊。每日必至兩宮，早晚請安。請安完畢，只有閉宮自守，心中惴惴，唯憂鬱而已。後只率一妃在太后面前奉侍。太后對她們雖無特別管束，但禮儀之縛人，較平民更為嚴重。每日在太后面前，提心吊膽，只有與太監為伍。

＠隆裕小的時候，慈禧就暗示弟弟桂祥「喜子這個丫頭不要嫁人了」，盤算讓姪女當光緒的皇后。皇帝選后，五人入選：巡撫德馨的兩女兒，侍郎長敘的兩女兒，還有隆裕。光緒看中的是德馨家的二女兒，就要把定情物給她了，慈禧在後面喝了一聲「皇帝」，光緒懾於慈禧的威嚴，不得不選了表姐，也就是隆裕。

＠赫德蘭在《一個美國人眼中的晚清宮廷》裡說：「隆裕皇后長得一點都不好看。她面容和善，常常一副很悲傷的樣子。她稍微有點駝背，瘦骨嶙峋。臉很長，膚色灰黃、牙齒大多是蛀牙。她十分和善，毫無傲慢之舉。我們覲見時向她問候致意，她總是以禮相待，卻從不多說一句話。」

葉赫那拉·根正：當年隆裕與珍妃、瑾妃姊妹倆同時入宮，慈禧因為珍妃長得年輕貌美，並且非常聰明，所以非常喜歡她。雖然隆裕是自己的親姪女，但在很多事情上，慈禧還是偏向瑜妃和珍妃。因此，隆裕在宮內的生活並不如意，一是沒得到皇帝的愛情，二是沒得到慈禧的寵愛，三是

沒得到大多數人的理解。

@ 溫文爾雅的隆裕幾乎守了一輩子活寡。光緒帝被幽禁在瀛臺期間，隆裕還是對他不離不棄，時刻伴隨著他。我曾經看到過一份清宮祕檔的「承幸簿」，雖然很少有光緒與隆裕同房的紀錄，但是在多頁的珍妃紀錄裡，還是時常會摻雜著光緒寵幸隆裕的紀錄。

張程：慈禧為絕後患，把德馨的兩女兒全部剔除掉，留長敘的兩個女兒為嬪，分別封為瑾嬪和珍嬪，後來都晉封為妃。珍嬪當年 13 歲，活潑好動，喜歡冒險。這對長期生活在憂慮中的光緒，極有殺傷力。光緒很快喜歡上了珍妃。

@ 珍妃入宮時，照片技術已傳入中國。但在當時，相機被認為是汙巧之物，會取人魂魄，致使人損壽。而珍妃卻能接受照相術，成為清宮后妃中，照相最早者。

葉赫那拉·根正：宮裡曾裁減後宮的用度，每人的俸祿越發少了。而珍妃花慣了錢，虧空越來越大。這個時候，珍妃的堂兄志銳也聽說了這件事情。當時社會上買官賣官的事情已經很多了，於是志銳就向珍妃建議這麼做。賣官的事情由志銳去執行，而珍妃只負責在光緒耳邊吹枕頭風就夠了。

@ 珍妃把四川鹽法道賣給了一個叫做玉銘的人，光緒召見他，問了一句慣常問地方官員的話：「你以前在哪裡當差啊？」這個玉銘也是個糊塗蛋，張嘴就來：「回皇上，奴才以前在木器廠當差。」光緒當場就愣住了。滿朝文武官員掩面偷笑。於是光緒就叫他把自己的履歷寫出來。玉銘根本不識字，寫不出自己的履歷來。

@ 慈禧覺得事態嚴重，緊急傳喚光緒。光緒首先想到的是隆裕告了他的狀，但看慈禧臉色鐵青，不得不講出實情。慈禧命人將隆裕和珍妃、瑾妃一起帶來，質問珍妃，為什麼這麼做，珍妃不僅不害怕，還頂撞了慈禧

幾句。慈禧憤怒了，命人將珍妃毒打了一頓，將珍妃、瑾妃降為貴人。這時，珍妃向隆裕投去了惡毒的眼神。

@ 根據清宮檔案記載，珍妃這天遭到了「褫衣廷杖」，就是被扒去衣服進行杖打。在清朝歷史上，皇妃遭受這樣的處罰還是第一次。無論是光緒還是翁同龢都在為珍妃求情，建議大事化小，但珍妃的倔脾氣上來了，根本不管不顧，還在跟慈禧頂嘴。珍妃說自己今天所做的一切，包括破壞祖宗家法，都是在學慈禧。

張口評史：清朝規定：后妃不得干政。珍妃的確是在「學」慈禧干政。不過，慈禧是最忌諱別人批評她干政的了。

葉赫那拉·根正：慈禧沒有想到自己平日裡喜歡的珍妃這麼不給自己面子，一氣之下決定從嚴辦理，當場扒去珍妃的衣服進行杖刑，珍妃被打得遍體鱗傷。可憐的隆裕當場被嚇暈過去，醒過來的時候，聽到憤怒的慈禧的一句話：「嚇死皇后，從今以後再也不會為光緒冊立皇后。」慈禧認為隆裕這個皇后當得不合格。

@ 犯事的嬪妃都要交給皇后嚴加管束，於是隆裕將珍妃幽閉在牢院，命太監總管專門嚴加看守，從此與光緒隔絕，不能見面。這樣一來，光緒對隆裕的態度更加惡劣了，甚至認為這是隆裕對珍妃的打擊報復。

@ 後來又有珍妃穿龍袍的事情。這在當時有篡位奪權的影子了，慈禧把光緒和珍妃責罵了一頓，但他們不但不悔過，還認為這件事情是隆裕告訴了慈禧，所以對隆裕惡語相加。隆裕只對光緒說了一句：「皇上還是以國家大事為重吧！」沒想到招來光緒的一頓臭罵，甚至當著眾人的面打了隆裕。隆裕又羞又憤，大病一場。

珍妃之死

葉赫那拉・根正：#珍妃事蹟#戊戌變法期間，光緒每每在下朝以後，就到珍妃居住的景仁宮欣喜地告訴珍妃，慈禧是支持變法的，而且光緒將自己關於改革的章疏上閱後送給慈禧披閱，都得到了默許。有的上諭，甚至是以慈禧的名義頒發到各省的。甚至很多改革措施，也都是在慈禧的幫助下推行的。但珍妃的參與讓改革變了味道。

@ 在珍妃的慫恿下，康有為對光緒進言：天子手無寸兵，難以舉事，不如召袁世凱入京，利用他手中的軍隊逼慈禧退位、廢除皇后。就這樣，當年的八月初，在康有為等人的授意下，光緒三次召見袁世凱。

@ 珍妃雖然對這個辦法心存惶恐，但是她又何嘗不希望自己能夠發達？廢后，對自己有利而無害。康有為曾私下裡和同黨商量：「奏之皇上時，只言廢之；且俟往頤和園時，執而殺之可也。」當時，他們準備勸皇上兵諫慈禧，逼其退位，但是暗地裡希望藉新軍包圍頤和園，繼而殺掉慈禧，趕走隆裕，殺掉榮祿。

@ 後來很多人認為，康梁等維新派並沒將「圍園劫后」計畫告訴光緒。但據我爺爺說，當時光緒和珍妃完全知道所有事情。「劫后」不單純是慈禧，也包括隆裕。因為即便是劫持了慈禧，只要隆裕在，珍妃始終是個偏房，他們就總會覺得有人在窺視，甚至遭人陷害，所以「劫后」絕不單純針對慈禧。但維新派和光緒、珍妃都高估了袁世凱。也低估了慈禧太后。她不會束手就擒的。

@ 慈禧當然惱羞成怒，立即囚禁了光緒皇帝，迅速反擊維新黨人。珍妃參與戊戌變法，並且計劃殺掉自己，使慈禧大為憤恨。在將光緒幽禁在瀛臺之後，珍妃也被慈禧幽禁起來。隆裕在關鍵時刻整天沉浸在自己的小世界裡，慈禧覺得她不合格，準備把隆裕廢掉。她曾對底下人發過牢騷：

「這個皇后，廢掉也罷。」

＠ 但慈禧最終並沒有廢掉隆裕。至於為什麼，連隆裕自己也搞不清楚。

張口評史：是慈禧的私心作祟吧！她還是希望把皇后的榮耀留在自己葉赫那拉家。但是弟弟桂祥的三個女兒，也就是慈禧的姪女，兩個先於隆裕分別嫁給了宗室載澤和載澍。慈禧雖然覺得隆裕扶不起來，但也沒有更好的人選。廢后之議，只好作罷。

葉赫那拉・根正：隆裕曾對我爺爺說過珍妃的死：「當時與八國聯軍戰敗後，洋人軍隊打到了北京。老太后決定西行。西行帶不了那麼多人，我是皇后，又是老太后的親姪女，所以要帶也只能是帶我走。可是珍妃非常氣盛，在那個緊急時刻，還一直說自己是皇上的妻子，理應帶著她，並且說太后有偏見。這讓老太后非常難堪。」

＠「老太后跟珍妃說，要帶妳走，就必須帶瑾妃走，如果帶瑾妃，就必須帶瑜妃她們一起走，這樣人太多了，非常危險。珍妃再三做出出格的事情，老太后氣得拔腿就走。恰巧來到了離珍妃住所不遠處，這時珍妃還一直纏著老太后，說自己是光緒的妻子，丈夫出門，妻子理應跟著，珍妃生是皇上的人，死是皇上的鬼。」

＠「老太后氣得不成，就說，妳願意死就去死吧。當時前邊正好有一眼井，於是珍妃就緊走兩步，直接就奔井口去了，說，那自己就死給老太后看，老太后馬上吩咐崔玉貴去拉住她，結果崔玉貴一個遲疑，珍妃已經跳下去了。老太后為了這個，後來還把崔玉貴逐出宮了。」

張口評史：這和流行說法大相逕庭。一般人認為，珍妃是慈禧授意太監推下井去的。按照根正的說法，珍妃是「自殺」的。現在故宮中還有一個小景點：珍妃井。往井裡張望的遊人還不少呢！

葉赫那拉・根正：「老太后西行結束後，還對珍妃進行了悼念，我想

就是我死了老太后也未必這麼傷心。老太后悼詞寫道：上年京師之變，倉促之中，珍妃扈從不及，即於宮闈殉難，洵屬節烈可嘉，加恩著追贈貴妃，以示褒恤。而皇上為了這件事，在西行時沒跟我說過一句正經話。說話的時候，全部是鼻孔朝天在跟我訓話一樣。」

@「很多人說我歹毒，可誰真正見識過我的歹毒呢？在這個宮裡，不管是老太后還是皇上，大家一起寵著珍妃，珍妃似乎變得無法無天。珍妃死了，是值得同情，可她對我的傷害，我就算死了，猜想也不會瞑目的。」

慈禧的備胎：「大阿哥」溥儁

許指嚴：# 光緒立嗣 # 一天，法國領事對廣東海關監督說：「今天，你們皇帝立了太子。」光緒皇帝沒有生育，哪來的太子？海關監督大驚，問領事消息何來。領事說：I 早晨，法國駐華公使電告了巴黎政府，政府轉告安南總督，總督再告訴我的。」監督帶著領事去見兩廣總督李鴻章。李鴻章更吃驚：立儲大事，怎麼不和我等重臣商量？

張程：立儲消息「出口轉內銷」，極不正常。戊戌變法後，慈禧不滿光緒，苦於列強支持光緒，不希望皇位更迭影響中國穩定，她就想到為光緒「過繼」兒子的折中之計。西元 1899 年，慈禧立端郡王載漪的兒子溥儁為大阿哥，準備替換光緒。載漪組織了「大阿哥黨」呼應，包括莊親王載勛、輔國公載瀾、剛毅、徐桐、崇綺等人。

許指嚴：大阿哥溥儁不喜歡讀書，入宮教養後只知道和太監們嬉戲。他對「父親」光緒皇帝傲慢無禮，因為光緒喜歡讀外國書，大呼光緒為「鬼子徒弟」。慈禧太后聽了，覺得太不像樣，抽了他二十鞭。

@ 載漪知道後，帶著幾十個義和團民呼噪入宮找「二毛子」報仇。他大呼：「請皇帝出來，皇帝是洋鬼子的朋友。」慈禧出來怒斥載漪：「爾即自為皇帝乎？胡鬧至此，成何體制？帝位廢立與否，唯我有權。你若仗著兒子是儲君，肆行無忌，我頃刻就廢了他。」載漪怕了，叩首不已。慈禧把他罰俸一年，把隨行的義和團民斬首。

@ 大阿哥當時 15 歲，肥胖粗野，常常跑出去看戲，戴金邊氈帽，內著皮衣，外罩紅色軍服，和伶人、混混等廝混。看戲時，如果臺上鼓板稍錯，他就離席大罵，或親自登臺唱戲。種種荒唐事，被慈禧知道後，重加鞭責。他不知悔改，甚至和侍奉慈禧的宮女私通。他還在紫禁城打水漂，在龍椅前踢毽子。

@ 慈禧見溥儁實在不成器，早有廢立之意。八國聯軍入侵後，慈禧轉而與列強調和關係，不再需要載漪、溥儁父子之流了。溥儁仍在龍椅前踢毽子，官員阻止，他罵道：「寶座是咱所坐，你敢阻撓嗎？」慈禧更加厭惡他的粗鄙。和議達成，端王降為庶人、發配新疆，溥儁也被廢了。慈禧每月給他四百兩銀子生活費。

張程：之後，溥儁淹沒無聞，不知後景如何。因為慈禧的政治需求，他如同一顆流星在晚清政壇上留下了淡淡的一道光痕。

義和團是怎麼回事

張程：# 義和團運動 # 義和團最吸引人的是「刀槍不入」。一群團民用抬槍、洋槍裝藥填子，瞄準站在百步開外的同伴。那些同伴都袒胸露腹，毫不畏懼地迎接槍彈，歸然不動，還笑瞇瞇地從手中拿出子彈來示眾。人群響起了更大的驚嘆聲，都為義和團刀槍不入、赤手擒彈的本領所折服。

很快「奔壇求教者如歸市」。

@ 刀槍不入的「奧妙」就在子彈上面。槍膛裡裝著的並不是真的子彈，而是「香麵為丸，滾以鐵沙」的假彈，開槍時麵丸化為青煙，既沒有殺傷力又渲染了煙霧效果。被瞄準的團民早已在手掌裡藏了真彈，這邊槍一響，那邊即以快捷的手法將捏著的子彈亮出，佯作接住射來的槍彈。

汪崇屏：鬧義和團時，外傳我家鄉易州最猖獗。當地的「拳匪」是一群鄉下人，什麼都不懂，既不會打仗，又無政治野心，也沒有什麼神道設教的本領，只是反對洋人，反對教民。易州秩序並未擾亂，只叫大家去燒香、叩頭而已。

張程：義和團初名「義和拳」，是山東、直隸底層民眾祕密結社的組織。嚴格地說，義和團還算不上是「組織」，因為它一直沒有固定的組織結構，沒有協同一致的行動，沒有明確的規章制度，也沒有明確的領導人。當時，老百姓對教會、對洋人充滿仇恨，需要發洩情緒。義和團就成了人們寄託希望、發洩仇恨的載體。

@ 載漪的「大阿哥黨」為了推翻親西方、也被西方認可的光緒皇帝，扶持大阿哥登基，就想到利用義和團打擊洋人和光緒。徐桐、崇綺等人親自練拳，剛毅、載瀾改穿義和團裝束，載漪還在府中設壇立團，朝夕虔拜。

@ 慈禧在大阿哥黨的蠱惑下，漸漸覺得「團民可用」。義和團被官府招撫，華北義和團民湧入北京城，最後達 10 萬人之多。慈禧召見了團民首領，還下令內侍宮女學習義和團功夫。上行下效，朝廷親貴、王公紛紛召團民去護衛府邸；清軍官兵不僅對持械在京城四處遊蕩的義和團民熟視無睹，本身也正經八百練起拳來。

@1900 年 5 月法國傳教士樊國梁寫了一封長信給法國駐華公使畢盛，描述義和團的殺戮情況：「被殺死的基督徒有 70 多名，⋯⋯許多村莊被搶

掠和燒毀，更大量村莊被廢棄。2,000 多名基督徒赤手空拳，無衣無食，四處逃竄⋯⋯北京已被四面包圍，義和團日漸臨近北京，唯一耽誤他們行程的是他們對基督徒的燒殺搶掠。」

@ 義和團迅速失控，打砸搶燒行為蔓延北京全城。繁華的前門大街有上千家商舖被縱火燒毀。正陽門樓也被燒塌。24 家鑄銀爐廠全被焚毀，北京所有的錢莊銀行被迫歇業，全城的市場也停業了。

@6 月 11 日，奉調入京的清兵甘軍士兵發現街上有人乘坐小轎車，上前圍攻。儘管車裡的乘客是黃皮膚黑眼睛的東方人，他們還是殺死了乘客，並殘忍地將屍體肢解後拋在路邊。這個死者是日本駐華使館書記官杉山彬。杉山彬的死，加劇了在京外國人的恐慌心理。他們加速地發電報催促本國派軍保護自己。

@15 日，美國代理國務卿海約翰發了一封電報給美國駐華公使康格：「你需要更多軍人嗎？與海軍指揮聯繫並回報。」電報發出後杳無音訊。各國在北京的外交使館和外界的一切聯繫都被切斷了。歐美國家傳言義和團把各國駐華公使都斬盡殺絕了。各國決定派軍來華「保護僑民」了，當然也要懲罰中國人。

張程：有人反對利用義和團：「拳實亂民，萬不可恃。就令有邪術，自古及今，斷無仗此成事者。」慈禧說：「法術無足恃，豈人心亦不足恃乎？今日中國積弱已極，所仗者人心耳。若並人心而失之，何以立國？」「法術無足恃」說明慈禧也不信義和團三腳貓的功夫，她看重的是義和團在狂飆中展現出來的「人心」。

@ 外國軍隊攻陷大沽炮臺。慈禧緊急召開御前會議。會上，慈禧拿出了一份列強「照會」。內容四條：指明一地令中國皇帝居住；代收各省錢糧；代掌天下兵權；勒令慈禧歸政光緒。如此重要的照會據說是榮祿的門生從江蘇弄來的。也有人說是大阿哥黨炮製了這份照會。總之，後人大多懷疑

此照會的真實性。

@ 普遍的說法是照會的四項要求早就在西方人中流傳。上海英文報紙《北華捷報》發表了一篇社論，明確提出了這四項要求，又被轉載在《字林西報》上。可能是在此文刊登前，被報社華裔職工獲悉，輾轉被江蘇糧道羅嘉傑所悉。羅道臺把它當成「重要情報」匯報給了北京。此照會卻促使慈禧對列強宣戰。

@ 大臣袁昶、許景澄勸慈禧不能依靠義和團，更不能向列強宣戰。慈禧太后正在氣頭上，降旨將二人處斬。許袁二人死後，家人不敢收殮，昔日的同事、兵部尚書徐用儀代為殯葬。載漪、剛毅等人得知後，指使一夥義和團民闖入徐家，將徐用儀及全家人緊緊捆住後亂刀捅死。亂世沒有王法啊！

@ 德國公使克林德性格暴躁又自信，曾率士兵開槍打死團民約 20 人。20 日，克林德不顧其他公使的勸阻，帶著翻譯分乘兩頂轎子前往總理衙門，途中遇到清軍小隊長恩海率領士兵巡邏。克林德從轎中開槍向恩海射擊，恩海躲過子彈後拔槍還擊。克林德頓時喪命，成了被清軍殺死的第二個外交官。

@ 逃回來的翻譯說：「誰射殺了公使，他的同伴是些什麼人，這都是沒有疑問的。他們不是義和團，而是清兵，都穿著軍服。他們無疑是事先在捕房附近埋伏好的……此外，還有一個情況可以佐證公使是被政府軍謀殺的：沒有人向轎伕和馬伕開槍。假如是義和團，他們一般都會以同樣的仇恨襲擊為洋人服務的中國人。」

@ 根據八國聯軍占領北京後對恩海的審問，並沒有發現「預謀」的證據。恩海說載漪事後曾答應提拔自己，還說要賞銀 70 兩。結果，恩海只拿到 50 兩賞銀，也沒有獲得提拔。中國史學界普遍認為，克林德的死是一次意外衝突，沒有預謀。

@ 克林德死後第二天（21 日），清政府以光緒名義向英、美、法、德、義、日、俄、西、比、荷、奧 11 國宣戰。「朕今泣涕以告先廟，慷慨以誓師徒，與其苟且圖存，貽羞萬古，孰若大張撻伐，一決雌雄」，「無論中國忠信甲冑，禮義干櫓，人人敢死，即土地廣有二十二餘省，人民多至四百餘兆，何難剪彼凶焰，張國之威？」

@ 宣戰詔書透過電報傳給各地督撫。湖廣總督張之洞回奏，「懇請嚴禁暴民，安慰各國，並請美國居中調停」。山東巡撫袁世凱派兵保護境內教堂和外國人的安全。兩廣李鴻章說「此亂命也，粵不奉詔」。南方幾個督撫成立了「東南互保」，與洋人和平相處，戰火被局限在了北方數省。

溥儀：據太監們說，外國人的鬍子很硬，鬍梢上可以掛一隻燈籠，外國人的腿根直，所以庚子年有位大臣向西太后出主意說，和外國兵打仗，只要用竹竿子把他們捅倒，他們就爬不起來了。

張程：義和團在北京圍攻使館區多日。美國公使康格寫道：「華兵奮擊共 26 日……約計施放炮彈四千有奇，槍彈數萬……中國兵死約二千餘名。」義和團缺乏組織和訓練，武器低劣，加上迷信「刀槍不入」的神功，常常盲目進攻，造成了巨大的無謂傷亡。

八國聯軍，還是「九國聯軍」？

張程：# 八國聯軍侵華 #《泰晤士報》報導，七月初有 13,506 人的八國聯軍官兵在天津登陸。其中俄國 5,817 人，日本 3,709 人，英國 1,706 人，德國 1,300 人，法國 387 人，美國 329 人，義大利 131 人，澳洲 127 人。當澳洲人在中國作戰時，澳洲聯邦宣告成立。澳大利亞軍隊成為獨立的一國軍隊，因此將「八國聯軍」更名「九國聯軍」可能更恰當。

@ 澳洲為什麼參加侵華戰爭呢？英國當時正在南非和荷蘭人鏖戰，在遠東地區兵力薄弱，無兵可用，只好搜刮遠東各殖民地軍隊，包括威海衛的「華勇營」、香港軍團、新加坡軍團和印度軍團等。其他殖民地軍隊都不是英國血統。而有「純粹的」英國血統的澳洲正在鬧獨立，卻響應號召派軍，讓英國喜出望外。

@ 攻下天津後，聯軍紛紛增兵。沙俄增兵最多，在天津駐軍兩萬多人。各國推舉德國陸軍元帥瓦德西伯爵為聯軍最高指揮官。瓦德西帶著德軍，從德國本土出發，繞過非洲、印度，千里迢迢趕路，直到戰爭結束才趕到中國。所以，瓦德西這個指揮官是虛的，八國聯軍的實際指揮權操在俄軍手中。

@ 為了搶先攻占北京，沙俄要了一個花招。8 月 12 日八國聯軍占領通州後，俄軍訛稱需要休整，通知各國休息一下。各國就決定休整兩天，15 日再進攻北京。結果第二天俄國陸軍少將瓦西列夫率領一營步兵和部分炮兵背著盟友，單獨向北京發動進攻。後來議和時，俄國堅持本國攻占北京出力最多，要求獲得最多好處。

@ 俄國在侵華戰爭中表現得最活躍，調集步騎兵 17 萬，分六路侵入中國東北。沙俄總督格羅傑科夫宣稱，凡是俄軍足跡所到之處都是沙俄的領土，公開宣布阿穆爾河（即黑龍江）右岸為俄國所有。10 月，沙俄占領東北全境，開始委派地方官吏，向中國百姓攤派賦稅徭役，改中國地名為俄國名稱，妄圖吞併東北。

@ 占領北京後，聯軍司令部曾特許官兵在京公開搶劫三日。從公使、將軍到傳教士、士兵都參加了這一暴行。日軍從戶部衙門搶走 300 萬兩銀子後，立即燒房毀滅罪證，收穫最豐。最有「秩序」的搶劫是英軍和美軍。他們把搶來的東西登記造冊，在使館當眾拍賣，銷贓所得按官兵階級高低分配。

@ 北京鼓樓上的更鼓，被路過的日本兵用刺刀扎破了。太和殿前存水的銅缸表面鍍了一層金，也被強盜用刀刮去。那些斑斑刮痕至今還在昭示後人。

@ 莊親王府被一把火燒光，當場燒死 1,800 人；法軍路遇一隊中國人，竟用機槍把人群逼進死胡同連續掃射 15 分鐘，血流成河；日軍抓到中國人試驗各種酷刑，要麼試驗一顆子彈能射穿幾個人，要麼故意向中國人身體亂射，看著中國人痛苦地死去。北京城屍橫遍野，沒有人清理，加上北京盛夏酷熱，屍臭很快蔓延大街小巷。

@ 澳洲軍隊進入北京後，發現「中國首都的悲慘生活直如人間地獄，大街上成千的野狗像狼一樣地在啃咬著中國人的發臭的屍體，而夜晚則槍聲不斷」。瓦德西到任後，對捕獲的義和團民改槍決為斬首，希望加大震懾力。澳軍覺得斬首太不人道，拒絕執行行刑任務。

@ 有人向侵略軍組織的都統衙門告發，有聯軍翻譯在天津匯豐銀行存入白銀一萬兩，是趁隨軍出征示威演習時訛詐的。都統衙門下令匯豐銀行在查清此款的合法主人之前禁止支付。又有人舉報一些歹徒趁社會動亂，在鄉村收取保護費。都統衙門責成巡捕局逮捕了部分歹徒，並進行審判。列強用自己的方法「治理」中國。

@ 入冬後，京津地方紳士和中國雇員按照清朝官場的規矩，開始籌備「炭敬」孝敬占領軍。都統衙門在 1900 年的第 84 次會議上專門「研究了關於當前一些華人向政府部門成員贈送禮物的問題」，並形成決議：本委員會認為此舉應當嚴加制止。同時也相信，政府所有成員都不會接受華人除水果和鮮花以外的任何餽贈。

李鴻章又簽賣國條約

　　張程：晚清重要的「賣國條約」幾乎都是李鴻章代表中國簽訂的。「賣國賊」的榮銜，李鴻章似乎當之無愧。當年在日本春帆樓為甲午戰爭善後、洽談《馬關條約》時，李鴻章遭到日本極端分子刺殺，子彈射入他的左頰。李鴻章命大，被搶救了回來。他一直保留著遇刺時的血衣，因為「此血可以報國矣！」

　　@ 日本是李鴻章的傷心地，他發誓絕不踏入這塊土地。一年之後，慈禧太后安排千夫所指的李鴻章「考察」歐美各國，避開國內洶湧澎湃的「討李」浪潮。李鴻章不得不途經日本換船前往美國。到日本，李鴻章拒絕上岸，只是在兩船之間搭一個木板，然後在別人的攙扶下顫顫巍巍地走了過去。

　　@ 李鴻章訪問德國時拜見了首相俾斯麥。據說後者稱李鴻章是「東方俾斯麥」，還建議李去接受新發明的 X 光治療。X 光照射顯示李鴻章左眼下有一顆清晰的子彈。因年紀太大，李鴻章未動手術取出子彈。

　　@ 八國聯軍攻破北京、占領華北後，遠在廣州的兩廣總督李鴻章預感：這回又要老夫出馬「賣國」了！果然，慈禧很快就讓李鴻章擔任議和大臣，兼有名無實的直隸總督，去北京談判。據說，洋人和李鴻章簽訂條約簽慣了，就認李鴻章這張老臉。唉，誰讓李鴻章一開始就當慈禧的救火隊員呢？只好硬著頭皮當下去了。

　　@ 八國聯軍中的日本、法國、德國、義大利、俄國都有分割中國領土的想法。俄國更是希望趁機割占中國東北領土。但英國和美國重視商業利益，希望保持中國門戶開放，堅持反對俄國、日本的領土野心。英美希望保持一個穩定統一的、能保證列強殖民利益的中國政府。列強內部出現了根本性的善後政策分歧。

@ 法國率先提出了懲治禍首、賠款、拆除大沽炮臺等六項和談要求，作為中外議和基礎。各國公使就此進行補充、修改，於12月底以11國（組成聯軍的八國加上比利時、西班牙和荷蘭三國）的名義共同向清廷提出《議和大綱》12條。列強主動提出和談大綱，清政府鬆了一口氣。既然願意和你談，就說明人家不殺你了。

@ 在西安的朝廷意識到只有認可了12條大綱，才能度過生死危機。慈禧的基本態度是「十二條不能不照允，非此不能結局」。朝廷發指示給李鴻章，要求：可以以列強的和談條件為談判基礎，但在具體問題上要反覆「磋磨」，「審度情形，妥籌磋磨，補救一分是一分耳」。挽回一點是一點啊！

@ 辛丑議和的焦點問題是中國賠多少錢。列強當然要求賠款越多越好。但清政府本來就捉襟見肘，經過義和團和八國聯軍這麼一鬧，已經「身無分文」了。慈禧和光緒皇帝是空手倉皇西逃的，途中餓得好幾天吃不上飯，最後還是問山西老鄉討稀粥充飢。你逼清政府搬出金山銀山來，問題是慈禧上哪裡弄去？

@ 清朝大臣的基本觀點是賠款「量力而行」。這裡的「量力」就是「量中國力所能及」（軍機處致議和代表電）、「量中華之物力，結與國之歡心」（2月14日朝廷上諭）。遺憾的是，後人在解讀「量中華之物力」的時候產生了誤會，誤以為這是清政府不惜搜刮民脂民膏、傾全國之力討好外國侵略者，是典型的賣國言論。

@ 剛被解救出來的各國駐華公使組織了「賠款委員會」，專門研究中國賠款的標準、範圍。為了提供賠款委員會研究依據，美、德、法、日四國又組成了「中國財政資源調查委員會」，調查中國的財富和賠償能力。4月19日，列強正式向清政府提出了賠款金額：4億5千萬兩白銀。等於當時每個中國人賠一兩銀子。

@ 看到數字，李鴻章馬上搖頭：金額太大了，我們難以承受。他分別會晤了英、美、日等國駐華公使。美國公使康格向李鴻章表示，美國政府承認中國的財務狀況最多只能承擔 3 億 1 千萬兩白銀，並答應「擬向各國勸減」。美國人擔心：清政府可能因為支付不了賠款而崩潰。

@ 湖廣總督張之洞說，八國聯軍並非圖利而來，我們據理交涉，應該能夠減少金額。他認為賠 4 億兩比較恰當。兩江總督劉坤一認為可以先欠著，分幾十年慢慢給。綜合各方面意見，朝廷要求李鴻章、奕劻等議和代表將賠款減至美國公使所說的 3 億 1 千萬兩，同時不給「現銀」，盡可能拉長支付年限、降低利息。

徐珂：庚子和議，議和條款發給各省督撫，讓大家集思廣益。李鴻章主張大的方面要爭取，細節不必拘泥，對模稜兩可的內容不妨認可，免得扯皮。張之洞卻很較真，對朝廷發來的議和條款，字斟句酌，往往在字句之間爭論得失。李鴻章嘆道：「不謂香濤（張之洞）作官數十年，仍是書生之見。」

張程：列強公使不耐煩清政府討價還價，威脅李鴻章，如果中國在 7 月 1 日前不公開接受 4 億 5 千萬兩賠款（利息四厘），八國聯軍就賴在北京不走，此外還要清政府支付額外的占領費用。德國駐華公使穆默揚言，北京的夏季太熱了，軍隊行動不便，最早也要九、十月以後再說，請中方支付德軍夏天駐防的費用。

@ 李鴻章、奕劻認為「兩宮急盼撤兵，方議回鑾」，如果不接受列強的賠款條件，各國不肯撤軍，太后和皇上就回不了京。八國聯軍多留一天，就多索取百萬軍費，拖延到秋後中國要額外多賠上億兩白銀。他們建議接受列強條件。5 月 26 日，朝廷回覆：「各國賠款共四百五十兆，四厘息。著即照准，以便迅速撤兵。」

張程：#辛丑條約 #1901 年（光緒二十七年，農曆辛丑年）9 月 7 日，

奕劻、李鴻章代表清政府，與英國、美國、日本、俄國、法國、德國、義大利、奧匈帝國、比利時、西班牙、荷蘭 11 國公使在北京正式簽訂喪權辱國的《辛丑各國和約》（簡稱《辛丑條約》）。這是近代中國被迫簽署的最不平等的條約。

@ 中國賠款白銀 4 億 5 千萬兩。清政府短期內根本拿不出如此巨額的賠款，《辛丑條約》就規定中國賠款分 39 年還清，年息 4 厘，本息共計 9 億 8 千萬兩，以海關稅、常關稅和鹽稅作擔保。關稅和鹽稅是清朝政府最主要的財政收入，現在成了賠款的抵押物，等於把自己的錢袋交到了外國人手裡。

@ 清政府承諾鎮壓人民排外，永遠禁止中國存在任何「與諸國仇敵」的組織，違者處死；官員必須保證外國人的安全，否則立予革職，永不敘用；鬧義和團期間凡發生反帝鬥爭的地方，停止文武各等考試五年；懲治八國聯軍侵華期間支持義和團的官員，被監禁、流放、處死的官員共百多人。

@ 端郡王載漪、輔國公載瀾發往新疆永遠監禁，永不減免；莊親王載勛、都察院左都御史英年、刑部尚書趙舒翹，賜令自盡；山西巡撫毓賢、禮部尚書啟秀、刑部左侍郎徐承煜，即行正法；協辦大學士吏部尚書剛毅、大學士徐桐、前四川總督李秉衡，均已身故，追奪原官，即行革職（條約第二款第一條）。

@ 兵部尚書徐用儀、戶部尚書立山、吏部左侍郎許景澄、內閣學士兼禮部侍郎衛聯元、太常寺卿袁昶，去年向慈禧力陳不能迷信義和團、不能和列強交惡，結果招來殺身之禍。列強明確要求將他們開復原官，以示昭雪。

@ 列強鑑於清朝痴迷「天朝上國」心理，不願平等對待各國公使，特地在附件中帶上「覲見禮節說帖」，規定清朝皇帝要在乾清宮正殿接見諸

國使臣；使臣呈遞國書時，皇帝必須以親王乘轎的規格將使臣迎入大內，禮成後送回，來往都要派兵迎送；使臣所遞敕書或國書，皇帝必須親手接收：皇帝宴請使臣，皇帝要在座。

@ 外國政府從鴉片戰爭前後就開始爭取的公使和清朝皇帝的外交禮儀問題，至此被各國公使挾戰勝餘威用條約附件形式固定了下來。原本小事一樁的外交禮節問題，拖延了半個多世紀才得以解決。

張程：# 李鴻章之死 #《辛丑條約》簽字儀式上，李鴻章代表中國簽字。據說，這個字可以由同樣是議和大臣的奕劻來簽，況且奕劻還是親王，李鴻章可以不簽。奕劻也拿起了筆，手一直在抖，難以寫字。李鴻章就對他說：王爺，你以後的路還長，這個字還是讓我來簽吧！

@ 和約簽訂，鋪天蓋地的罵聲撲向李鴻章。八國聯軍陸續撤軍。沙俄大軍賴在東北不走，李鴻章又趕去和俄國公使談判東北撤軍問題。10月30日，李鴻章從俄國使館談判回來後病情加重，當夜胃部血管破裂，咯血半盂，血色紫黑，有大血塊。經過德國、美國大夫治療，李鴻章養病到11月5日，病情似乎有所好轉。

@6日，李鴻章病情急轉直下。老部下周馥聞訊趕來，李已穿上殮衣，呼之應，口不能語。7日中午，李鴻章瞪著兩隻大眼睛，奄奄一息，周馥哭道：「您沒有完成的事，我們會辦妥的。請放心去吧！」李鴻章的嘴唇喃喃開合了幾下，說不出話，只流淚。周馥撫摸李鴻章的眼瞼，邊抹邊哭訴。雙眼這才合上。終年78歲。

@ 李鴻章在病榻上上奏：「臣等伏查近數十年內，每有一次挑釁，必多一次吃虧。上年事變之來尤為倉促，創深痛劇，薄海驚心。」清朝屢次受辱，吃虧無數，卻不思改革，最終被《辛丑條約》壓得喘不過氣來。任何個人對國家的沉淪都無能為力，李鴻章所能做的就是盡其所能挽回部分損失，默默面對潮水般的指責。

「床上救國」的賽金花

張程：# 名妓賽金花 #1920 ～ 1930 年代，有一個妓女頂著「狀元夫人」、「公使夫人」、「九天護國娘娘」等光環（都是真的），還是各種暢銷劇目的女主角，並引得各大媒體、文人名士爭相追捧。最後引得國民政府高層都出來發話評價。她是何許人也？她就是賽金花。

@ 和許多底層賤民一樣，賽金花的身世迷團重重。籍貫、姓氏、出身年月都眾說紛紜。能夠確定的是，她在十二三歲時就淪落花船，賣唱陪客，西元 1887 年被蘇州狀元洪鈞看中，娶為姨太太。當時洪鈞已年近五旬，賽金花還是二八芳齡。不過，這似乎是賽金花最好的歸宿了，「狀元夫人」的光環讓她完成了人生最重要的轉變。

@ 新婚當年，洪鈞出使歐洲四國，按慣例須有夫人隨行。正房王夫人怕「會生吃人肉的老毛子」，死也不出國。於是，有說是自告奮勇，也有說王夫人主動要求，賽金花就頂替當了「公使夫人」，穿上朝廷給王夫人的誥命夫人服飾，去那花花世界了。在德國，賽金花不僅見了威廉二世和皇后，還見過鐵血宰相俾斯麥。

@ 旅歐三年回國後不久，洪鈞病逝，賽金花竟然重入歡場。有人說是洪氏族人私吞洪鈞留給她的五萬兩贍養費，將賽金花掃地出門；有人說是賽金花在舊日好友的挑動下，逃到上海重操舊業的；也有人說是王夫人默許賽金花走的。總之，賽金花在洪鈞的悉心教導下，素養氣質超人一等，很快成了上海名妓。

@ 後來賽金花北上京津，自己當老闆開設了「金花班」。據說是她把南派妓女帶入京城的，生意很好，顧客包括慶親王，莊親王等。這是賽金花「事業」的巔峰期，她喜歡高調地穿著男裝騎馬上街，北京人喚她「賽二爺」。

大沽口前的日美兩國士兵

@ 八國聯軍攻陷京城，賽金花沒逃走，躲在南城避難。一天，德國兵破門而入。情急之下，賽金花脫口而出德語，馬上把德國兵鎮住了。她又拿出與德國皇帝、首相的合影。德國兵被嚇傻了，乖乖敬禮，恭恭敬敬地帶她去見八國聯軍主帥、德國元帥瓦德西。據說瓦德西對她熱情款待，還有人說看見她和瓦德西騎馬並行。

@ 聯軍對賽金花很客氣，還請她幫忙籌集糧秣等。賽金花就勢做了一些好事，看見洋人傷害百姓就盡力阻攔，救下了不少人。她也向八國聯軍提供中國妓女。根據賽金花的說法，姐妹們來一次軍營能得 100 銀圓，報酬很高，因此一些姐妹很願意來。至於瓦德西，京城盛傳是賽金花親自「招待」，兩人在紫禁城同宿龍床。

@ 瓦德西出生於西元 1832 年，當時已 69 歲。他與賽金花「雙宿雙棲」恐怕是謠傳。

@ 朝廷不要百姓了，當官的不管百姓了，京城上下就把賽金花視為通天功臣，叫她「議和大臣賽二爺」，盛傳她吹「枕邊風」救國救民。先前德國駐華公使克林德被殺，其遺孀傷心至極，揚言要慈禧太后抵命。據說李

鴻章沒法子，請賽金花出面。她說服了瓦德西，又向克林德夫人提出了為克林德立牌坊的折中建議。

@ 評價賽金花在八國聯軍侵華時的所作所為，後人普遍持肯定態度。劉半農說：「中國有兩個『寶貝』，慈禧與賽金花，一個在朝，一個在野；一個賣國，一個賣身；一個可恨，一個可憐。」夏衍說的更直接：「朝堂上的大人物的心靈還不及一個妓女。」

張程：辛丑條約達成，兩宮回鑾，朝廷開始「論功行賞」。賽金花自然沒份，不久還因為「虐妓致死」惹上官司。「金花班」被解散，她本人被勒令返回蘇州。當時就有人認為賽金花樹大招風，被人整了。賽金花遷往上海，繼續賣笑，但時過境遷，風光不再，於是萌生從良的念頭。她嫁給了滬寧鐵路總稽查曹瑞忠。

@ 辛亥革命後，曹瑞忠去世，賽金花從良失敗，第三次從事老本行。客人中有革命黨人、曾任江西民政廳長的國會議員魏斯炅。二次革命失敗後，賽金花幫助他喬裝打扮，乘船逃往日本，1918 年魏斯炅重返上海後與賽金花結婚，大操大辦，明媒正娶。政壇大佬李烈鈞是婚禮主持。

@ 魏、賽二人感情很好。魏當時 45 歲，已有一妻一妾，對外一直稱賽金花為夫人。魏斯炅為她取名「靈飛」，賽金花至死以「魏趙靈飛」自稱。這段婚姻才三年，魏斯炅病逝。三任丈夫都在婚後沒幾年去世，賽金花似乎很「剋夫」。在魏的葬禮上，有人就罵賽金花是禍水，魏氏族人也堅決排斥她，將賽淨身掃地出門。

@ 賽金花老了，風采不再，帶著跟隨多年的老僕人顧媽，遷居北京天橋附近的貧民區。在衚衕裡，賽金花度過了窮困潦倒的晚年。1933 年，賽金花交不起 8 毛錢的房租，向政府呈文說自己在庚子年救過人，請求免除房租。《實報》敏銳地捕捉到這事的新聞價值，報導了此事。賽金花再次成為輿論熱點。訪問者紛至沓來。

@ 北大知名教授劉半農認為賽金花是關鍵的歷史人物，請京城古琴高手鄭穎孫出面約賽金花。賽金花同意每週接受兩個半天的採訪。劉半農細心地考慮到賽金花睡懶覺（職業影響）的習慣，把訪談定在下午，汽車接送，恭恭敬敬，訪談結束後請她去大飯店吃大餐 —— 賽金花當時吃了上頓沒下頓。

@ 劉半農的訪問沒有成稿，中途急病逝世。他的學生商鴻逵根據劉半農生前定下的提綱，整理出版了《賽金花本事》。這本書是了解賽金花生平最重要的信史。

@ 賽金花成了曲藝、文學和媒體的寵兒。無論京劇、地方戲還是現代戲劇，都拿賽金花作過女主角。賽金花接受採訪時，說自己也看過這些戲，但是很多事與事實不符：一是把她和瓦德西的情事描寫太過；二是誇大了她在庚子年的作用，「雖十分誇獎我，但於我之良心上，誠為不安」。

@ 賽金花成了一個輿論的「富礦」。出版商曾樸是洪鈞生前的家中常客，與賽金花相識很久。他以賽金花和瓦德西的跨國戀為主題，影射晚清政治，寫作了著名的《孽海花》。該書以賽金花為原型，說她隨洪鈞訪歐時為瓦德西紅杏出牆，十幾年後北京重逢，舊情復燃。書的卷首印有賽金花的照片，出版後暢銷十萬餘冊。

@ 賽金花接受採訪時，說《孽海花》傳播謠言罵她。曾樸為什麼要罵她？賽金花說：「還不是為的我嗎？我幼時與曾樸相識，極親熱，他十分愛我，後來老鴇圖錢將我許與文卿（洪鈞的號）。曾樸當然實力不敵一狀元，情場失意，遂作小說，憤而罵我與文卿。」

@ 賽金花多次接受採訪，反覆敘述自己的經歷，話講多了，難免有前後矛盾的地方。有人據此認為，賽金花不過是個騙錢的老妓女，說話不可信。戲曲理論家齊如山（電影《梅蘭芳》中邱如白的原型）早年與賽金花交往，自稱「知道她的底細」，說賽德語很爛，身邊出沒的都是德國低階軍

官，壓根沒見過瓦德西。

張程： 30 年代日本加緊侵華，社會上瀰漫著救亡圖存的氣氛。國民政府的妥協退讓政策飽受輿論坪擊。賽金花的聲望卻在這時達到高峰，因為賽金花在八國聯軍侵華時的傳奇故事，剛好和清政府（國民政府）形成絕妙的反諷。推崇賽金花，就是反對妥協、堅持抗日的間接表示。

@1935 年，劇作家沈端先創作了多幕話劇《賽金花》，借古諷今，抨擊國民政府消極抗日。為了自我保護，他隨手署了「夏衍」這個筆名。想不到，大公司和大明星都爭著演這部話劇，該劇首演，連續二十場，場場爆滿。人們都記住「夏衍」而不問他的真名，沈端先乾脆改名夏衍。

@1937 年初《賽金花》在南京演出。劇中德國人審問中國官員「會做些什麼」，他惶恐地說：「奴才只會叩頭，跟洋大人叩頭！」並連連叩頭。當時日軍咄咄逼人，觀眾心領神會，哄堂大笑。主管國民黨文宣事業的張道藩怒斥：「怎麼能這樣演呢？」第二天，國民政府就明令禁演《賽金花》。

@ 這個討人厭的張道藩，號稱「三民主義文藝理論家」。他是個美術才子，早年留學歐洲，在英法多所著名美術大學深造（據說是倫敦大學美術部的第一位中國留學生），著有《近代歐洲繪畫》等。可惜認識陳立夫後，棄學從政，逐漸成為國民黨的骨幹，參與控制國民黨文宣與黨務系統。官至國民黨「立法院長」。

@ 就在「賽金花」這個角色如日中天的時候，1936 年冬，賽金花本人在北京淒涼死去。嚴冬，她沒錢買煤炭，抱著破被子在子夜死去。各界人士捐錢為她買了棺材；陶然亭的和尚捐了一塊地皮，讓她下葬。出殯那天，北京雨後道路泥濘，但沿途有不少百姓擺桌祭拜。齊白石題寫了「賽金花之墓」。

@ 當時的報紙紛紛刊登輓聯。其中一副寫道：「救生靈於塗炭，救國家於沉淪，不得已色相犧牲，其功可歌，其德可頌；乏負廓之田園，乏立

錐之廬舍，到如此窮愁病死，無兒來哭，無女來啼。」

張口評史： 從現存的老照片看，賽金花並沒有傾國之色，姿色尋常，但因為她不同尋常的經歷，更因為她迎合了不同時期中國社會的政治需求，被演義為了一個傳奇人物。

李蓮英的崛起與腐敗

許指嚴： #李蓮英事蹟#河北河間有個皮匠鋪小學徒，習硝皮業，人稱「皮硝李」。16歲時，他聽人說當太監很威風，羨慕不已。他覺得自己辛苦一輩子也混不上溫飽，還不如當個太監。於是，他自我閹割，進京投靠同鄉大太監崔某。崔某看他活潑，勉強收留他。不久，慈禧太后要找一個小太監替自己梳頭，崔某就讓小李去了。

張口評史： 每一個自我閹割去當太監的男人，背後都有一個悲傷的故事，都有一個令人生畏的扭曲的靈魂。中國閹宦歷史，充分說明了這一點。

許指嚴： 小李長相平平，但機靈多變，能討慈禧的歡心。相傳慈禧太后每天要變一個髮型，追求新巧的名目，所以替她梳頭是件苦差事，沒人願意做（這可能是小李能得到這份工作的重要原因）。小李很珍惜這個機會，每天都把太后的頭髮梳理得翻新出奇，還能信口編出好聽的名字來。小李很快在宮中站穩了腳跟。

@慈禧不高興時，小李也能勸慰幾句。慈禧雖然貴為太后，但春秋方盛，對小李這樣機靈討巧的少年，也很喜歡。除了梳頭，慈禧留小李在榻旁談家常瑣事，排遣深宮的寂寞。慈禧還為小李取了一個好聽的名字，叫做：李蓮英。李蓮英後來居上，很快成了總管太監。崔某失勢了，李蓮英

對他很照顧。崔某只好認命。

@ 李蓮英真正的對手不是大太監崔某，而是一個劉姓太監。他性行迂緩，城府極深，人稱「陰劉」。劉入宮早，得到慈禧的寵信。李蓮英崛起時，兩人勢同水火。劉某工於心計，言行周密，李蓮英雖然百般傾軋，終歸無效。他轉而假裝和劉某做朋友，劉某終於疏於防範，忤逆了慈禧。李蓮英乘機進讒，徹底扳倒了劉某。

@ 慈禧殘忍乃過於呂雉、武曌者。對於敵人，她睚眥必報，宮人侍者，凡有失寵者，也多受其荼毒。慈禧在李蓮英的慫恿下，對劉某動了殺心。劉某跪求全屍。慈禧讓他喝了某種毒藥，幾個小時後劉某縮小到像嬰兒一樣，長只尺許，身體僵硬，但膚色和平時一樣，絕對沒有中毒的樣子。

@ 宮內儲存多種毒藥，毒性滲透方式不一。據說還是明朝留下來的遺產。有的是長效的、服下後數年才死，有的是口唇觸之即亡，而且毫無傷痕。就是鴆毒砒霜，跟這些毒藥比起來也算小兒科。

中國新聞週刊：宮女說李蓮英對待底下人從來不剋不扣，有本事對那些總督巡撫用去，一伸手要個一萬八千兩的銀子。可是跟圍在他手底下轉的人，絕不雞毛蒜皮地算小費。當太監的好人少，他們整天悶著頭思索壞主意，什麼邪的、凶的、狠的主意全有，但叫聲「李總管」還是心悅誠服的。底下的人很少有咬牙切齒恨李蓮英的。

許指嚴：李蓮英擅長說笑話，他的笑話從不犯人忌，不惹人厭，慈禧太后沒事，總要他說一兩個笑話解悶。李蓮英雖然沒讀過書，但說的話從來沒忤逆過慈禧的意思，很中聽。和王公大臣相處，雖然處在稠人廣眾中，李蓮英也能立刻編出諧語，面面俱到，讓所有人都高興，絕對沒有諷刺牴觸的嫌疑。這是個了不起的本事。

@ 八國聯軍侵華、慈禧西逃時，道途辛苦，沒人沒糧，慈禧就像是個

逃難的村姑。李蓮英全心料理慈禧的飲食起居，讓慈禧吃飽穿暖，對自己的飽暖置之不顧。過山西某板道時，馬車倒了，慈禧差點摔下來，李蓮英用身體擋住馬車，肋骨受壓嘔血，醫治了月餘才痊癒。

張口評史：能幹和對主子的忠心，一直是太監崛起的祕密。

許指嚴：湖北押解銀子進獻，李蓮英藉口成色不足，要求補交一筆錢。湖北官銀一向足色，押解官員據理力爭。太監大怒，拿起秤要打他。慈禧被驚動了，接受了這批官銀，還親自安慰押解官員。官員沮喪出來，遇到內務府大臣繼祿，繼祿安慰他說：「那些太監的積蓄都在北京被洗劫了，害你受苦了。」官員知情後，嘆息而去。

@ 李蓮英喜歡錢財，不在乎官品，為人低調。他終身不過四品，慈禧太后要替他升官，他都婉拒了。有鑑於安德海的教訓，他也不去外省騷擾。李蓮英斂財主要是受賄，他從來不向他人說一個錢字，但卻能讓有求於他的人輾轉請託，千方百計要把錢送來。到時候，李蓮英千呼萬喚始出來，既拿了錢又賣了大人情。

@ 逃難到西安時，南方諸省進呈貢物，都先送到李蓮英處，奇珍異寶，堆積如山。其中的銀子，慈禧取一半，李蓮英貪汙五分之一，剩餘的才交給榮祿發軍餉。當時因為是逃難，沒有宮禁規制和大臣的糾察，李蓮英權益膨脹。他反對回鑾（返回北京），怕洋人把他列入罪魁名單。得知自己沒事後，才不阻止回鑾。

張程：李蓮英為人不張揚，但在晚清多個事件背後都有他的身影。他深深介入了晚清政治，遠不是貪汙幾筆銀子那麼簡單。

許指嚴：慈禧寵信李蓮英。李漸漸驕橫，唯慈禧之言是聽，對包括慈安在內的其他人都不買帳。一日，李蓮英和幾個小太監在玩，對經過的慈安不聞不問。慈安脾氣再好，也發怒了，大罵了李蓮英，還要打他板子。左右求情，慈安說：「二百年祖訓竟敗於豎子之手耶？是不可不以爭。」她

為此還和慈禧吵了一架。

@ 慈安說李蓮英「心中只有西后，不知有東后」，在宮中如此，出去還不驕橫不法？外面稱李蓮英「九千歲」，難道要做魏忠賢第二？慈禧說李蓮英一奴才耳。慈安：「奴才者，西后之奴才，他人安得干預？爾既安之，在我亦何必曉曉？但西后盛名為一豎子所敗，不禁深為扼腕耳。」兩人不歡而散。幾天後慈安就死了。

@ 維新變法之初，李蓮英就對慈禧太后說，要讓榮祿做好準備，以防不測。慈禧說：「光緒這個孩子膽略小，絕不敢遽有作為，你多慮了吧？」李蓮英說：「皇上雖然不敢有什麼大動作，但我看康有為的為人，不是守規矩、按常理出牌的人。我們不能不早做打算。」

@ 在八國聯軍之前，李蓮英就聚斂了數百萬銀子。八國聯軍入侵，李蓮英及其同黨的不義之財，被某個太監洩露了，最後落入侵略者的手裡。李蓮英大怒，藉機殺了那個太監。安定之後，李蓮英又大肆搜刮了八年，聚斂二百餘萬銀子。慈禧死後，李蓮英拿著贓款出宮做了幾年富家翁。

張程：李蓮英之後的大太監是小德張。他是隆裕太后的心腹太監，雖然聚斂的錢財不如李蓮英，而且趕上了清朝滅亡，但還能跟著隆裕太后退居深宮，擁資自樂。只是其他太監失去了婪賄之路，生活困難，很多太監被裁撤了。他們聽說小德張獨富，一見面就向他要錢。嚇得小德張不敢走出宮門一步，連宮外的私宅都不敢回。

許指嚴：端王、剛毅等人極力主張利用義和團排外，背後的中堅實際上是李蓮英。慈禧很寵信李蓮英，潛移默化接受了他的影響。當王公大臣們爭論義和團是否可信時，端王、剛毅等人在軍機處高聲說：「李總管亦贊成此議，可見事在必行矣。」他們凡發一道諭旨，必定和別人說：「此諭由李總管贊成始下。」

@ 毓賢高調排外，外國使節多次和總理衙門交涉，要求撤換他。朝廷

每次都置之不理。李蓮英說：「現在督撫中，只有毓賢一人可算得盡忠報國。」毓賢得知，很自負，精製鋼刀數百柄送給義和團民，刀環都鐫「毓」字。他還招呼團民進官署，教導他們「仇殺洋教，宜並力一心，勿負我意」。

張程：難怪李蓮英在議和的時候，擔心洋人把他列入要求懲辦的黑名單了。

皇帝死因是最高機密

張程：#光緒之死#變法失敗沒幾天，光緒就病了。慈禧安排他養病，還說了許多感人的體貼話：一定整合全國醫療力量，不惜一切代價，確保皇上萬壽無疆。皇上生病，歷來都是國家的最高機密，出乎意料的是，慈禧推動起陽光政治，高調成立醫療小組，指揮治療。不過，各地封疆大吏們得知這可疑的爆炸性消息，「無敢問者」。

@ 據說光緒「養病」後，慈禧開始籌劃「換馬」，把不聽話的光緒換成聽話的傀儡。但是她要探一下「友邦」對皇帝換屆的態度。如果列強反對，慈禧就讓光緒病情「好轉」，如果列強支持，就讓光緒病情「惡化」，直到不治。慈禧把任務交給了榮祿。榮祿和外國人不熟，就轉給了和外國人打交道多年的李鴻章。

@ 李鴻章因為對甲午戰敗負責，已經下臺，看到榮祿有求，就要求「起用」自己為兩廣總督。李鴻章的理由是，我當官後，外國人肯定來祝賀我，難免談到國事，到時候我就探探他們的口風。於是，李鴻章走馬上任兩廣總督，外賓果然來賀，李鴻章打探到外國人反對慈禧置換光緒。慈禧沒辦法，「內禪之議暫止」。

@ 另一種說法是，外國人對維新變法的光緒皇帝有好感，強烈懷疑他生病的事，因此公使們帶著醫生，強行入宮為光緒體檢。外國醫生說光緒的身體雖然「Not Strong」，但是很「OK」。公使們見狀，紛紛表示日後和中國打交道，只認光緒，不認其他人。

張口評史：慈禧只是不得已，「暫時」停止了換馬行動，害得光緒之後不得不「養病」十幾年。身為權力欲極強、敏感多疑的女人，身為一個把持實權、頤指氣使慣了的太后，最由不得別人不遂她的意。慈禧從此恨上了外國人，恨得咬牙切齒。「仇洋之說，由此起矣，遂有庚子之變。」

溥儀：慈禧換不了光緒，就鬧著為光緒選皇儲，選中的是端王載漪的兒子溥儁。溥儁的父親載漪因為想讓兒子當上皇帝，夥同一批王公大臣如剛毅、徐桐等人為慈禧出了另一個主意，利用反對洋人的義和團，給洋人壓力，以收兩敗俱傷之效。

張程：義和團的興起，除了上面有慈禧的敵視洋人，中間有部分王公大臣的自私想法，不能忽視底層民眾對外國人的仇視情緒。

張程：光緒三十四年十月二十一日（1908 年 11 月 14 日）傍晚，光緒在中南海瀛臺死了，享年 38 歲。第二天下午，慈禧病死在中南海儀鸞殿，時年 73 歲。兩人去世相隔不到 24 小時，各種猜測隨之而起，焦點就是：光緒是不是被謀殺的？

@ 御醫們留下的醫療檔案，證明光緒皇帝是正常病死的。光緒從小體弱多病，他自述常年遺精、腰背痠沉，是個典型的藥罐子。光緒三十四年五月，御醫陳秉鈞在「脈案」上寫：「調理多時全無寸效」，對光緒的沉痾無能為力。到當年九月，光緒的臟腑功能已經全部失調，死亡只是時間問題了。

@ 光緒本人對病情也很著急，多次指責御醫們無能。光緒三十四年五月二十六日，他斥責御醫們「藥不對症」、「草率立方」。七月十七日，他指

責「服藥非但無功，而且轉增，實係藥與病兩不相合，所以誤事！」八月初七日，他更是痛罵御醫：「不過敷衍了事而已。素號名醫，何得如此草率！」這些都是有案可查的。

@ 很奇怪，光緒在去世當天還發出一道聖旨，要求各省，總督、巡撫迅速保送精通醫術的人到北京為自己治病。如果能治好，看病的人和報送的官員，都重重有賞。

@ 之前，各省都保送了當地名醫，進紫禁城替光緒看病。江蘇名醫杜鍾駿就為光緒看過病，寫了本《德宗請脈記》，詳細記載了光緒病情。第一次入診後，他對吏部尚書陸潤庠說：「我本來滿以為可以治好皇上的病，博取微名，今天看來多半是徒勞無益，只能不求有功但求無過了。」他覺得光緒已經病入膏肓了。

@ 十月十七日，光緒氣促口臭，哭著問杜鍾駿：「你有何法救我？」杜問：「皇上大便如何？」光緒說：「九日不解，痰多氣急心空。」杜認為他隨時有生命危險。有大臣說：「你這樣寫病案，不怕皇上害怕嗎？」杜答：「不出四日，皇上必出危險。現在不寫，將來變出非常，我難負其責。」二十一日，光緒就死了。

張程：＃光緒死亡之謎＃從 2003 年到 2008 年，研究人員採用了液相色譜／原子吸收光譜聯用分析法，對光緒屍骨進行分析，結果顯示光緒皇帝體內含有超量劇毒的三氧化二砷（砒霜）。結論就是：光緒皇帝是砒霜中毒死亡，是被人謀殺的！

@ 御醫屈貴庭在民國雜誌《逸經》第 29 期上發表文章說：在光緒臨死的前三天，他最後一次進宮為皇上看病，發現光緒本已逐漸好轉的病情突然惡化，在床上亂滾，大叫肚子疼。沒過幾天，光緒便死了。他認為，雖然不能斷定是誰害死了光緒，但可以肯定光緒之死係他殺。

溥儀：皇帝得病，每天太醫開的藥方都要分抄給內務府大臣們每人

一份，如果是重病還要抄給每位軍機大臣一份。據內務府某大臣的一位後人告訴我，光緒死前不過是一般的感冒，他看過那些藥方，脈案極為平常……更奇怪的是，病重消息傳出不過兩個時辰，就聽說已經「晏駕」了。總之，光緒是死得很可疑的。

張程：英國人濮蘭德·白克好司的《慈禧外傳》和德齡的《瀛臺泣血記》等書認為，大太監李蓮英等人，平日依仗著主子慈禧的權勢，經常中傷和愚弄光緒。他們深恐慈禧死後光緒重新主政，會清算他們往日的罪孽，就先下手為強，在慈禧臨死前，先謀殺了光緒。

溥儀：我還聽見一個叫李長安的老太監說起光緒之死的疑案。照他說，光緒在臨死的前一天還是好好的，只是因為用了劑藥就壞了，後來才知道這劑藥是袁世凱派人送來的。

張程：光緒皇帝不喜歡袁世凱，人盡皆知。袁世凱擔心一旦慈禧先死，光緒皇帝重新執政，就要清算自己，所以搶在慈禧死前先把光緒害死。

溥儀：還有一種傳說，是西太后自知病將不起，她不甘心死在光緒前面，所以下了毒手。這也是可能的。

張程：《清稗類鈔》也說光緒是被慈禧害死的，認為慈禧和光緒同時病重，慈禧擔心自己先死，光緒就要重新掌權「撥亂反正」，所以在死之前先把光緒害死。但是，對李蓮英、慈禧、袁世凱等人的懷疑，都只是「邏輯推論」，沒有切實的證據。

張口評史：哪一個皇帝的死，不是疑雲重重？更不用說是在一個動亂時期、關鍵時期的皇帝的死了。

最重要的後事就是人事安排

陳瀾一 # 宣統繼位 # 光緒皇帝駕崩，慈禧太后密召大臣親貴入宮商議後事。到場的有領班軍機大臣、慶親王奕劻，軍機大臣世續、張之洞、鹿傳霖、袁世凱等。慈禧提議三歲的溥儀繼位，由醇親王載灃攝政。

張口評史：陳瀾一的說法很「新聞」，似乎軍機處全體開會商量後事。很多人說當時慈禧只密召了世續和張之洞兩位。奕劻提前被慈禧發配到外地出差了。慈禧看到奕劻朋黨為奸，勢力壯大，刻意提防，不讓他參與後事。袁世凱更是連駕崩的消息都沒通知他。誰讓他的北洋軍兵強馬壯來著！

@ 也有人說載灃攝政也不是慈禧提議的。張之洞、世續二人怕小皇帝溥儀太小，委婉表示：「國有長君，社稷之福，不如直接立載灃為帝。」慈禧淒涼答道：「我何嘗不知道你們的顧慮，可是光緒是兄終弟及，再來一次兄終弟及，我的親生兒子同治就徹底斷後了。」作為折衷，慈禧推載灃為攝政。

張程：專制時代，權力交接最敏感、最黑暗，充滿暗箱操作。非當事者不能說明實情、現在比較主流的觀點是光緒死後，慈禧密召軍機大臣載灃、張之洞和世續入宮，商量後事。

@ 慈禧晚年年老多病，無力過問軍機事務，奕劻和袁世凱把持了軍機處。慈禧對兩人最為忌憚。光緒病危時，慈禧把奕劻調到東陵檢視帝陵工程；又將袁世凱的北洋新軍第六鎮全部調出北京，緊急調陸軍部尚書、滿人鐵良統轄的幾乎全部由紈褲子弟組成第一鎮接防，這才敢撇開袁世凱商量後事。

@ 慶親王奕劻回到北京，慈禧「徵詢」他對新領導團隊的意見。奕劻趕緊磕頭，表示完全擁護老佛爺的英明決策。於是，慈禧頒布懿旨：賞給慶親王「世襲罔替」的恩榮。這是清王朝封出去的最後一個鐵帽子王。

@同日，袁世凱發現自己已被排斥，稱足疾，由兩個人扶著進宮表示擁護太后的決策。

「官二代」載灃

胡思敬：#載灃事蹟#攝政王載灃「性極謙讓」，不敢決策。東三省總督錫良、湖廣總督瑞澂入見，陳述各自轄區的政務。載灃只是慰勞了幾句場面話，就說不出其他的了。瑞澂有政務想和載灃當面商量，開口說了幾句，載灃就打斷他：「你的痰病還沒好嗎？」瑞澂馬上住嘴，不再說話。

汪大燮：我是出使日本國大臣，屢次上書密陳日本政治動向，提醒攝政王關注日本勢力的擴張，苦於一直沒有回覆，不得不趕回國內，請求面陳機宜。我向王爺慷慨陳詞，王爺默然良久，突然說道：「已經十點鐘了。」我當時就嚇得出了一身冷汗，連忙告退。

李經邁：我出使德國赴任之前，向攝政王請示機宜。王爺見了我一共就說了三句話：你哪天來的？我說了，他接著就問：你哪天走？我剛答完，不等說下去，王爺就說：好好，好好地幹，下去吧！七爺載濤還託我請示禁衛軍的事，我連自己的事情都沒說，怎麼還能幫他傳話？唉⋯⋯

胡思敬：我兩次彈劾兩廣總督袁樹勛貪腐，舉證的兩處贓款都涉及度支部尚書、鎮國公載澤。其實，載澤才是最大的貪官，我意在敲山震虎。結果聽說摺子遞上去的第二天，載灃就召載澤入見，把摺子遞給他看。載澤供認不諱。載灃說：「既然確有此事，就不必交查了。」之後我的摺子就石沉大海，杳無音訊了。唉⋯⋯

醇親王府奴才：載澤不僅貪財，還貪權，一心想把堂叔奕劻的權力奪過來。我們王府的人經常聽見他向我們王爺嚷嚷：「老大哥這是為你打算，

再不聽我老大哥的，老慶就把大清斷送啦！」王爺總是半晌不出聲，最後說了一句：「好，好，明兒跟老慶再說……」到第二天，一點動靜也沒有。載澤只能再說一次。

張程：載灃、載濤兄弟二人嗜戲，經常召集家人串演。有一次，太福晉病重，載灃前來探視，在病房遇到載濤。載濤馬上拉住載灃說：「正準備演《黃鶴樓》，缺一角，二哥來演周瑜正好。」載灃：「我從未學過武生，你又不是不知。」太福晉聽了，拍床怒罵：「我都要病死了，你們還在歌舞娛樂，我死不瞑目啊！」

溥儀：醇王府是清朝第一個備汽車、裝電話的王府，他們的辮子剪得最早，在王公中首先穿上西服的也有他一個。他穿了許多次西服後，有一次很納悶地問我傑二弟：「為什麼你們的襯衫那麼合適，我的襯衫總是比外衣長一塊呢？」經傑二弟一檢查，原來他一直是把襯衫放在褲子外面的，已經忍著這股彆扭勁好些日子了。

@ 我祖母患乳瘡時，請中醫總不見好，父親載灃聽從了叔叔們的意見，請來了一位法國醫生。醫生打算開刀，遭到了醇王全家的反對，只好採取敷藥的辦法。敷藥之前，醫生點上了酒精燈準備替用具消毒，父親嚇壞了，忙問翻譯道：「這這這幹嘛？燒老太太？」我六叔看他這樣外行，在他身後對翻譯直搖頭咧嘴，不讓翻譯給洋醫生聽。

@ 醫生留下藥走了。後來醫生發現老太太病情毫無好轉，覺得十分奇怪，就叫把用過的藥膏盒子拿來看看。父親親自把藥盒都拿來了，一看，原來一律原封未動。叔叔們又不禁搖頭嘆息一番。

@ 父親熱愛天文，日記中有關於天象觀察的詳細記載和報上登載的這類資訊的摘要，有時還有很用心畫下的示意圖。如果他生在今天，說不定他可以學成一名天文學家。但可惜的是，他生在那樣的社會和那樣的家庭，而且從九歲起便成了皇族中的一位親王。

@ 父親自書的對聯「有書真富貴；無事小神仙」。他對那三年監國的經歷是夠傷腦筋的。那三年可以說是他一生中最失敗的三年。

張程：有書真富貴，無事小神仙，何嘗不是載灃性情和言行的真實寫照。他是在錯誤的時間被放在了錯誤的位置上，做了錯誤的事。

殺還是不殺袁世凱，這是個問題

醇王府奴才：我們王爺是先帝爺光緒的親弟弟，王府上下一致認為要不是袁世凱在戊戌年告密求榮，光緒爺不會被囚禁十年，悲慘死去。王爺兄弟們認定袁世凱就是出賣哥哥光緒的罪魁禍首，是挑撥帝后關係的奸佞小人。王爺的孩子們都痛恨袁世凱，看到袁世凱的相片，就用手剜去袁世凱的眼睛。

@ 肅親王善耆和鎮國公載澤常來密告我們王爺：「內外軍政，皆是袁之黨羽，從前袁所畏懼的是慈禧太后，如今太后一死，在袁心目中已經無人可以箝制他」，他們極力慫恿王爺剷除袁世凱，不然「異日勢力養成，削除更為不易，且恐禍在不測」。

@ 載洵、載濤等貝勒爺也要殺袁世凱，為親哥哥光緒皇帝報仇。就連和我們王爺有過節的貝勒溥偉都拿著當年道光皇帝賜給他祖父的白虹寶刀，說要手刃袁世凱這個大凶巨惡。

@ 我再爆個重大新聞：我們王爺在各位王爺、貝勒的強諫下，都草擬了誅殺袁世凱的詔書，其中有「跋扈不臣，萬難姑容」字樣。

張口評史：有這等事，坐等下文……

何信基：# 袁世凱罷官 #1908 年 12 月的一天，袁世凱去上朝，在朝房中突然有人告訴他：「載灃與張之洞密議，恐於君不利。」袁世凱自忖大

限將至，急忙退出朝房登上馬車，直奔前門火車站，途中脫下朝服換上便裝，混在人群中買了一張三等車票，當天就到了天津，在英租界的利順德飯店躲藏起來。社會上傳聞袁世凱躲在我家，是不對的。

張口評史：你們何家當時住在中國官府轄區，袁世凱怎麼會藏身於束手就擒的險處呢？

胡思敬：我聽說袁世凱沒有在天津火車站下車，提前一站停靠，打電話給親信、直隸總督楊士驤，讓他派人來接。楊士驤避而不見，只是讓袁世凱做好隱蔽，萬不可讓人看見。袁世凱躲在火車上煎熬的時候，楊士驤派親信帶來了北京的消息，說：「罪只及開缺，無性命之虞。」袁世凱的情緒這才穩定下來。

張程：北京城有世續、張之洞等人在力保袁世凱呢！張之洞半勸半嚇地拉著載灃說：「殺了袁世凱，朝廷控制得住北洋軍嗎？萬一軍隊叛亂了怎麼辦？」載灃心慌了，張之洞趁機說，袁世凱不是有足疾嗎？就讓他罷官回籍去吧！載灃這才把砍頭改為罷官。

世續：我力保袁宮保成功，本想去袁府安慰一番，可惜四九城裡都找不到袁宮保了。民間盛傳袁宮保失蹤，謠言四起，有說宮保已遭祕密處決的，有說宮保畏罪自盡的。我自然不信，得知袁宮保逃往天津，趕緊打了長途電話給他：你逃亡是自尋死路，趕緊回來吧！我擔保朝廷不會嚴懲你，沒有後續的迫害。

張口評史：有人說是張之洞打了一個電話給袁世凱，說：皇上恩准你養病，你怎麼不入宮謝恩啊？袁世凱聞言，恍然大悟，意識到事情沒惡化到生死關頭。也有人說是英國公使朱爾典派人傳遞的消息，擔保袁世凱的安全。袁世凱這才決定回京。朱爾典可是袁世凱幾十年的老朋友了，袁世凱在朝鮮當差時就與他結好了。

張之洞：哈哈，人家都說袁世凱不學無術，我看哪！他不但有術，而

且是多術，你看他這次倉皇出走，能找的地方都找遍了，誰能知道他躲在哪裡？我現在算是知道什麼叫「術」了。

胡思敬：袁世凱被罷官後，還是要謝恩。幕僚代他寫謝恩奏摺，其中有「屬當憲政垂成之時，正值兩宮升遐之日」二語。袁世凱對「憲政垂成」四字極為敏感。他支持立憲，載灃傾向保守，敏感時刻怎好還鼓吹「憲政垂成」？袁世凱趕緊取筆把這四個字塗去，換以「庶政待理」。

議員不好惹

張程：# 晚晴的民主雛形 #1908 年 7 月，清政府決定在各省成立諮議局，還限令一年之內成立。諮議局的許可權很廣泛：決議地方改革事務：議決財政預算決算、收稅放債等：質詢地方官員，查辦官紳納賄及違法事件。諮議局的組織和工作制度，都和西方憲政國家的議會相似。全國展開了諮議局議員選舉，這是中國歷史上破天荒的第一次「選舉」。

@ 選舉資格的限制很嚴。本省男子，年滿 25 歲以上，且要滿足下列條件之一才有選舉權：曾在本省辦學及其他公益事務 3 年以上；有中學以上畢業文憑；有秀才以上功名；曾任實缺職官文七品、武五品以上，未被參革者；在本省有 5,000 元以上資產。外省籍男子，年滿 25 歲，寄居本省 10 年以上，有 1 萬元資產才有選舉權。

@ 有選舉權、年齡在 30 歲以上者，才有被選舉權。這就既剝奪了廣大下層勞動人民和婦女的正當權益，也停止了本省官吏、幕友、軍人、巡警官吏、宗教界人士和學生的選舉權與被選舉權，以及小學教員的被選舉權。

@ 選舉人如以詐術獲登選舉人名冊或變更選舉人名冊，處 10 元以

上、100 元以下之罰金；以財物利誘選舉人，或選舉人受財物之利誘，及居中周旋說合者，處 6 個月以下之監禁，或 200 元以下之罰金。凡被處罰者，在 2 至 10 年內取消其選舉及被選舉資格。

@ 諮議局選舉產生後，很多議員積極履行職責，嚴肅認真：部分省分議事有紀錄，會下有臨時公報，議決案及時發表，讓全省人民了解，連外國人也豎大拇指。廣東諮議局的 35 名議員為了個人私利，反對禁賭，禍害人民，遭到全省人民的強烈譴責，均被除出局。

@ 當然也有例外。湖北議長吳慶燾是個舊官僚，出入均乘四人肩輿，大白天也於轎後懸掛著兩個燈籠，大書「湖北諮議局、江西候補道」字樣。去見總督，不以議長資格拜會，還拿著江西候補道手本，坐在官廳等候傳見。他還很專橫，濫用職權，扣壓議員提出的觸犯官場的議案，不肯交議。吳慶燾還在局內黨同伐異。

@ 吳慶燾擅自辭退局中一名書記，暗中向總督請求委任關係戶。議員們認為議長無此權力，群起攻之。湯化龍派人將公文索回，邀請常駐議員開會質問。吳慶燾根本沒有民主意識，揚言：「我是議長，遇事要歸我主持，你們十九人（常駐議員）抵不得我一個！」大家同聲反對他，逼他辭職。他只好灰溜溜地辭職了。

@ 朝廷規定，督撫對諮議局用「札行」（上級對下屬用），諮議局和司道之間用「照會」（平行機關用）。這就把諮議局當做一級衙門了。許多諮議局和議員對此極其不滿，主張對督撫及司道領銜局處均用平行文書。

@ 吉林諮議局討論了巡撫陳昭常與外國交涉的問題，陳昭常認為超越議事範圍，飭令停議。諮議局不以為然，指斥其飭令停議為不合法。湖南巡撫楊文鼎奏請發行公債票 120 萬兩，奉旨允准。諮議局認為此事未交他們討論，侵犯諮議局許可權，違法，「萬難承認」，特電資政院核辦。

@ 廣東諮議局提出禁賭議案。兩廣總督袁樹勛並無異議。但廣東有巨

額「賭稅」，為了不減少財政收入，袁樹勛不想確定禁賭期限。諮議局則要求宣布賭博一律禁絕的期限，並決定：「未奉照准之前，即行停議力爭；爭之不達，即行全體辭職。」

＠諮議局和官府爭執最多的還是預算問題，有些督撫不交，有些雖交，但僅有支出而無收入，各諮議局為此與督撫鬧得不可開交。兩江總督張人駿認為，江蘇諮議局核減的經費過多，無法裁奪施行，超過答覆期限也不公布。議員認為張人駿破壞預算，進行駁斥，宣告全體辭職。在各方壓力下，張不得不將預算案公布。

汪康年：江蘇諮議局討論某個議案，第一天被多數議員否決。第二天議長宣布重新討論此案，並力主此案的種種好處，再宣布：贊同者，請起立！如此表決方式，讓多數議員不得不起立。會後，有人質問一個先反對後贊同的議員。他解釋說：「當時我坐得腰痠背痛，藉機起立舒緩一下筋骨。」

＠各地諮議局成立後，一項重要議題就是裁撤舊式的綠營，節約軍費。某位議員力推裁撤綠營。那些兵痞子失業後，非奸即盜，導致市面治安大亂。該議員回家後，發現家中被搶，妻子在罵街：「哪個遭天殺的，想出這樣的餿主意！」

資政院的出格言行

張程：＃憲政試驗＃各省諮議局之上，中央成立資政院，資政院無權制定和修改憲法，議案通過後還要由君主「裁奪」。有權議決國家財政預決算、稅法和公債，制定、修改憲法以外各種法典，有權質問彈劾行政部門和大臣，核議督撫侵奪諮議局許可權的案子等。從法理上說，資政院類

似於西方的國會，但立法權不如西方的大。

@ 資政院議員一半由各省諮議局「民選」，一半由皇帝「欽選」。皇帝還指定正副總裁，但總裁只負責組織會議和維持秩序，完全聽憑議員議決，只有當贊成與反對的票數相等時，總裁或副總裁的態度才發揮作用。這一點類似於美國副總統出任參議院議長，但只有在投票票數相等的情況下才發揮作用。

@ 資政院議決以到會議員過半數所決為準；議員在資政院議事範圍內的發言，不受院外詰責。除涉及軍事或外交祕密，會議一般不禁止旁聽，充分開放透明。

@ 資政院議員們審核 1911 年國家預算，一絲不苟。朝廷提父的預算存在五千多萬兩赤字。議員們認為老百姓生活已經很苦了，絕不能拿著納稅人的錢供政府揮霍浪費，因此每一項認真推究核對。有不明白的地方，要求政府派人來解釋，合理的接受，不合理的進行辯駁，弄得朝廷官員們很不自在。

@ 郵傳部在京奉鐵路雜費預算中有紙筆一項 6 萬多兩；議員認為，再怎麼用也用不了那麼多紙和筆，給裁減了 5 萬多兩。還有一筆預算「免票費」：專門供欽差、總督、巡撫、將軍到外邊調查用，共 8 萬多兩，議員把它裁掉了。經過多次詳細審核，1911 年原預算總額 37,635 萬兩減掉了 7,790 萬兩，實現略有盈餘。

@1910 年 10 月，資政院奏請速開正式國會，朝廷同意將召開國會的期限縮短 3 年。議員吳賜齡說：在立憲國家，議案表決之後，皇上裁奪不過是名義上的追認，一般都同意，現在皇上否決了資政院要求明年速開國會的決議，「所謂資政院『立議院基礎』、『養議院精神』者何在？」贏得場內一片掌聲。

@ 議員於邦華發言，抨擊政府不速開國會「是為貪官汙吏開搜括之

門」。不止民選議員，就連不少欽選議員也點頭稱是。

　　張口評史：看來，資政院議員自動站在政府的對立面，言行很出格。

　　汪康年：清末全國掀起請願浪潮，要求早開國會，請願了三次，縮短了「仿行立憲」期限三年。官場中就傳言，請願幾次縮短幾年，如果民間不斷請願，豈不是馬上就要立憲了？有官員笑談：萬一來個十次八次的，豈不是現在就已經是民主共和政體了？

　　@ 中央資政院成立後，醞釀精簡中央機關，清除冗員。中央各部委衙門中不做事吃乾飯的官員們人心浮動。一個官員提議說：「我有個好法子。現在不是流行集會組織嘛，我們也成立一個『薪水維持會』去遊說議員。不同意就揍他們，再不同意我們就召開同鄉會，罷免他們。現在是公民議政時代，我們也去議政！」

　　張程：資政院上奏湖南巡撫楊文鼎侵奪諮議局許可權，不經諮議局就發行公債，要求由湖南諮議局審議公債，並處分巡撫。結果發下諭旨，承認巡撫的確有越權行為，但朝廷同意發行公債，「著仍遵前旨辦理」。諭旨宣布後，議員義憤填膺，雖然不方便指責皇帝，但抓住諭旨是軍機大臣副署一點，衝著軍機大臣「指桑罵槐」。

　　@ 有議員指出，諮議局章程屬於國家法律，軍機大臣副署諭旨駁斥，是「以命令變更法律」，而且「督撫違背法律而不予處分」，當資政院是空氣，「不如就請皇上解散資政院！」於是資政院「罷工」，要求首席軍機大臣奕劻到院接受質詢。奕劻不敢來，議員們就吵嚷不休，鬧出一場風波。

　　@ 資政院又上奏廣西高等警察學堂限制外籍學生、雲貴總督未經諮議局議決私自提高雲南鹽價，要求制止。結果發下聖旨「打太極」，把前者交民政部核查，後者交鹽政大臣核查。資政院認為上諭把自己的議案交給行政衙門核查，蔑視資政院。議員們惹不起皇帝，就又痛罵軍機大臣。

　　@ 議員易宗夔說，立法機關是獨立的，不能將通過的議案交給衙門核

查。軍機大臣「侵資政院的權，違資政院的法」，應該彈劾。他的倡議得到熱烈支持。為了「保全資政院的資格」、「尊重法律」，「對於此事必須存一個不怕解散的決心」，資政院很快通過彈劾軍機大臣議案。

@ 沒幾天，朝廷頒下一道諭旨，兩件事都依議案採納，否決廣西、雲南兩地官府的做法。同一天，軍機大臣聯袂奏請辭職。攝政王載灃頒發兩道諭旨，一是慰留軍機大臣，二是讓資政院取消彈劾，「朝廷自有權衡，非該院總裁等所得擅預，所請著毋庸議」。

@ 載灃顯然低估了資政院的能力。第二封諭旨激起了更大的麻煩。議員李素說：「硃諭的意思，似乎以本院為不知大體，擅行干預，我們何必自己取辱？」「解散倒覺痛快。」易宗夔說這回諭旨沒有軍機大臣署名，「我們就沒有說話的地方了」，不讓我們說話了，乾脆連資政院也不要得了。資政院通過了「明定軍機大臣責任」案。

@ 各省諮議局得知載灃硃諭的內容，紛紛支持資政院「維權」，宣告如果維權無效，願意與資政院同時解散。資政院更加理直氣壯地上摺彈劾軍機大臣溺職。儘管奏摺被載灃扣留，石沉大海，但行政系統經此一鬧，顏面盡失。

張口評史：資政院議員們口口聲聲不與君王對抗，實際上次次透過糾纏軍機大臣來批評皇帝。在憲政與專制之間，他們毫不含糊地站在憲政一邊。

末代狀元愛和朝廷唱反調

張程：# 劉春霖事蹟 #1904 年是中國最後一次科舉。最後的殿試，考官將擬錄為前十名的試卷呈送慈禧太后。第一名試卷是廣東考生朱汝珍

的。慈禧看了連搖頭。朱汝珍籍貫廣東，讓慈禧聯想到洪秀全、康有為、孫中山，每個都是欽犯。於是朱汝珍出局。第二名遞補為狀元，他就是 30 歲的河北肅寧考生劉春霖。

＠據說當時大旱，舉國焦慮。慈禧看到第二名是「劉春霖」，聯想到春雨、甘霖，認為是吉兆。看到劉春霖的籍貫「肅寧」，慈禧尚未從八國聯軍侵華的屈辱動盪中緩過神來，正期待要「肅靖安寧」。就這樣，劉春霖被欽定為狀元。

＠因為是中國歷史上最後一名狀元，劉春霖自稱「第一人中最後人」。狀元及第後授職翰林院修撰。可是他沒有在國內做官，毅然到日本留學。1907 年回國，兩年後當選為諮議局議員，繼而又被議員們選為資政院議員。

＠資政院要求軍機大臣來接受質詢。有議員擔心這麼做，軍機大臣心裡很不舒服。劉春霖說：「我們資政院一定要求著軍機大臣心裡舒服，還成個什麼資政院呢！」

＠載灃駁回資政院議案，劉春霖發言說此舉與預備立憲很不合適。有欽選議員要他「說話留意」。劉春霖慷慨激昂地說：「自古有直言敢諫之人，實在是國家之福。」「既不能說旁的話，唯有全體辭職。」「此次再行具奏，將該大臣等據實彈劾，就請監國攝政王收回成命亦無不可，否則全體辭職亦無不可。」

＠少數議員不自重，攀附權貴。劉春霖在大會上公開指責：「有幾個議員在政府裡頭平素多奴顏婢膝……自失身分……政府覺得你不是全體，所以越發看著資政院很輕，致使資政院議案全歸無效。」他們實在「不能為國民的代表」。「我們議員要保守自己的身分，才可以自立，以後對於軍機大臣再不可有趨奉的意思。」

＠一般人認為，劉春霖身為狀元，理應對朝廷感恩戴德，歌功頌德。

他倒好，直言不諱，毫不顧忌地批評朝廷乃至君王，老唱反調。正是因為對皇帝感恩戴德，所以他對政治弊病直言敢諫，絕不阿諛奉承；正是因為儒家的書讀得好，所以他繼承了傳統知識分子的剛正獨立。他的所作所為恰恰是真正的忠君、愛國。

@ 劉春霖說：「本員說話誠不免有過激的地方，但是發於忠愛之至誠。本員受先朝特達之知，今日又為國民代表，斷不敢作詔諛的話，貽誤全域性。」「語雖激切，實發於忠愛之至誠，在上可以對皇上，在下可以對國民，就是本議員見了監國攝政王，也是這樣說，不敢作詔諛之詞。」

@ 劉春霖還說：「我們參預大政，　言繫國家安危，不應作頌揚語。」「自古有直言敢諫之人，實在是國家之莘福。」

@1934 年偽滿洲國「總理」鄭孝胥以溥儀的名義邀請劉春霖就任「教育部部長」一職，遭到劉春霖嚴詞拒絕。日軍占領北平後，邀請他出任「北平市市長」，劉春霖又斷然拒絕，保持了崇高的民族氣節。

張口評史：劉春霖真是無愧「狀元」的稱號。

清王朝最後的機會

張程：＃清廷預備立憲＃清末北京大柵欄某酒館，甲說：「近來各報紙明目張膽地攻擊朝廷，嘲諷官員，而政府卻忍受著，真有唾面自乾的風度。我如果當權，一定找個碴把這些報館都給封了。」乙說：「這就是足下所以不能當權的原因。」甲問為何，乙說：「入政府當官的，都懂十二字訣，所謂『笑罵由他笑罵，好官我自為之』。」

@ 晚清財政情況不容樂觀，政府橫徵暴斂，涸澤而漁，財政收入的增長速度，遠遠超過了經濟發展速度。搜刮來的銀兩遠不夠賠款和各項新政

的支出，中間的窟窿越來越大。1909 年，奉天（今遼寧）歲入 580 萬兩、歲出 940 萬兩；吉林歲入 180 餘萬兩、歲出 450 萬兩；黑龍江歲入 90 萬兩、歲出 200 萬兩；山東每年虧空 150 餘萬兩等。

@山西諮議局議員劉大鵬不滿地寫道：「廣東捐及妓院，謂之保良捐，廣西捐及賭局。」很快，他所在的山西省，也開始向妓女搜刮，開始「妓捐」，分上中下三等，上等妓女每月 2,500 文，中等 1,500 文，下等 1,000 文。劉大鵬在日記中嘆息：「捐至於妓，可謂極矣！」

范體仁：中國關稅的進口稅率是外國強制制定的，稅率長期 5%，實際上貨價是幾十年前的價格，貨價已漲，而稅額未增，名為值百抽五，實不過值百抽二，以致外貨大量湧進，造成大量入超，國民經濟每年損失 5 億元至 10 億元。所收關稅絕大部分償還賠款、外債和大部分內債，剩下的錢叫做關餘，也被外國人把持。

張程：1904 年，清政府允諾在國內實行改革，以慈禧七旬萬壽的名義下詔赦免了一大批人。詔書說：「從前獲罪人員，除謀逆立會之康有為、梁啟超、孫文三犯，實屬罪大惡極，無可赦免外，其餘戊戌案內各員，均著免其既往，予以自新。曾經革職者俱著開復原銜，其通飭緝拿，並現在監禁，及交地方管束者，一體開釋。」

@1905 年，清廷高調派大臣出洋考察外國憲政，作為國內立憲的參考。出發之前，慈禧太后特意召見了考察大臣端方，真誠地詢問：「如今新政都已經實行了幾年，你看還有什麼該辦，但還沒有辦的？」端方直言：「尚未立憲。」

@ 端方等人剛上火車就遭遇革命志士吳樾的自殺性襲擊，入院治療。當時輿論認為朝廷大臣出洋考察是為立憲做預備，事關國家和民族的前途命運，愛國者應鄭重其事以祝其行，所以對吳樾的暗殺行動一般持譴責態度。立憲派們很擔心這次暗殺事件會影響憲政的實施，紛紛在報紙上撰文

敦促清廷要不畏艱難，奮勇前行。

@ 五大臣正式起航後，《泰晤士報》發表了一篇題為〈中國人的中國〉的文章。作者滿懷熱情地評論道：「人民正奔走呼號要求改革，而改革是一定會到來的……今天的北京已經不是幾年前你所知道的北京了。」

@ 清朝大臣考察憲政，主要是從日本和德國那裡吸取「經驗」。日本和德國都是君主掌握實權、民主程度不高的立憲國家。清朝政府從德日兩國的憲政中領會了這兩點：保證皇權不旁落和用憲政來維持統治。專制帝王向後退一小步，遵守雙方約定的法律（實際上，中國法律是皇帝欽定的），換取臣民新的支持。

張口評史：可見，清朝雖然推動了政治改革，但本意是透過政治改革來鞏固皇權，和當時的民主潮流背道而馳。這場政改，注定不會得到民心。

張程：清廷在 1908 年 8 月頒布《欽定憲法大綱》，大談特談「君上大權」。第一條就說：「大清皇帝統治大清帝國，萬世一系，永永尊戴。」第二條說：「君上神聖尊嚴，不可侵犯。」第三條限制了國會的立法權。皇帝有權黜涉百官、設職制祿、宣戰議和、解散議院、統帥海陸軍、總攬司法權等。預備立憲期長達九年。

@ 全國掀起三次請願高潮，請求縮短預備立憲期。第三次請願代表出發時，學生牛廣生、趙振清等人向請願代表表示「國家瓜分在即，非速開國會不能挽救」。牛趙兩人要「拔刀剖腹，以明心跡」。代表苦苦勸住，兩人趁人不備，各從腿上和手臂上割肉一塊，塗抹於請願書上，高呼「中國萬歲！」「代表諸君萬歲！」

@ 清廷強硬駁回三次請願。第三次來京請願的東北代表被強行押送回籍。倡議聯合全國學界罷學的直隸代表溫世霖則被發配新疆，交地方官員嚴加管束。大批立憲派人員遭到了打壓。被捕入獄的湖南商會會長禹之

讜，在獄中以血作書：「要知清政府下詔立憲，專制的凶暴卻有進無已。」

@ 武昌起義發生後的 11 月 3 日，清廷公布《重大信條十九條》作為「臨時憲法」：皇帝之權，以憲法所規定者為限；皇位繼承順序，於憲法規定之；憲法改正提案權屬於國會……單就文字內容來看，清廷完全接受了「虛君立憲」主張。就是連紫禁城的吃穿用度需要的銀子也要看法律的眼色。載灃代表皇室宣誓遵守。

張口評史：不論是從歷史縱向來比較，還是從各國憲政橫向來比較，《重大信條十九條》都算開明，民主程度也高。政治改革原本是清王朝自我拯救的最後一次機會。但是清廷沒有把握住機會，沒有釋放出足夠的誠意，自私自利，集權斂財，等到生死關頭才動真格的，可惜為時已晚。

陸軍小學辦得好

徐啟明：＃新式軍事教育＃光緒三十三年（1907 年）廣西陸軍小學第二期招生，我和十幾位同學到桂林應考，這期取 120 餘名。

李宗仁：陸小因為是新創辦的官費學堂，待遇甚優，學生除供膳食、服裝、靴鞋、書籍、文具外，每月尚有津貼以供零用。加以將來升學就業都有保障，所以投考的青年極為踴躍，報名的不下千餘人，而錄取的名額只有一百三四十人，競爭性是極大的。

張程：日後的桂系軍閥首領李宗仁也參加了 1907 年的這場考試，而且考了第一名。但是因為報到的時候遲到了十幾分鐘，被軍校拒絕錄取。

李宗仁：一天我正從山上砍完柴挑了回家，路上遇見一位趕集回來的鄰村人，他告訴我說陸小第二期招生已發榜了，正取共一百三十名，備取十名，我是第一名備取，准可入學無疑。這也可算是「金榜題名」吧！我立

刻感覺到當時壓在肩膀上的扁擔，今後可以甩掉了，實有說不出的高興。

@ 鄉下人不常進城，所以進城對我們原是件不尋常的事。到了報到當天，我短衣赤足，背著行李，走到離城約數里的地方，才在河邊洗了腳，把鞋襪穿好，換上長衫，然後搖搖擺擺學了假斯文，走進城去。等我到陸小去報到，誰知事出意外，校方拒絕我報到，理由是我遲到了十來分鐘，報到時限已過。

張程：李宗仁只好回鄉下老家，種了一年田，第二年繼續報考，順利進入廣西陸軍小學堂的第三期。

李宗仁：我們總辦蔡鍔將軍有時來校視察，我們對他敬若神明。他那時不過 30 歲左右，可稱文武雙全，儀表堂堂。他騎馬時，不一定白馬的側面攀鞍而上，常喜歡用皮鞭向馬身一揚，當馬跑出十數步時，蔡氏從馬後飛步追上，兩腳在地上一蹬，兩手向前按著馬韁，一縱而上。我們仰看馬上的蔡將軍，真有「人中呂布」之感。

@ 我能夠當陸小學生，已經十分滿意。只希望將來畢業後，能當一名中上尉階級的隊附和隊長，平生之願已足。

@ 記得我幼時，母親問我，我說我要做個「養鴨的」。養鴨對我誘惑很大。養鴨也在農忙之後，那時各處田內收穫後所掉下的穀子，正是飼鴨的最好食料。一個養鴨的可養兩三百隻鴨子。鴨子在四處田塘、河溝內覓食，故不需太大的本錢。在我們小孩子想來，鴨生蛋，蛋變鴨，十分可羨。所以我說長大了做個養鴨的漢子。

張程：晚清政府重視新軍，對培養新軍軍官的軍校更是關照有加。加上當時主辦新式事務的一批人，自身素質極高，又有革新強國之心，把軍校辦得有聲有色。

徐啟明：廣西兵備道莊蘊寬對陸小極關心，常來巡視，拿起學生名冊親自點名問話。記得第一次點到我鄰座的黎元表同學，黎年輕英俊，氣宇

不凡，莊道忽然問：「你是哪一縣？」黎答：「我是陽朔縣人。」莊隨即贊其「果然一表人才」。成為佳話。

@ 陸小修業三年為期，既有軍事訓練，又有文化課的教育。大家有教官、隊長從旁約束，不能不特別用功，不過畢業時已淘汰了 40 多名，只餘 80 名畢業，其嚴格可知。

@ 廣西陸小畢業後，我轉入武昌的第三陸軍中學繼續學習。陸中普通課程相當於今日大學程度，對普通科學極為重視，軍事課程有基本的四大教程 —— 戰術、兵器、築城、地形。除了數學外，我都毫無困難，大代數微積分相當深，學起來有點費力。

@1912 年我進入清河陸軍預備學校。教官程度很高，教學認真，對學生要求也很高。一般學生對軍事主要課程，對數理科有點吃不消。我們要學解析幾何、三角、微積分、大化學、物理等，同學中應付不來而發狂者有四五人之多。全校論文比賽第一名是個浙江同學，因數理學科不好，發神經跳水自殺。

@ 學校管理嚴格，考核嚴格，教育長康宗仁想出一種考試辦法，學生編號入座，卷子密封而且鄰座卷子不同，不能依賴他人，一切要靠自己。

張程：徐啟明是清末民初極少數接受了完整的陸軍小學、陸軍中學、清河陸軍預備學校、保定軍校教育的新式軍官之一，十幾年後又畢業於陸軍大學。而李宗仁就差多了，只是陸軍小學畢業。

張口評史：清朝的新式軍事教育，為民國培養了一批軍閥、戰將和軍事家。相比民國的軍事教有，清朝不僅毫不遜色，而且有過之而無不及。

李宗仁：清末厲行新政時，朝廷中一部分大員和各省少數封疆大吏，可能是敷衍門面，緩和輿情；可是下級辦新政的人物，都是受過新式教育的人，的確生氣勃勃，有一番新氣象。不想在革命之後，這種欣欣向榮的氣象反而消失。以前的所謂新人物，現在大半變成舊官僚；以前的新政機

構，現在又都變成敷衍公事的衙門。

張程：清朝軍事教育最大的失敗，就是忽視了「思想教育」。朝廷花錢養了一批革命青年。

李宗仁：陸軍小學在創辦之初即為革命黨人的巢穴。它雖是清廷的陸軍基幹訓練機關，但校內平時極少提到「忠君」一類的話。有之，則為敷衍遠道前來視察校務的欽差而說的。

徐啟明：陸小老師中不乏革命志士，教課時或慷慨激昂痛談國家貧弱，或暗喻鼓勵革命救國。雖然學校嚴禁談論革命生事，然革命種子已深理許多同學心中了。光緒三十四年（1908）十月，光緒與慈禧相繼棄世，撫臺張鳴岐集合大小官員及各學校學生弔祭，我們看官員掛孝哭靈，三跪九叩，表現得如喪考妣，不禁暗笑，沒有絲毫悲戚。

晚清眾生相

許指嚴：榮祿雖不足稱膽識，而心地尚明白，與端、剛等迥不相侔。義和團之亂，榮祿模稜兩可，然暗中周全，避免極端事件發生。和議最後達成，榮祿也有一份功勞。剛毅奏請進攻使館時，榮祿授意董福祥、張懷芝等將領，不要力攻，留有餘地。但是在表面上，榮祿仍遵照慈禧懿旨幫助剛毅。

@ 有個廣東人進獻石屏，新異醒目，慈禧擬賞給獻者知縣官職。榮祿反對：「朝廷名器，不能輕易給人。有人進獻石屏就賞給知縣，如果是比石屏更貴重的東西，朝廷又要怎麼打賞呢？」最終把石屏送還。義和團運動最盛時，端、莊二王屢矯旨，榮祿電告李鴻章及東南各督撫：「五月二十四日後矯旨不可信。」

@ 慈禧聽政 50 餘年，有治世才能又赤心報國的人，只有曾國藩一人。曾國藩之後，不得不推榮祿。滿族皇族盲於大計、倒行逆施，既暴且弱之時，榮祿的見識和勇毅，補救國家。吾等觀榮祿所為，實乃慈禧最忠之臣，亦為最有識解之參謀。

@ 湖廣總督官文包庇親信軍官犯法，把他藏在總督衙門。湖北布政使閻敬銘求見，官文避而不見。閻敬銘就捲著鋪蓋卷，在總督衙門的官廳睡了三天三夜。官文發動各級官員勸他，閻敬銘就是不走，直到官文交出犯法的親信。閻敬銘當著官文的面，把犯人剝了衣服，重杖四十，立即發配他鄉。

@ 慈禧操縱大臣，善於利用他們之間的矛盾，從中漁利。慈禧對大員，尤其是身邊的近臣，往往先放縱其做壞事，將其把柄捏在手中，加以威脅，旨在從精神上打垮，讓其感到絕望，然後再予以寬大營救，此時大員只能感恩戴德，為其前驅。

溥儀：我記得自己忽然處在許多陌生人中間，在我面前有一個陰森森的幃帳，裡面露出一張醜得要命的瘦臉 —— 這就是慈禧。據說我一看見慈禧，立刻嚎啕大哭，渾身哆嗦不住。慈禧叫人拿冰糖葫蘆給我，被我一把摔到地下，連聲哭喊著：「要嬤嬤！要嬤嬤！」弄得慈禧很不痛快，說：「這孩子真彆扭，抱到哪兒玩去吧！」

@（登基大典）我被折騰了半天，加上天氣奇冷，因此當他們把我放到又高又大的寶座上的時候，早超過了我的耐性限度。我掙扎著哭喊：「我不挨這裡！我要回家！我不挨這裡！我要回家！」父親急得滿頭是汗。文武百官的三跪九叩，沒完沒了，我的哭叫也越來越響。父親只好哄我：「別哭別哭，快完了，快完了！」

陳灝一：# 湯壽潛事蹟 # 晚清稍有地位的人出則坐轎，不走路。猜想那時的轎子像現在的私家車一樣普及，你如果不坐轎似乎就顯不出身分。

126

湯壽潛則堅持走路，當了官也沒有沾染官氣。一次，他去拜會浙江巡撫，遞上名片後，衛兵不客氣地說：「等著！」很快，巡撫親自出來相見，談完後親自送出，問：「湯公的轎子在哪裡？」答：「我走來的。」

@ 湯壽潛衣衫樸素，常常是一頂草帽、一雙布鞋，而且不貪戀權位。辛亥革命時，他被推舉為浙江都督。衛隊的管帶朱瑞，主動請纓，要帶兵三千去會攻南京。湯壽潛說：「壯志可嘉！」讓朱瑞在浙江各部隊中挑選了精兵強將。等朱瑞凱旋歸來，湯壽潛已經卸任歸田了。

@ 不過，湯壽潛晚年一改樸素作風，喜歡起聲色犬馬來，經常光顧杭州城內名妓九花娘。九花娘後來到上海「發展」，改頭換面，湯壽潛堅持每月跑到上海「照顧」一次生意。

小皇帝的「杯具」童年

溥儀：# 皇子皇孫的童年 # 我入宮過繼給同治和光緒為子，同治皇帝的三個妃子和光緒皇帝的隆裕皇后、瑾妃，她們 5 個人都是我的「母親」。我雖然有過這麼多的母親，但並沒有得到過真正的母愛。我和「母親」們坐在一起談談，像普通人家那樣親熱一會兒，根本沒有過。今天回想起來，她們對我表現出的最大關懷，也就是每餐送菜和聽太監們匯報我「進得香」之類。

@ 事實上我小時候並不能「進得香」。我從小就有胃病，得病的原因也許正和「母愛」有關。我六歲時有一次栗子吃多了，撐著了，有一個多月的時間隆裕太后只許我吃糊米粥，儘管我天天嚷肚子餓，也沒有人管。

@ 我記得有一天遊中南海，太后叫人拿來乾饅頭，讓我餵魚玩。我一時情不自禁，就把饅頭塞到自己嘴裡去了。我這副餓相不但沒有讓隆裕悔

悟過來，反而讓她布置了更嚴厲的戒備。他們越戒備，便越刺激了我搶吃搶喝的慾望。

@ 有一天，各王府送來貢品給太后，停在西長街，被我看見了。我憑著一種本能，直奔其中的一個食盒，開啟蓋子一看，食盒裡是滿滿的醬肘子，我抓起一隻就咬。跟隨的太監大驚失色，連忙來搶。我雖然拚命抵抗，終於因為人小力弱，好香的一隻肘子，剛到嘴又被搶跑了。

@ 我每逢心情急躁，發脾氣折磨人的時候，總管太監就會說：「萬歲爺心裡有火，唱一唱敗敗火吧！」說著就把我推進一間小屋裡，然後倒插上門。我被單獨禁閉在裡面，無論怎麼叫罵，踢門，央求，哭喊，也沒有人理我，直到我哭喊夠了，用他們的話說是「唱」完了，「敗了火」，才把我釋放出來。

@ 每天早晨，我要到每位太妃面前請安。每到一處，太監放下黃緞子跪墊，我跪一下，然後站在一邊。這時候太妃正讓太監梳著頭，一邊梳著一邊問著：「皇帝歇得好？」「天冷了，要多穿衣服。」「書唸到哪兒啦？」全是千篇一律的枯燥話，最後少不了一句：「皇帝玩去吧！」會面就此結束，這一天就再也不見面了。

@ 有人告訴我，他離家在外，每逢生病，就懷念母親，想起幼年病中在母親懷裡受到的愛撫。我在成年以後生病倒是常事，也想起過幼年每逢生病必有太妃的探望，卻絲毫引不起我任何懷念之情。我幼時一感冒，太妃們便分批出現了。每一位來了都是那幾句話：「皇帝好些了？出汗沒有？」不過兩三分鐘，就走了。

張程：世人羨慕皇家的富貴尊榮，殊不知皇家子弟生活的不易、親情的淡漠。溥儀回憶自己幼年的悲慘經歷，說種種「虐待」「並不是太監們的擅自專斷，也不是隆裕太后的個人發明，而是皇族家庭的一種傳統，我的弟弟妹妹們在王府裡，都受過這樣的待遇」。

張口評史：多數皇帝子嗣並不多，想來除了後宮嬪妃之間的爭鬥導致懷孕、生養困難外，還有不科學的撫育方式、父子親情淡薄的「功勞」。

溥儀：像在醇王府那樣的舊家庭裡，由於封建家長制的關係，種種不近人情的氣人現象，真是說不盡數不完的。在醇王府內，不論是男孩子、女孩子，都是一生下來，就各自分門立戶地各自有一個小小勢力圈子，是享受不到一般家庭的父母兄弟姊妹之間的溫暖的。每天吃飯，各個小集團各起爐灶，日用品也是各用各的。

張程：聽上去怎麼像如今清宮劇中的後宮爭鬥一樣，「步步驚心」啊！

溥儀：我們家庭中各個成員「手下」的保母、乳母、太監、丫鬟之類，也都是忠心耿耿地各為其主。於是就在這種口舌是非的漩渦中，就把父母子女兄弟姊妹的親情分擾得稀薄，因此，封建大家庭中的怪現象，也就層出不窮了。

張程：生長在宮闈之中的皇室貴胄從小就浸染在爾虞我詐、你死我活的爭鬥中，缺乏溫暖，人格是不健全的，性情往往變態。比如溥儀第一次見到親弟弟溥傑，竟然會因為溥傑內衣用了黃色的布料而訓斥他。至於如今清宮劇中的種種爭鬥，也並非全是藝書的虛構。

溥儀：只有乳母告訴過我，別人和我同樣是人。不但我有牙，別人也有牙，不但我的牙不能咬鐵砂，別人也不能咬，不但我要吃飯，別人也同樣不吃飯要餓肚子，別人也有感覺，別人的皮肉被鉛彈打了會一樣的痛。我在宮裡從小長到大，只有乳母在的時候，才由於她的樸素的言語，使我想到過別人跟我一樣是人的道理。

@ 自從兒子被抱進紫禁城當了光緒後，我奶奶心裡有苦也說不出來，只能對她所生的三位「小爺」特別疼愛了。她的所謂疼愛方法，就是怕吃多了生病，永遠讓他們減食。因此，把這三位小爺都餓成皮包骨，結果都由於營養不良活活地餓死了。我父親載灃是庶出的第五子，順補當上了第

二代醇親王。

　　張程：不僅成長環境惡劣，皇室貴冑們的家庭生活也不正常。好不容易長大成人了，他們的婚姻不能自主，往往聽人擺布。娶妻生子後，又開始面臨新一輪的「後宮爭鬥」。

　　溥儀：我母親花起錢來，使祖母和父親非常頭痛，簡直沒辦法。父親的收入，不算田莊，親王雙俸和什麼養廉銀每年是五萬兩，到民國時代的小朝廷還是每年照付。每次俸銀到手不久，就被母親花個精光。後來父親想了很多辦法，曾經和她在財物上分家，給她規定用錢數目，全不生效。

　　@ 我父親還用過摔傢伙的辦法，以示憤怒和決心。總摔東西未免捨不得，後來專門準備了一些摔不碎的銅壺鉛罐之類的東西（我弟弟見過這些「道具」），不久，這些威風也被母親識破了，結果還是父親再拿出錢來供她花。花得我祖母對著帳房送來的帳條嘆氣流淚，我父親只好再叫管事的變賣古玩、田產。

　　張程：溥儀的母親是榮祿的女兒，王侯府中的大小姐，刻板嚴肅、不近人情。溥儀兄弟對母親的感情不深，反而對庶出的祖母劉佳氏比較親近。在嫡祖母葉赫那拉氏（慈禧的妹妹）死後，劉佳氏名正言順做了溥儀的祖母。劉佳氏出身小戶人家，身上還閃耀著人性的光輝。

　　溥儀：紫禁城召了前清的遺老遺少為我開課教學，教的都是些十三經的內容。我的學業很糟糕。很長時間裡，我總相信我的祖先是由仙女佛庫倫吃了一顆紅果生育出來的，我一直以為每個老百姓吃飯時都會有一桌子菜餚。

　　@ 老師們對我的功課，從來不檢查。出題作文的事，從來沒有過。我記得作過幾次對子，寫過一兩首律詩，做完了，老師也不加評語，更談不上修改。其實，我在少年時代是挺喜歡寫寫東西的，不過既然老師不重視這玩藝，我只好私下裡寫，給自己欣賞。

@ 我有一次用「鄧炯麟」的化名，把一個明朝詩人的作品抄寄給一個小報，編者上了我的當，給發表出來了。上當的除了報紙編者還有我的英國師傅莊士敦，他後來把這首詩譯成英文收進了他的著作《紫禁城的黃昏》，以此作為他的學生具有「詩人氣質」的例證之一。

@ 我的學業成績最糟的，要數我的滿文。學了許多年，只學了一個字，這就是每當滿族大臣向我請安，跪在地上用滿族語說了照例一句請安的話（意思是：奴才某某跪請主子的聖安）之後，我必須回答的那個：「伊立（起來）！」

@ 我唸書的時候，一高興就把鞋襪全脫掉，把襪子扔到桌子上，老師只得為我收拾好，替我穿上。有一次，我看見徐坊老師的長眉毛好玩，要他過來給我摸摸。在他遵命俯頭過來的時候，被我冷不防地拔下了一根。

@ 九歲時，為我配上伴讀。伴讀要代皇帝受責。我唸書不好，老師便要教訓伴讀的人。伴讀毓崇的成績最壞，他唸得好也被罵，念不好也被罵，這就使他唸得沒有興趣。所以他的低劣成績，可以說是職業原因造成的。一次我蹦蹦跳跳地走進書房，就聽見老師對坐得好好的毓崇說：「看你何其輕佻！」

張程：奕劻死後，內務府請旨，要為他加諡號「哲」。十一二歲的溥儀親自提筆改了「醜」、「謬」等字。奕劻家人不願意，讓載灃去求情。溥儀毫不動搖，說奕劻貪贓誤國，得罪列祖列宗，斷送了大清國二百餘年的天下，不能予諡！最後，翰林們擬了「密」，騙過溥儀。溥儀後來看到「追補前過日密」時，想再改也來不及了。

張口評史：看來，溥儀學業雖差，在大是大非上卻很「正確」。溥儀的老師梁鼎芬等人將此事大為宣揚，得到了遺老遺少的肯定。

皇帝的御膳都是擺設

張祖翼：＃皇帝生活＃咸豐皇帝看到天下糜爛，幾乎不可收拾，就以醇酒婦人自戕，還搞同性戀。有個少年戲子，叫朱蓮芬，善崑曲，歌喉嬌脆無比，還能寫小詩，就不幸被咸豐看上了。朱蓮芬本來由一個姓陸的御史「包養」著。陸御史見狀，就直言上諫，引經據典，寫了洋洋數千言批評咸豐。咸豐大笑：「陸老爺吃醋了！」也不加罪他。

＠演戲可以看出人格的高低。道光皇帝在太后生日時，曾親自登臺，但只演一小段，而且是面對太后唱，沒有表演，也沒有其他演員。同治皇帝也好演戲，但都是客串無關輕重的角色。一日演《打灶》，同治皇帝在裡面扮灶君，穿黑袍，拿木板，為其他演員一置一擊取樂。一場戲，就看出祖孫二人人格相去天淵。

＠慈禧也愛戲曲，不過主要是聽，幾乎不自己登臺。她嫌宮內的團隊不行，就大規模地召社會上的戲班入宮唱戲。對欣賞的演員，慈禧不吝重賞。慈禧一般只向二品以上的高官賞賜福、壽大字，卻大規模賞賜給戲子。一次，有戲子跪地「婉謝」慈禧的「墨寶」，說太后賞賜的太多了，家裡放不下！這讓官員們情何以堪？

＠說到慈禧的書法，她在光緒中葉以後突然怡情書畫，常寫福壽等字賞賜大臣。不過她的「墨寶」主要是由一位婦人代筆的。此人姓繆，雲南人，工花鳥，小楷也寫得不錯。慈禧把她安置在身邊，每月發二百兩銀子，又為她兒子安排了一個內閣中書。繆氏的主要工作是當慈禧的書畫槍手，宮中稱她為「繆老太太」。

龍繩武：雲南省政府委員繆嘉銘的姑媽是陪慈禧太后的畫師，繆家頓時成了雲南的名門望族。繆嘉銘因為姑媽的關係，被清政府選為官派留學生，赴美學習工礦學，回國後先在富滇銀行工作，後來進入政界，是民國

雲南政壇的重要人物。

溥儀：四十八處之一的如意館，是專門伺候帝后妃們畫畫寫字的，如果太后想畫個什麼東西，就由如意館的人員先為她描出稿子，然後由她著色題詞。寫大字匾額則是由懋勒殿的勾字匠描出稿，或南書房翰林代筆。什麼太后御筆或御製之寶，在清代末季大多是這樣產生的。

中國新聞週刊：慈禧嗜好擺果聞香，每年消耗的水果價值不菲，僅蘋果一年就超過 158,000 個。光緒二十三年（1897）慈禧和光緒帝、隆裕皇后三人消耗的鮮果如下：蘋果 158,320 個、秋梨 111,750 個、棠梨 77,300 個、紅肖梨 53,295 個、柿子 2,275 個、文官果 2,400 個、石榴 310 個、甜桃 4,344.5 筐、酸桃 302.5 筐、櫻桃 429 筐、李子 920 筐、杏 694 筐、沙果 491 筐、檳子 770 筐、葡萄 16,385 斤、鮮山楂 16,663 斤……

溥儀：隆裕太后每餐菜餚有百樣左右，要用六張膳桌陳放，我的比她少，按例也有 30 種上下。我的早膳如下：口蘑肥雞、三鮮鴨子、五絲雞絲、燉肉、燉肚肺、肉片燉白菜、黃燜羊肉、羊肉燉菠菜豆腐、櫻桃肉山藥、爐肉燉白菜、羊肉片川小蘿蔔、鴨條溜海參、鴨丁溜葛仙米、燒茨菇、肉片燜玉蘭片……注意是「早膳」。

@ 這些菜餚經過種種手續擺上來之後，除了表示排場之外，並無任何用處。它之所以能夠在一聲「傳膳」之下，迅速擺在桌子上，是因為御膳房早在半天或一天以前就已做好，煨在火上等候著的。我主要吃后妃們送來的、她們宮裡小廚房做的幾樣菜。御膳房做的都遠遠擺在一邊，不過做個樣子而已。

@ 我這一家六口，總計一個月要用 3,960 斤肉，388 隻雞鴨，其中 810 斤肉和 240 隻雞鴨是我這五歲孩子用的。紫禁城一個月在飲食上要花費將近 15,000 兩銀子。這些銀子除了貪汙中飽之外，差不多全為了表示帝王之尊而糟蹋了。這還不算一年到頭不斷的點心、果品、糖食、飲料這

些消耗。

中國新聞週刊：1901 年慈禧 66 歲大壽，袁世凱花一萬兩白銀從國外買了一輛賓士敞篷小轎車，作為壽禮送給慈禧。孫富齡奉命載著慈禧體驗坐車的感覺。大太監李蓮英突然發現，孫富齡坐在老佛爺的前面開車，這不是不成體統嗎？他對慈禧太后說：「開車的奴才怎麼能坐在您的前面呢？」慈禧覺得有理，於是命令孫富齡跪著開車。

@ 跪著開車無法踩煞車，很容易發生危險，孫富齡只好把車速開得極慢。即便如此，孫富齡還是因為沒有及時踩煞車，險些出了車禍。這可嚇壞了王公大臣們，紛紛請求慈禧不要坐汽車了。慈禧無奈地被人攙扶下車，中途又換了十六抬大轎。而那輛賓士也被閒置在頤和園裡了。

紫禁城賄賂風行

許指嚴：# 後宮貪腐 # 慈禧時宮中賄賂風行，歷史罕見。光緒向慈禧問安一次，太監素賄 50 兩，后妃請安的「價格」也明碼標價。宮眷侍奉慈禧，也必須孝敬太監，不然會飽受凌虐，還不許告退。家境豐厚的也叫苦不迭，家裡沒錢的甚至因此喪命。大臣們進宮辦事，或接受慈禧賞賜，都要交錢，有多至十餘萬兩的，稱為「宮門費」。

@ 南書房翰林是清要高尚的職位，但俸祿很低，生活清苦。他們代擬應奉文字時，賄賂要和檔案一起上交。經手太監只有拿了錢，才進呈稿件，否則就不替你呈遞，讓太后和皇上覺得你辦事不力。每遇太后、皇帝生辰及節慶朝賀，王公大臣及外省督撫都要進獻貢品，太監的「過手費」從數百兩到上萬兩不等。

@ 盛宣懷謀求郵傳部待郎的職位，進獻慈禧江南貢緞及金銀器皿等，

另付給太監們「宮門費」十萬兩。太監們無不稱頌盛宣懷。盛宣懷在清末的政治地位，相當程度上取決於他捨得大筆地送銀子。

@ 李蓮英獨占官員賄賂的十分之七，其餘三成分給同黨太監們。而光緒身邊的太監，清苦異常，宮中有「冷皇帝、熱太后」之稱。李蓮英在最後八年就聚斂超過 200 萬兩，還不包括貪汙的頤和園工程款項。慈禧更是貪贓受賄的高手。她占了多少錢始終沒有一個確切的數據，有人說高達 200 兆兩。

張程：慈禧曾祖父吉郎阿任戶部銀庫員外郎，因虧空庫銀急病身亡。父債子還，吉郎阿之子景瑞變賣光家產也無法補齊庫虧，在大牢裡被鎖了兩年多，最後還要「交佐領看管」。景瑞就是慈禧的祖父。慈禧入宮前家道貧衰，母親帶著二個孩子寄居在尼姑庵中，靠做針線活度日。出身貧苦，可能讓慈禧對金錢有報復性的追求。

許指嚴：庚子年八國聯軍入侵，日軍搶先占領頤和園，以保護為名搶劫財寶。其他不記，單單馬蹄銀，日軍就裝載了滿滿三艘半輪船回國。之後十幾年，日本戰勝俄國和擴張海軍的費用，都以這筆搶劫款為主。

@ 慈禧死後，她聚斂的財富落入誰人之手，不得而知。之後隆裕聚斂的賄賂，雖然沒有慈禧多，但也不少。據說隆裕和慈禧不同的是，她擅長經營，貸款生息。隆裕倚重滇中婦人繆素筠為左右手。繆氏工書畫，替慈禧當槍手幾十年。她把隆裕的贓款發放各票莊銀行生息，金額不詳。

張程：晚清最高層的貪汙腐敗，為革命者提供了宣傳鼓動的絕好理由。據革命者說，左宗棠收復新疆歸來見慈禧，太監索要上萬兩「宮門費」。左宗棠是個倔強的老頭，硬是不給，慈禧也不見了。左宗棠尚且如此，一般官員更不勝其苦了。

三、革命是個好東西

10 月 29 日下午，廣東各團體集會，有人拿出上書「廣東獨立」的白旗，在會場揮舞招展。有人大呼：「廣東獨立萬歲！」應和之聲震動瓦壁。由旗幟在前引導，兩萬人尾隨其後，向兩廣總督衙門出發，要求獨立。沿街各商店見狀，以為廣東已經獨立，紛紛張旗，鳴放爆竹，表示擁護。當時廣東還沒有獨立。

罵皇帝，沒什麼大不了的

張程：#《蘇報》案 # 中國歷史上唯一一次皇帝和老百姓打官司，就是 1903 年光緒皇帝和《蘇報》在上海對簿公堂，說該報紙的作者章太炎、鄒容辱罵皇帝，公開號召暴力革命。這場官司笑點頗多，令人捧腹。

@1896 年，家住上海租界的胡璋想辦一份報紙賺錢。胡璋的老婆是日本人。為了辦事方便，他讓老婆出面向日本駐滬總領事館註冊了一份報紙，起名《蘇報》。起初，《蘇報》刊登一些雞毛蒜皮的八卦新聞，經營很慘淡。胡璋辦不下去了，就把報紙賣了，最後由陳范接手。陳范想出一個經營點子：罵政府！

@ 為了吸引學生讀者，《蘇報》介入當時的學潮，開設「學界風潮」欄目。它把官辦學堂的總辦、教習們抨擊為「獺淫狗賤之徒」，高呼「破壞學堂」、「改良學科」。1902 年，《蘇報》積極支援江南陸師學生反專制運動，第二年還聘請該校退學學生章士釗為主筆。20 出頭的章士釗是狂熱的愛國

青年，報紙迅速激進化。

@ 內容的激進帶動了《蘇報》銷量上升。一批 20 出頭的熱血青年構成該報的作者群，有章士釗、章太炎、張繼、鄒容等。張繼，河北省滄縣人，留學日本，入早稻田大學。他和唐代寫〈楓橋夜泊〉的大詩人張繼同名同姓，曾經有日本人滿臉仰慕地告訴他：「您的〈楓橋夜泊〉寫得實在是太好了！」

@ 四川人鄒容是另一個激進的作者。鄒容少年時考中四川省官費，可以留學日本。因為思想太激進了，官府取消了他的官費資格。鄒容恨透了官府，自費留學日本。在日本和西方政治思想一接觸，鄒容熱血沸騰，整天倡言殺皇帝推翻朝廷，是公認的革命分子。由於太過高調，日本政府都受不了，將他禮送出境。

@ 有這樣的作者，《蘇報》內容很越矩，很勁爆。它毫不掩飾地號召革命「為中國前途萬無可逃之例」，讚美暴力「流一點萬世不磨之鮮血，造一個完全美備之政體，蕩清胡氛，強我種類⋯⋯豈不大快樂事！」刊登〈殺人主義〉，說和清政府「有二百六十年不共戴天的大仇」，要「掃除妖孽⋯⋯開一殺人之大紀念會」。

@《蘇報》膽子越來越大，一天不罵皇帝就渾身不舒服。章太炎發文說要和「愛新覺羅氏相會於槍林彈雨中」，還罵光緒皇帝「載湉小丑，不識麥菽」。更過火的是鄒容發表《革命軍》，罵清朝歷代皇帝都是「獨夫民賊」、「無賴之子」，罵慈禧是「賣淫婦」，直接號召革命：「巍巍哉！革命也。皇皇哉！革命也！」

@ 這還了得！慈禧太后和被罵的官吏們恨不得將《蘇報》的編輯、作者們滿門抄斬。可惜，《蘇報》是以日本僑民的名義註冊的，又在租界內活動，朝廷鞭長莫及，不得不接受洋人的遊戲規則，向租界當局控訴《蘇報》侵犯名譽，要求引渡編輯和作者。

@ 官府派江蘇候補道俞明震負責這場官司。這時候，中國特色的人情關係網絡就發揮作用了，俞明震人還沒到，陳范、章士釗等人早就逃之夭夭了。寫文章的章太炎「好漢做事好漢當」，束手就擒；鄒容聞訊後，到租界當局「自首」，很夠義氣。這兩人就成了這起官司的兩大被告。

@ 這個俞明震後來成了江南水師學堂的督辦，當了魯迅的老師。魯迅回憶他讀書時的情形，說：「第二年的總辦是一個新黨，他坐在馬車上的時候大抵看著《時務報》，考漢文也自己出題目，和教員出的很不同。有一次是〈華盛頓論〉，漢文教員反而惴惴地來問我們：『華盛頓是什麼東西呀？』」

@ 俞明震還出過著名的考試題目〈項羽拿破崙論〉，著實驚呆了一大片人。不過魯迅對他印象不錯，稱他是「恪士師」。因為俞明震提倡留學，選送學生去日本留學，其中就包括家境不好的魯迅。因此，俞明震算是魯迅的「恩師」。

@ 審訊時，清政府方面明顯對西方司法不熟，被章鄒二人鑽了漏洞。章太炎說，我說要和「愛新覺羅氏相會於槍林彈雨中」，意思是要拿起槍桿保衛皇上，應該嘉獎。至於「載湉小丑」，章太炎還考證出「小丑」在古漢語中是「年輕人」的意思，是中性的。

@ 鄒容的辯護更絕，乾脆說《革命軍》是自己胡亂寫的，書稿早就被別人偷走了，自己根本不知情就被人發表了；市場上流傳的《革命軍》小冊子，都是盜版書。因此，鄒容哭訴「我也是受害者啊」。他強烈要求法庭揪出盜版者，維護他的著作權！

@ 租界當局還是要給清政府面子，雖然章鄒二人在法庭辯論上占上風，最後還是裁定二人有罪！清政府太高興了，讓洋人趕緊引渡二人，說要將他們「凌遲處死」。一聽這話，洋大人直搖頭：你們的刑罰太殘酷、太血腥了，不能把這兩個人引渡給你們的。最後，章太炎被判監禁 3 年，鄒容被判監禁 2 年，在租界服刑。

@ 在這場官司中,清政府只得到了小小的名義上的勝利。整個案子傳達了這樣的訊息:千百年來神聖不可侵犯的皇帝也好、看似威風凜凜的朝廷也好,都是可以罵的,罵得再狠也只要坐牢兩三年!於是,各種反政府和官場革命的小冊子、報紙如雨後春筍般冒出來。中國近代媒體的發展,還得感謝清政府的這場傻官司。

吳祿貞抗日

陳灝一:# 吳祿貞事蹟 # 吳祿貞擔任延吉邊務大臣的時候,負責打擊日本人挑起的領土糾紛。日本駐長春領事來拜會吳祿貞,把馬車停在門外。馬車擋住道路,造成交通堵塞。有個中國官員就讓日本車伕把馬車駛開。日本車伕順手就抽了那個官員一頓鞭子。中國官員用日語亮明身分,車伕照抽不誤。事情鬧到大了,吳祿貞會怎麼處理呢?

張口評史:吳祿貞是潛伏在清軍中的革命黨人,在老家湖北從事革命活動多年,聲望很高。武昌起義前,湖北革命黨人要推舉他為新政府的都督,因為吳祿貞人在北京,才臨時決定讓黎元洪「代理」的。

@ 吳祿貞到北京去是迫不得已。張之洞發現吳祿貞的「潛伏」後,寫了一份大誇特誇的推薦信,將吳祿貞「舉薦」到朝廷去任職了,等於是「禮送出境」。吳祿貞在北京混得很好,最後當上了北洋軍的統制 (師長)。

張程:吳祿貞是怎麼當的師長呢?一說是吳祿貞拿三萬兩銀子賄賂了巨貪、親慶王奕劻,買來的官位;一說是吳祿貞和滿族親貴良弼同是留學日本的同學。良弼一心為清軍招攬人才,所以大讚特讚吳祿貞,不僅說吳祿貞業務強,而且保證吳祿貞「立場正確」—— 1911 年得知吳祿貞發動起義,良弼的下巴都驚掉了。

@ 吳祿貞起義未成就慘遭暗殺，是一大歷史疑團。很多人懷疑是袁世凱指使舊部做的，也有人懷疑是良弼收買殺手做的。

陳瀟一：我還是說說吳祿貞對日本車伕的處理吧：他拔刀就把車伕的左耳給割了！日本領事看到鮮血淋漓的場面，正要質問吳祿貞，吳祿貞說：「再說，我把他的右耳也割了！」一下就把這兩個日本人給鎮住了。不用說，日本人的領土主張，也被吳祿貞給打退了。

孫中山倫敦「蒙難」記

張程：＃孫中山脫險＃西元 1896 年 10 月，孫中山在倫敦被清朝駐英公使館抓獲。他的解釋是：11 日上午我離開旅館……路上，我遇到了一個廣東同鄉。我們用粵語親切交談，後來又來了一個通報，三人一起走。那兩個人談話有深度，熱情邀請我去寓所喝茶敘舊，「或推予，或挽予」，半推半就將我拉到一個寓所前。這個寓所竟然是清政府駐英使館。

@ 孫中山對西方外交制度盲目樂觀，認為清朝外交人員無權在外國抓人，覺得自己在海外安全有法律保障。在美國，孫中山曾經跑到清朝駐美公使館宣傳革命，高喊口號，清朝官吏果然拿他沒辦法。

@1896 年去英國前，孫中山研究了中英外交檔案，認為「欽差（清駐英公使龔照瑗）在英無辦犯之權，中國與英國又無交犯之約」，也就不怕清朝使館了。孫中山的老師康德黎曾提醒樂觀的孫中山注意防範，不要掉以輕心。孫中山非但不以為意，還搬到了離中國駐英公使館很近的葛蘭旅館居住。

@ 被捕前一天（10 月 10 日）上午，孫中山經過清朝公使館門前，偶遇留學生宋藝田。孫中山問他是否有廣東人在使館。宋回答有。孫中山很

有興致地和宋一起進入使館找到廣東老鄉 —— 四等翻譯鄧廷鏗。三個人交談甚歡。鄧廷鏗從孫身上的金錶上看到「sun」，立即想到眼前的同鄉就是朝廷重金懸賞的欽犯孫文。

@ 鄧廷鏗不動聲色，約定和孫中山第二天在使館中再見。送別孫中山後，他立刻報告了龔照瑗，後者隨即和使館僱的英國參贊馬格里等人商定第二天抓捕計畫。11 日上午，孫中山如約來使館找鄧廷鏗。鄧廷鏗招待孫中山吃了午餐，帶他「參觀」使館的房間。等孫中山一進房門，外面就被加了鎖。孫中山成了階下囚。

@ 為防夜長夢多，使館馬上安排僱船偷運孫中山回國。他們花 7,000 英鎊的高價，租了艘 2,000 噸的輪船，計劃把孫中山裝入一只特製的木箱內，準備幾天後祕密押運回中國。租船時，清朝使館宣稱準備運送「一個瘋子」回國。

@ 孫中山在使館中感化了使館英籍清潔工人柯爾。柯爾冒著危險送信給康德黎。後者 17 日深夜得知孫中山被綁架後，趕到蘇格蘭場警署、外交部，報告清政府使館非法綁架、囚禁孫中山。但是兩家衙門都因為事實不清，並沒有馬上處理。康德黎又到清駐英使館交涉，更是遭到清朝官員的冷遇。

@ 事情的轉機是倫敦警方查到有艘輪船準備運送「一個中國瘋子」繞大半個地球去中國，開始介入調查。康德黎想方設法寫信給首相兼外相沙士伯雷，說孫中山在倫敦被捕。首相指示查辦。很快，清朝使館外面出現了多名便衣。他們人手一張孫中山的西裝照片，24 小時監視了使館。警方監控了所有開往中國的船隻。

@ 康德黎趁熱打鐵，聯繫媒體，準備擴大影響。他找了大名鼎鼎的《泰晤士報》。《泰晤士報》對來自遙遠東方的孫中山不感興趣。反倒是不知名的《環球報》(*The Globe*) 以〈驚人消息！〉為題，首先披露了中國革

命家孫中山在倫敦被誘捕的消息。孫中山被捕立刻成為全英上下關心的新聞。大批記者衝向清朝使館。

@ 清朝使館正常辦公被湧入的大批記者打斷了。孫中山的海報出現在電線桿上，開始有群眾去清朝使館外遊行，高呼「釋放革命家」的口號。沙士伯雷以首相名義強硬照會龔照瑗，要求立即釋放孫中山。巨大壓力之下，龔照瑗不得不將孫中山「請」出了使館。

@ 孫中山獲釋後，緊緊抓住這次宣傳的千載良機。他在賓館接受了記者的集體採訪。西方主流媒體第一次見到了講一口流利英語、表達清晰的清朝革命家，第一次密切介紹中國革命和革命家。英國、美國、澳洲、香港、日本、新加坡等地多家報紙和國內的《萬國公報》、《時務報》都密集報導和評論了此事。

孫中山與同盟會部分會員在新加坡的合影

@ 孫中山撰寫了《倫敦蒙難記》，西元 1897 年由康德黎資助在英國布里斯特爾出版社出版。這本書被翻譯成多種語言，宣傳中國革命和孫中山。孫中山以西方輿論樂於接受的角度把自己塑造成受迫害的民主共和鬥士，披露清朝使館如何侵犯英國主權，爭取輿論。多年後，孫中山和胡漢

民、戴季陶等人都否定了此書的真實性。

@「倫敦蒙難」之前，孫中山和中國革命處於西方輿論的邊緣位置；事件之後，中國革命進入了西方人的日常話語，孫中山成為革命的閃亮名片。孫中山「自投羅網」式的被綁架事件取得了意想不到的效果。

@清朝使館誘捕孫中山，鄧廷鏗既是策劃者，又是執行者。南京臨時政府成立，鄧廷鏗居然趕到南京求見孫中山。他既然自投羅網，有人主張即使不治他的罪，也該給他吃點苦頭。孫中山知道後說：事情已經過去，不必追究。他來，無非想謀一官半職，我們不予理睬便是了。孫中山特地指派一名副官送他走出臨時總統府。

黃興：其實我最想當一名老師

張程：＃黃興事蹟＃黃興與孫中山是辛亥革命兩大元勛，時人以「孫黃」並稱。很多人認為，孫中山是思想家、先行者，黃興是實幹家，許多革命活動都由黃興發動並親自參與的，所謂「孫氏理想，黃氏實行」。但黃興在死後備受忽略，被刻意地從國民黨「黨史」中刪去。直到 1990 年代，海峽兩岸才開始重新重視黃興的功業。

孫科：國父因聲名太大，不僅國內不能立足，即在日本、南洋各地，與中國接近地區，亦不能自由居住，無法親為領導。於是將國內一切計畫，委託黃、胡（漢民）二先生主持，自己專任國外籌款，以濟革命之需。故自欽廉等役，以致辛亥三月二十九日廣州起義，都由黃先生負責領導，出生入死，躬任其鋒。

張程：黃興被忽視的原因有二。第一是黃興生前和孫中山存在很多分歧。比如消極對待二次革命，又比如二次革命失敗後孫中山成立了中華革

命黨，黃興拒絕加入，還拉著自己一派人另立門戶。更重要的是，孫中山之後的國民黨領袖蔣介石不是黃興這條線上的人，而是陳其美那條線上的人。

張口評史：在國民黨的「主旋律黨史」裡，陳其美的地位突出，成了孫中山時期的「二把手」。而真正是左膀右臂的黃興，連累著他那條線上的人，都在國民黨內被長期冷凍了。

張程：二次革命失敗，黃興避居舊金山數月，對華僑宣傳討袁復國。華僑人多是廣東人，黃興的一口湖南話讓他們聽不懂。於是每次演講，就由當時留學美國的孫中山之子孫科當翻譯，把黃興的湖南話翻譯成粵語。蔡鍔起義討袁，國內同志多電促黃興歸國協助指揮，但黃興拒絕，說聯繫美國政界孤立袁世凱，也是革命。

孫科：嗯，這些，「既先商得國父同意，而留美亦有其革命任務」。

張程：一度盛傳二次革命後，孫中山和黃興交惡。並非事實。袁世凱死後，黃興回國，與孫中山會於上海。二人冰釋前嫌。不久，黃興不幸病逝，年僅 42 歲。孫中山以自己的名義為黃興釋出了訃告，國民黨組成了以孫中山為首的治喪委員會。

孫科：孫、黃關係始終是建立在革命友愛層面上的，一時意見上的分歧，庸俗的猜議固不能有所傷，而奸人的乘隙挑撥離間，更難施其狡伎。

張程：1903 年夏天，黃興從日本留學歸國，應徵到長沙明德學堂擔任教員，這是黃興的第一份工作。當時張繼在該校當歷史教員、蘇曼殊當國文教員。黃興自己則兼任歷史和體操教員，當其他教員缺課時，代理文科課程，屬於「全能型」教師、長官的最愛。

@黃興在正職之外，又創辦東文學社，替想要留學日本的學生補習日文。後來任湖南第一任都督的焦達峰就是黃興的學生。黃興又到湖南民立第一女學兼體操教員，為長沙城內的第一批女學生演示翻單槓、玩啞鈴、

柔軟體操等。我們更能確定黃興是「全能」了。

@ 黃興藉明德學堂教師職業為掩護，聯繫會黨，組織華興會，從事革命活動，忙得不亦樂乎。張繼在回憶錄中說：「克強白日上課，在黑板上畫各種瓜果，晚間計劃革命。」

@1904 年，湖南學務處總辦張鶴齡把明德校長胡元倓喊去，稱已獲得黃興造反的實據，派兵捉拿，並稱自己剛被湖南巡撫罵過。胡元倓告訴張鶴齡，黃興的事我全部知道，「如果你要升官，我的血即可染紅你的頂子，拿我去就是。」張鶴齡以手擊桌說：「這狗官誰願做。此刻看我如何保護他們。」

@ 黃興最終在大紳士龍紱瑞的掩護下，逃亡日本。後來，湖南巡撫端方、學務處總辦張鶴齡與龍紱瑞聚餐。端方直言不諱地對龍紱瑞說：「龍先生放走了革命黨大廠黃興。」張鶴齡替龍紱瑞打圓場：「龍先生不是出賣朋友的人。」端方也不追究。

@1912 年 10 月，黃興衣錦還鄉。他返回明德學校時表示，明德學校「將來之發達，當較（日本）早稻田為過」。他多次談到教育的重要，表示自己的願望其實是當一位教師。黃興說：「真有志氣者，不必當官，即居一鄉為小學校長，年年替國家培植出十數高尚純正之人才，微特顧而可樂，功亦不鮮。」

@ 黃興淡泊名利。1907 年，光復會的章太炎、陶成章等人以潮州起義失敗為由，要求罷免孫中山的總理職務，另舉黃興擔任，黃興推辭。1909 年秋陶成章等起草〈孫文罪狀〉，再次對孫中山發難，要求改選同盟會總理。黃興極力進行抵制。在幾次「倒孫」風波中，黃興堅定地拒絕名利的誘惑，大公無私、顧全大局。

@ 袁世凱曾評論孫中山、黃興：「孫氏志氣高尚，見解亦超卓，但非實行家，徒居發起人之列而已。黃氏性質直，果於行事，然不免膽小識

短，易受小人之欺。」

@ 據說章太炎的外號「章瘋子」出自盛怒中的黃興之口。章太炎很敬重黃興，曾願擁戴黃興為同盟會領袖。在黃興的追悼會上，章太炎送的輓聯寫道：「無公乃無民國；有史必有斯人。」

張程：徐宗漢出身大家閨秀，18 歲時嫁入豪門，最終卻選擇了革命道路，在海外加入同盟會。並與高劍父（沒錯，是那個嶺南畫派的大畫家）、潘達微回廣州組織廣州同盟會分會，進行革命工作。

@1911 年同盟會籌備廣州起義，徐宗漢的任務是製造並運送彈藥進廣州城。當時的廣州城清軍戒備森嚴，徐宗漢和同志們就喬裝打扮，假裝娶親辦喜事，由徐宗漢扮作主婦，卓國華扮作新娘，敲鑼打鼓，身穿紅袍，坐在火藥上，熱熱鬧鬧、大搖大擺地把軍火運進了廣州城。卓國華被同志們稱為「革命新娘」。

@ 廣州起義，黃興率領敢死隊與清軍血戰了一晝夜，起義失敗，黃興滿身血跡，右手斷了兩根手指，身負重傷，輾轉到珠江南岸尋找革命機關。他忘記了機關的門牌號碼，僅記得是假託胡姓人家娶親的。茫茫夜幕中，他摸索到一戶門上有紅色對聯的喜慶人家，冒險叩門而入。駐守這處機關的正是徐宗漢。

@ 徐宗漢為黃興包紮，易容改裝，親自護送去往香港。據說當時的客輪上已經沒有房間了，徐宗漢急中生智，讓黃興在廳中的梨花椅上裝睡，自己則靠在旁邊掩護，在敵人的眼皮底下躲過了一劫。

@ 到了香港，黃興有一根手指將斷未斷，十分痛苦，需要動手術。手術前，醫院需要家屬簽字。徐宗漢以黃興妻子的名義簽字，又在醫院悉心照料黃興。黃興出院後，兩人結婚，假夫妻就成了真夫妻。

徐錫麟：震動清廷第一槍

張程：＃安慶起義＃徐錫麟捐官後，找各省督撫使勁公關，希望給自己找個好位置。他找過直隸總督袁世凱、兩江總督張之洞、浙江巡撫張曾揚，這些人都為徐錫麟說項疏通。特別是前湖南巡撫俞廉三，與徐錫麟有表叔姪關係，寫信給自己學生、安徽巡撫恩銘，說「務加重用」徐錫麟。恩銘很器重徐錫麟，奏請為他「加二品銜」。

＠徐錫麟捐官，最初是想以清朝官員身分到日本學習陸軍。因為日本正規的高級軍校極少招收一般中國留學生，所以徐錫麟希望捐官能增加自己錄取的機率。遺憾的是，他不是因為身分，而是因為高度近視，被日本軍校拒絕，只好回國。

＠徐錫麟籌劃安慶起義。起義前一名會黨成員被捕，供出了一個名叫「光漢子」（徐錫麟代號，光復漢族之意）的革命黨已經打入安徽官場。安徽巡撫恩銘加強戒備，同時告訴了安徽巡警會辦徐錫麟，臨時將巡警學堂畢業典禮的時間提前兩天。徐錫麟來不及通知其他地方的同志，倉促決定安慶提前、獨自起義。

＠安徽官場有人懷疑徐錫麟，提醒恩銘在巡警畢業典禮上不要久留。恩銘打算檢閱學生後就離去。徐錫麟倉促決定在閱操時動手。學生集合後，徐朗聲匯報恩銘：「大帥，今日有革命黨起事！」話音未落，革命黨陳伯平向恩銘投擲了一枚炸彈，可惜是啞彈。徐錫麟從靴筒內拔出雙槍猛射。恩銘和多名官員中彈倒地。

＠徐錫麟打完子彈，回屋裝滿新彈後返回禮堂，發現清朝官吏已經逃散，學生們錯愕不明。徐宣布巡撫已死，號召學生們跟隨他起義（一說「鋤奸」的）。他率領學生直奔軍械所。途中不斷有人溜走，到達軍械所後僅剩下40人左右。占領軍械所後，發現庫存子彈和學生配槍不匹配。又

搬出五門庫存大炮，竟然沒有扳機。

@ 秋瑾，出身清朝基層官宦人家，其父將她許配給富紳子弟王廷鈞為妻。秋瑾與王廷鈞生有一子一女。秋瑾想去日本留學，探求救國真理。王廷鈞堅決反對，夫妻關係開始緊張。秋瑾去意已決，王廷鈞就拒絕經濟上的支持，企圖用錢來逼妻子妥協。秋瑾典賣首飾珠寶，毅然衝破家庭束縛，自費東渡日本留學。

@ 秋瑾留學歸來，既辦學校又辦報紙，為了籌措經費返回了夫家，在夫家取得一筆經費，並宣告脫離家庭關係。其實，秋瑾已經走上了武裝反清的道路，這次來是和家人訣別的。她和徐錫麟計劃在安徽、浙江同時起義，撼動東南。結果徐錫麟提前起義失敗，秋瑾暴露，被捕就義。她是就義革命黨人中最著名的女性。

@ 王廷鈞是清朝的刑部主事，在妻子秋瑾離去後，一直沒有續弦，三十出頭即早逝。一些文藝作品將他描寫成保守、殘暴和花心的反動派，其實，王廷鈞顧家、忠厚、懦弱。他和妻子秋瑾的矛盾，是一個一心過安穩日子的小男人和一個追求激情人生的女俠客之間的矛盾。

張程：安慶起義的領導者既非草莽村夫，也不是康梁逆黨，更不是孫中山、黃興等海外革命黨人，而是朝廷的四品官員、有實職在身的徐錫麟。這對晚清官員震動很大。兩江總督端方就對直隸總督袁世凱說，安徽巡警會辦徐錫麟竟然槍殺巡撫，咄咄怪事，「事奇極」。朝廷開始真正重視革命起義。

張口評史：之前革命黨人的起義局限在邊陲，且都是海外革命黨人聯繫綠林豪傑共同起義，對整體影響不大，社會的觀感也不好。而徐錫麟不僅有官員身分，還在東南腹心地區起事，帶的一批巡警學生，更成功殺死封建大吏，真正引起了清廷的恐懼。

張程：徐錫麟被俘後，坦承要殺盡滿人，除了恩銘，還計劃殺鐵良、

端方、良弼等滿族權貴。一時間滿族親貴人人自危，惶惶不可終日，都說「革命軍不足畏，唯暗殺實可怕」。端方憂心忡忡地說：「我們從此以後，再也不能睡一個安穩覺了，」鐵良偷偷派人向革命黨人求和，願意出一萬兩銀子買自己的命。

@ 事發後，安慶全城搜查新式學生，重點是西洋打扮的人。安慶、南京等地停發電報，防止「匪黨串通」。巡撫衙門公祭恩銘當天，有一人手提雞蛋，直入後堂，神經高度緊張的官吏們認定此人冒充廚師，直入後堂，而且還沒有辮子，「自係匪黨」。一時間官場杯弓蛇影，人人驚恐。

@ 北京城裡的衙門機關和高官府邸都增加衛兵，加強防衛，劍拔弩張，如臨大敵。但官員們仍然非常恐慌，有草木皆兵的感覺。往來京城和題和園的軍機大臣和參政大臣們，急來急往，減少在外逗留時間。慈禧下令暫停接見新任官員，官員上任不必陛見辭行。她也怕有「徐錫麟第二」混在進宮的官員中。

@ 各級官吏對新式學堂的防範加嚴，紛紛上奏朝廷，稱「今日學堂，怪風惡俗，不忍睹聞」，「不勝洪水猛獸之憂慮」。保守分子利用徐錫麟事件來攻擊新政，說新式學堂教出無父無君不忠不孝的亂臣賊子。你看，就連學堂的會辦，都是革命黨人！秋瑾的革命據點是教體育的大通學堂，之後官府幾乎不再審批體育學堂。

@ 當年 10 月，清廷頒布上諭，怒斥各地督撫大員養尊處優，吏治荒弛，釀成地方大患。要求自此以後，督撫到任六個月後，如果轄區內發生「巨股土匪重案」，督撫負全責。這就強化了地方大員維持地方穩定的責任，防患於未然。

暗殺時代

張程：＃革命黨暗殺行動＃同盟會內部有一個專司暗殺的部門。19 歲福建侯官（今福州）人方君瑛為部長，主要成員有吳玉章、黃復生、喻培倫、黎仲實和曾醒等人。黃興認為：「革命與暗殺二者相輔而行，其收效至豐且速。」他在橫濱設立了一個製造炸藥的祕密機關。方君瑛、秋瑾、唐群英等女中豪傑都曾在機關中學習。

＠革命刺客吳樾（原名「吳越」，清政府故意寫為「樾」，以示侮貶）到火車站刺殺考察憲政五大臣。他所用的炸彈是自行研製的撞針式炸彈，穩定性差。車廂接駁時發生震動，吳樾藏在懷中的撞針式炸彈受到震盪，當即爆炸。在離刺殺目標只有幾步之遙的時候，吳樾功敗垂成，當場身亡，年僅 26 歲。

＠革命者喻培倫廣泛收集英、德、日等國炸藥的祕本，廢寢忘食地研究，不幸在試炸的時候發生事故，左手被炸殘三指。喻培倫發明了用安全火柴來取代炸彈的引信，同時用電流、化學等原理來引爆炸藥，大大提高了爆破的安全性。喻培倫因此被同志們稱為「爆炸大王」。

＠在出發行刺前，吳樾寫下了〈暗殺時代〉一文。此文的威力，相比於火車站的那枚炸彈，有過之而無不及。〈暗殺時代〉說，寧願為革命而死，也不願意當清王朝的奴隸，這是當時青年人的普遍想法。暗殺的效果，立竿見影，殺一儆百。吳樾認為：「暗殺為因，革命為果。」暗殺是革命手段，會推動革命的勝利。

＠陳獨秀當年 20 歲，與吳樾相爭刺殺五大臣。兩人竟然扭作一團，滿地打滾。精疲力竭後，吳樾問：「舍一生拼與艱難締造，孰為易？」陳獨秀回答：「自然是前者易後者難。」吳樾說：「然則，我為易，留其難以待君。」青年革命者等不及了，寧願先殺身成仁，而將艱巨的建設事業留給

同志們了。

@ 吳樾希望自己死後，「化一我而為千萬我，前者仆後者起，不殺不休，不盡不止」。在末尾，吳樾大聲疾呼：「今日之時代，非革命之時代，實暗殺之時代也。」他是近代革命史上，最著名的刺客了。

@ 早在 1902 年冬，留日學生楊篤生（吳樾就是從他那裡學的炸彈製造技術）在《新湖南》撰文，狂熱地頌揚俄國青年的「破壞精神」，力主效仿。他聲稱「非隆隆炸彈，不足以驚其入夢之遊魂；非霍霍刀光，不足以刮其沁心之銅臭」。他是最早鼓吹用暗殺來推動革命的人。

@ 更早的 1900 年 10 月 28 日夜，史堅如就刺殺兩廣總督德壽。他在總督衙門後院外巷子裡租了間房子，挖掘地道，通向德壽的臥室。史堅如埋進炸藥兩百磅，然後點燃引信。史堅如沒有學過爆破，製造的炸藥沒能完全爆炸，僅炸毀圍牆十數丈，德壽被爆炸聲浪從床上甩出數尺，只受了一點輕傷。

@ 爆炸發生後，史堅如已經離開了廣州城。得知爆炸失敗，他不顧同志勸阻，堅持冒險進城檢視原因，並想策劃第二次爆破。史堅如僱了頂轎子，前往現場檢視，不想被軍警認出，逮捕。史堅如遭受嚴刑拷打，始終沒有供出同黨姓名，慘遭殺害，年僅 22 歲。他是最早的「革命刺客」。

張程：近代史上最著名的暗殺，當屬汪精衛刺殺攝政王載灃。汪精衛在 1910 年寫信給胡漢民說：「至於暗殺，不過犧牲三數同志之性命，何傷元氣之有？」透露出以死激勵革命的決心。

@ 因為埋線時被人發現，汪精衛、黃復生被捕。審訊時，黃復生主動承擔責任：「此次之事，純予一人所為，精衛不過客於予處。」審問者說：「這一句要改。」黃復生說：「事實是這樣的，我怎可攀誣我的好朋友呢？」審問者說：「奇怪，汪精衛也說是他一個人做的。」原來汪精衛早已將罪責完全攬在自己身上。

@ 女革命黨人陳壁君參與了刺殺載灃的謀畫，事件發生時已經離開了北京，聽到汪精衛入獄的消息，毅然返回北京，組織營救汪精衛。營救不成，陳壁君和獄中的汪精衛飛信傳情，要和他結為夫妻。汪精衛猶豫後，接受了陳壁君的愛情，成就了一段佳話。

溥儀：注精衛被捕之後，受到肅親王善耆很好的招待。我父親在自己的年譜中說這是為了「以安反側之心」，其實並非如此。我有位親戚後來告訴過我，當時有個叫西田耕一的日本人，透過善耆的日本顧問告訴善耆，日本人是不同意殺掉江精衛的。攝政土在幾方面壓力之下，沒敢對汪精衛下手。

張桯：刺殺廣東水師提督李準的革命者林冠慈慷慨赴死，為了避免老母親知道自己的噩耗，囑咐同志們不要公布自己真名，還化名「林冠慈」。刺殺李準事發後，對於此事究為何人所為，社會上傳說紛紜，甚至有街邊賣膏藥的崩牙，為了出風頭而自稱是行刺的英雄。為了不讓烈士埋名，革命組織才公布林冠慈的事蹟。

@ 革命成功了，革命者紛紛放棄暗殺手段，各種暗殺組織自動解散。比如支那暗殺團的熱血青年們決定自行解散。他們本就不是為了求名，如今也不想其他人知道自己的經歷，於是將團章、盟書與會議紀錄、往來函件等全部燒毀。因此，除了少數當事人留有隻言片語外，後人對當時各種暗殺組織的具體情況知之甚少。

革命黨掏空新軍

陳孝芬：# 革命者滲透新軍 #1905 年廢除科舉後，一般讀書人只得另謀出路，於是有出洋留學的，有到省城住學校的，而多數貧寒子弟則投入

新軍。我是 1905 年在黃陂應徵入伍的。那次募兵的結果，96 人中就有 12 個廩生、24 個秀才。馬隊第十一標是這樣，陸軍第八鎮和陸軍第二十一混成協所屬步、馬、炮、工、輜五種部隊，都有不少讀書人入伍。

溫楚珩：招募新軍士兵標準，要以能識字為原則，文理粗通者更好。時清廷已廢科舉制度，代以新式學校。一般鄉村農家子弟，既不能再在私塾讀書，又無力送子弟進入新式學校，更無土地可耕，於是紛紛投入新軍。除本省各縣外，以湘、豫兩省為多，秀才當兵，已成普遍現象。

朱峙三：我幼時讀嵇康〈送秀才從軍詩〉，視為宏壯之作。清季科舉前後，學堂又不容易考進；且試期無一定，考後又不能及時入學，食宿都成問題，寒士哪有錢在省久候？秀才年逾 30 所考的學堂只有簡易師範，但錄取又有定額。適軍隊鼓勵秀才從軍，故上進只有投軍一途。

溫楚珩：革命黨人居中煽惑，弄些禁書來看，「嘉定三屠」，「揚州十日」，還有《猛回頭》、《革命軍》，甚至有透過特別管道進來的《民報》。在東京出版之《民報》及各種書冊，由同盟會會員設法輸入國內，北京東交民巷使館區有《民報》發行機關；武昌教堂之日知會亦有此類書報，初由學生暗中購買，互相借閱，後逐漸轉入軍隊。

陳孝芬：當時湖北陸軍小學堂是「學堂特別小，學生特別老」，充滿 18 歲至 30 歲的青年官兵，大家互相親近，思想上都發生了變化。「我在學堂第一次期考中，是考在前 10 名的，後來老是考在 100 名以外；其他的同志，也有很多和我一樣，這說明為了革命活動，已不注意個人的成績了。」

呂中秋：目見清廷腐敗，苛待漢族文武人才，而滿族生丁，褓褓即給養活費，陸軍屬滿籍者雙糧雙餉，大官好缺均屬滿人，清政不平，莫可言狀。欲漢族子孫不受制於清廷，中華民族不論亡於外國，只有祕密組織團

體，進行革命。

張口評史：新軍中也有骯髒不堪的伎倆和暗處。提拔到軍隊高層也要講關係、講幕後交易。從軍的青年人們是在社會上看到了、親身經歷了種種的黑暗、不公乃至屈辱，本想投身新軍尋找光明和救國道路的，結果他們又一次在新軍中體驗了新的黑暗與不公。

張程：革命黨人鄧玉麟認為與其購槍造槍，不如爭取新軍，在新軍中發展會員，從堡壘內部攻破清政府。「今日清廷之精兵，不日乃我黨起義之勁旅。」

@ 鄧玉麟，出生巴東縣一戶貧農家庭，12 歲外出打工賣苦力，當「背腳子」為鹽行扛運巴鹽，後來又替廚師、屠夫當過下手，飽嘗人間的不平。14 歲父兄餓死。15 歲時母親病逝，鄧玉麟把母親抬回老家求地安葬，遭地方豪強阻撓。母親屍體暴露在大雨中，鄧玉麟悲憤欲絕：「百姓死無葬地，此世道不改，我輩怎生！」

李健侯：我在 1910 年常到二十九標第三營吳百川（名學斌）處，他當時是一個副目，他和全棚弟兄及正目都加入了組織。全隊不過三四十人，由百川率領，荷槍出通湘門，行不遠，就停止行進，架槍休息，個人毫無顧忌地大談將來如何起義的事。

張程：江蘇新軍的革命軍官趙聲假日常常率領部屬遊覽明孝陵。趙聲指著明太祖像，藉談明朝興亡史來諷刺當下，激發官兵們的革命熱情。說至痛處，官兵們都放聲大哭，「皆知祖國之仇憎清廷竊據，切齒攘臂，誓死以從」。趙聲還先後將冷遹、柏文蔚、林之夏、倪映典、熊成基等同志安插在新軍中擔任軍官，掌握部隊。

@ 共進會、文學社在新軍中做了大量辛苦、細緻的工作，持續派人滲透進入軍營，一個一個地發展革命同志，一個排成熟了再發展一個排，一個隊成熟了再發展一個隊，以此類推，每個軍營都設定了代表。比如每個

標都有標代表，每個營都有營代表，每個隊、排也都有代表。這套做法，被稱為「抬營主義」。

萬鴻喈：1911 年 6 月，當時湖北新軍第八鎮和第二十一混成協共約 1.5 萬人，純粹革命黨人將近 2,000 人，經過聯繫而同情革命的 4,000 多人，以革命為敵的最多不過 1,000 多人，其餘都是搖擺不定的。

張程：湖北、湖南兩省的新軍基本都被革命黨人「掏空」了，各省新軍中都也遍布革命組織。辛亥起義，各省的主力幾乎都是原本應該保衛朝廷的新軍。清朝督撫往往陷入既不敢相信新軍，又無人可用的困境。

全民拋棄朝廷

李健侯：＃清政府喪失人心 ＃1908 年，清王朝西太后和光緒帝先後死去，依照成例，各學校負責人率領學生穿禮服到紫陽湖皇廟哭靈，但大家不僅不哭，反而哄鬧甚歡。居民一般也是婚嫁如常，反動官廳也未責其違制。

＠我們學校把歷代清帝的名字編印成表，教同學們作文時必須避諱。同學王嘯虎痛恨避諱破壞了字型，不但不諱，而且時常大呼玄燁、胤禛、載湉等，以洩其忿，學校當局也無可奈何。

萬鴻喈：陳天華的《猛回頭》、《警世鐘》，鄒容的《革命軍》，同盟會出版的《民報》，湖北留日學生辦的《漢聲》等革命理論書刊，大都暗中傳遞，爭相閱讀，革命情緒十分激昂。記得黃花崗起義失敗的消息傳到學堂後，大家悲憤填膺，奔走相告。某天晚上自習時，有人一聲吆喝，喊要剪辮子。

張程：清末新式學堂中普遍瀰漫著反朝廷言論，就是反清革命的言論也不少見。1900 年在福州全閩大學堂中，學生林覺民不止一次地聲稱：「中

國非革命就不能自強。」有一天晚上，林覺民慷慨激昂地當眾敘述時局，說到沉痛之處拍案捶胸、聲淚俱下，聽眾無不動容。學監恰好聽到，憂心忡忡地道：「亡大清者，必此輩也！」

@ 清政府派遣學生監督到日本監視留學生。學監姚煜箝制學生言論，引起公憤。1903 年 3 月某日晚，留學生陳獨秀、鄒容、張繼、翁浩、王孝縝五人闖入姚煜住所，聲言要割掉他的腦袋。姚煜苦苦哀求。鄒容說：「縱饒汝頭，不饒汝髮！」於是，張繼抱腰、鄒容捧頭、陳獨秀揮剪，「咔嚓」一聲剪掉了姚煜的辮子。

@ 幾個年輕人把姚的辮子懸掛在留學生會館，在旁邊留書一條「南洋學監、留學生公敵姚某某辮」。惱羞成怒的清政府勾結日方，將陳獨秀、鄒容、張繼三人遣送回國。陳獨秀三人已經被國內外青年當做楷模，英雄般地「凱旋」了。

張程：越南華僑關唐挑水為生，挑一石水賺一分錢，卻將 3,000 元養老金悉數捐給同盟會；吉隆坡華僑李晚是個裁縫，為回國參加廣州起義，變賣了腳踏車作盤纏，最後血灑疆場；越南華僑黃景南販賣豆芽為生，吝嗇到連一文錢都不輕易花，卻一次捐助革命 3,000 元。別人不解，黃景南答：「沒有祖國，我們華僑就永遠受人欺負。」

@ 湖州南潯絲商巨賈的公子張靜江，剛過弱冠之年，其父就花了 10 萬兩銀子替他捐了一個候補道臺的官銜，又花錢加了一個二品頂戴。張靜江在 1903 年於巴黎辦起了獨資的商行，取名「通運公司」，辦公地址就在巴黎市區。這可能是中國人在歐洲創辦的第一家公司，開闢了中國人海外投資做生意的先河。

@ 革命黨人向張靜江謀求資助，張靜江每次都按時如數將款寄到。有時款項不支，張靜江為了不耽誤革命大事，賣掉公司的產業來籌措資金。稱得上「捨家為國」，為革命輸送了大筆資金。孫中山說：「自同盟會成立

之後，始有向外籌資之舉，當時出資最勇而名者，張靜江也，傾其巴黎之店所得六七萬元，盡以助餉。」

@ 上海工商業者不僅掩護革命黨人活動，還動用龐大的財力、物力親自參加革命。革命前夕，虞洽卿與朱葆三等人在公共租界組織「寧商總會」，跑到香港向港英政府註冊，持有公共租界工部局第一號總會執照（特別照會）。這張護身符到了革命黨人手中後，寧商總會成了掩護革命黨人進行革命活動的重要場所。

@ 革命黨缺錢，聽說湖北蘄州三角山庵堂裡有座金菩薩，就動了偷竊金菩薩的念頭。一天夜晚，下著大雨，鄒永成與焦達峰、孫武等人趕到庵堂偷金菩薩。金菩薩太重，他們抬不走，就想把菩薩捶碎了。捶了很久，他們才捶下一小塊，響聲卻早已驚醒了和尚和周圍的百姓。一幫人手持棍棒來抓賊，鄒永成等人只好逃跑。

@ 鄒永成伯母很有錢，他就和孫武找人配了麻醉藥酒，登門拜訪伯母，計劃把伯母灌倒實施盜竊。不想麻醉藥配得不好，伯母在鄒永成就要偷竊成功之際，突然清醒了過來。鄒永成只好放手。他又和幾個同志把讀小學的堂弟騙出學堂，藏在日本租界旅館，扮作綁匪向伯母要錢。伯母最後交出 800 元，對鄒永成終生懷怨。

張程：譚延闓，湖南茶陵人，1904 年高中進士，而且中的是會試中的第一名，極有可能被點為狀元，可惜最終被降為二甲第三十五名進士。相傳，會試高中名單拿到殿試的時候，慈禧太后眼看就要下筆圈名了，突然發現譚延闓是湖南人，而且姓譚。她立刻聯想到了極為厭惡的湖南人譚嗣同，就把譚延闓的名字挪後了。

@ 整個清代，湖南人的科舉考試都不佳。雖然出了曾國藩、左宗棠這樣的名臣，但沒有出過科舉名列前茅的士人。譚延闓是唯一一個考中會元的讀書人，被時人稱為「開天窗」，所以在湖南頗具人望。

@ 譚延闓傾向革命。華興會起義流產，黃興遭通緝，藏在立憲派朋友龍璋家中，譚延闓冒險探望，勸慰心灰意冷的黃興：「毋躁，以圖善後。」辛亥革命前夕，清朝的湖南巡撫余誠恪向譚延闓出示了一張革命黨名單，揚言立即搜捕。譚延闓騙余巡撫說：「這些人都是酒色之徒，不足懼。」這才阻止了余誠恪的大逮捕。

「國進民退」引發辛亥革命

張程：＃鐵路國有政策＃清朝成立責任內閣，第一個政策就是「鐵路國有」。政策的出發點是好的，也是針砭時弊，有感而發。鐵路是近代工商業的命脈，收益豐厚，加上中國已有的鐵路幹線為列強所控制，無論是從經濟角度還是愛國角度，中國人在 20 世紀初年就力主自辦鐵路。但是，中國鐵路是「民辦」呢，還是「國有」？

@ 中國民辦鐵路的事業進展緩慢，弊端重重。首先是缺乏資金。鐵路建設需要大量資金，而各地從來沒有籌集到足夠的資金。比如川漢鐵路興辦以來僅籌集到全路所需款數的十分之一，照此速度還須 90 ～ 100 年的時間方能完成川漢鐵路（四川在 1949 年前仍無鐵路）。

@ 其次是管理混亂。川漢鐵路公司財目混亂，貪汙浪費嚴重。1,600萬路款被層層貪汙挪用。宜昌、成都兩地的公司員工虧空數百萬。結果川漢鐵路只造成不足 50 里的路基而已。據說四川鐵路公司駐上海提調施典章在上海投機買橡皮股票虧空，挪移鐵路款 400 萬，因此首先奏請將川漢鐵路收歸國有，藉支持國有來遮掩罪責。

@ 盛宣懷強硬表示，地方鐵路公司的虧空屬於自身經營管理不善造成的損失，不能國家來填補。當然，盛宣懷也不是一點情面都不計，承諾這

些可以「入股」的形式轉化為國有鐵路公司的股票。因此，廣東路款只發還六成，其餘四成轉化為日後建成的國有鐵路的股票；四川則只退還尚存的 700 萬兩，其餘都變為股份。

雷頤：清政府對工商業的態度是這樣的：讓你發財是對你的恩賜，我覺得你嫌夠了或者我有需要了，你就得靠邊站。我想怎麼處置你的產業就怎麼處置。具體到清末的商辦鐵路問題上，清政府說，鐵路要由國家辦，商人必須交回來。你不是股份制嗎？我們買回來，但價格不是市場價格，而是官府單方面規定的極低的價格。

@ 鐵路股東們自然不服了。湖廣股東們就起來保路。湖廣股東們大多是士紳，跟老百姓的關係密切，跟朝廷關係也密切。他們一鬧，清政府就滿足了他們的要求，好，不讓你們賠本，你把路權給我，我把錢都給你，湖廣的運動就沉寂了，就消停了。

@ 廣東的股東們也鬧，他們主要是華僑和商人，跟朝廷沒有關係，跟老百姓關係也不深。老百姓覺得是商人們生意虧了。投資有風險，虧賺都是你們的事。於是，華僑和商人們發現自己孤立無援，只能怪投資環境不好。好，我認了，我撤資去其他地方。

@ 四川的情況不同。四川幾乎是全民入股川漢鐵路，人人想賺錢發財，很多農民把土地入股，還有積蓄的準備蓋房子的錢也入了，從富翁到窮人都買了川漢鐵路原始股。清政府還堅持用很低的價格贖買，富人們不願意，貧苦小百姓更不願意。那可是全部家當啊！憑你官府一句話就沒了？所以興起了保路運動。

張程：辛亥革命的導火線敢情是一場「國進民退」的經濟糾紛啊！

張程：# 保路運動 # 四川鐵路公司的股東是千百萬普通百姓。為了籌資修路，四川省在正稅之外收取專門的鐵路費用，比如農民交租時按照「值百抽三」的比例繳納築路費。這使得四川的大小紳商、城鄉百姓都和

鐵路利益息息相關。四川人的要求是「川省人民辦路用款，應照數撥還現銀」，領回血汗錢。反對收路細則。

@ 為了籌錢修路，盛宣懷籌措對外借款。進展順利。當時西方列強資金充裕，各國手裡都有閒錢，急需尋找到投資專案，願意借錢給中國的人很多。僅僅10天，清政府便與英、法、德、美四國銀行簽署了借款合約。反對鐵路國有的人們，就指責盛宣懷「賣國」，要把中國鐵路賣給列強。

@ 盛宣懷爭取到了相對優越的借款條件：借款年利息為5厘，貸款期限為40年，和之前的外債合約相比算是低利率了；之前列強借款往往附加政治條件，要中國以鐵路管理權或鐵路所有權作為抵押，這次盛宣懷說服列強同意以百貨雜類與鹽厘捐為抵押品，風險很低。

@ 借款合約還明確說明，日後鐵路所有權和管理權歸中方所有，鐵路建設過程中優先使用中國工業產品與原材料（比如合約專門說明鐵軌要從漢陽鐵廠購買），中方督辦大臣有權指揮外國工程師等等。因此，盛宣懷推動的這份借款合約，算不上是「賣國條約」。

@ 在劇烈利益衝突面前，四川各地成立保路同志會，籌建武裝，準備做強硬的對抗。官府擔心保路同志會的反政府和武裝傾向，可是又不知道如何防範。在清軍部隊中，有軍官命令佇列中的保路同志會成員出列，以便加以驅逐。結果所有士兵都站了出來，只剩下軍官光桿司令般尷尬地面對。最後，長官不得不取消命令。

@ 成都全市罷市。各街供奉光緒牌位，旁邊大字摘錄光緒皇帝之前頒布的上諭中的一句話「川路仍歸商辦」，抗議鐵路國有。有些老百姓，頭上頂著寫有光緒神位的條子走在街上，還有些人在街道中心搭起了蓆棚亭子，裡面供著光緒皇帝的神位，弄得大小官員不能騎馬、乘轎，走幾步就下馬、落轎步行。

　　@9 月 7 日，四川總督趙爾豐誘捕保路同志會和川路股東會的負責人。數萬群眾聚集總督衙門，要求放人。許多人手捧光緒神位，一排排地跪在督衙的門前；有人乘機鬧事，在成都市區放火。趙爾豐張貼告示，要求結束罷市。群眾不聽。軍警向手無寸鐵的群眾開槍，當場打死 32 人。其中年紀最大的 73 歲，最小的才 15 歲。

　　@ 這便是駭人聽聞的「成都血案」。營務處有人下令用大炮轟擊群眾。成都知府于宗潼見狀大哭，用身體擋住炮口，這才沒有釀成更大的傷亡。死難者被官府誣為「亂黨」，但家屬暗中都領到了「恤銀」，表明官府在此事上也很糾結。

　　@ 同盟會員曹篤跑到城南農事試驗場，與同盟會員朱國琛鋸木板數十塊，上寫「趙爾豐先捕蒲羅，後剿四川，各地同志速起自衛」，然後將木板塗上桐油，投入江中。這些木板漂至川南、川東各地，被人稱為「水電報」，迅速將成都血案告訴了各地同志。各地保路同志軍聞訊揭竿而起，向成都聚集。

　　@ 武昌起義爆發後，朝野在檢討革命原因時，歸咎為鐵路國有化，認為主導這一政策的盛宣懷是罪魁禍首。10 月 26 日，清廷下令盛宣懷即行革職，永不敘用。盛宣懷倉皇逃亡日本。《清史稿》給他的結論是：「宣懷侵權違法，罔上欺君，塗附政策，釀成禍亂，實為誤國首惡。」

有學有術的端方

　　張程：#端方事蹟#晚清名士、民國政客鄭孝胥說：「岑春煊不學無術，張之洞有學無術，袁世凱不學有術，端方有學有術。」端方是誰？這個陌生人為什麼能夠獲得比袁世凱、張之洞更高的評價？

@端方，滿族人，21歲考中舉人，少年得志，不拘小節，做事高調。戊戌年間，端方積極鼓吹維新變法，被光緒提拔為農工商總局督辦。沒幾天變法就被鎮壓了，端方腦子快，迅速打通環節，透過李蓮英向慈禧表示忠心，還寫了〈勸善歌〉，大讚老佛爺聖明。慈禧聖心大悅，非但沒處理這個「亂黨」，還提拔其為陝西按察使。

@宣統初年，端方做到了直隸總督，一點沒改高調的做派，還敢向攝政王載灃上書，大談用人之道。不僅談，端方還點名道姓地推薦人選，要求載灃提拔。載灃不理他，端方就跑到北京，在載灃耳邊嘮叨了三個小時。也只有載灃這樣好脾氣的人，才能忍得了端方。

@端方是晚清官僚隊伍中的另類。他始終鼓吹改革，推行政治改革。他是出洋考察憲政五大臣之一，考察　圈回來後，端方更加積極地鼓吹改革，還和袁世凱結成政治同盟，搗鼓政治改革方案，比如廢除太監制度、裁撤無關的衙門、開除不做事的官吏等等。可以想像，端方在官場的人緣有多差。

@慈禧曾問端方政治改革面臨的問題，端方直言：「尚未立憲。」慈禧太后問：「立憲有什麼好處？」端方說：「立憲後，皇位則可以世襲罔替。」慈禧太后讓他細細說來，端方滔滔不絕講了半個多小時，主要觀點是用立憲對抗革命。慈禧是贊同的。端方其實是堅定維護王朝體制的。

@慈禧出殯時，主要由端方這個直隸總督操辦。端方在沿途安排了攝影師「報導」出殯盛況，還在陵寢周圍架設了電線，遭到御史彈劾。對手們馬上群起攻擊，說端方對慈禧老佛爺不恭，大逆不道，喪盡天良。反正是把端方往死裡整。由於端方在官場的惡劣人緣，很快就被革職了。

@1911年保路運動爆發，端方被起用為督辦鐵路大臣，後來又當上了局勢最動盪的四川地區總督。據說也是政敵們的花招：把端方往火坑裡推。端方豈肯往火坑裡跳？找了各種藉口不願意去，無奈朝廷連發聖旨，

催逼他早日進軍。端方沒辦法,只好從武漢帶了兩個標的新軍,慢騰騰地往四川走。

@ 當時的四川已經民怨沸騰,商人、老百姓乃至黑社會都揭竿而起,真刀真槍地維權。他們堅壁清野,對端方的行動造成了極大困難。端方軍隊進入四川後,沒有接應,籌措不到充裕的軍需,日子過得緊巴巴的。甚至端方都只能住在豬窩、草棚裡。

@ 端方帶的兵,也不讓他省心。湖北新軍革命傾向很強,鬧不好就會起來革端方的命。一路上,端方對部下官兵小心伺候著。有士兵生病了,端方噓寒問暖;有士兵亡故了,端方親自修書哀悼;沿途官民勞軍的糧食,端方都先嘗毒;甚至有士兵行軍途中掉隊了,端方竟然下令僱轎抬著他。所以,端方得到了部分軍心。

@ 局勢越來越動亂,端方計劃回北京。但是當地官紳包圍他,請端方帶頭起義,還要推舉他當都督。端方的可悲之處,就在於他雖然開明,了解民主憲政,卻對清朝愚忠,堅持要回北京。官紳們再次請求,端方長嘆:「如果我那麼做,有何面目見慈禧太后、德宗皇帝於地下哉!我計決矣,君等毋為我慮也。」

@ 端方沒有趕緊回北京,卻在資州盤桓多日,一來是他向成都的銀行借了四萬兩白銀發本月軍餉,借銀未至;二來是有土匪相約來投誠,他想等待他們如約而來。但他越遲疑,軍心就越浮動。南北公私函電和同僚之間的信牘都被官兵們截留,到不了端方手上。端方至死都不知道辛亥革命的消息,被封鎖在消息真空中。

@ 端方本可以偷偷逃跑,卻把成都銀行借銀的事告訴了官兵。銀子遲遲不到,官兵們就不讓他走。12 月 27 日黎明,軍官董海瀾帶部分官兵衝入端方行館,遍搜行篋,想得到些金銀財寶。結果,亂軍沒得到什麼銀兩,憤怒之下要殺端方。軍官曾廣大同情端方,提議舉手表決要不要放走

端方。結果多數人贊成殺端方。

@ 亂兵把端方逼到一間屋中，亂刃交下，又割下腦袋，舉著返回武漢去了。端方之弟端錦見哥哥慘死，大罵亂軍。亂兵強迫他跪下，他不跪，也被亂刃刺死，割下了腦袋。第二天，成都銀行四萬兩銀子到達。據說端方在最後日子中，一再聲稱自己祖先姓陶，是漢人，還把名字改為「陶方」。不過這些都不能救他的命。

張口評史：和昏庸愚昧的同僚不同，端方算是滿族權貴中的佼佼者。在大變革中，他這樣的佼佼者成了舊王朝的殉葬品，那些庸庸碌碌的人卻全身而退、善始善終。這也許是歷史不公平的地方。

武昌起義了！

張程：10 月 10 日晚，工程八營二排排長陶啟勝帶著護兵，到軍棚查探情況。發現士兵金兆龍臂纏白帶，手持鋼槍，而且子彈上膛，便厲聲喝斥他。金兆龍和陶啟勝扭打了起來。革命士兵程定國（又名程正瀛）聽到金兆龍的喊聲，持槍跑過來，衝著陶排長就是一槍。陶啟勝腰部中彈，跟跟蹌蹌地跑出屋去。這是武昌起義第一槍。

@ 第一槍的榮譽起於金兆龍的提前暴露，收功於程定因的拔刀相助。可是後人多把第一槍的榮譽歸在工程八營的起義召集人熊秉坤頭上。因為二次革命後，程正瀛墮落為軍閥爪牙，被昔日的同志沉江；金兆龍則淪為軍閥偵探，北伐戰爭後憂鬱而死。二人發難之功，不復為人道及。而熊秉坤始終站在革命陣營，為人信服。

@ 工程八營代理管帶阮榮發聽到槍響，前來彈壓。看到有個人影扭著腰跑過來。抬手對著人影就是一槍，正中來人的前胸。不料，中槍倒地的

不是起義士兵，而是帶傷而逃的排長陶啟勝。陶啟勝並未當即死去，隨後被起義士兵通知家人領回家去，第二天死在家中。他是武昌起義中第一個被打倒的敵人。

@10日晚，城外塘角輜重隊革命士兵趁軍官開會，衝出營房，搶得槍械子彈，又點燃馬房裡的草堆。召集人李鵬升帶敢死隊撞開鄰近炮隊的營門，衝入排長室內縱火。城外的起義就此爆發。如果嚴格按照時間先後來計算，城外塘角的起義要早於城內工程八營起義一個小時、是真正的「首義」。

徐啟明：10月10日晚自修後熄燈就寢，約9點10點左右，忽然聽到外面有槍聲，後來偶有幾槍似乎是朝我們學校打來，10點多鐘學校突然吹臨時緊急集合號，我們知道一定發生了什麼事。集合後官長帶我們到打靶場去躲避，這時我們才知道革命黨起事了。

@南湖起義官兵迫我們立即響應，否則要開炮打我們，我們學生聽到了，不但不害怕反而覺得十分高興，立即響應。各省學生推選代表向學校要求發子彈，平常我們訓練用的槍都沒子彈，學校也沒多少子彈，怕事的官長溜走了，同學們派一代表去和革命軍聯繫，報告我們自動參加革命。

@分發了子彈，大家都在磨刺刀，從前刺刀沒開口，這次大家都用勁磨，我磨得太利了，無意中碰到手，流了很多血，同學們慰問我，我說：「不要緊。」其實傷口很大，現在還有疤痕。

@第八鎮起義士兵屠殺旗人老弱婦孺，怵目驚心。我看到一個老者從屋裡被拖出來，一個兵士一刀刺過去：還有小孩子被砍一刀，哀叫一聲死了……死屍很多，水溝裡都是血。我們過去說：「不好殺小孩子。」那些兵士說：「那是旗人。」我們說：「革命不能隨便殺人。」他們只回答：「揚州十日，嘉定三屠。」

張程：第八鎮統制張彪從劉家廟逃到城外收拾殘兵，等候增援。第八

鎮日本顧問寺西秀武建議他帶領現有兵力潛到武昌大東門，偽裝投降，騙入諮議局，消滅革命黨人的指揮中心。如果這次冒險成功了，再向皇上自請處分，到時候朝廷必能將功抵過。失敗了，不過一死而已。張彪權衡後，覺得此舉風險太大，不敢採納。

徐啟明：清軍源源馳至，尤其清廷起用袁世凱後，馮國璋率部反攻，革命軍失利，難免有人驚慌，有人說：「不要緊，湖南已獨立了。」鎮定了軍心。不久獨立的省分還有陝西、雲南、江西、貴州、浙江、廣西、安徽、廣東、福建、四川等省及上海、蘇州、鎮江等要地，我們判斷此次革命一定不會失敗，一定成功。

檔案有話說：〈民政部札內外城巡警總廳文〉：準陸軍部諮開，查鄂省近有匪徒聚眾滋事，意圖倡亂，現已派兵剿辦，京師五方雜處，誠恐無知愚民散布謠言，希冀煽惑，應即嚴加防範，以鎮人心。相應諮行查照預為防範，並希傳知在京各報館，關於此次鄂省匪徒倡亂情事，暫緩登載。宣統三年八月二十一日（1911 年 10 月 12 日）

@〈城巡警總廳申復民政部文〉：內外城各戲園演唱夜戲、電影，男女雜處，各處夜市人類不齊，或於風化有關，或恐宵小溷跡，應分別禁止，即各戲館白晝演戲亦應由該廳限定時刻，不得遲至掌燈，以重警政。……一律停演夜戲，其白晝演戲不准遲至上燈以後始行散戲。宣統三年八月二十二日（1911 年 10 月 13 日）

《京師公報》：我們報館接到命令較遲，刊登武昌消息的報紙已經排印了，怎麼辦？能不能印，印了會不會被沒收啊？@ 京師報館公會 @ 民政部

京師報館公會：廳諭關於鄂亂暫緩登載，自是維持大局之意，唯是現在京師人心惶惶，若本國報紙一律停載此事，則民間謠諑紛出，益屬可慮。報館等公同決議，此後除按照報律，所有關係軍事祕密不敢登載並由

167

同業確實調查情形，凡確係謠傳不為刊登外，所有確切消息，似應一律照登為便。所以息浮言而維大局者，亦即在此。

民政部：媒體同人說得有道理，請 @ 陸軍部的大人們回覆。

《北京報》朱淇：我面謁陸軍部壽大臣詢問理由，壽大臣說並非禁載，只是禁止謠言而已。並不是一律禁止刊登武昌前線的消息。

京師報館公會：那我們全登了！

張程：京城一片慌亂。好像大家都預料到會有險情發生，如今險情真的來了，人們馬上想到了逃命。朝中王公貴人，紛紛買金買銀，預備不測時候逃跑；一般在京官吏也紛紛尋找出路。商店、錢莊門前，行人驟然增多，搶購物資的百姓開始囤積食物和日用品，導致北京物價飛漲。10 月 25 日，北京的米價漲到每石 11 兩白銀。

革命的西洋骨牌倒了

張程：#各地響應革命# 武昌起義後，各省在上海設立兵站 30 多處，各種學生軍、敢死隊、決死隊、鐵血團、北伐先鋒隊、女子北伐軍、女子革命軍等紛紛出現。熱血青年多得消化不了，都找都督府表決心、要任務、獻計畫，《滬城都督府招待簡章》無奈規定：眾人不得連續要求面見都督。

@10 月 22 日晨，長沙新軍響應武昌起義，齊刷刷地衝向城去。守城軍警平靜地放下武器，開啟城門，湖南巡撫余誠恪見大勢已去，趕緊寫了一面白旗豎起來，上書「大漢」兩個大字。如此兵不血刃的革命，順利得連起義官兵們都不敢相信。起義怎麼能不放一槍一彈呢？於是，有人朝天空放了三槍，算是宣告長沙光復。

@11 月 8 日安徽巡撫朱家寶見勢不妙,覺得與其被別人推翻,不如自己宣布獨立,「咸與維新」。他搶先宣布安徽獨立,自己任命自己為安徽都督。革命黨人激烈反對朱家寶此舉,根本不承認他這個都督。11 日,革命黨人召集各界代表開會,再次宣布獨立,推舉王天培為都督。

@ 廣西同盟會支部長耿毅帶上兩名會黨槍手,每人身佩兩支手槍、四顆手榴彈,闖入布政使衙門,逼布政使王芝祥革命。衙門外還暗藏了 20 多名革命黨人祕密策應。耿毅三人預備著,如果王芝祥翻臉,就與他同歸於盡。耿毅把手槍和炸彈亮在王芝祥面前,一下子就把王芝祥給鎮住了。王和巡撫沈秉堃宣布廣西獨立。

李宗仁:同盟會是一個祕密的革命機關。在滿清時代,從事革命的人隨時有殺身之禍。為表示死而無悔,入會時都要填具志願書,歃血為誓。記得我們在該處入會,用鋼針在指頭上戳血作誓。我只把針向手指上一戳,血便出來了,並不覺得痛。而膽小的同學,不敢遽戳,把針在指頭上挑來挑去,挑得痛極了,仍然投有血出來。

白崇禧:在師範年餘,辛亥革命爆發。我與陸軍小學舊時同學多人,加入廣西北伐學生敢死隊。家中長輩聞之紛紛反對,我感於民族革命之大義,毅然隨隊北伐。家中派人至桂林北門城口把守,欲迫我回家。事為我所知,乃私將武器裝具託交同隊同學,我穿便衣由西門出城,繞經老人山、溜馬山往北門城外與大隊會合。

張程:10 月 29 日下午,廣東各團體集會,有人拿出上書「廣東獨立」的白旗,在會場揮舞招展。有人大呼:「廣東獨立萬歲!」應和之聲震動瓦壁。由旗幟在前引導,兩萬人尾隨其後,向兩廣總督衙門出發,要求獨立。沿街各商店見狀,以為廣東已經獨立,紛紛張旗,鳴放爆竹,表示擁護。當時廣東還沒有獨立。

@ 廣東水師提督李準、新軍第 25 鎮統制龍濟光對前途喪失信心。李

準通知張鳴岐：「我決心率領部下官兵和各炮臺反正，請總督不要貪慕虛榮，貽害地方。」炮口對準總督衙門，請張鳴岐「好自為之」。張鳴岐問龍濟光：「能打敗李準嗎？」龍濟光明確答：「不能。」張鳴岐知道大勢已去，乘船逃往香港做起了寓公。

@ 武昌起義爆發後，福建新軍將領紛紛加入同盟會。10 月 30 日新軍第十鎮第二十協統領許崇智、11 月 5 日該鎮統制孫道仁分別宣誓加入同盟會。革命黨人 11 月 8 日起義。福州將軍樸壽先寫信求降，後又想逃跑，被起義軍抓回即行正法。閩浙總督松壽見大勢已去，吞金自殺。

@ 福州女學生組織北伐女學生隊出師，當地都督勸告說「北地嚴寒，恐閨中弱質不宜從軍」，女生高舉「祈戰死」旗，表示一點冷不算什麼。這群女學生離開福建到上海後，紛紛病倒，路都走不了，經人安頓於上海某旅館小樓中養病。

@ 在華英國外交官看到，剛剛剪掉自己辮子的革命軍在大街上到處拉人剪辮子，多數老百姓戴上頭巾和帽子遮掩。於是，警察滿大街地掀行人的頭巾和帽子。英國人不無揶揄地寫道：「警察對自由的熱忱，常常促使他們去攫取那些沒有惡意的過路人的帽子，以便查明這些過路人是否在內心仍然是滿清的奴隸。」

張程：山東巡撫孫寶琦是慶親王奕劻的兒女親家，面對士紳和新軍的獨立壓力，不得不在大會上宣布山東獨立。後來，北洋軍向山東方向施壓，孫寶琦又宣布取消了獨立。類似的還有徐州地方官員，先是宣布獨立，後來張勳率領殘兵敗將從南京逃到徐州。當地官員又宣布取消了獨立。

王鐵漢：遼寧新軍革命氣焰高漲。軍官們集合討論是否獨立，舊軍統領張作霖發言：「總督勸告諸位保境安民，苦口婆心，可謂仁至義盡，大家如果不接受總督的好意，舉手贊成，我們今天這屋子裡的人，只有同歸

於盡，誰也別想逃出。」說完雙手握著兩枚炸彈。於是，新軍將領中盧代統制首先舉手，大家也附和暫不獨立。

@ 散會後，革命者指責盧代統制懦弱，盧辯解：「有命才能革命，張某那兩顆炸彈，你難道沒看見？好漢不吃眼前虧，我是救了大家，而且我的手舉到耳朵根，只算一半贊成，一半反對，你們不看清楚，糊里糊塗就隨著把手全舉起來，誰叫你們舉起來，怎能怪我呢？」革命者們互相抱怨了一陣，也就散了。

@ 遼寧諮議局也討論是否獨立。張作霖抽出手槍，往桌上一拍：「我張作霖有人就有槍，有槍就有人，只要是對地方有利的事，我張某是天不怕地不怕的，今天我們得尊重總督的意見……」議長吳景濂嚇得從椅子上溜倒地下，一言不發，議員看議長這樣頹廢，又發覺周圍便衣軍官懷中都帶有手槍，就贊成不發表獨立。

張口評史：在亂世，槍桿子就是硬道理！張作霖這樣有土匪手段，又有投機眼光的軍人，最適合亂世了。

張程：武昌起義成功後，革命陣營內部瀰漫著一股「改朝換代」後的喜悅，很多人墮落了，沉溺於勝利後的享受之中。南方富庶的大城市都在革命黨人囊中，有些革命黨人熱衷追求個人的官位與利祿，修建私宅、迎娶妻妾、貪汙受賄，甚至喝花酒、吸鴉片。晚清官僚的腐朽作風，在一些新人身上迅速擴散，而且更嚴重。

@ 藍天蔚在遼寧起義失敗，南下見到同志們的墮落情形，痛心疾首，泣告大家：「目前漢陽已被清軍攻破，清廷正在進行最後掙扎，敵眾我寡，大家齊心協力尤恐難於取得最後勝利，現在竟內訌起來，重蹈太平天國的覆轍，這怎麼能行呢？」為了警醒同志，藍天蔚舉槍自擊，擊傷了左腕。

滿朝親貴，何人能用？

張程：清朝被迫任命袁世凱為欽差大臣，主持前線軍事。奕訢孫子溥偉對載灃說：「用袁世凱是不得已，可以用忠貞智勇的人來監視他。」載灃問用誰。溥偉說：「叔叔你監國三年，群臣誰能幹誰不能幹，誰能用誰不能用，自然清楚。我不在政界，不好說。」載灃說：「都是他們的人，我何曾有爪牙心腹？」

溥偉：清朝危在旦夕，內閣會議，宗室和蒙古王公都參會了。我急匆匆就趕去了，可悲地發現大家圍坐在內閣裡，彼此說些閒話，不提及國事，就這麼閒坐了兩刻鐘頭。最後慶親王說：「事體重大，我輩不敢決。願請旨辦理。」說完就起身走了，其他王公貴戚一鬨而散。

@ 隆裕太后召集我們幾個皇族開會，我堅持主戰，自告奮勇領兵與革命黨決戰，請求太后拿出後宮的積蓄犒勞將士。太后說：「勝了固然好，要是敗了，連優待條件都沒有，豈不是要亡國嗎？」我說：「優待條件是欺人之談，不過與『迎闖王，不納糧』的話一樣。彼是欺民，此是欺君。」

@ 當日被太后召見的皇族有 14 人，只有 4 人說話，其餘 10 人都緘口不言。兩天後，五叔載灃對我說：「你說話太激烈，太后很不喜歡，說時事何止如此。恭親王、肅親王、那彥圖三個人愛說冒失話，你告知他們以後不准再如此。」

張程：1912 年 2 月 12 日上午 9 時，隆裕在養心殿準備公布宣統退位詔書。溥偉自請召見，想阻撓。隆裕放聲痛哭，並大呼德宗（光緒）和顯太后（慈禧）不已，溥偉未得進見。隆裕說：「彼親貴將國事辦得如此腐敗，猶欲阻撓共和詔旨，將置我母子於何地！」其實溥偉和那些庸碌無為的權貴相比，略勝那麼一點點。

@ 光緒死時，溥偉自以為祖父功高，覬覦帝位，誰知慈禧選定的是溥

儀。溥偉為此鬱悶成疾。某宗室顯貴私下嘲笑他：「這是患的心病啊，恐非石膏一斤、知母八兩不可。」一個說：「哪裡，只需皇帝一個、江山一座足矣。」宣統一朝，他受盡醇親王一系的疑忌，只掛一個禁煙大臣虛銜。溥偉心懷不滿，盡人皆知。

同盟會和光復會的恩怨

張程：同盟會是眾多組織的集合體，最重要的是中興會，其次就要算光復會了。1904 年，蔡元培、龔寶銓、章太炎等人在上海成立光復會，蔡元培為會長。蔡、章等人聲望很高，但短於謀略，書生氣義重，不耐人事煩擾，具體會務及聯繫工作實際上由浙江會稽人陶成章負責。光復會成員幾乎全是浙江人，主要在江、浙、上海活動。

@ 同盟會成立，蔡元培、章太炎、陶成章相繼加入同盟會，但光復會繼續保留。有光復會成員志願加入同盟會，也有像秋瑾那樣先入同盟會，後又加入光復會的。光復會與同盟會深入合作，但兩會各有各的機構和組織、各有各的籌款管道，下層會員仍歸本會控制，祕密活動仍由本會部署。

@ 在推翻滿清方面，同盟會和光復會是一致的，但在革命勝利後的政體和政策方面差異較大。同盟會主張建立共和國，實行美式民主，光復會的觀念比較陳舊。在陶成章看來，反滿革命就是改換代，他反對共和立憲，主張革命成功後或由人民選舉皇帝，或實行無政府主義。在具體人事上，雙方也難免有矛盾。

@1907 年初，在清政府壓力下，日本政府送給孫中山五千元旅費，日商鈴木久五郎贈款一萬元，勸孫離日。孫中山接受了贈款，行前留給《民

報》二千元，其餘供給軍用。時為《民報》主編的章太炎大為不滿，要將孫受贈一事公諸《民報》，黃興予以阻止。

　　@ 同年秋，孫黃在嶺南謀劃起義，派人購運槍械。章太炎聽說所買槍械陳舊，用《民報》名義拍發明電，告知香港方面的同志另行定購。孫中山認為章洩漏軍事機密，致信東京本部表示不滿。章反唇相譏，與陶成章藉起義失敗之由，鼓動召集大會，要罷免孫的總理職務，舉黃興繼任。因為黃堅持擁護孫，風潮再次消失。

　　@1908 年，陶成章去南洋籌款，要求孫中山介紹人脈關係，孫不同意。陶決計脫離同盟會。當時李燮和在南洋主持同盟會支部，聲勢浩大。陶煽動李糾合部分華僑，列舉孫中山「罪狀」，上書同盟會本部，要求罷免孫的總理職務。本部置之不理。他們就在南洋重振光復會，舉章太炎為會長。李就勢把同盟會支部改為光復會支部。

　　@ 光復會和同盟會相互擠兌。同盟會到南洋募捐，光復會就拆臺。光復會在江浙地區勢力強，同盟會的後起之秀陳其美就占據上海聯繫商團、溝通士紳，爭奪革命主導權。陶成章和陳其美關係不好，跑到孫中山面前，「勸」陳其美戒嫖戒賭。陳認為陶有意侮辱他，嘓恨很深。

　　@ 同盟會陳其美、光復會李燮和在滬杭一帶利用各自關係祕密建立革命武裝。辛亥革命中，陳李共同起事，但在具體行動方案上各有算計。11 月 3 日下午，陳其美搶先進攻製造局，遭到頑抗，他親自進去勸降，反被扣留。李燮和聞訊趕來，親率光復會敢死隊與同盟會武裝合力占領製造局，救出陳其美。上海光復。

　　@ 光復上海的功勞誰大誰小？兩會爭論不休。事後陳其美被推舉為滬軍都督，但李燮和控制製造局儲存的軍火，想用這批軍火擴充光復軍。陳其美逼李燮和撤出製造局。光復會憤懣不平，有人提議武力解決陳其美，李燮和為大局著想，撤出了製造局，拉著隊伍到吳淞，成立吳淞軍政分

府，自任都督，與陳其美分庭抗禮。

@ 臥榻之敵，必須剷除。陳其美在糧餉軍需上卡光復軍的脖子，屢次派人挖光復軍的牆腳，還派刺客暗殺李燮和，都未成功。陳其美最後與李燮和攤牌，派幫會頭子去找李，掏出手槍，勒令其取消吳淞軍政分府，退出上海。李燮和在逼迫下，經費支絀，難以為繼，只好取消軍政分府。光復軍被陳其美「派」去會攻南京。

張程：攻克南京後，不同派系的軍隊搶地盤，爭官職，矛盾日益激烈。李陳爭奪時，陶成章隱於幕後，籌款資助李燮和。光復軍被逐出上海後，陶謀求浙江地盤。光復會主要是浙江人，陶成章就策劃扳倒現任浙江都督湯壽潛。如果倒湯成功，即便自己不做浙督，也可以讓光復會的人擔此大任，免得江浙全部落入同盟會之手。

@ 陶成章、李燮和反對黃興，鼓動浙軍朱瑞與同盟會分家。臨時政府成立後，黃興任陸軍總長，派人告訴浙軍參謀何遂：「浙江方面罵黃興罵得厲害，你是否和呂公望商量商量，不要再反對黃興了。」何問呂為什麼總是反對黃興。呂答：「他不公平嘛，陸軍部歧視我們。一句話，給朱瑞一個軍長，就不再反對黃興了。」

@ 東南光復，各地都督都沒有光復會的一席之位。此時，浙軍朱瑞部是南京各軍中實力最強的，又有李燮和的光復軍相助。光復會總部在上海，仍是東南地區僅次於同盟會的力量。而東南已經成革命中心，陳其美為鞏固同盟會利益，於 1912 年 1 月 14 日派結拜兄弟蔣介石到上海法租界廣慈醫院，槍殺了住院的陶成章。

@ 國民黨史日後維護蔣介石說：「陶成章蓄意破壞同盟會，擁戴章炳麟，抹煞孫、黃歷史，並謀刺陳其美而以光復會代之為革命正統，詣公（蔣）遊說，公大駭。默忖其計果行，則滬軍無主，長江下游，必復入混亂態狀……熟權公私利害，決先除陶以定革命全域性，事後自承其罪。蓋

其用心出於至誠，絕非對人有好惡於其間。」

@ 蔣介石在日記裡並不諱言刺陶的動機：「余之除陶，乃出於為革命為本黨之大義，由余一人自任其責，毫無求功、求知之義。然而總理最後信我與重我者，亦未始非中此事而起，但余與總理始終未提及此事也。」

@ 案發後，孫中山、黃興先後致電陳其美嚴查凶手。一月底，蔣介石辭職，陳其美批示挽留：「稟悉。該團長病仍未痊癒，應准請假調養以期全治。所請委員接辦，准予辭職各節，可毋庸議，並仰第二師、團長切實挽留，以資襄助。」四月，蔣介石辭去滬軍第五團團長，東渡日本避風。陶成章遇刺案，不了了之。

@ 孫中山組織臨時政府，提名章太炎為教育總長，臨時參議院沒通過，孫中山一時沒為章太炎安排恰當的職位，直到2月初才聘他為總統府顧問的虛職，章拂袖而去，在上海另立攤子，揚言「革命軍起，革命黨消」，不久宣布與同盟會脫離關係。陶案爆發，章太炎更是與孫中山決裂，逢孫必反。

@ 國民黨史並不諱言「此為辛亥革命成敗最大關鍵，亦即公（蔣）革命重要歷史之一也」。蔣介石既冒險又擔責，為同盟會除去了最具威脅的對手，瓦解了光復會，贏得了孫中山的欣賞和信任，日後備受重用。這是他能在十餘年間超越黨內眾多元老、問鼎巔峰的重要原因。陳其美也在生前向孫中山推薦蔣介石做自己的接班人。

張口評史：東南地區是民國初期同盟會和國民黨的根據地，陳其美為占領、鞏固這塊根據地費力很多，蔣介石更是不惜親自擔任殺手剷除對手。日後蔣介石發跡，樹立了從孫中山到陳其美，再到自己的「革命譜系」，過度抬高了東南地區和陳其美的歷史作用。陶成章和光復會，就被邊緣化、妖魔化了。

敢死隊長蔣介石

張程：# 蔣介石早年 #1911 年，蔣介石在日本陸軍某團當士官候補生。當時大多數中國留學生只能入低階別軍校，畢業後下部隊當兵，合格了才能再進入高等軍校。蔣介石當時剛從振武學校畢業。這是一所專為中國留學生創辦的軍事預科學校，畢業後下部隊見習，再入正式日本陸軍士官學校。

@ 蔣介石在日本於 1908 年加入同盟會，聽到武昌起義消息後要回國戰鬥。向師團長請假遭拒，又向聯隊長商洽。聯隊長在職權範圍內，給了蔣介石最大時限的假期：48 小時。蔣介石和好同學張羣一齊請假。軍中上下都知道他們要逃回國參加起義，睜隻眼閉隻眼。個別日本好友還悄悄地為他們設宴惜別。

@ 蔣介石等人抓緊時間，先乘火車到了東京，分別向本省同盟會的東京支部領取旅費，再前往長崎，登上了開往上海的輪船。為了掩蔽身分，他們脫下軍裝，寄回聯隊，同時準備了毒藥，預備在遭到緝捕時自殺。所幸，蔣介石和張羣順利抵達上海。當時是 10 月末，蔣介石 24 歲生日前夕。

@ 陳其美策動杭州新軍起義。杭州新軍表示想起義，但每個士兵手中子彈不足 5 粒，而城內的旗營、巡防營、衛隊兵多械足，占盡優勢，他們不願冒險。如果陳其美能組織敢死隊配合新軍起義，勝算就比較大。於是，陳其美開始招募敢死隊員。就在這時，蔣介石抵滬，立刻被陳其美派回老家浙江當敢死隊。

@ 杭州起義親歷者應夢卿說：我奉命去奉化，以滬杭鐵路招工人為名，在漁民中招募了 120 名敢死隊員，乘船先送到上海，當日乘火車轉送到杭州，將漁民分別安置在城站附近的高升客棧、大方旅館、平安旅館和

下城的奉化會館,由蔣介石、張伯岐、王季高三人點驗接收。王季高就是曾參與秋瑾起義的綠林好漢王金發。

@ 杭州起義,計劃以敢死隊為先鋒。敢死隊編了五個隊,蔣介石為指揮官。蔣介石「敢死」後,寫信給奉化老家的母親王氏、長兄蔣介卿訣別,說發誓為革命犧牲,勸母親勿念,並布置了死後家事。蔣母派王良嶽到杭州勸慰:「死生一視與義,毋以家事為念。」

@11 月 4 日,浙江巡撫增韞強裝鎮定,輕裝簡從,在杭州鬧市招搖過市,表示局勢還在官府控制之中,自己臨危不亂,胸有成竹。杭州人看巡撫如此反常舉動,人心更加不安了。增韞召開官紳會議,多數人建議不如宣布獨立,爭取主動。可惜的是,還沒等增韞把獨立告示草擬好,外面的槍聲先響了。

@ 「迨午夜一時,陸軍等八十二標中吳思豫、顧乃斌協助,周承菼率陸軍,口口口率敢死隊進城,直撲撫署駐軍,同時陳占芬所持炸彈,擲中撫臺上房,頓時著火延燒,敢死隊衝入撫署,大門衛隊略事抵抗,旋即降服,巡撫增韞及眷屬皆被擒。」(褚輔成《浙江辛亥革命紀實》)文中「口口口」當為「蔣中正」三字。

@ 敢死隊一舉攻占巡撫衙門,可就是找不到增韞。原來,增韞聽到炸彈響,逃到馬槽裡藏了起來。敢死隊員把他揪了出來。增韞為官並無大惡,還曾違背聖旨(沒有剷平秋瑾墳墓,而是暗中通知家屬遷走),被禮送出境。凌晨,起義軍控制了杭州大部分地區。感覺敏銳的商家開始插出白旗,大書「歡迎」二字擁護革命。

@ 浙江光復後,各方面推立憲黨人湯壽潛為都督。流血流汗的蔣介石、王金發等人被邊緣化。蔣介石跑到上海向陳其美抱怨。陳其美為了緩和內部矛盾,委任蔣介石為滬軍副師長兼團長,留他在上海籌備北伐,不必返杭。所謂的團長是空架子,兵要自己招、自己練,蔣不發牢騷了,埋

頭招兵，當他實實在在的團長。

@當時，陳其美、黃郛、蔣介石換帖為弟兄，陳居長，黃次之，蔣第三。黃郛也是浙江人，也讀過振武學校，畢業後在清政府軍諮府第四廳供職。武昌起義後，軍諮府挑選合適的人到南方調查革命黨的活動，竟選上了黃郛，他趁機來到上海，參與滬軍都督府的組織。後來，黃郛、蔣介石、張羣又結拜為兄弟，張最小。

@張羣是四川人，青年時代認識蔣介石後就一直緊跟在「領袖」身後，不離不棄。很多人批判他沒本事，只會圍著蔣介石轉，張羣聽到後，爽快地承認自己是蔣介石的「廚師」：「我們做幕僚的，好比是主人的廚師，不能講自己會做什麼菜，而是要看主人願意吃什麼菜。」張羣歷任國民政府要職，活了 102 歲，1990 年去世。

「我帶回來的只是革命的精神」

郭漢章：＃孫中山歸國＃武昌起義成功後，孫中山先生回國的第一站是上海十六鋪碼頭。一上岸，新聞記者就團團圍住他，差不多每個人的第一句話都是問：「您這次帶多少錢來？」中山先生答覆說：「我這次回來，實在是分文未帶，所帶回來的只是革命的精神。」當時，我就在先生身邊警衛。

唐德剛：「中山的好口才雖能使聽眾大鼓其掌，然亦顯示出，在這次聯合推牆的眾人之中，他除聲望之外，並無特殊政治實力也。」（唐德剛著：《袁氏當國》）

白崇禧：無獨有偶，我當年求見孫先生，代表廣西軍隊請求加入革命行列。孫公立即委黃紹竑為廣西討賊軍第一軍總指揮，我為參謀長。辭別

時,孫公以誠摯之態度對我說:「我無槍、無糧、無餉,只有三民主義。」我說:「廣西統一不需要孫公之物質支援,所需者僅是革命之主義信仰而已。」

郭漢章:孫中山先生擔任總統期間,沒事的時候經常在庭院中踱步,有時駐足仰望天空,心事重重的樣子。我聽到祕書長胡漢民對陸軍總長黃興說:「先生最關心的,是黨的內部團結問題。」中山先生大部分時間都花費在如何做好內部團結問題上。

@ 總統府有四位參軍,卻沒有參軍長。資歷最老的兩位參軍孔韋虎和黃大偉是中將,其餘兩位是少將。孔、黃二人勢同水火,甚至連話都不講,誰當參軍長對方都反對。孫中山先生沒有辦法,乾脆不設參軍長。

@ 說來奇怪,孔韋虎和黃大偉都是清廷第一批送到比利時學習軍事的高材生,同住一間宿舍,朝夕相處達 8 年之久,又是在歐洲參加同盟會的第一批成員,一同參加革命,而且兩人相貌相似、高矮相同,長得像親兄弟一樣,居然恨得連一句話也不講,真是令人莫名其妙。

@ 不久,孔韋虎被派到四川擔任蜀軍參謀長,向中山先生辭行的時候說,黃大偉不可重用,腦後有反骨。孫中山先生只是搖頭嘆氣。日後,黃大偉投靠粵系軍閥當軍長,果然叛變孫先生,抗日戰爭時期又做了漢奸。孔韋虎後來擔任黃埔軍校校長辦公廳主任,後因「左傾」被通緝,遂歸隱不出。

@ 孫中山先生辭去總統職務後,把我介紹給黃興。我向先生表示願意始終跟隨。先生說:「我從 4 月 1 日起又是老百姓了,還要什麼侍從隊長呢?你是國家軍官,應該服從政府調配,跟克強先生工作,還不是一樣為國家服務嗎?」

「民國產婆」趙鳳昌

　　張程：＃南北議和＃北方議和總代表唐紹儀常說：「趕緊打電話給趙老頭子。」旁人覺得奇怪，問唐：「你有要事不找伍廷芳，為什麼先打電話給他？」唐紹儀說：「伍名義上是南方議和總代表，實際上做不出什麼決定，真正能代表南方意見、能當事決斷的倒是這個趙老頭子。」趙老頭子就是江蘇武進人趙鳳昌。

　　＠趙鳳昌家境清貧，幼年失學，當錢莊學徒，挪用了錢莊的銀子被開除。他常到一位朱姓人家送錢。姓朱的看他很聰明，不是當夥計的料，建議他去讀書，求上進。趙說讀不起書。朱說：「你既不願讀書，我索性多送你幾個錢，你去捐一個小官，將來一定可以出頭。」姓朱的為他捐了一個縣丞。當時趙鳳昌年僅二十。

　　＠趙鳳昌聰明好學、善謀機敏，記憶力極好，是當幕僚的人才。兩廣總督張之洞對他十分賞識，請他做文案，參與一切機密，特別親信。張之洞生活懶散，作息無常，書籍、公文隨手丟放，有時正在批閱公文就睡著了，醒了又忽然想看書，有時正在看書，忽然又想檢視陳年檔案。只有趙鳳昌記憶力好，能做到隨要隨到。

　　＠張之洞對每日公文與往來函電，隨手拋棄，不易找尋，趙鳳昌為他逐日編目歸檔，整理得井然有序，一索即得。張之洞很信任他，居然讓他代擬公牘，趙鳳昌就模仿張的手跡，幾可亂真。

　　＠一次，有人奏參張之洞一摺，其中牽涉趙鳳昌。朝廷交兩江總督劉坤一查辦。為了維護張之洞，劉把責任全部推到趙鳳昌身上。趙鳳昌被革職，「永不敘用」。張之洞很過意不去，就替趙鳳昌安了一個武昌電報局掛名差使，作為生活之資，而派他駐在上海，當自己的「遠端幕僚」，辦理通訊和其他機密事務。

@ 八國聯軍侵華，北京淪陷。為了保住東南，趙鳳昌「假傳聖旨」，電請張之洞領銜與洋人簽訂東南互保條約。張之洞不信趙傳過來的聖旨。趙馬上去找盛宣懷，讓他把同一電文發給更多督撫，表示確有其事。盛不敢，說「聖旨豈敢捏造」，不要命了？趙就說：「捏旨亡國則不可，捏旨救國則何礙？」盛宣懷這才同意。

@ 趙鳳昌和盛宣懷也擔心「假傳聖旨」的罪名，深思熟慮後發出了如下電文是：「洋電，兩宮西幸，有旨飭各督撫力保疆土。」趙鳳昌說：「稱『洋電』，即西人之電，吾輩得聞，即為傳達而已。」好在東南各省的總督和巡撫有意和洋人和平相處，也沒深究。最終《東南互保條件》簽訂。事後，慈禧大大嘉獎盛宣懷。

張口評史：可憐的趙鳳昌，嘉獎沒他的份。誰讓他是革職永不敘用的「廢員」呢？

張程：革命爆發，趙鳳昌草擬了「組織全國會議團通告」，提議在上海設立臨時會議機關，請各省派代表參加，「有兩省以上代表到滬，即先行開議，續到者隨到隨議」。通告在 1911 年 11 月 11 日由蘇督程德全、浙督湯壽潛、滬督陳其美通電各省。省代表會議就是臨時政府成立前的立法機構，制定法案，組織政府，選舉總統。

@ 趙鳳昌的小舅子洪述祖（後來宋教仁案的重要黑手）是袁世凱親信趙秉鈞的幕僚。洪常向趙密報北京政情。袁世凱打算派唐紹儀南下議和，先透過洪述祖與趙鳳昌的關係，了解南方對唐紹儀出任議和全權代表的態度。洪向趙發電：「以少川（唐紹儀）來，南中人願否？乞密示。」得到肯定答覆後，唐紹儀才南下。

@ 袁世凱祕密叮囑唐紹儀：「你到上海後，必須想法先與張謇見面，你得告訴他，我必尊重他的意見行事。」唐紹儀一到上海，首先訪問趙鳳昌，請趙密約張謇在趙家「惜陰堂」見面。原來唐紹儀甲午戰爭後有一段

時間在上海作寓公，曾與趙鳳昌相識，二人極為投契。而趙鳳昌又與張謇私交甚密。

@黃興兵敗漢陽，回到上海，也在趙家與唐紹儀、張謇、程德全等人會面。黃興此時已被推舉為大元帥，有關議和的重要議題，都由他和唐紹儀協商。伍廷芳擔任南方議和全權代表後，也常到趙宅與唐紹儀晤面。公開會議之前，議事大綱及協定條款都在「惜陰堂」草擬好。趙鳳昌是參與機密者。

張口評史：趙鳳昌太厲害了，和哪個派系的人都能牽上線，簡直就是「議和協調員」。

張程：孫中山12月25日回國，第二天下午就到「惜陰堂」見趙鳳昌，徵詢他對當前時局的看法。趙鳳昌說：「北京情狀，本已朝不保夕，自袁入都後，人心漸定，而於外交上、軍政上，袁尤占有優勝之勢力。蓋各國公使不信清之政府，而信袁之個人，已與皇帝無異矣。」希望承認袁世凱的既得利益，和議早日達成。

@趙鳳昌認為「南方各省，雖皆宣告獨立，然察其內容，事權不一，意見不齊，有未能趨於統一之勢。各處革軍，又多新募之卒、未練之兵，恐難言戰。南方各省軍政府內部，已有爭權奪利之事，彼此內訌，不久必潰，而團結一致，實非易事」。他多年身居幕後觀察時局，對形勢的判斷是準確的。

@議和最後關頭，雙方僵持在第一任總理人選上。「惜陰堂」討論時，趙鳳昌插話：「國務總理必須是孫、袁兩位新舊總統共同信任的人物。我以為只有唐先生最為適當，只要孫、黃兩先生不反對，我很想勸唐先生加入同盟會為會員，這就是雙方兼顧的辦法。」他的方案為南北接受，於是唐紹儀加入同盟會，出任總理。

伶人也愛國

張程：＃戲劇界參加革命 #1911 年攻打上海製造局的起義者中，有一個人，頭包黑布，身穿黑緞袴衣，耳邊掛兩條白綵綢，外罩黑斗篷，腰佩指揮刀，騎著一匹白馬，前後呼應！這活脫脫就是舞臺上的英雄嘛！他是在唱戲嗎？他就是名冠上海的京劇重量級人物潘月樵！他在京津演戲時被譽為「京都第一等名角」，後受聘來上海，每年包銀 1,600 兩。

＠潘月樵是武生，為人正直。一次，黑社會來劇院收保護費，老闆都答應給了，潘月樵不答應，操起一把唱戲用的鋼刀，堵在門口和黑社會對罵，最後，人家黑社會愣是不敢往前衝，保護費不了了之。當時沒有消防隊，救火全靠民間救火隊。不少救火隊暗地做趁火打劫的勾當。潘月樵就發起成立伶界救火會，義務救火。

＠潘月樵和夏月珊、夏月潤兄弟倆，積極公益，發起組織了上海伶界商團，買了槍械真刀真槍地操練（當時上海 NGO 興盛）。他們還發起戲劇改革運動，創立了上海新舞臺，把中國傳統的三面敞開的臺子改為三面封閉、前面敞開的現代臺子。新舞臺發展很好，有錢了，就買了三部救火車，熱心公益。

＠上海爆發革命，潘月樵立即號召新舞臺全體演員、伶界救火聯合會眾會員參加戰鬥，被公推為攻打總隊長。在攻打製造局的關鍵戰鬥中，伶界商團、救火會是主力之一。新舞臺的三部救火車也開來了，預備防止戰火蔓延。

＠清軍負隅頑抗，火力很猛。起義軍屢屢失利。夏月潤、夏月珊兩兄弟沿製造局牆根繞到邊門，看到門旁有木匠間，裡面堆滿刨花碎木，於是從附近的煙紙店買來兩箱火油，點燃了木匠間。烈焰騰騰，燒得清軍喪失鬥志，商團趁機得勝！戰鬥中潘月樵左腿中槍，第二天為慶祝上海光復，

帶傷堅持上臺演出。

@ 上海光復後，潘月樵被授予少將軍銜，擔任都督府調查部長。他這個調查部長沒有薪資，還淨往外貼錢。革命勝利，資金極缺，潘月樵也不向都督府催款，自掏腰包辦公，毫無怨言。不僅如此，他還向起義軍捐款1,000元。其實，當時他自己家正處在貧困邊緣，一大家子幾十口人面臨斷炊的窘境。

張程：辛亥年間，曲藝界的另一傳奇人物是劉藝舟。劉藝舟曾留學日本，就讀赫赫有名的早稻田大學，參加同盟會，卻沒有當官從政，而是唱起了戲。他回國排演新劇，作品有《黑奴籲天錄》等（抹黑了扮演黑奴）。武昌槍聲打響，劉藝舟帶領劇團正在遼寧一帶演出，他向全體演職員說道：「黃龍飲馬，光復神州，此其時矣！」

@ 劉藝舟率團搭乘一艘去煙臺的日本輪船，南下參加起義。輪船駛近登州（即蓬萊）時，得知山東官府已是驚弓之鳥，竟然萌生了帶著劇團幾十號人，進攻山東州縣的念頭！日本船主嚇壞了，堅決不在登州拋錨。劉藝舟招呼大家拿出準備好的刀槍，強逼著日本人把輪船靠了岸。幾十號人穿著戲服，拿著刀槍，殺向登州！

@ 當時是黎明，登州守軍原本就人心惶惶，如今看到海上有輪船駛來，又聽喊殺聲響起，以為革命軍前來攻城，四散而逃。當地官吏和士紳大開城門，歡迎劉藝舟「光復」登州，並推他為都督。劉藝舟照著戲文，點收錢糧，張榜安民，不久又用類似的方法「攻克」了黃縣，當上了登黃都督。

@ 劉藝舟說：「我以前愛聽梆子戲《打登州》，還能學幾句秦瓊的唱句，想不到那次無意中唱了一齣真的『打登州』。」他占領的登、黃地區，是革命黨人在北方沿海的唯一地盤。臨時政府成立後，孫中山還真任命劉藝舟為山東登黃都督。後來，劉藝舟主動讓位給了藍天蔚。登州百姓念劉

藝舟的好,送他一套大將軍服。

@ 袁世凱復辟帝制,劉藝舟憤然離開登州,準備去廣州投奔孫中山。途經上海,潘月樵與夏氏兄弟邀請劉藝舟同臺演戲。劉藝舟的戲癮就犯上了,重登舞臺。一時「都督演戲」的號外,傳遍上海灘。

@ 袁世凱集權時,劉藝舟被逮捕入獄,關押了 130 天。袁世凱死後才獲釋。出獄後,他編寫了京劇《皇帝夢》諷刺袁世凱,穿上登州老鄉送的大將軍服扮演袁世凱。在漢口演出時,北洋軍閥王占元看不下去,派兵緝捕劉藝舟,劉藝舟在舞臺上得到消息,穿著將軍服就坐船跑路了。

@ 劉藝舟始終用戲曲來反對專制政府、伸張正義。他曾自編自演京劇《石達開》,諷刺民國初年革命黨人爭權奪利。為此多次觸怒當局,屢屢受到打擊,流亡各地。劉藝舟在自傳中寫道:「我留過學,當過教員,做過都督,唱過戲,討過飯,坐過監。就是這些經歷,使我的眼睛越來越亮。我決心做一個鬥士!」

黑馬總統孫中山

張知本:# 孫中山當選總統 # 北方代表劉承恩、蔡廷幹希望能得到一個憑證,證明日後要讓袁世凱擔任臨時大總統。南方代表說:「民主國家,元首必經議會選舉,豈可私相授受?」都督府祕書覃振打圓場:「以大都督名義,委任袁宮保為大總統如何?」劉蔡同意,欣然持「大總統委任狀」而去,上面蓋著黎元洪的大都督印。總統竟由都督任命?

張程:1911 年 12 月 25 日,孫中山在經歷了 17 年海外流亡生活之後,來到上海,受到數以萬計的軍民熱烈歡迎!這一天是聖誕節,之前,獨立各省代表為領袖人選爭鬥不休,有人主張黎元洪統領各省,有人支持

黃興，還有人傾心袁世凱，「虛席以待」袁世凱反正。孫中山頂著「精神領袖」的光芒回來，紛爭立刻煙消雲散。

@ 早在武昌起義期間，南方就有意推舉袁世凱為大總統。之後，袁的代表唐紹儀和南方代表伍廷芳在上海和談，已經達成了初步意向：袁世凱要求用推翻清朝來換取總統地位。南方幾乎所有的舊官僚和多數革命黨人是默許袁世凱這個「要價」的。孫中山一回來，立刻就擋在了袁世凱和總統寶座中間。

@ 各省代表選總統，孫中山十六票，黃興一票。投票的 17 省是：直（河北）、魯、豫、晉、陝、蘇、皖、浙、閩、贛、湘、鄂、川、滇、粵、桂、奉（遼寧）。直隸沒有獨立，因系國都所在，特設代表，享有投票權。黃興的一票傳系湖南或江浙代表所投。湖南為黃之母省；江浙代表多系光復會舊人，與中山有隙而親黃。

@ 孫中山很快組織了中國歷史上第一屆共和政府。臨時政府由 9 個內閣總長組成。同盟會會員只占少數，多數是立憲黨人、舊官僚和前清起義軍官。但同盟會員占據了臨時政府的 9 個次長位置中的 8 個，加上立憲派和舊官僚部長並未實際到任，次長主持工作，人稱「次長內閣」。同盟會掌握住了臨時政府的實權。

@ 張謇當時既是南京臨時政府的工商總長，又是北京袁世凱責任內閣的農工商大臣，真正是腳踩兩條船。兩個職務，張謇都沒去「就職」，採取觀望態度。

@ 廣東方面曾提議孫眉為廣東都督，孫中山聞訊電告廣東各團體及各報社，說：「家兄質直過人，而素不嫻政治。粵督任重，才淺肆應，絕非所宜；安置民軍，辦理實業，家兄當能為之。」他還致電孫眉勸說：「為大局計，兄宜專就所長，專任一事，不必就此大任。」因為孫中山的反對，孫眉最終沒能當上廣東都督。

@ 孫眉傾其所有，支持弟弟孫中山，卻沒有分享勝利果實。後來孫中山回翠亨村，孫眉當面責問弟弟為什麼阻攔自己當官。孫中山解釋：「在家事上你是我兄長，應聽你的；在國事上我是總統，應聽我的。」孫眉畢竟是老實人，發發牢騷，沒有進一步的動作。孫眉後來生意破產，在香港以種地為生，1915 年初死在了澳門。

@ 孫武、張振武、劉成禺等人是武昌起義元勛，出生入死打了硬仗，但在臨時政府成立後沒有得到「安排」，氣憤之餘開始大肆攻擊孫黃。劉成禺公開辱罵孫中山為「海賊」。他倆和張振武、時功玖等糾集一些舊官僚和立憲黨人組織「民社」，推黎元洪為首領，企圖與孫中山的臨時政府分裂。

@ 孫武在臨時政府組織前，四處拉關係，上下活動，希望能擔任陸軍部次長。黃興擔任陸軍部長。孫中山長期在海外，對國內人事不熟悉，向他徵詢次長人選。黃興推薦了同盟會員、反正的清軍軍官蔣作賓。孫武失落之餘，恨上了臨時政府和黃興，開始與同盟會為敵。

@ 為克服財政困難，臨時政府批准官辦的江西漢冶萍公司改為「中日合辦」漢冶萍公司，以此向日本借款五百萬日元應急。消息傳來，輿論譁然。張謇致書孫中山、黃興，抨擊：「何至以此區區數百萬之款，貽他日無窮之患，為萬國所歡笑！」孫中山誠懇接受批評。中途取消借款。

袁世凱上位

張程：# 袁世凱就任大總統 # 經歷了辛亥革命過程的歷史學家李劍農說：「當臨時政府組織時，一般人的心理，已注定南北議和的成功，已注定清朝皇帝的命運全操在袁世凱手裡，已準備俟清皇位推翻後把臨時大總

統的位置作袁世凱的酬勞品,已準備在袁世凱作總統的時候,便得到共和立憲的政治。」「顧全大局」成了 1912 年的流行語。

@ 孫中山對袁世凱抱有樂觀的幻想,「賊(袁世凱)本漢族,人情必思宗國,而總統復非萬世之比,俯與遷就,冀其自新」。他和多數人一樣認為袁世凱傾向革命,可以加速民國統一。孫中山說:「謂袁世凱不可信,誠然,但我因而利用之,使推翻二百六十餘年貴族專制之滿洲,則賢於用兵十萬……。」

@ 內外交困之下,孫中山決定讓位袁世凱。他解釋:「局外人不察,多怪弟退讓。然弟不退讓,則求今日假共和,猶未可得也。蓋當時黨人,已大有爭權奪利之思想,其勢將不可壓。弟恐生出自相殘殺戰爭,是以退讓,以期風化當時,而聽國民之自然進化也。倘若袁氏不包藏禍心,恢復專制,弟之退讓,實為不錯。」

@ 部分革命黨人對袁世凱不放心,孫中山安慰他們說:「總統不過國民公僕,當守憲法,從輿論。文前茲所誓忠於國民者,項城也不能改。」當然,孫中山也有實際行動,派蔡元培、宋教仁、汪精衛等人作為「迎駕」專使,催逼袁世凱離開經營多年的北方,到南京接任總統。

@ 專使到達北京,全城遍懸五色旗。主要路口均搭起了綵牌樓,大開中華門,請專使由中門而入。中華門就是「大清門」,中門平時關閉,只有皇帝出入時才開啟。袁世凱「開中門迎客」,可謂給專使極高的禮遇。在歡迎宴會上,袁世凱表示:「一俟北京局勢穩定,立即南下就職。」可是北京馬上就發生了「兵變」。

@ 商民遭搶劫者四千餘家,京奉、京漢鐵路局,大清、交通、直隸三銀行以及製幣廠亦遭劫掠,損失白銀九百多萬兩。專使住所被洗劫一空,蔡元培等人避入東交民巷,僅以身免。列強根據《辛丑條約》,紛紛調集軍隊進京保護「安全」。商界籲請袁世凱「萬勿南下」,北洋將領通電主張

「大總統在北京就職」。

徐世昌：蔡元培等來京請袁世凱到南京就職，北方軍人憤憤不平。袁克定和左右親暱者，密謀由曹錕的第三鎮駐京各營（此時駐京者除禁衛軍保護宮禁外，唯第三鎮有力者）闖入東華門，強挾袁世凱入宮正大位。二十九日夜發動後，馮國璋統帥的禁衛軍出面阻止，亂軍們不得逞，就搶劫東華門一帶。袁世凱對此事前毫無所聞。

張國淦：為什麼第三鎮發動北京兵變呢？因為這一部分軍隊才從前線打仗回來，自以為是有大功的。軍隊上前線的時候都是每月發雙餉，但回來以後，雙餉被陸軍部給裁了，他們不平，所以容易鼓動。

張程：臨時政府緊急商討。許多人主張讓黃興統帥大軍北上，名義上是迎接袁世凱南下，實際上是掃蕩北洋軍閥及封建勢力。宋教仁認為這樣就挑動全面內戰，不同意。馬君武立即指責宋教仁在為袁世凱做說客，出賣革命。說到激動處，馬君武揮拳打傷了宋教仁的左眼。場面一時失控，孫中山責令馬君武向宋教仁賠禮道歉。

＠袁世凱最終竊取臨時大總統。同盟會同志鄒永成深感民主共和將成泡影。他是一個激昂的革命者，永不妥協。1913 年 4 月的一天，鄒永成寫下絕筆詩：「轟轟革命十餘年，驅逐胡虜著祖鞭。不料猿猴筋斗出，共和成夢我歸天。」他跳入黃浦江自殺，後被漁民救起。

張知本：孫先生就任總統，向參議院提出政府組織法，具有五權並立的形式，兼採中外之長，容納中國傳統的精神，參議院竟予退回，自行提出以西方內閣制為藍本的《臨時約法》。孫先生後來說這件事是他辭職的主要原因之一。當時他不是怕力量打不過袁世凱，而是痛心同志不了解他的主義。

誰殺死了宋教仁？

張國淦：# 宋教仁遇刺 # 宋教仁辭去農林總長後，常在夜間與總理趙秉鈞密談，到天亮才結束。根據魏宸組說：「宋以政客手腕，推崇趙無所不至，許以國會成立後舉其為總理，甚而選為總統，趙以許宋為大黨領袖，組織政黨內閣。」其實，雙方是互探底細、相互利用而已。「宋之更事究不如趙，將黨內祕密盡情傾吐。」

@ 我擔任祕書長期間，每次和袁世凱談起宋教仁，袁世凱都對他讚賞有加。一次，袁世凱看到了宋教仁在湖北黃州競選演講時的激烈言詞，說：「其口鋒何必如此尖刻？」這是我看到他唯一一次露出不滿之意。

@ 國務院正開國務會議，宋教仁遇刺消息傳來。總理趙秉鈞人驚變色，當即離座，環繞會議長桌走動，自言自語：「別人如果說我打死了宋教仁，豈不是我賣友，哪能算人？」各部總長們你看我我看你，都不知道怎麼回事。

@ 第二天趙秉鈞就遞交辭呈，住進法國醫院「養病」，幾天後回到住宅，約我去。見面時，趙秉鈞神色張皇，對我連連作揖：「有一事要君幫忙。」問何事，趙說：「此時只求免職，才可免死。」我說：「你是總理，誰會害你？」我問宋案究竟如何，趙答：「此事此時不能談，但我不免職非死不可。」

@ 宋案出後，北京國民黨開會，要求趙秉鈞到會說明。趙派京師警察總監王治馨代表前往。黨員群起質問，王答詞中有「殺宋絕非總理，總理不能負責，此責自有人負」云云，結果被報紙刊登。第二次，袁世凱把報紙給我看，說：「如此措詞，太不檢點！王治馨可惡。」當時袁世凱辭色嚴屬，是我前所未見。

@ 王治馨，為人豪爽，說了這話後不久就因為「貪汙五百元」被袁世

凱槍斃。人們懷疑他的死與大嘴巴亂說話有關。

@ 具體聯繫刺宋的內務部祕書洪述祖南下前，去見袁世凱，說：「國事艱難，不過是二三反對人所致，如能設法剪除，豈不甚好？」袁說：「一面搗亂尚不了，況兩面搗亂乎？」宋案發生，洪歸來又見袁世凱。袁問究竟怎麼回事，洪說：「這還是我們的人替總統出力。」袁世凱臉色突變，洪趕緊請假跑到天津「養病」。

張程：上海是國民黨的根據地，國民黨勢力強大。宋教仁在上海遇刺，讓上海國民黨人極為震驚，陳其美等人發動一切力量查案，很快在租界將凶手應桂馨、武士英抓獲。兩人供出洪述祖在幕後指揮，與趙秉鈞有聯繫。於是，一時間矛頭指向總理趙秉鈞和總統袁世凱。

@ 很快，武士英在獄中「暴斃」。趙秉鈞辭去總理職務，調任直隸督軍，在官署內「中毒身亡」。二次革命後，應桂馨逃出監獄，沾沾自喜地前往北京向袁世凱邀功請賞，被人砍死在火車車廂裡。

@ 洪述祖敏感察覺到袁世凱的殺機，迅即躲進青島德租界內。1917年春，他覺得風聲已過，化名來到上海，因債務糾紛被一德國商人向租界會審公廨提出控告。

4 月 30 日，當洪述祖從法庭出來時，被年僅 15 歲的宋振呂（宋教仁兒子）和劉白（宋的祕書）死死扭住，扭到上海地方法院，後被解到北京地方法院。

@ 北京大理寺（最高法院）對洪述祖公開審理，在 1919 年（袁世凱死後三年）判洪述祖死刑，執行絞刑。由於洪述祖身材肥胖，脖頸支持不住身體重量，扯斷頭頸，屍身落地，鮮血直噴。這是民國第一次使用絞刑。

孫中山與袁世凱的「政治蜜月」

張程：＃北京會談＃袁世凱多次邀請孫中山到北京會談，派出專使、海軍巡洋艦護航，還開始在京津籌備隆重的歡迎儀式。盛情難卻，孫中山、黃興決定一起北上。還沒登輪，辛亥元勛張振武被殺的消息傳來，同盟會員紛紛勸阻孫、黃不要北上。《民權報》刊載漫畫：〈行不得也，哥哥！〉畫上北京城頭正張開巨網，準備捕撈北上的輪船。

＠孫中山堅持北上。為防不測，黃興暫時留在上海，視孫中山北京之行的情況再決定行止。孫中山登船啟程。突然，有位女同盟會員衝到孫中山面前，拔出手槍，表示如果孫北上就立刻自殺。眾人連忙拉住她，孫中山也好言開導：「無論如何不失信於袁總統，且他人皆謂袁不可靠，我則以為可靠，必欲一試吾目光。」

＠總統府祕書長梁士詒代表袁世凱到車站迎接，內閣各部，總長、社會名流和外國駐華人士到站歡迎。袁世凱給予了孫中山帝王般的接待規格，讓出自己的住所給孫中山居住。孫中山登上一輛金漆朱輪、白馬雙駿、富麗堂皇的馬車，在沿途軍警的嚴密護衛下，沿著前清皇帝出入的御道，進正陽門，前往下榻的處所。

＠身為卸任總統，孫中山應該享受什麼樣的接待規格呢？袁世凱是按照國家元首規格來接待的。孫中山在北京有馬隊侍從，出入沿途都屏絕行人、斷絕交通，警衛森嚴。孫中山「享受」一次後即表示不安，希望撤去隨從馬隊和沿途軍警，不要影響百姓的自由出行。袁世凱「恭敬不如從命」，撤去警衛。

＠北京接待官員都是過渡來的前清舊宮僚，認為總統相當於皇帝，孫中山來京應該用皇帝出巡的接待規格。規格這麼高，費用自然少不了，承辦官員的油水也不會少。於是，眾官爭相要求承擔接待任務。沒想到，孫

中山的生活儉樸。他和隨從在北京活動月餘，花費不足一萬，讓相關官員大失所望。

@ 一個月內，孫中山和袁世凱面談 13 次。「每次談話時間自下午四時至晚十時或十二時，更有談至次晨二時者。每次會晤，只先生與袁世凱、梁士詒三人，屏退侍從。所談皆國家大事，中外情形，包括鐵路、實業、外交、軍事各問題。」在一些事情上難免有分歧，但兩人的共同觀點越來越多，賓主融洽，盡歡而散。

@ 孫中山豪放地對袁世凱表示：「此十年內君當為大總統，專練精兵 500 萬，始能在地球上與各強國言國際之平等。至我當於十年內築路 20 萬里，此路造成，年可獲 8 萬萬，以之練兵及作中央地方行政經費，不患無錢。」袁世凱沒有和孫中山爭辯計畫的可行性，而是當場拍板讓孫中山監修全國鐵路，允諾提供一切支持。

@ 孫中山對袁世凱贊同自己「耕者有其田」的主張表示不解。會談結束後，他問總統府祕書長梁士詒說：「中國以農立國，要解決農民問題，就一定要實行耕者有其田。當我說到這一政見時，心想項城（袁世凱）是一定要反對的。哪裡料到他不僅不反對，而且肯定地說，當然應該這樣。我不明白他為什麼不反對？」

張口評史：袁世凱明顯是在敷衍孫中山。

張國淦：孫中山來京與袁世凱會談，一天夜裡孫中山請袁世凱練成陸軍一百萬，他經營鐵路二十萬里。袁世凱微笑著說：「辦路，你有把握，但是練精兵百萬恐怕不容易。」

張程：會談中，袁世凱曾試探性地提出要解甲歸田，回河南老家釣魚去，讓位他人。孫中山則勸袁世凱勉為其難，再任兩屆。他發表談話：「袁總統可與為善，絕無不忠民國之意。國民對袁總統萬不可有猜疑心，妄肆攻訐，使彼此誠意為孚，一事不可辦，轉至激迫袁總統為惡。」

@ 袁世凱在總統府為孫中山舉行盛大宴會。席間，袁世凱宣稱與孫中山進行了誠懇的會談，之前南北之間的謠言都是誤會，並向孫中山敬酒高呼：「中山先生萬歲！」孫中山致答詞號召大家同心同力、共謀進步，並高呼：「中華民國萬歲！袁大總統萬歲！」

張國淦：孫中山到京第三天，袁世凱設宴歡迎，到會四五百人。第二道菜才送上來，就聽到有人吵嚷，說「共和是北洋之功」，隨著又罵同盟會，認為是「暴徒吵鬧」，接著有人響應，說孫中山一點實力也沒有，是大話，是「孫大炮」、「大騙子」。這時軍官都站了起來，在吵嚷的同時還夾雜著指揮刀碰撞和杯碟刀叉的響聲。

@ 孫中山先生從容如常。我當時想袁世凱或段祺瑞（陸軍，總長）該說一說：你們不能胡鬧！但他們始終沒做聲。鬧了有半小時左右，似乎動作很有步驟，顯然是預先布置好的。起頭的是傅良佐等，想在吵鬧時等孫先生或隨員起而答辯，便藉機由北洋軍人侮辱一番。但孫先生始終沒有理睬。

張程：孫中山有事出入東交民巷。條約規定，東交民巷由外國軍隊駐守，不允許中國軍警進入。孫中山帶上荷槍佩刀的衛隊，大搖大擺穿越使館區。當時各國政府沒有承認中華民國，東交民巷在法律上就不算使館區。孫中山此舉不算違反條約。各國公使對孫中山有所敬畏，未加過問。孫中山取得了一大外交勝利。

@1912 年末 1913 年初，孫中山和袁世凱的蜜月關係到達顛峰。12 月17 日，孫中山因為子女私事走袁世凱的「後門」：「我有一個兒子叫孫科，現在美國讀大學；兒媳陳氏為我生了兩個孫女，想去美國讀中學。三人尚無官費留學資格。能否讓相關部門核准孫科一家四口人補給官費讀書，以免我私累太重。文感且無既矣。」

@ 北京相會後，袁世凱釋出命令：特授孫文「籌劃全國鐵路全權」，

組織鐵路總公司。交通部每月撥款三萬兩。公司內一切用人之權，歸中山主政，政府概不干預。袁世凱還把他當年為慈禧太后回鑾所特製的豪華花車撥給孫中山專用。此後，孫中山考察大江南北，專注籌劃鐵路事宜。

　　@ 二次革命失敗，孫中山上了國民政府的通緝名單。袁世凱政府清查中國鐵路，總公司帳目，發現一年來孫中山沒有修成一寸鐵路，單單視察開支就超過 110 萬元。他更可以名正言順地通緝孫中山了。

我在孫中山先生身邊見聞

　　范良：中山先生是陸海軍大元帥，即使這樣忙，他每週都要抽時間從大本營橫渡珠江到廣東大學演講。上岸後，距學校尚有距離，但先生從不坐汽車，而總是和我們衛士一起步行而去。一路上行人較多，衛士們為確保先生安全，就吆喝行人讓開，先生見狀總是阻止我們，批評我們不要這樣做。

　　@1924 年春的一個清晨，中山先生身著大元帥服，帶著隨從武官和衛士們去黃埔軍校參加第一屆開學典禮。當汽艇抵達黃埔時，只見岸邊迎面懸掛著廖仲愷黨代表寫的醒目的對聯 ——「先烈之血；主義之花。」

　　@ 在開學典禮上，中山先生在廖黨代表等人陪同下，檢閱了全副武裝的學生隊伍。典禮結束後，先生就在軍校和學員們共進午餐。那頓午餐是每人兩顆饅頭，一只鹹蛋，因學員們都是站著吃，先生也沒坐下，與大家站在一張長條桌旁一塊吃。

　　@ 我身為中山先生的隨身衛士，耳聞目睹了中山先生的一言一行。他不顧個人安危，與士兵同甘共苦；他吃飯睡覺沒有時間，督戰部就成了飯廳和臥室，餓了啃兩口麵包，瞌睡了就趴在桌上閉一下眼。我們考慮到

先生的健康，多次請求他上鐵甲車休息，他都拒絕了，從沒離開督戰部一步。

張程：西元 1895 年，因為廣州起義被清廷通緝又被香港當局驅逐出境的孫中山逃亡日本橫濱。日本輿論對孫中山的歡迎讓他喜出望外。日本報紙以〈支那革命黨首領孫逸仙抵日〉報導孫中山的到來。孫中山撫掌大叫：「好，好！自今以後，但言革命，勿言造反。」從此，「革命」二字引進中國語言，代替了「造反」和「起義」。

@1897 年，孫中山投宿寄屋橋外對鶴館（一家旅社）。入住登記，陪同的日本友人平山周想起剛剛經過的日比谷中山侯爵的府邸，就信筆代替孫中山在旅館登記簿姓氏欄中，寫下了「中山」二字。孫中山在「中山」之後加上「樵」，化名「中山樵」。他對平山周說：「中山樵」就是「中國之山樵」的意思。

@ 據在廣東講武堂學習的清軍士兵劉樹亮回憶：「中山先生正為革命事業操勞，常常奔波於海外與華南之間，頻繁地在廣東會黨、新軍與民間中進行宣傳與發動，還到粵軍講武堂來演講，鼓動革命。」可見，清末官府對欽犯的追捕工作多麼不重視，孫中山這樣的朝廷要犯都能到軍校中宣傳革命。

張知本：青年學生持一紙介紹，孫先生沒有不接見的，不僅予以教誨，更精心聆聽年輕人的意見。也常常有軍人來，自稱有軍隊若干、在某省從事革命工作，但是缺乏軍餉槍械，希望孫先生給予接濟，先生也沒有不答應的，盡力支持。他把這一切都當做革命工作。

@ 胡漢明等人認為孫先生如此輕信他人，耗資巨大，孫先生回答說：「即使一百個人中有九十九人欺騙我，只要有一個是好的就夠了；即使是欺騙，他們也要籌劃籌劃，做做樣子，絕非一無所為。」

范良：民國成立之初，中山先生騎馬到紫金山去打獵，仰望風景秀麗的

山峰，他說，後他日逝世，當向國民乞此一塊土，以安置軀殼耳。他在病重時還再三囑託把遺體葬在南京。1926 年冬，孫夫人宋慶齡在孫科和國民政府經管財政的負責人林煥廷陪同下，親自登山勘察地形，確定了陵墓的墓地。

@1926 年 3 月 12 日，在紫金山南麓舉行了中山陵的奠基儀式。中山陵的募捐籌款得到了各界人士的一致支持。當時設計全部造價為四百萬兩白銀，但海外華僑捐獻款項就達四百六十萬兩之多。

@1929 年 6 月 1 日，在南京舉行了隆重的奉安大典。安置中山遺體的紫銅棺被抬到墓室之上，由先生生前衛士黃煥文、陳漢、張啟志、肖鴻喜、黃仲筬、鄧國卿、李東燊和我等八人將紫銅棺安放在五米深處的墓穴中。我們最後用鋼筋水泥厚厚地加以密封。

@ 在中山先生奉安大典時，全國各界人士和中外友人及外國政府出於對中山先生的敬意，紛紛贈送了許多珍貴的紀念品，其中我印象最深的，是中山先生的英國老師康德黎特地從英國倫敦送來的花圈。印度政府送來的是甚為別緻的兩隻銀象，用紅木玻璃匣盛裝，高一尺多。

@ 抗戰爆發，國民政府主席林森召開會議，提出要將遺體遷至重慶，建築師黃仲瑜說：「這不行。總理遺體葬在墓室下深處，又封了那麼厚的鋼筋水泥，要把遺體取出來，就要用爆破法炸開，一爆破，棺柩、遺體就要被損壞。」其他建築專家也反對。政府方面就叫我們中山陵衛隊寫決心書，要我們「與中山陵共存亡」。

@1937 年 12 月中旬，日軍侵占南京。在戰鬥中，日軍炮火擊中了陵墓石階上的紀念銅鼎和石獅子，破壞了奉安紀念館、永慕廬、藏經樓、桂林石屋等紀念建築，及紫霞觀、觀音洞等風景名勝。但中山陵主體建築沒有遭到什麼破壞。

@ 蔣介石離開南京時，並沒有過問中山陵之事。孫科前來謁陵。我請示他：「共產黨軍隊渡江後，我們應採取什麼態度？」孫科說：「毛澤東、

周恩來對孫總理是很尊敬的,你認識周先生吧!你不要跑開,他們是不會為難你的。」我又問:「武器怎麼辦?」孫科說:「槍可以交掉。」於是,我動員拱衛處人員不要離開。

孫中山的四位夫人

　　張程:#孫中山家事#西元1884年,19歲的孫中山迎娶了18歲的盧慕貞為妻。盧慕貞是廣東鄉間的舊式婦女,性情溫和而保守。二人育有一男二女(孫科、孫延、孫琬)。孫科也是孫中山唯一的兒子。二人聚少離多,感情半淡,且思想差異極大。幸運的是,盧慕貞本人看得很開,也沒什麼野心,更不想當「第一夫人」,1915年主動與孫離婚。

　　@1891年,正在香港西醫書院讀書的孫中山,認識了18歲的陳粹芬。陳粹芬西元1873年出生於香港新界的屯門,因排行老四,人稱陳四姑。陳粹芬積極支持孫中山革命。跟著孫中山、黃興、胡漢民等一道參加了鎮南關起義,陳粹芬一直隨軍作戰、送飯,終日忙碌,從不言苦。孫中山到南洋奔走革命,陳粹芬也一直跟隨服侍。

　　@當年「倫敦蒙難」之後的孫中山告別英國時,恩師康德黎特意送給自己的得意門生一隻像小螃蟹一樣大的金質懷錶,金殼面上刻有孫中山英文名字——Y.S.Sun。孫中山把它贈與陳粹芬珍藏。當年兩人的感情可見一斑。

　　@陳粹芬因患肺病,在革命中途返回香港療養。1912年後,陳粹芬離開孫中山。在孫家族譜中,陳粹芬被承認為孫中山的妾。孫家對陳粹芬一直保持相當的尊重,也一直把她當做家族一員。陳粹芬秉性樸實厚道,與盧慕貞相處融洽。晚年,兩人同住澳門,常常聚會談心。

@ 陳粹芬在孫中山早期革命生涯中貢獻良多，還幫助過多位革命同志，在革命黨中口碑不錯。一些人對孫陳二人的分離，頗有微詞。蔣介石年輕時，就得到過陳粹芬照顧。蔣介石掌權後，對她多有照顧。

@ 1915 年，孫中山將分居多年的盧夫人接到東京，協定離婚。之後，孫中山寫信給宋慶齡。當年，宋慶齡到達東京，住在日本朋友頭山滿先生夫婦家。10 月 25 日，孫中山和宋慶齡在東京律師和田瑞家舉行了婚禮。他們委託和田瑞到東京市政廳辦理了結婚登記。

@ 和田瑞律師還主持簽訂了孫中山和宋慶齡的婚姻誓約書。誓約書上的日期寫為 10 月 26 日，這是照日本老規，以雙日為好而寫的，結婚日期實為 10 月 25 日。宋慶齡在誓約書上寫了「宋慶琳」，因為「琳」字容易寫。

@ 1898 年秋，大月薰一家因為火災，寄住到橫濱山下町一座寓所。孫中山也住在該處。一日，11 歲的大月薰不慎打碎花瓶，水順勢流到一樓孫中山的房裡。父親大月素堂讓大月薰下樓親自道歉。孫中山第一次見到了大月薰。1902 年，孫中山正式向大月素堂提親，迎娶了 15 歲的大月薰。兩人生有一女。

@ 孫中山成為「國父」後，國民黨官方對大月薰的情況諱莫如深。孫中山離開日本後，大月薰留在日本，有過多段婚姻，生活艱難。其女為他人收養，幾十年後才得知身世，還去臺灣認親。孫中山兒子孫科與曾姪孫見了她，但不承認這段血緣關係。

@ 1984 年日本《朝日新聞》、《讀賣新聞》等報刊介紹了大月薰母女情況，反響很大。隨著政治環境逐漸寬鬆，大月薰的情況才為更多的人所知道。

@ 除了大月薰外，孫家上下對其他三位夫人都尊敬有加，後輩們統一稱盧慕貞為「澳門婆」，陳粹芬為「南洋婆」，宋慶齡為「上海婆」。盧慕貞由女婿奉養，住在澳門；陳粹芬晚年由孫中山的姪子孫乾奉養，住在中山縣的石歧；宋慶齡居住在上海的孫中山故居內。

最後的皇太后

張程：＃隆裕之死＃隆裕的太后地位有一個小插曲：光緒繼承的是堂兄同治的地位，為免同治絕後，皇室商定光緒的繼承人以同治繼子的身分繼位。因此溥儀是以同治兒子的身分繼位的，這樣就讓光緒面臨「絕後」，隆裕的地位也很尷尬。在張之洞的力請下，慈禧答應溥儀同時以同治、光緒兩人兒子的身分繼位，尊隆裕為「兼祧母后」。

＠光緒和慈禧隔天病死，之前默默無聞的隆裕就成了清朝皇室的第一人。她晉升為清朝、也是中國歷史上的最後一位皇太后。從 1908 年到 1912 年，隆裕走上了政治舞臺。她最大的作為就是決定宣統退位，親手終結了中國兩千多年的君主專制制度。

＠清亡後，隆裕太后難以釋懷，起居無常、飲食無節，得了憂鬱症。她經常不按時睡覺，也不怎麼吃飯，就在後宮內漫無目的地走來走去，太監只好提著個水果袋子跟著她，想吃東西了就讓她吃一點……終於積鬱成疾。

張口評史：身為一個王公貴戚家庭長大的舊式女子，隆裕太后沒有接受過系統的政治訓練，也沒有接受新思想、新觀念。思想老舊傳統的她，能夠答應皇帝退位，顯然是經過漫長的煎熬和痛苦的掙扎的。斷送祖宗「江山社稷」的巨大壓力，擊垮了隆裕的精神和身體。

張程：1913 年的舊曆新年，紫禁城過得悽慘無比。王公們裝聾作啞，不願朝拜。隆裕太后過生日，王公也不理不睬，毫不在意，連賀壽之詞都懶得說，何況壽禮！隆裕太后急火攻心，病情惡化。2 月 22 日，隆裕太后病逝，享年 46 歲。

＠隆裕彌留之際，對著一旁年僅 9 歲的小皇帝溥儀，流淚說：「孤兒寡母千古傷心。」悲苦地說道：「你生在帝王家，什麼事情都還不懂就亡國

了，如今母后死了也茫然無知。我就要和你永別了。」她似乎對溥儀的將來充滿憂慮，可惜說不出別的話來就死了。隆裕臨終之言悽慘悲涼，聞者無不傷心。

@ 隆裕太后臨終前，醇親王載灃入宮，和大臣世續商議，怕隆裕死後在世的各貴妃前來爭權鬧喪 —— 後宮爭權，古代常有。他倆下令將宮門緊閉，不令出入。果然，同治皇帝留下的瑜貴妃、珣貴妃、瑨妃和光緒皇帝留下的瑾貴妃（珍妃的姐姐）之後都來爭位，走到內宮門發現兩門禁閉，叫門不開，只好折回。

@ 總統袁世凱得知隆裕死訊，當做一件大事來辦理，立即在總統府內成立「辦理清室事物處」，派國務總理趙秉鈞、清太保徐世昌、軍事處長蔭昌、蒙藏局副總裁榮勛、步軍統領江朝宗等人辦事，並下令各官署下半旗誌哀，官員在右臂罩黑紗 27 日，財政部頒銀三萬兩作為賻儀。

@ 隆裕祭奠當天，袁世凱親自臂戴黑紗，舉哀致祭。當時的軍政要員紛紛致電清室，對隆裕病逝表示哀悼。副總統黎元洪更是在唁電中稱讚隆裕「德至功高，女中堯舜」。這評語看起來過於拔高，但當時輿論對隆裕看得很正面，把她主持的清朝退位的確當做是堯舜禪讓一般的大事，對她的下野很惋惜。

@《中華時報》評價隆裕：己丑年嫁光緒帝為嫡后，秉性柔懦，失西后歡，猶與光緒帝感情不洽，憂鬱深宮二十餘年。既無可譽，也無可譏。唯清廷退位，後力居多，將來共和史中亦不失有價值之人物也。《亞細亞日報》說：隆裕太后去歲不為親貴浮言所動，實為有造民國。今一日崩御，我五族國民當同情哀悼云。

清王朝的「骨灰級粉絲」

　　張程：＃清朝大臣殉節＃疾風知勁草，板蕩見忠臣。革命風起雲湧，朝廷即將覆滅，嚷嚷著「鞠躬盡瘁」、「精忠報國」的奴才們，理應追隨舊王朝、老主子而去，斷不能生活在「不共戴天」的共和國裡。不管是上吊、跳崖，還是抹脖子、喝毒藥，唯此才能表達自己高調掛在嘴邊的「忠君愛國」之情。遺憾的是，清亡時殉節官員少之又少。

　　張口評史：王朝危亡之際「殉節」人數的多寡，關係到王朝的臉面，甚至是成敗。這也是檢驗王朝是否得人心的試金石。道理很簡單：既然一個王朝說自己如何如何好，為老百姓做了多少多少好事，那麼有多少人為你殉國呢？

　　張程：地方大員中為清朝殉節的第一人是西安將軍文瑞。他是滿族人，在西安光復後固守旗城頑抗，部下見敗局已定，勸文瑞逃跑。文瑞說：「吾為統兵大員，有職守不能戡亂，重負君恩，唯有死耳！」文瑞口授遺書後從容整理衣冠，投井自殺。

　　＠滿人、閩浙總督松壽抵抗失敗後，吞金自殺殉節，諡「忠節」。福州將軍樸壽兵敗後被俘，企圖逃跑，被即行正法，諡「忠肅」。珍妃的堂兄志銳在革命前夕出任伊犁將軍。別人勸他別去上任，志銳毅然決然地跑到新疆上任，積極武裝滿族人和蒙古人，監視新軍官兵，結果激發矛盾，在新軍起義中被殺，也算是殉節。

　　＠鎮江副都統愛新覺羅・載穆是皇族，論輩分還是溥儀他叔。八國聯軍時，載穆「殉節」了一回，被人及時救了回來，沒死成。鎮江爆發革命，麾下的滿族官兵都一心開溜或者投降，所以當載穆一個人自殺時，再也沒有人來救他了。據說載穆遺言是：「吾上負朝廷，所欠止一死耳！」他可能是唯一殉節的皇族成員。

@ 署荊州左翼副都統恆齡穿戴嚴整，端坐公堂，拔出手槍對著胸口就是一槍，堪稱壯烈。清朝追諡他「壯節」。他死後第三天，上司、荊州將軍連魁與同事、右翼副都統松鶴就大開城門，投降革命了。湖北安陸知府桂蔭頑抗了很長時間，最後衙門失陷，印信被劫，桂蔭帶著妻子富察氏逃入文廟，一同縊死在大殿中。

@ 第一個「殉節」的漢族大員是山西巡撫陸鍾琦。陸剛到任一個月，猶豫要不要響應起義或者開溜。起義突然爆發，陸鍾琦夫妻和兒子陸光熙被殺，孫子被刺傷。陸家闔門遇難，立刻被清政府樹立為「正面典型」，說他滿門忠烈。其實，兒子陸光熙是革命黨，一直勸父親起義，不幸被誤殺，竟然成了清政府的典型。

@ 江西巡撫馮汝騤是個「淡定哥」。革命爆發後，他不戰、不降、不跑，待在南昌紋絲不動。江西獨立後，各派勢力不僅沒有動馮汝騤，還要推舉他為都督。天上掉餡餅，馮汝騤卻不能「淡定」了，溜出南昌向北方逃去。逃到九江，馮汝騤被起義軍扣留，軟禁在客棧。此時其實未必有生命之虞，馮卻杞人憂天，服毒自殺了。

@ 雖然殉節的漢族官員沒有滿族官員那麼多，但在革命期間，抵抗革命軍最有力的恰恰是兩個姓張的漢族將領：張彪、張勳。兩人都出身貧寒，早年悲慘，後來平步青雲。社會地位的巨大躍升，反而讓這兩個漢族窮人家的孩子對清王朝感恩戴德，賣力地組織抵抗。

@ 在革命氣氛濃厚的廣東，就有這麼個例子。潮州總兵趙國賢是河南項城人，小時候靠為別人傭耕為生，當兵吃糧後步步升至總兵。民軍圍攻潮州時，趙國賢率兵頑抗，失敗後面向北方磕頭說：「臣以一介武夫受恩深重，待罪海疆二載，於茲力盡聲嘶，外援不至。死不足惜，但苦吾民耳！」上吊殉節，諡「忠壯」。

@ 攝政王載灃回家「抱孩子」去了，慶親王奕劻帶著搜刮的金銀財

寶到天津享福了，肅親王善耆溜到「龍興之地」懷古去了。袁世凱從容剃髮，成了民國的臨時大總統；幾天前通電誓言「保大清保皇上」的北洋將領們正忙著量體裁衣，準備換裝；至於一大幫子京官，則在關心清朝的履歷和獎勵能否被民國政府承認。

張口評史：為清朝殉節的人少，也就意味著革命的阻力小。槍聲響起，清朝各級官員望風而逃，地方政府土崩瓦解。辛亥革命之所以能夠以較小的代價完成，這場革命之所以被稱為一場「低烈度的革命」，相當程度上還要感謝那些貪生怕死、落荒而逃的清朝官吏們。

張程：武昌首義，湖廣總督瑞澂鑽狗洞，跑到軍艦上隨時準備開溜；湖北布政使連甲也不知道躲到哪裡去了。省政府的第三把千、湖北按察使馬吉樟聞變，卻動起了「殉節」的念頭。他不許家人收拾細軟開溜，自己穿戴整齊朝服，捧著大印，來到按察使司衙門大堂坐定，下令開啟衙門，就等著革命軍上門，準備「慷慨就義」。

@ 馬吉樟的幕僚、衙門的差役很快就陸續開溜，只剩他一個光桿司令；路過的老百姓，向衙門裡探頭探腦，好奇地看著呆坐在那裡的按察使大人，可能是把馬吉樟當做唱戲的或者雜耍的了。偏偏就是革命軍沒來！按察使司既不管軍械，又沒有錢糧，起義者壓根就沒興趣。馬吉樟等了小半天，硬是沒等到「就義」的機會。

@ 最後，馬吉樟的老婆、小妾們等不及了，擁到大堂上來，一看他傻愣愣的樣子，啞然失笑。幾個女流之輩七手八腳扒下馬吉樟的朝服，扔掉大印，替他換上便裝，然後帶著早就收拾好的金銀財寶開溜。馬吉樟拗不過妻妾們，最終沒做成忠臣。說不定，馬大人心底叫冤：「我本欲殉節，奈何妻妾不從也！」

張口評史：逃跑開溜的藉口多了去了。除了「妻妾不從」外，還有「家有八旬老母」，或者「忍辱負重，重振朝綱」等等。因此，逃跑的人總比殉

節的人要多。

張程：第八鎮標統張景良起義後附和革命，出任了湖北軍政府參謀部副部長。陽夏保衛戰打響後，張景良願以全家人作為人質，擔任了前線總指揮。他到達前線後不作任何作戰部署，還在相持的關鍵時刻放火焚燒軍需物資，造成革命軍彈藥告罄，節節敗退。事後，張景良以「通敵」罪被槍斃，被列入《清史稿·忠義傳》。

@ 普通人物的殉節比高官們的殉節，似乎更可信，也更感人 —— 畢竟他們沒有受到朝廷直接的恩澤。所以，歷朝史書在寫忠義傳的時候，自然少不了普通人物的事蹟。還真讓《清史稿》千辛萬苦找到了這麼一人。胡國瑞，湖南攸縣人，舉人出身。在雲南短期當過幾任小官，革命爆發時已經被解職了，準備「修墓歸里」。

@ 當時訛傳北京城破，胡國瑞就跳井自盡。《清史稿》說他在背上寫下遺書（不知是怎麼寫上去的）：「京師淪陷，用以身殉。達人不取，愚者終不失為愚。」胡國瑞的確是「愚者」，那些聰明人、「達人」們官越當越大，賺了金山銀山，革命發生後又安然脫身，反倒是胡國瑞這樣的「老實人」孤獨地殉葬去了。

@ 其實，為清朝殉葬的人中，最有名的是：1918 年投水自盡的梁濟，1927 年同樣投水的王國維。兩人都是著名學者 —— 前者是更著名的學者梁漱溟的父親，後者的《人間詞話》如今大賣特賣。同時，二人的死，都不是簡單地為清朝殉節，效忠舊王朝，而是對民國初年社會變遷的不滿，對道德淪喪的擔憂，以死引起同胞注意。

@ 民國成立後，之前設想的民主共和並沒有降臨中國，國家的內憂外患反而更重了，老百姓的生活反而更苦了。社會動盪，軍閥混戰。學者們憂心忡忡。而一些傳統道德和個人修為也隨著清朝的覆滅在消退，社會道德水平在下降。舊學出身、思想傳統的梁濟、王國維等人就受不了了。清

者不願意生活在濁世。

@ 當時社會對二人「遲到的殉節」，並沒有貶低或者斥責。陳獨秀還從道德角度讚揚了梁濟：「梁先生自殺的宗旨，……是想用對清殉節的精神，來倡導中國的綱常名教，救濟社會的墮落。」因此他不贊成梁濟是「單純殉了清朝」。梁、王二人，代表了當時一大批迷茫的舊式知識分子。

@ 傅斯年在〈心氣薄弱之中國人〉中將梁濟和辜鴻銘、張勳並列為守舊的象徵，但同時也指出：「任憑他是什麼主義，只要有主義就比沒有主義好。就是他的主義是辜湯生、張勳……都可以，總比見風使舵好。」李大釗在〈北京的「華嚴」〉中則說他們「比那些醉生夢死的青年，歷仕五朝的元老還親切得多呢」。

四、袁世凱和他的夥伴們

袁世凱小時候頑劣刁鑽，不肯讀書。他六歲入私塾，塾師名氣很大，很看好袁世凱，期望值和要求都很高。可惜小袁世凱志不在向學、反生厭惡之情，一日夜裡，他捉了上百隻螢火蟲，揉搓成粉狀塗在臉上扮鬼，將老師嚇得臥床數月。

「北洋」的興起

張程：＃北洋的由來＃恭親王奕訢等於西元 1861 年初上奏「請設總埋各國事務衙門」負責對外交涉事宜，朝廷頒諭同意「京師設立總理各國通商事務衙門」，比奕訢等人的奏請多了「通商」二字，奕訢於是再次奏請在鑄造關防時，略去「通商」二字，遂改名為「總理各國事務衙門」。

張口評史：如此說來，總理衙門還是個「假衙門」。應該叫「總理通商衙門」才對！

＠這已經是巨大的進步了！總理衙門成立之前，清朝都不承認「外交」的存在，普天之下，唯我獨尊，壓根不認為其他國家可以與自己「外交」。如今，總算承認了，還成立了專門的衙門來「總理事務」。

張程：雖然成立了總理衙門，但清朝還是不承認外國與自己平起平坐，把外交「降級」，讓外國人去和地方官交涉：一個是南京的南洋大臣（兩江總督兼任），一個是天津的「三口通商大臣」。後者負責煙臺、天津、營口三個口岸的洋務事宜；前者負責上述三個口岸之外的其他口岸的

洋務事宜。

@ 清政府堅持各國對華交涉只能在天津進行，而不是在首都北京。外交官如想進京交涉，必須先在天津等候，由三口通商大臣先向總理衙門呈報，獲得批准後方可進京。如果不經過三口通商大臣直接進京，清政府不承認。一些外國代表目中無人地到了北京，清政府就客客氣氣地把他們「禮送」天津。

@ 雖然有總理衙門，但南北洋大臣尤其是三口通商大臣在事實上霸占了總理衙門的外交職能，成為中國外交的代表。

@ 同治九年（西元 1870 年），裁撤三口通商大臣，所有洋務劃歸直隸總督兼管，稱「北洋大臣」。當年恰好是李鴻章調任直隸總督，此後他占據直隸總督兼北洋大臣職位長達 28 年之久。李鴻章大辦外交，興建北洋海陸軍，並大力建立近代事業，致使北洋大臣地位不斷提高，職權不斷擴大，把南洋大臣遠遠甩到了後面。

@ 北洋南洋，本來是中國近海的劃分俗語。以長江入海口為界，中國南北方近海差異明顯，北方稱為北洋，南方稱為南洋。

@ 由於李鴻章的經營和影響，總理衙門辦理每一件事幾乎都要向他通報，聽取他的意見和建議。許多駐外外交人員更是直接向他匯報，聽取他的指示，李鴻章儼然成了中國的「外交大臣」。

@ 外國人與他打交道越來越多。一位英國外交官說李鴻章「甚至不想掩蓋他實際上是中國的外交大臣這一事實」，「像現在這樣組成、這樣管理的總理衙門，只不過是李鴻章大學士在天津衙門的一個分支機關」。

張口評史：李鴻章的本職職位「直隸總督」，原本就是「天下第一督」，是傳統政治下最重要的總督職位。如今兼有「北洋大臣」的外交職能，如虎添翼，這個職位更加舉足輕重了。在李鴻章時期，「北洋」以直隸為基地，發展成一個派系，在之後繼任「直隸總督兼北洋大臣」的袁世凱手

裡，形成一個政治、軍事和經濟集團。

張程：比「北洋」要小的一個概念是「小站」。李鴻章出任直隸總督，調親兵營準軍盛字營來津，在塘沽地區修築炮臺，並修建了連線炮臺到天津的道路，沿路設驛站。之後，盛字營移駐距離天津 60 里的一座驛站，官兵稱之為小站。這些人多來自安徽，將一種適應鹽鹼地的安徽水稻在當地廣泛種植。此地又得名「新農鎮」。

@ 甲午戰爭爆發，盛字營潰敗，新農鎮荒廢。塘沽至天津鐵路修通後，新農鎮成為其中一站。不久，又一支準軍開拔來了鎮上，由長蘆鹽運使胡燏棻編練為「定武軍」。軍隊入駐後，透過鐵路來往的軍事和商貿活動與日俱增，小鎮迅速恢復繁華並壯大。人們逐漸淡忘「新農鎮」的本名，乾脆稱它「小站」。

@ 胡燏棻之後的負責人就是袁世凱。日後派系龐雜的北洋軍隊就脫胎於定武軍，孕育於這個小站。日後北洋嫡系各派的領袖和骨幹人物，都在小站留下過足跡。

小站成了資歷，成了區分是否嫡系的標準。如今，小站最為人們熟知的，卻是當年盛字營移植而來、經過改良後的「小站稻」。北方各大超市、商場均有銷售。

袁世凱：不走尋常路

張程：# 袁世凱早年 # 袁世凱西元 1859 年（咸豐九年）出生於河南項城。袁家從道光年間開始，多有子弟為官。尤其是袁世凱的叔祖父袁甲三，曾任欽差大臣，與曾國藩、李鴻章等中興名臣一起征剿太平軍和捻軍。袁世凱是袁甲三姪子袁保中六個兒子中的第四子。他出生時，剛好前

線傳來袁家子弟勝利的消息，所以取名「世凱」。

@ 袁世凱父親袁保中早死，死時僅是個秀才，沒有留給袁世凱多少遺產。叔叔袁保慶有一個和袁世凱同歲、死於襁褓中的兒子。袁世凱生母劉氏奶水不足，袁保慶就將姪子袁世凱抱過來讓夫人牛氏哺乳，後來正式過繼袁世凱為自己的兒子。

@ 袁世凱小時候頑劣刁鑽，不肯讀書。他六歲入私塾，塾師名氣很大，很看好袁世凱，期望值和要求都很高。可惜小袁世凱志不在向學，反生厭惡之情。一日夜裡，他捉了上百隻螢火蟲，揉搓成粉狀塗在臉上扮鬼，將老師嚇得臥床數月。

@ 一次，袁世凱看到一家人藏有古人書畫真跡，愛不釋手，想用錢買下來，被主人家拒絕。袁世凱又在一個夜裡潛入該戶人家，突然高呼：「著火了！」主人家驚慌失措，慌忙逃命。袁世凱得以從容拿走書畫。事後，主人家懷疑袁世凱偷了書畫，找他質問。袁世凱擺出一副無賴相：「誰看到我拿畫了，你告訴我！」

@ 十幾歲時，貪玩的袁世凱在馴馬過程中被拋墜落地，傷到了腿骨。因為怕大人訓斥，袁世凱不敢聲張，諱疾忌醫，耽誤了治療，落下殘疾，成了小瘸子。嗣父袁保慶曾帶著袁世凱宦居山東、江蘇等地，袁世凱一路遊玩，眼界開闊。據說他在南京還曾拜和尚為師習武，練就驚人臂力，常常拳擊石獅為樂。

張口評史：歷史事實一再表明，表面頑劣，內心剛毅敏捷、不拘常理的青年往往要比循規蹈矩的好孩子要有前途。

張程：嗣父袁保慶早死，袁世凱過了幾年無拘無束的日子。父輩臨終前囑咐要考功名，他也去考了兩次，都名落孫山，連個秀才也沒考上。袁世凱就想買個功名，拿了錢去北京捐官，結果在賭場揮霍一空。幸虧把兄弟徐世昌資助才溜回老家。從此對賭博深惡痛絕，發誓絕不再賭。還把詩

文付之一炬，不再走進科舉考場。

@ 袁世凱又到上海經商。20 歲出頭的他很快就流連娼寮，結識了蘇州妓女沈氏。沈小姐慧眼識人，認定袁世凱不是池中之物，非但沒有勾引袁光顧妓院，還鼓勵他出去奮鬥。袁世凱想從軍報國，沈小姐大為讚賞，還設宴相送，表示今生跟定袁世凱，要自贖其身，等愛人功成名就歸來。袁世凱大為感動，慷慨北上投軍。

@ 沈小姐後來成了袁世凱的姨太太，雖是姨太太，卻是實質上的妻子。家裡大小事務由沈氏處理，所有孩子都叫她「親媽」，其他姨太太都要聽從她的指揮。袁世凱將家事放手給沈氏，她在家中權力很大。

張程：1908 年，美國《民主與法制時報》湯瑪斯・密勒採訪了袁世凱。當時袁世凱在西方知名度相當高，「改革形象」激起了西方的好感。但西方人對袁世凱的形象很模糊，有人說他是標準的東方野蠻小個子，有人說袁世凱沉溺於艱苦的工作，體力和精力極大耗損，已經病入膏肓了。但密勒見到的袁世凱相貌端正，精力充沛。

@ 「袁看上去比我上次見到時好許多。實際上，現在的袁就是健康和精壯的化身。他目光炯炯，敏銳的眼神顯示出他身體的健康和心情的安定。在接下來的交談中，袁說他每天清晨 5 點鐘起床工作，一直到晚上 9 點鐘才休息，其間只有短暫的用餐和休息時間，除非偶爾有別的任務讓他離開日常工作。」

@ 袁世凱先談起了正在進行的美國總統選舉。他說自己是兩個候選人狄奧多・羅斯福和塔夫脫的崇拜者。但是希望塔夫脫能夠獲勝，因為塔夫脫對華友好。「去年秋天，塔夫脫先生在上海發表了對大清國很友好的講話，這給清國上下都留下了深刻的印象……我一直期待著訪問美國。並且真誠地倡導要尊重大清國的主權和領土完整。」

@ 密勒詢問中國「最需要改革的是什麼」。袁世凱說：「我們的財政制

度、貨幣流通體系以及法律結構。只有做好了這些事，大清國才能恢復完整的主權。而且，也只有等她徹底恢復了主權，才能真正理順國家正常的經濟和政治生活。這三項改革中的任何一項，都與其他兩項有著密不可分的依賴關係。」

@ 袁世凱指出：「在評估我們發展程序的時候，應該充分考慮到，大清國政府所面臨的問題和困難是巨大的。我們正處在現代化程序的潮流中，而假如我們一時沒有掌好舵，西方世界也不應該對我們的批評過於嚴厲和苛刻……」密勒的採訪稿最後刊登在了《紐約時報》上。

袁世凱最終還是叛變了

張程：# 袁世凱與戊戌變法 # 戊戌年間，袁世凱是維新變法的熱情支持者。他曾向光緒上書，建議變法。他和康有為的關係很好。西元 1895 年夏，康有為第四次上書，都察院和康有為任職的工部都不肯傳遞，最後還是袁世凱透過督辦軍務處代遞的。維新派成立強學會，袁世凱是發起人之一。維新派也拉攏他，推他當兵部侍郎。至於一起喝酒，更是常事了。

@ 袁世凱加授侍郎銜後，去向慈禧太后謝恩。袁世凱跪在地上，瞥見慈禧臉拉得很長。她指著袁世凱問：「皇上問你『倘令汝統帶軍隊，汝肯忠心事朕？』你怎麼答的？」袁世凱愣住了，一時忘了怎麼回答。慈禧冷笑一聲：「猴崽子，你說的是『一息尚存，必思圖效』，對吧？」

@ 袁世凱頓覺毛骨悚然。慈禧最後不忘警告他：「要圖效大清朝廷，整陸軍，原是要緊，但皇上也太覺匆忙，我疑他別有深意，你須小心謹慎方好。下去吧！」

@ 保守勢力圖謀推翻變法。有所預感的光緒皇帝在八月初二給康有為

密詔：「汝可迅速出外，不可遲延。」康有為、梁啟超、譚嗣同等維新骨幹接到詔書，痛哭失聲。他們決定孤注一擲，包圍頤和園，逼慈禧交權。可是政變要有兵，找誰呢？康有為記得袁世凱曾寫信願意為維新「赴湯蹈火，亦所不辭」。就他了！

@當夜，譚嗣同夜訪袁世凱住的法華寺，假傳聖旨，要他出兵殺榮祿，圍頤和園，廢黜慈禧。袁世凱出了一身冷汗。他的小站新軍雖強，但周圍有軍力更多的其他部隊，況且小站離北京三百里路，長途奔襲頤和園無異於異想天開。袁世凱明知不可為，但譚嗣同慷慨激昂，逼他表態。他只好表態效忠光緒，擁護政變。

@兩天後（八月初四），慈禧從頤和園回到紫禁城，宣布將光緒由大內移駐瀛臺。保守派提前政變了！袁世凱的上司、直隸總督榮祿以列強出兵大沽口為由，急電袁世凱，要他迅速回防。袁世凱在五日下午3點乘車趕回天津。

@袁世凱一到天津，立刻去見榮祿。當時太陽已經下山，天色已晚。榮祿和袁世凱兩人心懷鬼胎，但誰也沒有談及政變一事。當時還有一位葉姓官員在場，袁世凱沒法和榮祿深談。一直到夜裡二更，榮祿「留」袁世凱在府上住下，不讓他返回小站軍營。

@但是外界盛傳，袁世凱當晚就將維新派的政變計畫向榮祿全盤托出，邀功請賞。傳說同時還說榮祿連夜乘車進京向慈禧太后報告。慈禧太后這才發動政變，鎮壓變法，血洗維新力量。這個說法越傳越廣，連教科書都如此記載。

@主流看法高估了清朝鐵路交通的能力。當時天津到北京的蒸汽火車執行要調動各個機關衙門，需要沿途各站的配合。就算榮祿深夜知道了政變計畫，要在幾個小時內調動整條鐵路線的人員和物資，在天亮前趕到北京是不可能的。這還沒考慮到北京城宵禁的因素呢！

@ 宮廷制度規定，榮祿不可能深夜闖'宮求見太后。慈禧身為太后，不能隨時隨地、直接無礙地接見朝廷大臣，更不用說在後宮深夜接見了。慈禧太后甚至都失去了直接接收大臣上奏的權力。幾天前，楊崇伊要求鎮壓維新的奏摺就是密奏，而且是透過慶親王奕劻帶入後宮轉呈的。

@ 袁世凱回津第二天（初六）早朝，慈禧宣布重新訓政、囚禁光緒、捉拿康有為。當天早晨的上諭對康有為安的罪名是「結黨營私，莠言亂政」，並沒有「軍事政變」的罪名。前兩項罪名不能把康有為怎麼樣，而政變則可以一招置康等維新派於死地。保守勢力為什麼不用呢？因為他們還壓根不知道政變計畫。

@ 推翻袁世凱在五號告密的最有力證據是，楊崇伊上奏後保守勢力就計畫政變了。榮祿身為保守派的核心成員，深知政變計畫已經在四號開始。即使袁世凱將維新派的政變計畫全盤托出，也不會改變已經射出的政變利箭。因此不存在袁世凱告密引起保守勢力連夜政變的說法。

許指嚴：相傳光緒帝與康有為在正大光明殿中密謀，早有一個李蓮英的心腹太監，偷偷聽到了隻言片語，報告給慈禧太后。慈禧太后早就下令佯示鎮定，暗中準備，以觀其變。

張程：八月初六，楊崇伊趕到天津通知北京巨變。榮祿從他那裡得知袁世凱在北京和維新派交往甚密，疑心大起，傳還在府上的袁世凱來見，同時「令衛兵夾道羅列」。袁世凱已經知道形勢大變，又見榮祿重兵羅列，內心恐懼，主動供出三天前（初三夜裡）譚嗣同的計畫。榮祿幕僚記載「袁大哭失聲」，「跪求榮為作主」。

@ 到最後，袁世凱還是背叛了維新派，告密了。但是他在初五告密還是在初六告密，是有重大區別的。關鍵是初六早朝，慈禧太后公開走回幕前，鎮壓維新派，宣告戊戌變法的正式終結。袁世凱如果在之前告密，是賣友求榮、邀功請賞，是主動的；在之後告密，是已不可為、坦白自保，

是被動的。

@「這樣看來，袁世凱的告密並非積極、主動，而是在他已聽到西太后訓政消息之後，怕受連累，被懲罰，被動告密。」（戴逸：〈戊戌變法中袁世凱告密真相〉）

許指嚴：當時榮祿掌握新軍的全權，踞天津要區，袁世凱不過是其卵翼的一個部下，安能與之相抗？光緒皇帝不明形勢，輕信新進之狂言，而欲令人操同室之戈，豈非顛耶？

張程：榮祿把袁世凱告密的內容寫成密摺。慈禧大驚，在初九日再頒上諭，逮譚嗣同等七人，血腥屠殺維新派。之前，不少人對慈禧重新訓政想不通。譚嗣同、楊旭等維新分子依然逍遙自在。袁世凱把刀子遞了過來，還堵住了朝野的嘴，也算是「將功折罪」。此後，袁世凱受到重用，步步高陞。

@ 之前，許多人認為康有為、譚嗣同等人就是書生干政，胡來而已。李鴻章在初六之後還認為維新分子是一群不懂政治的小孩子，責打幾下就可以了。袁世凱告發政變計畫後，包括李鴻章在內的朝野上下都認為康梁等人該殺。

@ 人們普遍相信袁世凱先和維新派打好關係，再告密邀功。後來，袁世凱專門出版《戊戌日記》，說八月五日在榮祿府上因為座上有客人，「久候至將二鼓，不得間，只好先告退晚餐，約以明早再談」，到次早才「以詳細情形備述」，以此說明自己沒有主動告密。可惜日記出版反給人「此地無銀三百兩」的感覺，沒幾個人相信。

袁世凱東山再起

張程：＃袁世凱復出＃袁世凱在彰德養病的兩年零八個月的時間裡，僅據天津《大公報》與奉天《盛京時報》兩家報紙的統計，關於袁氏的消息報導就有 106 則，其中涉及「出山」問題的有 64 則之多。在消息中，保薦或敦勸袁復出的有皇族、皇族內閣成員、軍機大臣、大學士、地方封疆大吏、立憲派首領、北洋將領等。

＠很多人說袁世凱在鄉下「養病」期間，暗中操縱政局。一大證據就是他在家中安裝了當時很少見的電報收發系統，與京津各地保持密切聯繫。根據其子袁克定回憶，家中確實有專人負責接答電報，但來往電報都是透過彰德的電報局轉交。也是，當時袁世凱避嫌還來不及，怎會公然在鄉間樹電線桿子發電報呢？

＠袁世凱專門拍了幾張自己披蓑釣魚的照片，發表在《東方雜誌》上，並作〈自題漁舟寫真二首〉。其中寫道：「身世蕭然百不愁，煙蓑雨笠一漁舟。」「回頭多少中原事，老子掀鬚一笑休。」老袁的文才不錯，當然，演技也不錯。

＠武昌起義後，非袁世凱，其他人指揮不動北洋新軍。朝廷中有人擔心袁世凱的狼子野心，怕袁世凱藉機坐大。有人詰問大力推薦袁世凱的那桐：「此舉豈非速清亡耶？」那桐回答：「大勢今已如此，不用袁指日可亡；如用袁，覆亡尚希稍遲，或可不亡。」清朝到了生死關頭，不管袁世凱是不是毒藥，都要試一試了。

溥儀：有一天在養心殿的東暖閣裡，隆裕太后坐在靠南窗的炕上，用手絹擦眼，面前地上的紅氈子墊上跪著一個粗胖的老頭子，滿臉淚痕。我坐在太后的右邊，非常納悶，不明白兩個大人為什麼哭。這時殿裡除了我們三個，別無他人，安靜得很，胖老頭很響地一邊抽縮著鼻子一邊說話，

說的什麼我全不懂。

@後來我才知道，這個胖老頭就是袁世凱。這是我唯一一次看見袁世凱，也是袁世凱最後一次見太后。正是在這次，袁世凱向隆裕太后直接提出了退位的問題。

張程：武昌起義後，清廷釋出過准許百姓剪髮的上諭，留不留辮子由老百姓自己決定。一次散朝，世續指著自己腦後的辮子笑著問袁世凱：「大哥，您對這個打算怎麼辦？」袁世凱肅然回答：「大哥您放心，我還很愛惜它，總要設法保全它！」這讓很多滿族親貴對袁世凱感到滿意，認為：「袁宮保絕不會當曹操！」

「二十一條」太欺負人

張程：#二十一條談判#1915年1月18日下午，日本駐華公使日置益向袁世凱提出對華新要求，五號共計二十一條。第一號要求：日本繼承德國在山東的一切權益。第二號：將東北南部（「南滿」）和內蒙古東部地區劃為日本勢力範用。第三號：兩國「合辦」漢冶萍公司。第四號：中國沿岸港灣及島嶼只能割讓或者租與日本。

@第五號要求，共計七條，最為駭人聽聞：中國政府聘用日本人充當政治、財政、軍事顧問；中日合辦中國警察、軍工等事業：將長江流域的鐵路建造權許與日本；日本壟斷福建交通；日本在華所設醫院、寺院、學校等擁有土地所有權；日本在中國有布教權。這就是著名的「二十一條」。

@日置益介紹完「二十一條」要求，說道：如果中國政府承認此「二十一條」要求，日本將歸還膠州灣，同時「敝國向以萬世一系為宗旨，中國如欲改國體為復辟，則敝國必贊成」。

@ 日本人走後，袁世凱臉色鐵青，咬牙切齒地和在場隨扈說，日本這「二十一條」要求是要滅亡中國，就是日軍打到新華門了也不能同意。袁世凱對日置益最後以支持自己稱帝為誘餌，引誘自己承認「二十一條」尤其感到憤怒。他厲聲命令祕書夏壽田，所有關於帝制之事一概停止。「我要做皇帝，也不做日本的皇帝。」

@ 天津市歷史檔案館現存一份袁世凱在「二十一條」最初文字上所作的硃筆批注。在第二號開頭，日本人寫道：「日本國政府及中國政府，因中國向認（向來認為）日本國在南滿洲及東部內蒙古享有優越地位。」袁世凱批道：「無此『向認』。」在日本有關內蒙古東部地區種種特權要求旁，袁世凱直接批道：「辦不到。」

@ 在「日本國臣民得在南滿洲及東部內蒙古任便居住往來，並經營商工業等各項生意」這條要求旁邊，袁世凱批道：「漫無限制，各國援引，尤不可行。」在「中國政府允准，所有中國沿岸港灣及島嶼概不讓與或租與他國」這條要求上面，袁世凱直接將「他國」改為「外國」，然後認為「此當然之事」。

@ 整份檔案的末尾，袁世凱批道：「各條內多有干涉內政侵犯主權之處，實難同意。」第二天（1 月 19 日），袁世凱召見軍事顧問、日本人坂西利八郎，憤慨宣布：「日本竟以亡國奴視中國，中國絕不作朝鮮第二。」

@ 袁世凱和日本的關係很差。在朝鮮，青年袁世凱與日本勢力死纏惡鬥了 12 年，彼此結下了深仇大恨。日本人對袁世凱恨得牙癢癢，「憾之刺骨，百般排陷之」，多次照會清廷，指責袁世凱挑釁多事，要求清朝查辦。西元 1885 年，伊藤博文親自與李鴻章交涉，要求懲辦袁世凱。

@1884 年 12 月，日本人慫恿部分朝鮮官員叛亂，一起發動「甲申政變」，劫持高宗，矯詔殺害了許多大臣。敵我力量懸殊，袁世凱當機立斷，先斬後奏，集合所有清軍攻進皇宮，迅速擊潰日軍，救出高宗，粉碎

了政變。事後袁世凱捲起鋪蓋住到高宗皇帝的隔壁，和皇帝一起接受大臣的匯報，處理朝鮮政務，成了「監國」。

張程：交涉一開始，袁世凱就正色告訴日本代表：「可讓者自可談判，不可讓者，如第五號諸條，則絕不能讓。」外交次長曹汝霖是著名的親日分子，「平素喜怒不形諸顏色」，在會談時「激憤之情溢於言表」，「竟亦吐露慷慨的言辭」。日置益認為「對中國尤其袁政府立場而言，卻頗感嚴峻」，要袁全盤接受要求非常困難。

@ 在談判桌上，外交總長陸徵祥一味周旋。日置益要求天天談判，全天不停地談。陸徵祥藉口事務繁忙、身體不好，堅持每週就談三次，每次三小時。每次談判開始，陸徵祥先寒暄，說天氣、談吃飯，同時安排上茶獻煙。侍從們慢慢地點煙，又鞠躬又作揖，拖延時間。等寒暄品茶畢，談判時間已經過去了一個小時。

@ 不管日方如何危言厲色，陸徵祥都未置可否，並就一些細節發表鴻篇大論。陸的外文說得比中文好，又是上海人，說話夾雜上海口音和外國語法，聽起來很彆扭。他說話拖沓是出了名的。袁世凱一度提名陸徵祥出任內閣總理，他去議院發表演說時，竟然客套話講了一個小時，讓議員們跌破眼鏡，因此沒有通過提名。

@ 日置益遇到陸徵祥這樣的對手，既費力，又抓不到把柄，不好發作。日本要求「二十一條」談判絕對保密，不能向外界洩漏隻言片語 —— 日本要獨霸中國，自然不能讓其他列強知道。袁世凱自然不會迂腐地遵從日本要求。只有讓歐美列強知道了日本的強盜要求，中國才可能爭取到援助，抗擊日本。

@ 時任袁世凱祕書的顧維鈞回憶，每次與日方會晤後，他都要化妝去見美國公使芮恩施和英國公使朱爾典，祕密通報談判內容。北京城裡最早獲悉「二十一條」談判的外國人之一的芮恩施也回憶說：「中國的一些高級

官員幾乎每天都來跟我就他們的困難進行商談」，磋商「對付日本提出的這些要求的最好的辦法」。

@2 月 5 日下午，袁世凱邀請顧問、英國人莫理循來談話，將日本的要求和盤托出。他特別向莫理循介紹了第五號檔案的內容，包括日本控制中國政府、合辦警察、在中國任何地方布教等等。這些要求都強烈侵犯了以長江流域為勢力範圍的英國利益。「總統向我保證，絕不同意那些條款，即使日軍打到新華門也不同意。」

@ 曾長期擔任《泰晤士報》駐華記者的莫理循意識到巨大的新聞價值，回去後立即整理出袁世凱談話內容備忘錄。2 月 9 日，莫理循主動與老東家《泰晤士報》駐北京記者端納聯繫，把整理出來的內容託付他在《泰晤士報》上發表。2 月 11 日，《泰晤士報》收到了端納拍發的長達 318 個字的電訊。

@ 日本料到袁世凱會「以夷制夷」，事先選擇內容最為平緩的 11 條要求，通知各國（無一涉及關鍵的第五號檔案）。由於沒有直接損害列強在華利益，並沒有引起西方政府和媒體的關注。莫理循透過美聯社駐北京通訊員摩爾，把「二十一條」傳到美聯社。美聯社扣了下來，因為摩爾的消息和日本使館「證實」的消息不符。

@ 莫理循等人意識到，日本政府在有目的地矇蔽世界輿論，於是建議袁世凱公布日本要求的全文譯本。2 月 15 日，莫理循終於得到了袁世凱轉交的、拍照複製的「二十一條」全文英文譯本。日本要求曝光後，各國媒體反應熱烈，將有關「二十一條」的新聞衝上頭版版面。列強政府紛紛抗議日本的有意矇蔽。

@ 惱羞成怒的日本政府三次提出交涉「洩密」問題，指責中國政府「大用新聞策略」，「每次會議後外國記者即將內容通告英美」，以致「群言尤雜，人心搖動」。袁世凱反過來指責日本自己沒有做好保密工作，洩漏

內容給報紙,「致中外報章紛紛注意,時為袒中袒日之論,以惹世界之揣測」,怎麼還好意思指責中國?

「二十一條」不簽不行

張程:「二十一條」披露後,國內全民反日。上海、北京、天津、杭州各地,商家、學生和華僑各界,一致要求抗日。十九省將軍由馮國璋、段芝貴領銜致電政府,強烈反日,「有圖破壞中國之完全者,必以死力拒之」;販夫走卒、大嫂大嬸們,閒暇時都聚集在街頭巷尾,除了大罵日本人不是東西,就是商討怎麼「救亡」。

@ 中國人突然都超級愛國,紛紛表示要為國犧牲。署名「浙江全體公民」的文章指出,對於日本的無理要求「雖在婦人孺子無不髮指眥裂,願與一戰而死」。人們最實際的行動,就是抵制日貨。日本貨一夜之間賣不出去了,而且在有些地方還被燒了。中國人圍著火堆高喊抗日口號,日本商人大為驚駭。

@ 反袁勢力在抵抗日本問題上空前一致。1915 年 2 月 25 日,黃興、陳炯明、柏文蔚、鈕永建、李烈鈞五位二次革命的革命領袖通電,除譴責袁世凱獨裁專制外,表示要顧全大局,在國難當頭之際停止反政府行動。

@ 許多革命黨人流亡日本。日本代表提出,如果袁世凱接受「二十一條」,日本政府就驅逐革命黨人,不允許有人在日本反袁。很多革命黨人得知後,覺得成為日本人的籌碼,很屈辱,紛紛離開日本。二次革命期間堅守南京打袁、遭到通緝、流亡日本的何海鳴,冒著生命危險毅然回國,不願意繼續待在日本。

@ 歐美列強對日本趁火打劫,很不高興。日本盟國英國告訴日本,自

己對長江流域英國勢力範圍的「關心」；美國告訴日本，要堅持門戶開放，一個人玩是不行的。不過他們都忙於歐洲的第一次世界大戰，無力也不想對日本採取強硬態度，也就說幾句不痛不癢的話給日本聽，遠遠不足以讓日本放棄「二十一條」。

@ 袁世凱派日籍顧問有賀長雄回國展開「公共外交」，對象是日本政壇元老們。當時中國抵制日貨，重創了日本工業。日本元老們普遍重視對華貿易。為扭轉「二十一條」交涉帶來的外交和經濟兩方面負面影響，元老們紛紛出面，要求內閣做必要的讓步，早日結束僵持不決的中日交涉。

@ 4 月 26 日，日本權衡利弊，主動讓步，提出修正案。比如刪除了對「東部內蒙古」的特權要求，比如改為「儘先聘用日本人」。第四號要求徹底改為：「中國沿岸、港灣及島嶼，概不讓與或租與他國。」對於關鍵的第五號要求，日本修正案用換文和雙方代表的「言明」來代替。修正案依然嚴重侵犯了中國主權和利益。

@ 中國外交部在 5 月 1 日回絕了修正案，提出了「反修正案」，並且宣告這個方案是中方的最後決定。中方全部拒絕第五號要求，允許日本人在南滿生活工作，但不允永租，並要求日本人服從中國法律、交稅。中國要參加日德和談，更要求日本政府承擔日德山東戰爭對中國產生的損失。

@ 為了向袁世凱政府施加壓力，日軍以換防為名向大連、青島及塘沽等地增派軍隊；頒布關東戒嚴令，命令山東、奉天（遼寧）日軍備戰，武力威脅袁世凱。袁世凱堅持「凡屬中國能夠讓步者，均已作了讓步，但慮及中國主權和與其他外國條約之關係以及國內輿論沸騰等，終不能再作更多之讓步」。

@ 日本元老派對現政府固執「二十一條」要求，嚴重惡化中日關係，導致日本在華經濟損失，強烈不滿。政府不聽話，他們就直接向天皇施加壓力。5 月 6 日，日本御前會議由天皇「聖裁」，決定消除最關鍵、讓中國反應最激烈的第五號要求。「二十一條」中最有殺傷力的第五號要求，因

為日本的主動撤除，走進了歷史。

@5月7日下午，日本駐華公使日置益在整整交涉了110天無果以後，主動造訪外交總長陸徵祥，拿出了檔案名《覺書》的最後通牒，除第五號外，限中國在48小時內完全接受4月26日日本修正案的其他所有內容。日置益警告日本在華軍隊已經蓄勢待發，「如到期未收到滿意之答覆，帝國政府將執認為必要之手段」。

張程：袁世凱在5月8日午後召集國事會議，商議如何應對日本最後通牒。開會之前，袁世凱的老朋友、英國駐華公使朱爾典緊急會見了陸徵祥，代表袁世凱寄予厚望的英國政府，建議袁世凱「接受」日本的最後通牒。這也是歐美列強的共同意思。洋人朋友在最後關頭，拋棄了袁世凱。

@袁世凱在會上發言：「中國雖弱，苟侵及我主權，束縛我內政，如第五號所列者，我必誓死力拒」，「不得已接受日本通牒之要求，是何等痛心！何等恥辱！」「經此大難以後，大家務要認此次接受日本要求為奇恥大辱，本臥薪嘗膽之精神，做奮發有為之事業」。

@袁世凱還說：「若事過境遷，因循忘恥，則不特今日之屈服奇恥無報復之時，恐十年以後，中國之危險更甚於今日，亡國之痛，即在目前。我負國民託付之重，絕不為亡國之民。但國之興，諸君與有責，國之亡，諸君亦與有責也。」

@1915年5月9日，袁世凱政府通知日本，宣布接受最後通牒。消息一經傳出，舉國譁然。各地和各團體奔走呼號，集會遊行，誓不承認「二十一條」要求，並要求懲辦賣國賊陸徵祥、曹汝霖。全國教育聯合會決定將接受最後通牒的5月9日定為「國恥紀念日」。

@「吾人如把日本提出的『二十一條要求』原件和簽訂後的新約相比，可見二者有霄壤之別。當然我們不能否認，這部新約也是一部喪權辱國的條約。……日本雖費盡心機，提出滅亡中國的『二十一條要求』，弄得臭名

昭彰，後來也只落得個雷聲大、雨點小的收場，為天下笑。」（唐德剛著：《袁世當國》。）

＠條約規定日本人可以自由在東北南部買地從事經濟活動。東北軍界和民間則樹立了一條不成文的「懲治國賊條例」：未經政府許可將田地賣給外國的人以賣國賊論處，殺無赦。張作霖在東北公開揚言：日本人如敢走出附屬地一步，中國政府就不能保證他的安全。直到袁世凱死後多年，日本人依然龜縮在東北少數據點中。

＠至於那些被中國各機關「聘用」的日本顧問，感嘆：「我等名為顧問，其實絕無人顧，絕無人問。」

鍾伯毅：「二十一條」交涉，袁氏所允許日人者太大，致為國人所痛恨！唯袁氏動機是否賣國，亦未必盡如其政敵所攻擊者，以後袁氏親筆證據陸續發現，均難謂其居心賣國。「二十一條」對於中國自屬不利，但袁氏以後當政之袞袞諸公所做喪權辱國之事，更有甚於「二十一條」者。

復辟得磕磕絆絆

何信基：＃袁世凱復辟＃袁世凱的兒子袁克定親自到瑞士買了一幢洋房給父親，建築和裝置都很精緻，準備作為老爺子的退身之所。袁世凱轉手就送給外交總長陸徵祥了，用來拉攏他。而陸徵祥篤信天主教，又轉送給了梵蒂岡教廷。

張程：袁世凱不會出國的。圖謀復辟的時候，親信馮國璋從南京跑到北京，面見袁世凱，詢問老闆的真實意思。袁世凱騙他說：「我的兒子都不成器，我當了皇帝以後傳位給誰？我已經讓克定在英國替我購置房產了，等不當總統了就去養老。」馮國璋竟然輕信了這樣的鬼話。

徐世昌：帝制甚囂塵上，某日政事堂會議，提出查禁的問題。袁世凱說：「宣統滿族，業已讓位，果要皇帝，自屬漢族。清係自明取得，便當找姓朱的，好是明洪武後人，如尋不著，朱總長（交通總長朱啟鈐）也可以做。」袁世凱公開倡言帝制，從此開始。

@ 民國初年，袁世凱常和我談到孫中山坦白、黃興憨直，很想與國民黨合作。宋教仁堅持政黨內閣，國會議員事事挾持政府，袁世凱覺得國民黨不能合作，於是改變態度與國民黨為敵。

@ 袁世凱本來想引進步黨為友，進步黨人也想為袁幫忙，無奈梁啟超他們學者氣味太重，在政治上沒有表現。袁世凱認為此輩書生，不過紙上談兵而已。

@ 一天，袁克定約梁士詒談話，單刀直入，問變更帝制肯否幫忙，並加以恫嚇。梁士詒不敢持異議，就說需要回去商量之後再答覆。當夜召集交通系的人員開會，認為贊成不要臉，不贊成就不要頭，結果大家要頭，一時傳為笑談。帝制派就以交通系為臺柱了。

何信基：袁世凱復辟後，要製作玉璽，為了尋找玉器原料，把北京、天津玉器行的商人都找來，讓各家提供原料。結果切開一塊，不夠標準，再切開一塊，還是不夠。玉器商人們交頭接耳：西太后當年要做玉器，切塊材料就能用，怎麼到老袁身上就這麼不順利呢？

張程：袁世凱復辟的確磕磕絆絆，極不順利。人心已經不傾向帝制了。猜想鼓吹復辟的爪牙們心中也在打鼓。

張程：袁世凱很在意輿論對復辟的意見，經常閱讀《順天時報》。他準備復辟後，《順天時報》天天刊登擁戴帝制的言論。有一天，袁世凱看到女兒包花生米的報紙，竟然是痛批自己的《順天時報》。原來，他的大公子袁克定偽造了一份只讓袁世凱一個人看的假報紙。袁世凱雷霆大怒，重責了兒子。

@ 袁世凱看到中南海居仁堂梁上纏繞了一條渾身赤色的蟒蛇，見人不但不怕還很溫順地慢慢爬走。這是中國傳統權謀中司空見慣的祥瑞。但凡祥瑞，九假一真。這蛇是袁克定從馬戲團借來的。

@ 北海曾挖出一塊石碑，用篆書寫著：「（宣）統失綱，洪（憲）命歸。」袁氏祖塋守墳人報告袁世凱袁保中墳側，夜間不時有紅光出現，形同火炬，照耀四方，祖塋附近還長出一株紫藤樹，狀似盤龍，長逾丈許。最離奇的是，祖墳附近突然出現了一塊大石頭，上寫：「天命攸歸。」這也是袁克定的傑作。

袁世凱孫子袁家騮：祖父稱帝，實在是怪我的大伯父！

張程：東莞人張伯禎偽造了《袁氏世系》，「證明」袁世凱是三國梟雄袁紹、明末英雄袁崇煥的後裔。順德人羅敦曧也湊上來拍馬屁，題言：「項城今日正位燕京，食舊德也。名德之後，必有達人。」北京政府的小人們得此「神作」，馬上奏請尊袁崇煥為「肇祖原皇帝」，大修崇文門外的袁墓。袁世凱還派專使致祭袁崇煥。

顧維鈞：我當過袁世凱的祕書。袁世凱是個非常迷信的人。他的稱帝與袁家男子的壽命有關。袁家幾代人沒有活過 58 歲的。最長壽的袁甲三也才活了 57 歲。袁世凱眼看就要到這個極限了，非常恐懼死亡，妄圖透過稱帝來逃過宿命。沒想到，袁世凱稱帝了，還是沒活過 58 歲。

張程：1915 年 12 月 11 日，參政會作為國民總代表，舉行國體總投票。結果 1,993 名代表全部贊成君主立憲，沒有一人反對，沒有一人棄權，沒有一張廢票。投票後立即開始「擁戴表決」，工作人員喊：推戴袁大總統為大皇帝的，起立。所有人都起立，並且全部簽署了擁戴書。

@1915 年 12 月 13 日，袁世凱在居仁堂接受百官朝賀，改國號為中華帝國，改元洪憲，並發表簡短演說：大位在身，永無息肩之日。故皇帝實為憂勤惕勵之地位，絕不可以安富尊榮視之。且歷代皇帝子孫鮮有善果，

平時一切學問職業皆不得自由，故皇室難期發達，予為救國救民計，犧牲子民，亦不敢避。

瘋子章太炎

張程：# 章太炎個性張揚 # 在東京加入同盟會時，章太炎即席演講說：「大凡非常的議論，不是神經病的人斷不能想，就能想亦不能說，遇著艱難困苦的時候，不是精神病的人斷不能百折不回，孤行己意。所以古來有大學問成大事業的，必得有神經病，才能做到。」為此，章太炎稱認自己有精神病，也希望人人都有精神病。

@ 據說，章太炎 16 歲時遵從父命參加科舉考試，準備考個秀才。當年試題為「論燦爛之大清國」。這是很簡單、很主流的題目，章太炎硬是奮筆疾書：「吾國民眾當務之急乃光復中華也」。結果被巡場的考官發現了。考官不和小孩子計較，藉口章太炎「癲癇發作」，將他逐出考場。

@ 章太炎主張個性的絕對自由，言行不無誇張。他又迫切要救國強國，不拘泥於某黨某派的利益，覺得對國家有利就讚揚使用者，覺得誰不對就破口大罵。時人多不理解，稱他為「章瘋子」。

@ 章瘋子最瘋的事發生在袁世凱預備稱帝時。章太炎大搖大擺地來到總統府前，以袁世凱頒發給他的大勳章作扇墜，大罵袁世凱包藏禍心者、卑鄙小人。袁世凱不搭理他，他就摔了總統府的東西、砸了家具。結果，袁世凱說章瘋子真瘋了，叫來軍隊架他出去「養病」(1914 年 1 月 7 日)。直到袁死後才獲釋。

@ 章太炎失去了自由，但小日子過得非常舒適。袁世凱為他置辦了宅院，派了巡長二名、巡警八名當他的保鏢，日夜好吃好喝伺候著，章太炎

需要什麼就提供什麼，每月還發他 500 元薪水 —— 坐牢竟然還有薪水！章太炎發脾氣砸家具，砸完了馬上就有嶄新的家具換上。北洋政府專門有一個〈守護章太炎住所規則十二條〉。

@ 因為一切有袁世凱這個冤大頭買單，章太炎就可使勁地「揮霍」，一口氣僱用了十幾個傭人。他知道這些傭人都是袁的密探，故意噁心他們，要求他們稱自己「大老爺」！還規定見面時要垂手低頭，每逢初一十五要向他磕頭請安；犯了錯，還要罰跪罰錢。這還不解癮，還要強迫傭人跟他簽賣身契。密探們有苦說不出。

巡長佟和：1916 年 5 月 18 日，章太炎改穿日本衣服，隨同一個日本人乘坐人力車奔赴前門東車站。我讓兩個巡警跟隨。看章太炎和那日本人就要登車，巡警忙上前攔阻，大呼章「欠債未還」、「我們到法庭理論」等。章太炎說：「我不姓章，誰欠你錢了？」我帶著同事和偵緝隊趕到，將章太炎護送到巡警廳。可惜那日本人乘亂逃了。

張知本：章太炎罵孫中山，與國民黨結仇。他晚年居住蘇州，生計艱難，用積蓄蓋了兩所房屋，一所自居，一所出租補貼家用。陳果夫主政江蘇後，蘇州城內開闢馬路，故意把其中一條馬路建得彎彎曲曲的，穿越章宅，逼章太炎拆遷。後經葉楚傖等辛亥元老向陳果夫求情，蘇州再次修改建設路線，章太炎的住所倖免拆除。

中國還需要皇帝嗎？

張程：# 袁世凱稱帝 # 袁世凱認為：「國力之強否，視其內政外交之若何；而內政外交之善否，又視其政府之強固與否，而國體之為君主為民主不與焉。」也就是說，國家的富強，與實行何種體制沒有必然關係。袁

世凱希望中國富強，認為民國初年國家的貧弱與混亂，原因是政府缺乏權威，缺乏一個強權人物帶領國家前進。

@ 袁世凱把民國初年的亂象歸咎為國會束縛行政，政府施政方針難以有效貫徹執行。他說：「國家既採法治主義，庶政皆藉法律以行；而國會紛爭，議案叢脞，累日不能決一條，經月不能頒一律。律文既缺，何所遵依？而國家作用，一旦不能滯停，政府措施，處處動成違法。以云責任，更安取裁？」

@ 上海《時事新報》曾在 1912 年 12 月 28 日刊載社論〈內閣制果能實行於中國否〉，認為社會多數人沒有排斥袁世凱，在今日中國的情況下袁世凱適合做強權總統。雲南都督蔡鍔聯合八位都督通電，支持袁世凱建立總統集權制，要求賦予袁世凱長任期、否決立法和解散國會的大權。

@ 第一屆內閣總理唐紹儀辦事較真。袁世凱頒布命令，他都認真副署，還三天兩頭要老袁「收回成命」或者機械蓋章。袁世凱的隨從見到唐紹儀都說：「唐總理又來欺侮我們總統了。」到最後，袁世凱對有幾十年交情的唐紹儀說：「少川，我老了，你來當總統吧！」唐紹儀苦悶地說：「多任總理一日，即多負罪一日。」

@1913 年選舉正式大總統。袁世凱指使手下堵大門喊口號，不選自己不讓議員走，還不給飯吃。議員們忍飢挨餓，堅持到晚上 9 時，終於堅持不住了。袁世凱以些微多數當選為民國第一任正式大總統。醜聞傳出，各地報紙多有不滿。國務院即通電各省：「此次選舉並無軍警干涉情事，倘敢捏造蜚言，嚴懲不貸。」

張口評史：按照袁世凱當日的實際地位和支持率，如果不搞下三濫的把戲，也很有可能當選。不過為了百分百保險，耍了回流氓。

張程：當選後，袁世凱舉行大總統就職典禮。典禮既不在總統府，也不在國會內舉行，而選在紫禁城太和殿。太和殿正是明清兩代皇帝登基的

地方。總統就職，袁世凱坐北朝南，議長、議員們排在左右兩側，像君臣上朝一樣聽袁世凱的宣誓。

@1914 年 1 月 10 日，袁世凱宣布解散國會，將議員遣送回籍。他寫信給各地方長官，各地長官多數面臨和袁世凱同樣的麻煩：受同級議會掣肘，施展不開拳腳。

袁世凱集權和強權的做法代表了他們的意見。甘肅、山東、安徽等省民政長官還指控本地議會，「平時把持財政，抵抗稅捐，干預詞訟，妨礙行政」。

@ 袁世凱抨擊議會制度「名曰平等，實以少數人壓制多數，名曰自由，實以少數人侵略多數，名曰共和，實以少數犧牲大多數之生命財產者也」。他再次強調國家的強大是政府追求的目標，國家強大與否與採取何種國體無關。

@1914 年 5 月 1 日展現袁世凱意志的《中華民國約法》公布。《中華民國約法》明確實行總統制，總統總攬大權，設定類似總理的國務卿輔助總統，成立參政院作為總統的諮詢和事後審議機構，而立法權歸屬專門的立法院。

@ 新成立的參政院炮製了《大總統選舉法》，規定總統任期十年，連選連任，沒有限制，讓袁世凱成了事實上的終身總統。選舉法仿照清朝祕密立儲的方法，規定由舊總統親書候選人的名字密存金匱石室。如果說這個制度還有什麼民主成分的話，那就是候選人有三個，由臨時選舉會在三人中挑選一人為新總統。

@ 袁世凱的強權統治一度效果明顯。重壓之下，地方實權人物戰戰兢兢，不敢違抗命令。袁世凱頗能依靠工商界，聽取商會和商人的意見，建立健全經濟法規和財政稅收制度，國民經濟取得了重大發展。民國三四年間（1914、1915），民國政府實現了財政收支平衡，統一了貨幣。「袁大頭」銀元成了民國最強勢的貨幣。

張程：古德諾在 1915 年發表了〈共和與君主論〉。這是一篇討論國體與社會關係的學術文章。文章認為各種政體，不論是君主專制還是共和制度，本身沒有優劣高低之分，關鍵是要和社會相適應。君主專制曾帶給人們痛苦，共和制度也能帶來痛苦，世界上惡質民主隨處可見。共和制度需要社會基礎，而且是較高的基礎。

@ 落後國家驟然實現共和，古德諾擔心會出現權力鬥爭。「元首既非世襲，大總統承繼之問題，必不能善為解決」，其結果是軍閥和野心家們為了爭奪權位，大動干戈，對社會帶來破壞。中國就是落後國家，「如用君主制，較共和制為宜，此殆無可疑者也」。

@ 古德諾（Goodnow，Frank Johnson）是美國哥倫比亞大學的法學院院長，美國政治學會的創始人，政治學和行政學的權威，是當時世界上第一流的政治理論家。據說袁世凱的祕書顧維鈞是古德諾的博士生；曾仕外交總長和司法總長的王寵惠畢業於耶魯大學，是古德諾的崇拜者，經他們兩人推薦，民國政府聘請古德諾為顧問。

@ 還有一種說法是，宋教仁擔任南京臨時政府法制局長的時候聘任古德諾。但古德諾尚未赴任，宋教仁就被暗殺了。總之，古德諾來華純粹是擔任政府顧問，並非袁世凱拉攏過來，更不是為鼓吹帝制而來的。

@ 事實上，古德諾在華時間很短。民國政府和他簽訂的聘任合約期是三年。古德諾 1913 年到北京上任，1914 年 8 月因為被美國霍普金斯大學聘任為校長而回國，1915 年第二次短暫來華 6 周，總共在華時間不過一年半。

@ 復辟之風颳起，很多人說古德諾在中國宣揚帝制。古德諾特意召開記者會，並公布原文，以正視聽。但髒帽子戴上後脫不下來了。他出任霍普金斯大學校長時，聲望與日後美國總統、普林斯頓大學校長威爾遜不相上下。共和黨有意提名他競選總統。不想在華復辟「醜聞」傳來，美國人

對古德諾避猶不及，選總統更沒戲了。

@ 楊度贊成古德諾的純學術推演。他進一步認為，多數中國人根本不知道共和是怎麼回事。共和制不適宜中國。野心家人人都想當大總統，會不惜用武力來爭奪。楊度擔心競爭總統的戰亂不可避免；事實證明，民國成立後「中央威信，遠不如前，遍地散沙，不可收拾」。實行君主立憲，比不成熟的共和制要好。

@ 楊度聯合孫毓筠、李燮和、胡瑛、劉師培、嚴復發起成立「籌安會」，宣告共和政治不適合中國，只有恢復帝制。他們廣為散發〈君憲救國論〉的復辟綱領，電請各地派代表赴京，共同討論國體問題。反對復辟的人要求取締籌安會，袁世凱說「籌安會乃績學之士所組織」，學術自由，還派兵荷槍實彈保護六人住宅。

鍾伯毅：楊度倡組籌安會，野心不小。袁世凱曾想提名他出任教育總長，楊度認為是閒職，不屑屈就，藉口「幫忙不幫閒」一語謝絕之。袁世凱贈送楊度匾額，題「曠世逸才」四字，可見袁氏對楊之推崇。

張程：社會上傳聞北洋將領倪嗣沖、馮國璋等人向袁世凱祕密上表勸進，還有模有樣地傳言倪說：「孫、黃失勢，已入英雄之彀中；黎、段盡心，可寄將軍於閫外。」表示北洋將軍忠心支持袁世凱稱帝。在社會輿論的指責下，倪嗣沖、馮國璋不能不通電闢謠，馮國璋甚至要和報館編輯打誹謗官司。

@ 復辟途中，把兄弟徐世昌勸袁世凱慎重：「凡事當熟計屬害，萬一半途而廢將何術以轉圜？」袁世凱說：「國中有權力者豈亦反對此舉乎？」徐世昌回答：「段祺瑞從公最久，已首先反對，他可弗論。」掌握實權的陸軍總長段祺瑞也反對復辟帝制。內史監阮忠樞曾拉攏段祺瑞共同擁戴勸進，遭到段祺瑞厲聲斥責。

@ 袁世凱專門找段祺瑞談勸進的事。段祺瑞說，帝制已經被人民拋

棄，復辟帝制不得人心，況且自己當年領頭逼清王朝讓位共和，如今怎麼能擁戴復辟呢？袁世凱只問段祺瑞個人的真實心意。段祺瑞說跟隨袁世凱二十多年了，不忍心看老長官為眼前罪人，請袁世凱取消復辟。袁世凱不快，解除了段祺瑞的陸軍總長職務。

張程：護國戰爭的聲勢很大，但實力非常有限。作為護國軍主力的滇軍出征部隊也就幾千人，戰場僅僅局限在四川南部和湖南南部。袁世凱不但沒有鎮壓這次小範圍的叛亂，還被護國軍推翻了。因為他已經指揮不動貌似強大的北洋軍了。

@ 袁世凱先是讓段祺瑞掛帥征討護國軍，段祺瑞藉口「宿疾未癒」不領命。暗地裡，段祺瑞卻和蔡鍔互通消息。蔡鍔潛出京城前就找段祺瑞商量過。在北洋系統內，段祺瑞可不是普通將領，而是影響一大批人的關鍵人物。他「對於統兵將帥，威信猶存」，袁派往前線的曹錕、張敬堯等人暗中都聽從段的意見，按兵不動。

@ 袁世凱希望南京的馮國璋進京主持鎮壓大事。馮國璋卻聯合江西將軍李純、山東將軍靳雲鵬、浙江將軍朱瑞和長江巡閱使張勳發了「取消帝制，以安人心」的密電給袁世凱。這就是「五將軍密電」。五個人都是北洋地方實力派，他們的聯手逼宮，宛如當年袁世凱對隆裕太后的逼宮，對袁世凱的打擊遠比護國軍要大。

@ 袁世凱無奈之下，燒毀了收到的所有擁戴書和勸進表，被迫同意取消帝制。

@ 取消帝制的電稿已經擬好，準備向全國拍發了，袁世凱突然下令收回電稿。徐世昌、段祺瑞聞言，擔心袁世凱反悔，連忙返回中南海詢問袁世凱為什麼收回電文。袁世凱無可奈何，只好說：「我要改動裡頭幾個字。」隨後，取消帝制的通電由徐世昌副署，向全國釋出。這天是 3 月 22 日，距離洪憲開國只有 81 天。

「曲線救國」的小鳳仙

張程：＃小鳳仙事蹟＃1915 年 11 月 11 日，蔡鍔將軍在妓女小鳳仙的幫助下潛逃出北京，轉道雲南。這是護國運動籌備的重要一環。有說是小鳳仙高調地陪蔡鍔逛鬧市，暗中協助蔡鍔和他人換裝，騙過了袁世凱的密探。也有說小鳳仙和蔡鍔去聽戲，自己拖住密探，方便蔡鍔逃走。總之，小鳳仙在其中功不可沒。此舉也讓小鳳仙成了和賽金花齊名的「愛國妓女」。

＠ 和廣大妓女一樣，小鳳仙身世眾說紛紜。主流說法是她生於杭州一沒落的軍官人家，十三四歲即遭到倒賣，最後淪落風塵，在北京八大胡同當妓女。有說她是八大胡同的頭牌，有說她只是一般妓女。1915 年夏天，30 歲的蔡鍔，佯裝尋花問柳，自甘墮落，希望騙過袁世凱。他遇到的就是年方 16 歲的小鳳仙。

＠ 蔡鍔和小鳳仙「搞」得火熱。密探們曾聽到蔡家因此鬧得雞飛狗跳。蔡鍔原配夫人勸丈夫不要沉迷妓院，蔡鍔趁勢發作，要將夫人休掉，打回老家。袁世凱接到報告後，不免對蔡鍔放鬆了一些警惕。後來，蔡鍔還真的把夫人送回老家。這倒方便了他日後起兵反袁。據說這是小鳳仙獻的「金蟬脫殼」之計。

＠ 但蔡鍔長子蔡端說，蔡鍔當時雖涉足八大胡同，但並不常去。生母潘夫人曾說，有一次蔡鍔帶家眷去看戲，曾指著包廂裡一個年輕女子說：她就是小鳳仙。可見，蔡鍔與小鳳仙雖有交往，但沒有到出雙入對的地步，也沒有背著家人。而蔡鍔將夫人遣送回籍的原因是夫人懷孕了，想回娘家生育，並不是有意離京。

＠ 也有說法是，袁世凱雖然覺得蔡鍔有異心，但並沒有限制蔡鍔的人身自由。當時蔡鍔喉疾很嚴重，要求去日本醫治。理由充分，袁世凱沒有

理由不准，因此批了蔡鍔三個月的假，這在當時的政府公報均有記載。這些說法，就否定了小鳳仙的歷史作用。

@ 不管怎樣，小鳳仙和蔡鍔的這一別，就是永別。1916 年，蔡鍔病逝，在追悼會上小鳳仙送上兩副輓聯。其一為：「不幸周郎竟短命；早知李靖是英雄。」其二為：「萬里南天鵬翼，直上扶搖，那堪憂患餘生，萍水姻緣終一夢；幾年北地胭脂，自愁淪落，贏得英雄知己，桃花顏色亦千秋。」據說蔡鍔與小鳳仙立有婚約，但部下和友人頗排斥小鳳仙，進而否認了小鳳仙與蔡鍔的關係。

@ 不知是對蔡鍔情深義重，還是生意不好，小鳳仙之後搬出了八大胡同，離開北京，改名換姓，以做手工活計謀生，生活貧苦。後來和一名奉軍軍官結婚，在瀋陽長住下來。丈夫死後，小鳳仙淪落為瀋陽的一個貧民。1949 年後，小鳳仙改名張洗非，在瀋陽公立機關的幼稚園裡當保育員，大約 60 歲時病死於瀋陽。

@1951 年梅蘭芳率團去瀋陽演出，收到小鳳仙的一封信，說 34 年前曾與梅先生見過一面，希望能「賜晤一談」。梅先生約她見了面，並由許姬傳和她做了一次談話。「她曾嫁給東北軍的師長……現在嫁了東北政府方面總務處的一個工人」。（安迪《深圳商報》文章〈小鳳仙未嫁王克敏〉，轉引自《許姬傳藝壇漫錄》）@「我覺得靠勞動吃飯最光榮，48 歲那年，我進被服廠工作，以後做保母工作。」

後來梅先生找了人幫她解決了工作問題，到政府機關的學校當保健員，之後再也沒有聯繫。「不知情況如何，她的年齡與我相仿，已是 80 以上的老人了。」許姬傳寫這段話是在 1980 年代。（安迪上文）

穿龍袍入葬的袁世凱

何信基：＃袁世凱喪事＃我們家和袁世凱家是世交，我大姐又是袁世凱的四兒媳，所以我經常去袁家走動。袁世凱荒淫好色，在朝鮮討了三個老婆，都是朝鮮閔妃送的。前後娶妻納妾有 10 人之多，其中二房沈氏、九房劉氏都是妓女出身。另外，袁世凱沾染的閒花野草不計其數，因此只活到 58 歲就病故了。

巴勒弟：我是為袁世凱臨終出診的德國醫生巴勒弟。病人身高 153 公分，身材臃腫肥大，體重竟達 83 公斤，腰圍超過 3 尺。病人患糖尿病、高血壓多年，前列腺肥大。臨終前，病人噁心、嘔吐和腹瀉，口腔潰爛出血，且伴有浮腫、嗜睡、抽搐、昏迷等症狀。面部灰黃。病人是因為多項慢性病激發，加上強烈精神刺激而亡的。

張程：民間傳說奪袁世凱命的是「二陳湯」。所謂的「二陳湯」暗喻四川將軍陳宧、陝西將軍陳樹藩、湖南將軍湯薌銘。三人都是袁擢升的心腹。陳宧曾跪倒在袁腳下，一把鼻涕一把淚地發誓效忠。湯薌銘不僅發誓效忠，還當眾長跪，高呼：「擁戴袁世凱為皇帝！」連他們都宣布獨立，逼袁退位了，袁世凱心裡如何受得了？

馮國璋：1916 年 6 月 6 日，我收到國務院急電：袁大總統薨逝。大總統這麼一個英明人物，想不到會落到現在這樣的結果！

袁靜雪：我父親是活著進的新華門，直到死後才被抬著出了這個門。

袁姓同鄉會：我族人袁世凱冒天下之大不韙，悍然復辟稱帝。這是他個人行為，不代表我族人的觀點。項城袁家一直由袁世凱兄長袁世敦主持家政，袁世敦已拒絕袁世凱入葬項城袁家祖墳。復辟前後，袁世凱的弟弟和妹妹都發表宣告，和袁世凱斷絕關係，不接受洪憲帝國的封賞、也不對復辟負任何責任。

顧維鈞：袁世凱不懂得共和國是個什麼樣子，也不知道共和國為什麼一定比其他形式的政體優越。他的統治越來越趨向帝制，保持舊的制度，使自己高高在上。他不只是不了解共和國需要什麼或民主如何發揮作用，看來他根本沒有實現共和或民主的願望。

鍾伯毅：袁世凱籌安稱帝，實鑄成大錯，終至眾叛親離，抱恨而終。如果不這麼做，袁世凱的聲望和勢力，絕非國民黨人士所能撼動。

唐德剛：袁世凱在近代中國歷史轉型期中，也算是一個悲劇人物。客觀歷史早已注定他這個邊緣政客（marginal politician）不論前進或後退，都必然是個失敗的悲劇人物。

張程：袁世凱小時候，叔叔曾問他有什麼理想，小袁認真思考後回答：「願流芳百世、毋遺臭萬年。」臨終時，袁世凱回憶起了這段往事。眼看自己要遺臭萬年了，他對圍繞床前的家人坦承：「此是余自己不好，不能咎人。」

中華遺產：袁世凱在直隸總督任上，生母劉氏去世。大哥袁世敦因為劉氏是小妾，不許她入葬袁家祖墳。袁世凱為此與大哥結怨，終生不回項城老家。他死後，老家人更是不讓他入葬祖墳。最後，袁世凱未能落葉歸根，而是葬在彰德（今河南安陽）。

@ 袁世凱死後，北洋政府絕口不提復辟醜事。新總統黎元洪釋出優禮令，稱袁世凱是「中國第一華盛頓」，備加褒獎：「前大總統贊成共和，奠定大局，苦心擘畫，昕析勤勞，天不假年，遘疾長逝。追懷首績，薄海同悲。」政府下令全國機關下半旗 27 天、停止宴樂 27 天，禁止一切民間娛樂 7 天；文武官員一律佩戴黑紗。

中華遺產：北洋政府還在中南海城裡「恭辦喪禮處」，為袁世凱舉行公祭、出殯。袁世凱棺材從中南海新華門移出，由 80 人抬棺，抬入火車，經京漢鐵路運到彰德墓地。袁克定想效仿帝王將墓地稱為「袁陵」。徐世

昌反對：「項城生前稱帝未成，未曾身居大寶，用『陵』字不妥。不如用『林』字，避陵之名，有陵之實。」

@ 袁世凱女兒袁靜雪說，父親墓地周圍當年廣栽樹木，被政府命名為「袁公林」。不過從來只有聖人的墓才能命名為「林」，比如「孔林」、「關林」。袁世凱的墓地叫「袁林」，看似低調避諱，其實相當高調僭越。

@ 袁林在袁世凱死後兩年間，由河南政府監造完工，占地 10 萬平方公尺，前半部分仿照傳統皇陵，後半部分借鑑美國總統格蘭特的廬墓。政府撥款 50 萬元，另外段祺瑞、王士珍、段芝貴等北洋袍澤慷慨解囊，這才修建成了堪比帝王陵寢的袁林。

@ 軍閥混戰期間，馮玉祥部和奉軍在彰德激戰。在硝煙滾滾的火海中，馮軍和奉軍都下令：不許擅入和毀壞袁林，違者以軍法處置。

張口評史：袁世凱的名聲雖然臭了，但是北洋舊部還是相當維護他，對他的後事挺上心的！畢竟袁世凱是「北洋之父」。沒有袁世凱，馮國璋、段祺瑞、王士珍他們還不知道在哪裡當草根呢！袁世凱死後掌握北洋政府實權的段祺瑞也好，其他軍閥也好，都要透過尊崇袁世凱來為自己增加道德光彩，在北洋內部競爭。

中華遺產：袁墓有兩間墓室，一間葬袁世凱，一間葬袁世凱的原配夫人于氏。當年，袁世凱因為自己生母是側室，不能和其父合葬，鬧得兄弟反目。誰知自己死後也還是一樣，他的妾室也都不能和他同眠地下。

@ 袁世凱的遺體頭戴平天冠，身穿祭天禮服，如「大行皇帝」一般。袁世凱七子袁克齊回憶，父親死後身體浮腫起來，所有衣服都穿不上，只有肥大的祭天禮服還能穿。袁家人在徵得黎元洪、徐世昌、段祺瑞同意後，為袁世凱穿上了祭天用的「龍袍」。

正常婚姻與政治婚姻

黎紹芬：# 黎元洪事蹟 # 我父親黎元洪和母親吳氏從小定親，母親 8 歲就入住黎家。父親 22 歲時和母親結婚，不久祖父病故，家庭生活困難，全靠父親在北洋水師學堂每月 9 元的學生補貼生活。母親就縫製鞋墊出賣，貼補家用。父母二人相依為命，感情深厚。

張程：西元 1894 年，黎元洪任南祥水師「廣甲」號二管輪。黃海海戰中，廣甲號管帶吳敬榮率艦臨陣脫逃，結果慌不擇路而擱淺。日軍尾隨而來，吳敬榮獨自逃生，官兵決定鑿船自沉，船沉後，官兵們落海逃命。黎元洪不會游泳，卻在與大海拚搏 3 個多小時後漂到岸邊獲救。廣甲號只有四名官兵獲救，黎元洪就是其中一個。

黎紹芬：父親當官後，同僚們都納妾，也有人勸他納妾。父親說：「我太太跟我受過苦，不能對不起她。」後來，父親還是納了兩個妾，但每逢正事宴會或者招待外賓，都由我母親出面，不要妾室出場。

@ 父親擔任協統後，每月俸祿有 500 兩。父親躊躇滿志地對母親說：「生活好了，衣食可以考究一些。」母親不以為然，認為應該積蓄錢財購置田地，就在武昌鄉下買了不少土地出租。

@1911 年 10 月 10 日武昌起義，城裡大亂，我們一家人驚恐萬狀，不知所措，整夜都不敢闔眼。當夜父親不在家中，有人還來叩我家大門，問：「黎統領在家嗎？」第二天，父親的親隨樊達貴來家裡，我忙問他父親怎麼樣了。他回答：「大人被革命黨人請出去當都督了。」

張程：11 日下午，黎元洪被逼到諮議局。革命官兵和立憲派立即宣布黎元洪為湖北軍政府都督。黎元洪馬上跳起來，甩著長長的辮子說：「茲事體大，務須謹慎，我實在不能勝任，請各位另請高明吧！」革命黨人朱樹烈情緒激憤，抽刀剁下一根手指，用血淋淋的斷指指著黎元洪：「你要

再說一個『不』字，我就和你拚命。」

@ 革命官兵也不管他同意與否，著手組織政權，寫好安民文告送到黎元洪面前要他簽署。黎元洪連連擺手說：「莫害我！莫害我！」革命黨人李翊東見狀，提筆在布告上寫了個「黎」字，張貼了出去。按照東京同盟會預擬的文稿，布告寫著「中華民國軍政府鄂軍都督黎」，這是用「中華民國」字樣發出的第一張布告。

@ 清朝陸軍大臣蔭昌奉命率北洋軍南下鎮壓，順道去洹上村拜訪了「請病假中」的袁世凱。蔭昌樂觀地表示：「武昌不過是烏合之眾，無人主持，此去不難撲滅。」袁世凱正色道：「亂軍以黎元洪為都督，何謂無人？」

張知本：辛亥革命期間，我參加湖北都督府部長會議，參與最高決策。每次會議，黎元洪任主席，很少發言。一日議及毀壞黃河鐵橋，組織北軍進貢。黎元洪認為革命軍局限一地，不是長久之計，如果出師北伐，黃河為必經之地，鐵橋應該留存，不宜破壞。我感覺他像是大智若愚的人。

黎紹芬：武漢保衛戰期間，父親已經是湖北都督了。他吩咐樊達貴轉告我們逃到上海。我們到上海公共租界找了一所樓房的三樓住下，母親囑附我們不得外出，遇人問話，不要說來自武昌，也不要說姓黎，要說姓吳。我們整天悶在樓上，主要是怕時局有變，萬不得已時可以託庇帝國主義苟全性命。

@ 父親下臺後在天津閒住。美國的鋼筆大王帕克專程拜訪我父親，來時，特製了一支硃砂色的金筆送給父親，並要求用這支筆為他簽字。帕克回國後，將我父親親筆簽名製成廣告，到處宣傳。

黎紹芬：1913 年，袁世凱逼我父親到北京擔任副總統，後來又兼任參政院院長，月薪 5 萬元。但我父親每天除了散步、讀書、閱報、寫字

外，並沒有公務可辦，也沒有人來請示匯報。我們全家都住在中南海的瀛臺 —— 慈禧囚禁光緒的地方。

@ 袁世凱死後，袁家來報喪。父親懷疑袁世凱搞陰謀詭計，不敢去弔喪，就派我去探喪，看看袁世凱是否真的死了。父親叫我去看看袁家的人穿孝沒有？棺材停在什麼地方？我去後，見袁世凱屍體停在懷仁堂，蓋著黃緞陀羅經被，還沒有入殮。袁家的男女都穿孝。我回報父親，他才相信袁世凱真死了。

@ 袁世凱死後一天，父親帶著兩個衛士去總統府後的金匱石屋，取袁世凱生前留下的總統繼任人選名單。有人提醒父親注意，怕石屋附近埋有炸彈，遭其陷害。我好奇，跟隨在父親身後，因而遭到斥責。取回名單看，第一名就是「黎元洪」。

@ 袁世凱生前要和我們家聯姻。父親決定把大妹黎紹芳許配給袁世凱的九子袁克久。紹芳當年才 8 歲，我母親對此婚事非常不滿。父親說：「沒辦法！這是政治婚姻。」他們多年的和睦夫妻，竟然因此失和，一個月之內互不理睬。

@ 大妹當年才 8 歲，長大後對這樁婚事很不滿，精神憂鬱，終日悶悶不樂。袁世凱死後，大妹曾找父親商議退婚，父親認為既已經訂婚，就不能反悔，斷然拒絕。大妹更加憂鬱，精神開始失常。1930 年我父母都已經去世，袁家來催婚。我家告知大妹精神失常。袁克久說：「我是為我父親才答應和令妹結婚，犧牲自己的。」

張口評史：政治婚姻害死人，男女雙方都不得幸福啊！

政壇不倒翁

陳潮一：＃徐世昌事蹟＃徐世昌青年潦倒，在陳州縣衙當小吏。一次去遊覽某處別墅，看門的不讓進，徐世昌不管，昂然徑入，至仰山堂，看到一個同齡人在讀書。徐世昌上前作揖，讀書人起立還揖，請徐世昌上座交談。兩人坐談良久，慷慨論天下事，互相傾服，遂訂交。這個讀書人就是袁世凱。

張口評史：徐世昌當時混沌潦倒，為了生計四處奔波。袁世凱恰居陳州。袁世凱是個「官二代」兼「富二代」，一紈褲子弟，終日呼朋引伴、騎馬喝酒，考試找槍手，名聲很不好。袁世凱也要臉面，就附庸風雅，成立了所謂的文社，講座、交流什麼的。袁世凱出錢而已。不想招來許多吃白食、打秋風的。猜想徐世昌就是後者。

張程：徐世昌的籍貫很有趣。他的遠祖是浙江寧波鄞縣人，後遷天津，徐家就以天津為籍貫。但他祖父、父親在河南為官，所以家居河南。徐世昌出生在河南省衛輝。清朝民國官場重鄉情，徐世昌對外宣傳的籍貫就有浙江、天津、河南三地之多，和三個地方的人物都攀鄉親。

＠徐世昌一個草根，最後在晚清當了內閣副總理，可謂「皇恩浩蕩」。徐世昌對清王朝是有感情的。他當民國國務卿後，規定民國政府承認官員在清朝的履歷和功績。他無論在人前人後都把前清稱為「本朝」，把退位的溥儀稱作「上邊」。

＠結拜兄弟袁世凱稱帝後，徐世昌默默隱退，和袁世凱的「洪憲帝國」保持距離。但當袁世凱眾叛親離，敗局已定的時候，徐世昌毅然出山，幫袁世凱收拾殘局。袁世凱在病榻上握著老夥伴的手，泣不成聲。

李寶忱：徐世昌最看重的還是河南同鄉，官署中幾乎都用河南人，外省人幾乎難以立足。我是他的河南同鄉，他家居無事時喜歡和我閒話聊

天，說過去當小吏，月俸三兩，後來當翰林，月俸也只有八兩，還要照顧家小生活，所以一生吃素，不碰菸酒。對在北京、天津和租界內有多處住宅和財產，他卻極少說到。

張口評史：徐世昌，清朝總理、民國總統，也算是亂世一景。

總統是用來罵的

馮容：＃馮國璋事蹟＃爺爺馮國璋從小就愛念書，在書院上學時成績就特別的好，後來因為家裡窮，上不起學才去當了兵，開始就是當一名伙夫。因為在軍中能吃苦耐勞並且受過教育，隨後被推舉進了北洋武備學堂。在學堂放假期間，回河間參加鄉試，考中秀才。西元 1890 年祖父因畢業考試成績優秀被留在學堂當了教員。

張程：馮國璋是北洋軍閥中極個別有科舉功名的人，為此還得到過李鴻章的誇獎。

張口評史：馮國璋書的確讀得不錯，在晚清的軍官考試中也常常名列前茅，還出版過幾本兵書。段祺瑞就不同了，書讀得很差，軍官考試無法通過，還要讓主子袁世凱出面暗箱操作才勉強過關。

馮容：爺爺去朝鮮打仗。日本人多，兵器又好，清軍戰敗了，爺爺只得跟著往回跑。爺爺和他的衛兵閻升一起往北跑到了鴨綠江邊，正愁著沒法過河，忽然從小樹林裡斜著跑過來一匹灰黃色的小高麗馬，這可救了兩個人的命了。爺爺和閻升拽著馬尾巴過了河。這匹馬是匹母馬，從此成了咱家的功臣，以後就有專人照看起來。

＠小站有個德國教官曼德，非常傲慢，一次醉酒起晚了，耽誤了訓練。祖父和士兵們冒著寒風在操場上見他遲遲不來，就去找他。他不但不

認錯，還要動粗，被士兵摁住。他惡人先告狀，透過德國公使到朝廷告祖父。袁世凱很擔心，祖父建議找英國記者揭露真相，輿論大嘩，促使朝廷明確外國教官職責，並解聘了曼德。

@ 我曾聽父親這樣講過：「你爺爺在貴冑學堂當總辦時，上學的都是蒙古和滿清的貴族，學堂裡還附設『王公講習所』。定期聽課的都是王公大臣，濤七爺（載濤，溥儀之叔、攝政王載灃的胞弟）他們也去聽過課。有些紈褲子弟懶得唸書，不好好學，別人不敢管，你爺爺不怕，就拿鞭子抽他們。」

@ 馮國璋可能抽過這些貴冑子弟們，不過效果不大。這些紈褲子弟們，願意上課，就在臨近中午的時候到教室來，聊聊天，唱幾句京劇，然後去吃飯。吃飯的時候有人伺候著，一個人一大桌子菜。即便如此，他們還動不動就砸碗掀桌子，抱怨伙食「太差」。

張程：袁世凱復辟，指示各地進行改變國體的「投票」。江蘇省投票時，馮國璋暗示督軍署的人員一律不當代表，不參加投票。投票當天，馮國璋託病不去，江蘇巡按使來勸請，馮才勉強到場，然而就是呆坐在那裡，一言不發。

@ 袁世凱對馮國璋的態度很不滿意，「提升」他為參謀總長，急電催促進京就職。馮國璋就裝病，拒絕任職，還策動江蘇軍民「挽留」。李純等督軍也通電，主張挽留馮國璋。袁世凱沒辦法，只好讓馮國璋在南京「遙領」參謀總長一職。

張口評史：看來，馮國璋羽翼已豐，直系軍閥的雛形已經顯現。袁大頭對北洋內部的控制力大為減弱了。

張程：馮國璋說：「我是袁大總統一手提拔起來的親信，我們之間，不可諱言是有知遇之恩的。論私交我應該擁護他的，論為國家打算，又萬不能這樣做，做了也未必對他有好處。所以，我決計發電勸袁退位。」

@ 馮國璋聯繫江西都督李純、浙江都督朱瑞、湖南都督湯薌銘、山東都督靳雲鵬，五個將軍聯名向各省發電，名義為諮詢國事，實際上向袁世凱逼宮。史稱「五將軍密電」。袁世凱得悉，當場昏了過去。

張口評史：馮國璋盤踞南京期間，擴充直系軍隊，而且難免有入主中樞的私心，但客觀上維護了東南地區的安定，所以得到了以蘇滬鉅商為主的商民的支持。

張程：馮國璋當總統時，經常被人拿來調侃。他自己也不爭氣，出了名的愛貪小便宜。中南海是明清各代帝王和嬪妃的放生池，幾百年來魚兒們活得可舒適了，沒有被捕撈過。有人就慫恿馮國璋賣魚，說能賣10萬元。馮國璋心動了，用8萬元的批發價，承包給了魚販子撈售。

@ 也有人說，馮國璋不是貪圖那幾塊賣魚錢，而是聽說帝后們放生的時候在魚身上掛了金箔銀片。他是覬覦這些金銀。把中南海抽乾水，大費周章後，不知道馮國璋撈取了多少好處？

@ 馮國璋得了多少好處，難說，他的名聲卻因此大大的臭了。中南海的魚進入北京市場後，四九城裡出現了一道新菜，叫做「總統魚」。人們一邊吃著不知道是不是真的從中南海買來的魚，一邊罵馮國璋小氣、貪財，有人還編了民謠說：「北洋狗尚在，總統魚已無。」馮國璋很不高興，也無可奈何。

張口評史：在江蘇的時候，馮國璋因為被報紙叫做「北洋狗」，還到法院告過報館。

張程：北京大旱，有幕僚跟馮國璋說，按照明清時期的傳統，京城大旱皇帝都要派人到黑龍潭求雨。馮國璋採納照辦了，派了幾個政府官員會同和尚、道士，敲敲打打就去黑龍潭求雨了。雨還沒求來，北京的報紙就罵開了，說馮國璋做不了什麼正事，就知道學封建帝王的老把戲。老百姓也罵：大旱肯定是馮國璋這個總統無德無能的結果。

@ 過幾天，北京下了大雨，旱情緩解了。按說馮國璋辦了一件好事，可是報紙依然罵他，說老天爺看到民國的總統竟然還那麼迷信愚昧，悲哀得哭了。

@ 馮國璋當督軍也好，當總統也好，經常被人罵，日子不好過，心裡也很惱火，可是也沒見他查封報紙、逮捕記者、壓制輿論。套用一句時髦的話來說：總統就是用來挨罵的。他做到了。

張口評史：馮國璋會到法院去告報館，而不是像後來張作霖那樣查封報紙、槍斃記者，說明他還尊重社會寬容度，遵守民主共和背景下的遊戲規則。這是他值得肯定的地方。

折騰哥段祺瑞

鄧漢祥：＃段祺瑞事蹟＃段祺瑞性情憨直，對人對事無所顧忌，直言不諱。他在執政時代完全受制於張作霖與馮玉祥。但他對二人依然該說就說，該指責就指責。他總認為張作霖是土匪出身，馮玉祥是他手下的小兵。北京衛戍司令鹿鍾麟到執政府，段祺瑞也當眾指著他說：「這是我從前的兵。」

@ 段祺瑞擔任臨時執政，湖北督軍蕭耀南派人來獻媚：「我們督軍是您當統制時的小兵，全靠執政的栽培才主持一省軍政，他愛戴執政，猶如赤子之對慈母。」段祺瑞回答：「回去告訴蕭督軍，他是封疆大吏，應該對國家、對人民好，對我個人好，有什麼意義呢？」

@ 一次搓完麻將，陸宗輿告辭，段祺瑞對我說：「打牌雖是遊戲，也可以看出人的好壞來。陸打牌時，鬼鬼祟祟的樣子惹人討厭。別人的票子都擺在桌上，他則裝在衣袋裡，隨時摸取。別人和了牌，他便欠倒一下，

使別人不痛快。」我就問他為什麼還要重用陸宗輿。段祺瑞答：「項城重用他，我並未曾重用他。」

@ 張作霖、馮玉祥兩個實力派都對段祺瑞執政不滿，我見各方非打不可，就勸段祺瑞找個藉口自動下野。當時，他已經沒有軍隊可以依靠了，可還說：「現在有五十幾個國家的代表在北京開關稅會議。我若宣布下野，國際友人難免不責備我們對國家太不負責任。」他不下野，其實就是戀棧，不肯放手。

@ 馮國璋責怪段祺瑞大借外債，勸他慎重。段祺瑞說：「我們對日本也就是利用一時，這些外債誰打算還他呀，只要我們國家強大起來，到時候一瞪眼，全拉倒了。」

鍾伯毅：北洋政府向日本借款係與日本寺內內閣私人駐華代表西原龜三交涉談判的：當年寺內內閣在華「投資」的數目很大，在 1 億 4 千萬日元左右，其中大部分為西原經手。然而很少有借款有正式契約的，連簽字打借條的都沒有，所以日本方面後來沒法向我們追究。可謂日本人弄巧成拙。

張程：段祺瑞一生都沒有積蓄，而且信佛吃素，不僅吃素，而且吃得很簡單，他在主食之外常常只有一碟蘿蔔乾加一點辣椒，由於吃得過於樸素，家人和親信都不願意和他同桌共餐。

張口評史：段祺瑞在政壇上行走半個世紀，從袁世凱的左膀右臂，到袁世凱死後的實際掌權者，從國務總理到臨時執政，從皖系軍閥首領到下野後「發揮餘熱」、聯繫各派縱橫捭闔，抗日時期南下江浙，得以善終。同時代的人死的死、養老的養老，段祺瑞卻還在行走江湖，堪稱「折騰哥」。

孫寶琦「不是東西」

陳灝一：＃孫寶琦事蹟＃政壇重量級人物孫寶琦字寫得一般，卻很喜歡顯擺。夏天來了，他看到別人拿著白紙扇子，就奪過去大書特書。被搶者因為他位居顯要，不僅不能發火，還要言不由衷地稱讚孫寶琦的「妙筆丹青」。

張口評史：孫寶琦是慶親王奕劻的兒女親家，辛亥革命時候擔任山東巡撫。當時濟南的士紳和新軍紛紛要求獨立，他迫於壓力也不得不在大會上宣布山東獨立。後來，北洋軍向山東方向施壓，孫寶琦又宣布取消了獨立。

張程：孫寶琦是典型的「騎牆派」。他擔任駐法公使的時候，革命黨內有叛徒偷了流亡途經法國的「欽犯」孫中山的公文包，向使館告密邀功。孫寶琦和參贊張靜江一商量，竟然偷偷把公文包送回去給孫中山了。

溥儀：光緒和隆裕「奉安」大典，已是民國外交總長的孫寶琦來行禮。遺老梁鼎芬直奔孫寶琦面前，指著鼻子問：「你是誰？你是哪國人？」孫寶琦給問怔住了。梁的手指頭哆嗦著，指點著他，嗓門越說越響：「你忘了你是孫詒經的兒子！你做過大清的官，你今天穿著西服，來見先帝先后，你有廉恥嗎？你 —— 是個什麼東西！」

＠另一個遺老勞乃宣跟了過來：「問得好！你是個什麼東西？！」這一唱一和，引過來一大群人，把這三個人圍在中心。孫寶琦面無人色，低下頭連忙說：「不錯，不錯，我不是東西！我不是東西！」

＠民國三年（1914），有人稱這年為復辟年。前東三省總督趙爾巽被任為清史館館長。陳師傅等人視他為貳臣，他卻宣稱：「我是清朝官，我編清朝史，我吃清朝飯，我做清朝事。」勞乃宣寫出了正續《共和解》，公然宣傳「還政於清」。這時徐世昌既是清室太傅又是民國國務卿，他把文

章給袁看了。袁請勞乃宣到北京做參議。

@ 據說在這個復辟年裡，連四川一個綽號叫十三哥的土匪，也穿上清朝袍褂，坐上綠呢大轎，儼然以遺老自居，準備分享復辟果實了。

張勳是個冤大頭

蘇錫麟：＃張勳復辟＃我是張勳定武軍（也就是「辮子軍」）的統領，1917 年中我帶著四營兵、李馥廷帶著六營兵，隨同張勳從徐州經天津到北京，參加了復辟活動，後來又督率部隊在北京作戰。這次復辟，我們是被段祺瑞等人利用了。

@ 張勳一到天津，段祺瑞馬上就來會見。這次張段會面，我就在旁邊，記得段祺瑞對張說：「大哥來了很好，到了北京，首先要維持治安，這是要緊的事。別的事亦可以辦，只是保清室復位的事還不到時候，即使勉強辦了，就算北方答應了，可南方亦不會答應，我看這件事還是慢慢來辦。」我心裡想說，老段這人還真夠意思。

張程：當時段祺瑞因為和黎元洪爆發「府院之爭」，被罷職，政治上極為被動。正是他積極鼓動張勳北上「調停」僵局。他預見到了張勳要復辟，知道危險的後果，但還是要張勳到北京攪亂局面，便利自己走出被動。他勸張勳的一席話，實際是想拉張勳一把，也是希望張勳別走得太遠、太快，增加自己收拾殘局的難度。

蘇錫麟：到北京後，張勳一天晚上在公館召開會議，參加的有張鎮芳、雷震春、吳炳湘、萬繩栻、胡嗣瑗、康有為、江朝宗、湯玉麟、馮麟閣、張海鵬等多人，囊括了當時各派人物。首先發言的是雷震春：「請皇上復位的事大家都簽了字，這時不辦要等什麼時候再辦？」張勳說：「這件

事情得好好商量。」他顯然還在猶豫。

張程：雷震春所說的「大家都簽了字」，指的是由張勳和皖系軍閥倪嗣沖發起的「督軍團」，之前在徐州就擁戴溥儀復辟一事達成了一致，大家簽字畫押了。督軍團是由各省督軍和徐世昌等實力人物親自或派代表參加的鬆散聯盟。

蘇錫麟：見張勳猶豫，雷震春急躁地搶著說：「事情到現在了還要跟這個商量跟那個商量，那得商量到什麼時候！乾脆，要辦就辦，不辦就算了。」張勳這才同意：「那你們商量著辦吧！」（雷震春在復辟後當上了清朝的陸軍大臣。）

@ 可是這批參會的人，等到後來一開火就星流雲散了。萬繩杖在開火之前就溜了，張鎮芳躲在家裡不出來，張海鵬溜出了北京城，胡嗣瑗不知躲哪裡去了，康有為就更甭說了，早就跑了。雷震春嚷得最凶，最後卻平安無事。其餘的人連影子都見不著了。吳炳湘則成了討伐的「功臣」。只有我一人率部抵抗。

張程：自始至終，張勳復辟是各方集會商議的結果。段祺瑞、馮國璋、徐世昌、王士珍等人不是贊同，就是默許了。但他們都很聰明，都躲在了幕後，只有張勳一個人在臺前「表演」。事後他們不是輕易洗刷了干係，就是轉身為「再造共和」的英雄，復位的復位、升官的升官。

蘇錫麟：一天晚上，忽然傳下命令，要明日一早懸掛龍旗。我心想糟了，連忙去勸張勳：「復辟這件事辦不得，這是個大騙局。他們簽字贊成復辟，那是假的，請大帥千萬不要受騙。」張答：「大家公推我出來，況且事情已經弄到現在，不辦亦不行了。再說，我亦願意辦，就是他們騙了我，使我為這件事情死了亦甘心情願。」

張程：沒想到，張勳前腳復辟，段祺瑞後腳就在天津重拾舊部、聯合直系，宣布討伐張勳了。北京周邊駐軍曹錕、馮玉祥、李長泰各部很快對

張勳形成了包圍圈。張勳瞬間成了人皆可殺的逆賊。

張口評史：所有髒水都潑到了張勳身上。他不想做替罪羊也難了。

蘇錫麟：我曾對勸我背叛張勳的說客說：「張大帥保皇上復位是他們各省督軍公推出來的，並且都簽了字。現在他們翻了臉，都不認帳了，這是他們商量好了要毀張大帥，是他們不講信用。」但是同行的李輔廷卻被說客拉攏，脫離了定武軍。張勳只能依靠我率領的四個營，僅 1,500 名官兵在北京核心城區布置工事，準備作戰。

張程：張勳對眾人背信棄義暴跳如雷。他警告段祺瑞和各省督軍說：「你們不要逼人太甚，把一切都推到我一個人身上，必要時我會把有關的信電和會議紀錄公布出來的。」

蘇錫麟：張勳讓參謀長萬繩栻把大家一起簽字贊同復辟的一塊黃綾了拿出來，準備在必要時公布。萬繩栻推說留在天津沒帶來，自己去取，趁此溜走了。後來聽說那塊黃綾子連同馮國璋給張勳的親筆信，都被馮國璋用 20 萬現洋從萬繩栻手中買走了。張勳還一再追尋這些證物的下落，殊不知他本人早已連同證物被一齊被出賣了。

@ 有好幾批說客來勸我倒戈，最後我的親叔叔和兩個舅舅都出馬當說客了。叔叔要我背叛張勳，段祺瑞答應給我一個實缺鎮守使，外帶 10 萬現洋，並且還把我的隊伍改編為一個混成旅，同時我叔叔也能當道尹。我拒絕了，叔叔哭著和兩個舅舅走了。第二天，討逆軍就向我開火了。

張程：段祺瑞十幾方討逆大軍，浩浩蕩蕩地殺向北京。張勳的 1,500 辮子軍一敗塗地。荷蘭大使館派車來接張勳去避難。張勳說什麼也不走，最後還是被幾個外國人架著上的車。張勳身材小，很容易就被塞到車裡，但激憤之下咬了架他的荷蘭人一口。

@ 張勳是個憨厚簡單的武夫，憑著聽話和愚忠步步升遷。徐世昌曾經收張勳為門生，知道自己這個門生的特點。所以看到張勳一步步被大家推

著走向復辟，曾委婉地提醒過他事情不要做得太快，要循序漸進。可惜張勳頭腦簡單，沒能理解。徐世昌八面玲瓏慣了，也不敢冒著得罪幕後眾人的危險，向張勳把話說明了。

@ 張勳之後淡出政壇，可是時常被人當做一桿槍來使。如果有人攻擊政敵不擁護民主共和，往往就把他和張勳扯在一起，說他和張勳暗中往來，圖謀再次復辟等等。張勳出來發表宣告說：我在 1917 年復辟時是拚盡全力一搏，之後我不會再尋求復辟，你們不要把我給扯進去。

@ 張勳為人厚道，跟各派關係都不錯。儘管身敗名裂了，很多人私下還跟他保持密切聯繫。土匪出身的張作霖就經常對張勳噓寒問暖，還一度想出面洗刷張勳的罪名。徐世昌當總統後乾脆赦免了張勳，還要委任他林墾方面的職務，被張勳拒絕。1923 年張勳死去，備極哀榮。北洋各派都送了輓聯、花圈。

張口評史：張勳是那個時代罕見的厚道人，表裡如一，有一股簡單、執著的衝勁。他認準了目標不會輕易改變。比如辛亥革命期間，其他封疆大吏不是「獨立」就是逃跑，張勳偏偏死守孤城南京。因為他從一個苦孩子成為封疆大吏，認定朝廷對自己有恩。也正因此，各派雖然和張勳政見不同，對他的人格卻是讚賞的。

溥儀：袁世凱死後，「南陸北張」是紫禁城內常提的話頭。南陸指兩廣巡閱使陸榮廷，他是第一個被賞賜紫禁城騎馬的民國將領。他到北京會晤段祺瑞，不知為什麼跑到宮裡來向我請安，又友情贊助了 1 萬元。內務府和師傅們安排了不同平常的賞賜。陸榮廷事後請世續「代奏叩謝天恩」。北張就是徐州軍閥張勳。

張程：張勳出身於北洋。但他的年紀比袁世凱還大五歲。北洋系統內的很多人其實和袁世凱年紀相仿。比如馮國璋是和袁世凱同一年出生的，段祺瑞只比袁世凱小兩歲，而這個張勳則比袁世凱大了五歲，但他們三人

在政治輩分上都是袁世凱的晚輩，是袁世凱的部下。

@ 張勳是一個對清朝愚忠的人，清朝滅亡以後為了表示對清王朝的忠心，不僅自己背後拖著一條大辮子，而且下令全軍1萬多官兵一律拖著一條大辮子，誰也不許剪髮。他的軍隊因此得名「辮子軍」。

溥儀：1917年，師傅們突然通知說張勳要來紫禁城請安。我接見他的時候，按著師傅的教導問他軍隊情形，他說了些什麼，我也沒用心去聽。我對這位「忠臣」的相貌多少有點失望。他穿著一身紗袍褂，黑紅臉，眉毛很重，胖乎乎的。看他的短脖子就覺得不理想，如果他沒鬍子，倒像御膳房的一個太監。

@ 這次召見，張勳坐了五六分鐘就走了。我覺得他說話粗魯，大概不會比得上曾國藩，也就覺不到特別高興。至於張勳為什麼要來請安，師傅們為什麼顯得比陸榮廷來的那次更高興，內務府準備的賞賜為什麼比對陸更豐富，太妃們為什麼還賞賜了酒宴等等這些問題，我連想也沒去想。

@7月1日，師傅們說，張勳要來「請求」我復辟當皇帝。我被這個突如其來的喜事弄得昏昏然。「用不著和張勳說多少話，答應他就是了。」陳寶琛師傅胸有成竹地說，「不過不要立刻答應，先推辭，最後再說：既然如此，就勉為其難吧！」

@ 張勳來請我復辟。聽他嘮叨著，我忽然想起了一個問題：「那個大總統怎麼辦呢？給他優待還是怎麼著？」「黎元洪奏請讓他自家退位，皇上准他的奏請就行了。」我雖然還不明白，心想反正師傅們必是商議好了，就說：「既然如此，我就勉為其難吧！」於是我就又算是「大清帝國」的皇帝了。

@ 復辟後，梁鼎芬師傅曾自告奮勇去見黎元洪，勸黎元洪立即讓出總統府，不料遭到拒絕。陳寶琛師傅說：「黎元洪竟敢拒絕，拒絕受命，請皇上馬上賜他自盡吧！」我說：「我剛一復位，就賜黎元洪死，這不像話。

民國不是也優待過我嗎？」

@ 我復辟的當天，北京城內到處可以聽到報販叫賣「宣統上諭」的聲音：「六個子兒買古董咧！這玩藝過不了幾天就變古董，六個大銅子兒買件古董可不貴咧！」

@ 我根據事後掌握的資料分析，民國的大人物，特別是當權的北洋系的元老們，都曾經是熱心於復辟的人。這次，他們都把張勳當做靶子來打。

五、軍閥有一套

吳旅長做大豆生意，虧空了軍餉 24 萬元，正在打算跑路或者自殺。張大帥知道後，當面質問：「你最近是不是在做生意？」吳旅長直言倒賣大豆虧空了軍餉，要自殺謝罪。張作霖大罵：你這小子太沒出息！男子漢的一條命難道只值 24 萬元？你好好把兵帶好，錢我撥給你！

新文化成為一項運動

張程：# 新文化運動 # 陳獨秀、胡適在《新青年》提倡白話文，但心裡發虛。因為陳獨秀沒有扎實的舊學功底，也不是師出名門，胡適更是留學歸來、沒有舊學底子的年輕人，他們批舊學、倡新學，不能服眾。關鍵時刻，舊學教授、章太炎的高徒錢玄同向《新青年》投稿，大力倡導白話文。陳獨秀喜出望外，立刻全文刊登。

@ 錢玄同在北大北師大教授古典音韻學和文字學。這兩門課沒有深厚的舊學功底，根本上不了臺。而錢玄同上課時，不帶書，不帶講義，滔滔不絕地口述，隨口引證《說文解字》《爾雅》，絕無一字差錯。而且他態度正統嚴謹，不像胡適等人那樣講笑話。在課堂上，錢玄同完全是一個舊學大師。

@ 錢玄同身為古文大家，卻成了白話文最激進的提倡者。他不僅提出應引用西方的標點符號、將右起豎寫改為左起橫寫，還提倡簡化繁體字、編撰漢語拼音，罵古文是「流毒」、「餘孽」。章太炎因此稱錢玄同「叛師」，章門大弟子黃侃也在北大教授國學，經常在課堂上大罵師弟錢玄同

257

是背叛師門的「錢瘋」。

@《新青年》開始時「很寂寞」，沒有人贊成，也沒有人反對 —— 這是魯迅說的。錢玄同和劉半農為了提高關注度，合演了一齣雙簧。錢玄同化名向《新青年》投稿，罵白話文如何如何不好。劉半農化名發了一篇文章，大談白話文的好處，和錢玄同槓上了。兩人硬是製造出一個文化議題來，讓白話文運動普及開來。

@ 錢玄同在斥舊倡新的運動中，走得最遠。他後來痛斥一切引舊事物，反對中醫、道教、農曆，痛恨京劇、傳統禮教，甚至認為漢語也和現代生活不適應，應當廢掉，中國人要改用西式的拼音文字。這些偏激的主張，連新文化運動的同人們都敬而遠之。錢玄同承認自己的主張常常走極端，「十分話常說到十二分」。

@ 錢玄同激烈抨擊舊禮教，但在現實生活中卻是刻板遵守傳統禮教的人。他接受了包辦婚姻，婚後照顧體弱的妻子，拒絕納妾。他極為畏懼長兄，對兄嫂謹守禮法，各種禮數不敢怠慢。他從不看電影，也極少出去逛街，更不要說參加現代運動了。

@ 錢玄同的課很高深，甚至有點枯燥，但是北大學生們都爭著上他的課。因為合格率高，只要報名上課的沒有不及格的。錢玄同上課從不點名，學生不管有來沒來，一律全勤。錢玄同改卷子時，準備了一個「及格」的印章，只要看到卷子上寫了字，就敲上一章。於是，全體學生都「全勤及格」。

@ 錢玄同曾說，人到四十就該死，不死也該槍斃。因為過了四十，人對社會的消費多於貢獻。1927 年，錢玄同四十歲的時候，胡適、劉半農、周作人等人就為他張羅訃告、輓聯、輓詩和悼念文章，還在《語絲》雜誌上專門出了一期《錢玄同先生成仁專號》。錢玄同一笑了之，坦然接受朋友們的惡搞。

火燒趙家樓，群毆章宗祥

　　張程：＃五四運動＃巴黎和會中國外交失敗。消息傳來，北京學生在 5 月 3 日晚開會，決定用猛烈的方法懲治從前簽「二十一條」的當事人曹汝霖、陸宗輿、章宗祥。這三人長什麼樣？曹陸的相片在大柵欄等處的照相館時常看見，而章職位低，知名度小，大家都不知道他長什麼樣。一位同盟會老會員知道後，祕密提供了章宗祥的照片。

　　＠「三大賣國賊」曹汝霖、陸宗輿、章宗祥，都原籍浙江，都留學日本，1904 年一同歸國，都是親日派。北洋時期，幾次喪權辱國、向日本大借款，三人都有份。當時，曹汝霖是交通總長，陸宗輿是貨幣局總裁，章宗祥是駐日公使。

　　＠5 月 4 日，學生們在天安門集會，想到東交民巷見美國公使，請美國政府替中國在巴黎和會主持公道。學生們列隊到東交民巷，派代表到英、美、法各使館。各公使不在，外國巡捕又不准由東交民巷穿行。東交民巷是中國領土，竟不准中國人通行！經反覆交涉未果，兩個多小時過去了，原本就痛恨中國外交失敗的學生們更加氣憤。

　　＠學生們想起中國外交屢次失敗，無不與曹汝霖等親日派有關。這時，隊伍中不知是誰喊道：「去找曹汝霖算帳去！」於是，同學們臨時決定去曹家算帳，往北向曹宅所在的趙家樓出發。

　　汪崇屏：五四當天，遊行隊伍去找曹汝霖住所，頭一次還找錯了，在人家牆上貼了很多標語，並且將門開啟，就要衝進去。結果裡面出來人說：此處並不姓曹。我們才知道弄錯了。

　　張程：曹宅由保全警察荷槍實彈地把守。門外駐守的是保全四隊的隊員，分別把守著曹宅的四個門，門內挎刀的是保全三隊隊員。現存檔案史料中記載的有名有姓的保全就有 28 人，此外還有巡警 10 餘人、男僕人 9

人，總計 50 餘人。他們緊閉大門，學生們砸了半天門未砸開。

巡警王茂林：那日我在曹宅門外擔任保護，學生手搖旗子擁來，來勢很猛烈，電話都打壞了。我奉長官命令攔阻學生，但學生說他們是為國家不能阻……

巡警李昌言：（學生）砸碎窗子二人拖一個人進去，當時我們官長也在場，不讓他們上去不行，我們總共有十幾人在一塊兒，學生有若干。

張程：憤怒的青年學生砸破窗戶玻璃，跳進曹家，從裡面開啟大門。學生們如同開啟閘門的潮水般擁入院內。第一個跳窗的是北京高等師範學校數學系大四學生匡互生，28 歲，出身湖南邵陽農家。五四運動之後沒幾天，他就畢業了，回湖南長沙當小學老師。

@ 匡互生 1920 年任湖南第一師範教務主任，在任時聘任毛澤東為一師的國文教員。他忘我投身教育，1933 年因癌症在上海病逝，終年 42 歲。朱自清在〈哀互生〉一文中寫道：「互生最叫我們記念的是他做人的態度。他本是一副銅筋鐵骨，黑皮膚襯著那一套大布之衣，看去像個鄉下人。他心裡那一團火，是熱，是力，是光。」

@ 京綏鐵路局局長丁士源在曹家做客。學生湧進來後，丁士源對巡警說：「怎麼不動手打？」巡警答：「我們未奉長官命令，不敢打。」丁士源在清末擔任過巡警學堂總辦，就說：「我說了行不行？」巡警答：「不行。」於是，火燒趙家樓的整個過程，警察都沒有動手鎮壓學生，有的同情學生躲開了，有的想攔攔不住。

@ 當天，徐世昌總統招待章宗祥回國述職，曹汝霖作陪。報告說學生集會，要求懲辦曹、陸、章三人。下午 3 點多，曹汝霖和章宗祥堅持從總統府回到趙家樓。學生 4 點多鐘到的。曹汝霖的老父親被學生打了，曹自己找地方躲了起來，後來喬裝溜進了日本醫院；章宗祥和日本人中江在曹家僕人的帶領下，躲進了後院的地窖。

@ 不久，曹家書房被人點燃，火勢迅速向四周蔓延（一般認為，最先點火的還是匡互生）。在地窖中的章宗祥，聽見「外邊起火」的喊叫聲，從地窖中跑了出來，不料被學生抓了個正著，遭到痛毆。正打時，中江走出來脫帽行禮，說，你們要打就打我吧！幸虧有中江替他擋了不少拳腳，章宗祥才沒被打死。

@ 曹家管家燕筱亭在混亂中扶起渾身是血的章宗祥，從東門逃到城隍廟街附近賣菸酒的東祥成雜貨舖。有 20 多個學生找來，揪出來章宗祥繼續打，燕筱亭攔也攔不住。曹家僕人李福瞧見學生們「拖著章公使的腿出來」，「用磚頭在門外打」，「章公使被打得躺在地上了」。最後是日本人趕來，護著他坐車去醫院。

@ 當天（5 月 4 日），北京日華同仁醫院外科主治醫生平山遠出具了章宗祥傷勢的證明：頭部挫創、全身多處受傷、腦震盪。章宗祥早在日本留學期間就與曹汝霖關係最好，這次回國述職就寄居在趙家樓曹家，不想慘遭重傷。他被打怕了，不久就以「身體原因」請辭，此後再也沒有擔任過重要職務。

@ 事情鬧大了，警察總監吳炳湘和步兵統領李長泰帶領著大批警察和軍隊急急忙忙向趙家樓撲來。先前在曹宅「裝裝樣子維持秩序」的警察一見上司駕到，立刻來了精神，他們吹起警笛，向空中放了幾槍，開始大肆逮捕學生。

@ 大隊學生已經離散，匡互生等運動主力也撤走了。警察只在曹家附近逮捕了幾個學生，又沿街逮捕了一些學生。最終有 32 名學生被逮捕，其中北京大學 20 名學生，北京高等師範大學 8 名學生，工業學校 2 名學生，中國大學 1 名學生，匯文大學 1 名學生。

汪崇屏：燒了趙家樓後，大家認為這樣做法有點過分，就都走了。當時總統徐世昌，想利用學生運動，打擊段祺瑞派，所以不加干涉，後來知

道學生都走了，才派出幾個警察敷衍一番，在街上抓了幾個倒楣的學生，應應卯，算是交差。

@ 學生罷課。當時由學生會計劃，先派出兩三個學生，在街上演講宣傳，誠心讓警察抓去，然後再派更多的學生出來，讓警察抓不勝抓，最後好迫政府無法善後，而讓步妥協。

@ 原來北大學生會開大會都由幹事會露面，後來怕北京政府抓人，幹事會就不敢露面了，臨時推選主席，被推的同學雖跟幹事會有關，但都是一些無關緊要的人，抓去了也沒有多大關係。

@ 關於五四運動，起初跟誰都沒有關係，後來各方面都想利用它，徐世昌曾為學生送吃的、用的。學生運動當初根本沒有任何計畫，但被別人利用後，一切皆預謀而後發，性質就不單純了。

曹汝霖的「索賠官司」

許德珩：#五四運動善後#我和易克嶷被捕後，他們侮辱我們，把我們兩人捆在拉豬的手推板車上，拉進步軍統領衙門。在板車上，易克嶷說：20年後又是一條英雄好漢。（監房）極其擁擠骯髒，只有一個大炕，東西兩邊各擺一個大尿桶，臭氣滿屋。每半小時還要聽他們的命令抬一下頭，證明還活著。每天提一桶開水，每人發一個大窩頭。

張程：學生被捕，也出乎北洋政府的預料。他們緊急商討對策，總統徐世昌和教育總長傅增湘等人主張對學生運動不應操之過急，而要採取懷柔、軟化政策。掌權的皖系軍閥段祺瑞、徐樹錚、段芝貴等及曹汝霖、陸宗輿等人則主張嚴厲鎮壓學生運動。段芝貴甚至叫囂：「寧可十年不要學校，不可一日容此學風。」

@ 部分北洋政治人物對中國外交失敗不滿，同情學生運動。步軍統領李長泰在學生遊行時，就到場告誡：愛國有理，但別鬧出亂子來！傅增湘身為教育總長，激動反對皖系軍閥對學生動粗。徐世昌拍著傅增湘的肩膀說：小傅畢竟還是讀書人出身啊！

@5 月 4 日當天，北京大學學生段錫朋、鍾巍、劉翰章等人來到警察廳投案「自首」。警察訊問三人後，讓他們哪涼快哪待著去，別來添亂了。

@ 全國輿論譁然，先是北京學生總罷課，緊接著各地罷課、罷工、罷市。眼看 5 月 7 日「國恥日」就要到了，北洋政府不知道激憤的學生會鬧出什麼「新亂子」。5 月 6 日，警察總監吳炳湘去見徐世昌，要求釋放學生：「若是總統一定不放，北京的秩序如果紊亂，我可不負責任，並且我即刻辭職，請總統另選賢能。」

@6 日晚，吳炳湘約見蔡元培等各校校長，提出要放人也可以，但是必須答應兩個條件，一是 7 日不許學生上街；二是各校在 7 日一律復課。為表信用，吳炳湘發下毒誓：「如果復課而不放學生，我吳炳湘就是你終身的兒子。」蔡元培等答應了這兩個條件，回去傳達，羅家倫等學生領袖連夜通知同學們明日復課。

@ 北京高等師範學校的被捕學生陳藎民被釋放回去：「我們由警察廳派兩輛車子送回學校。剛到學校門口，就被歡迎的同學和鄰近的居民圍住。我們一下車，就給戴上大紅花，把我們一個個抬起來，高高舉起，並為我們拍攝了兩張照片⋯⋯」

@ 北洋政府解除了曹、陸、章的職務，中國代表拒絕在巴黎和約上簽字。學生運動贏了，但社會上流言不斷。有人說：「曹汝霖、章宗祥行將報復。」有人說：「曹、章一方面以 300 萬金購人刺蔡，一方面派人焚北大校舍，殺北大學生。」還有人說：「徐樹錚已經調來了軍隊，在景山上架起了大炮，準備轟擊北京大學。」

@ 流言是假的，曹汝霖準備走「司法程序」，認為學生燒了自家的房子，打了自己家人，向為首的學生起訴，要求賠償損失。已經被釋放的被捕學生遭到了審訊。5 月 13 日，北京 16 所高等專門以上學校的學生到檢察廳「投案」。附呈 16 學校學生「自行檢舉」名冊，上面密密麻麻有五千多名學生的名字。學生們表示共進退。

@ 許德珩等人堅決否認燒毀曹宅及毆打章宗祥的行為。檢察廳認為：「雖警察等有目睹學生用火柴燃燒窗戶之舉，及曹宅僕人張顯亭、燕筱亭供有學生用報紙、汽油將圍屏點著，始行起火等語，（但）究竟何人放火及起火當時該被告等是否在場，均稱不認識。許德珩等被訴放火一罪，證據均嫌不足。不起訴。」

張口評史：沒有直接證據證明被捕的學生放火及傷人，「疑點利益歸於被告」，於是被捕學生們無罪。曹汝霖敗訴了。

張程：五四運動中，曹汝霖 42 歲，經此大難，對政治失去興趣，此後再沒擔任過重要職務。他重新修繕了趙家樓府邸，又跑到天津當寓公。抗戰後，曹汝霖公開表示要以「晚節挽回前譽之失」。據說，日寇占領軍在籌組華北偽政權時，一度想把曹汝霖這個老牌親日派抬出來當總理。曹汝霖始終不為所動。

@ 華北偽政權不放棄拉攏曹汝霖，讓他掛上「最高顧問」的虛銜，又送曹「諮詢委員」的空銜。但曹汝霖從不到職視事，也不參與賣國活動。讓人意想不到的是，五四運動的學生健將、火燒趙家樓的北京大學學生梅思平，卻出任了南京偽政府的組織部長、內政部長、浙江省長等要職，做了名符其實的漢奸。

@ 陸宗輿在五四之後寓居天津日租界經商，之後一度出任臨時參政院參政（1925 年）、交通銀行總理（1927 年）。1940 年，陸宗輿被南京偽政府聘為行政院顧問，做了漢奸。1941 年 6 月 1 日病死於北京。

@ 五四運動中，章宗祥的家鄉海寧縣萬人集會，一致決議開除章宗祥的鄉籍，並在三處樹立石碑，上刻「賣國賊章宗祥」。章宗祥聞訊後，重賄海寧縣知事毀碑，群眾憤起阻止，最後勞動徐世昌親自下令將碑拆去。1985 年，海寧縣發掘出一塊「賣國賊章宗祥」石碑，碑身尚完好無損。海寧市博物館已妥加保護。

曹三傻子並不傻

張程：＃曹錕事蹟＃曹錕，直隸天津人，家境貧寒，兄弟姊妹很多。曹錕排行老三，從小就推著一輛車去賣布，沒有什麼經商頭腦，常常幾天經營下來賠了不少，而且別人請曹錕幫忙，曹錕總是滿口應承，毫不吝惜力氣地一幫到底，所以周圍的人送給曹錕一個綽號：曹三傻子。

@ 曹三傻子渾渾噩噩地混到了二十多歲，有人說他是因為破產，又有人說他是因為有一次喝醉了酒無意得罪了一戶有錢有勢的人家，在家鄉混不下去了，就跑到了天津小站去當了兵。按說，天津小站是不招曹錕這種城市子弟的，但是袁世凱看中了曹錕的忠厚老實，身上透著那股傻勁，不僅要了曹錕，還對曹錕另眼相待。

@ 據說，曹錕當年賣布，有個算命先生拉住他說：小夥子，我看你面有貴相，今後貴不可言啊！曹錕看看自己賣布的車子，又看看算命老頭，認為老頭故意取笑自己，揮起老拳就把他打了個底朝天。事實證明，那個老頭還真不是一般的江湖術士！

鄭廷璽：曹瑛行七，是曹錕最小的弟弟。曹錕母親臨終，特別囑咐曹錕：「老七是沒見過父親的遺腹子。我死後，你們當哥哥的都要特別看待他。」曹錕遵照母親的遺囑，對曹瑛凡事寬待。結果造成曹瑛吃喝嫖賭樣

樣精通，還吸鴉片，沒少給曹錕，甚至是給整個直系惹事。

@ 直系軍閥李純用搜刮的民脂民膏在天津南市建築東興里大片的妓館，曹瑛終日沉溺其間，還把在妓院認識的夥計們都收容在自己所帶的陸軍第二十六師之內。第二十六師有半數軍官是這麼進來的，因此得名「茶壺隊」。茶壺是舊社會對妓院雜役的俗稱。

張口評史：軍閥部隊充滿裙帶關係，充斥著「姥爺、舅爺、姑爺」。軍閥們一般出身卑微，一旦發跡，熱衷提攜家庭戚友，比如奉系的張作霖與張作相、張景惠等是把兄弟，與曹錕、靳雲鵬、張勳等是兒女親家；曹錕、曹銳、曹瑛是兄弟；張敬堯「堯、舜、禹、湯」四兄弟都從軍。能力不濟的則給以各種閒差，如參議、軍需等。

張程：軍閥部隊還遍布「老鄉」，北方軍閥用人還好一點，面要廣一些，但也僅限於直、魯、豫等北方數省。南方軍閥則籍貫森嚴，外省人很難立足。奉系官兵多為東北人；閻錫山是山西五臺人，「學會五臺話，就把洋刀挎」；黔系軍閥固西成掌權貴州，把家鄉桐梓縣能識字的都拉出來做官，以致鄉間連寫信的人都找不到。

鄭廷璽：第一次直奉戰爭爆發，曹瑛的二十六師駐防天津。曹錕知道戰事一起，這支極其腐朽的部隊肯定會一觸即潰，為了避免親弟弟被張作霖俘虜，開戰前就下令全師撤退。

張程：曹錕的另一個弟弟曹銳，不滿哥哥重用吳佩孚，在直奉戰爭前期私自撤軍，就是要看吳佩孚的洋相。看來，「上陣父子兵」不一定管用啊！

「革命將軍」吳佩孚

張公制：＃吳佩孚事蹟＃吳佩孚原是蓬萊的一個秀才，頗為自負，參加山東鄉試，還沒發榜，就到電報局打聽：「報過去了沒有？有吳佩孚嗎？」電報局職員回答：

「不知道。為什麼必須有吳佩孚？」吳佩孚以為必然中舉，不想遭到電報局小職員的奚落，打了他兩個耳光。事情鬧大了，吳佩孚被學官打了20戒尺，憤而投筆從戎。

張程：吳佩孚原本在曹錕的北洋第三師當個默默無名的小軍官，為人書卷氣重，又清高自負，所以人緣不好。曹錕也不知道這麼個人。一天，湖南督軍湯薌銘求曹錕：「三哥，你手下的吳佩孚，你不怎麼用，就送給我吧！」曹錕這才叫來吳佩孚，一談，發現材堪大用，也不給湯薌銘了，立刻提拔，當做左膀右臂。

張口評史：怪不得吳佩孚和湯薌銘關係好。日後，不管湯薌銘惹下多大的麻煩，吳佩孚都幫忙兜著。原來，湯對他有「知遇」之恩啊！

張程：也有說法是，湯薌銘並非要借吳佩孚來重用，而是要陷害他。第三師駐紮湖南期間，一次軍隊和地方聯合開大會。吳佩孚在會上慷慨激昂地批判湖南的施政，對湯薌銘不敬。湯薌銘主觀上想害吳佩孚，客觀上卻幫了他大忙。

鍾伯毅：曹錕雖非雄才大略，卻知人善任，坦誠相待，所以能讓部將效忠。吳佩孚明知曹錕並非可事之君，但仍生死以之。而曹對吳也始終信任不渝。曹錕左右不乏對吳忌刻中傷者，但遇到大事，曹錕仍然授予吳佩孚全權。

＠蕭耀南曾對我說，他軍校畢業後分發北京軍諮府工作。當時貝勒載濤主持軍諮府，派蕭到第三鎮見習，祕密監視曹錕，臨行授蕭密碼本，囑

咐他按月報告第三鎮活動。蕭耀南自度軍階低微，沒法刺探高級將領之情形，就向曹錕坦白一切，並將密碼本交給曹錕，讓曹按月發電報告。從此曹對蕭信賴備至，蕭也始終效忠。

張公制：吳佩孚發達後，有人向吳佩孚建議用鉛冶煉銀子，請求發給工廠創辦費 30 萬元。吳批示：照辦。財務問吳佩孚的祕書長如何處理，祕書長說吳批了也就忘了，不用管。一次吳和祕書長、財務吃飯，突然問起。祕書長說：「能煉銀子還找我們，不會自己發財？這是騙局。」吳也就不再過問。

張程：吳佩孚原本是贊成段祺瑞武力統一的，段就派他去湖南前線當炮灰。打下湖南後，督軍寶座給了段系人馬，吳佩孚明白了過來，臨陣罷戰，倡導和平，痛斥安福國會，高唱：「文官不貪汙賣國，武官不爭地盤」，宣告自己「今生今世不做督軍、不住租界、不結交外國人、不舉外債（四不主義）」。

@ 五四運動爆發後，吳反對在和約上簽字，通電熱烈支持學生運動，電文一次比一次慷慨，一次比一次激烈。「報端幾無日不有吳通電，且語語愛國，字字為民，吳氏之大名，遂無人不知。」1920 年 5 月，吳到達武漢，一些青年學生手捧鮮花歡迎，呼之為「革命將軍」。

汪崇屏：吳佩孚氣度寬宏，能接納別人的意見。有時他到辦公室裡走走，說某一樁事應該怎樣辦，手下處長回頭瞪眼說：「那怎麼行？」他馬上改口：「我不過隨便說說而已。」有時晚間跑到我房內，也是東拉西扯，胡說八道一陣，親切得如同朋友一樣。

@ 吳佩孚對自己的家族親戚或同學，為了人情難卻，都給安插一個小位置，但絕不讓他們參與機要，掌握實權。吳佩孚五十大壽，他禁止部屬來洛陽慶壽，且在各報刊登「謝入洛賓客啟」。他馭部下較嚴，沒有一個敢來拜壽的。他每日三餐，都跟我們在一起吃。除了生病，絕不回家吃

飯。與部屬同甘苦。

@ 吳佩孚必要時把家眷和幕僚都丟開不管，自己單獨脫險。（最後慘敗）向黑石關撤退，總部人員連吳太太都上了火車，他卻帶著隊伍步行到嵩縣，藉以分散奉軍的注意力，避免奉軍的追擊。因為即使追擊，（奉軍）也是把開往黑石關的火車當做重要目標。我猜透了他的心事，為了安全，他走到哪裡，我就跟到哪裡。

@ 二七慘案，關於長辛店、鄭州與漢口三處槍殺工人的事件，前兩處是曹錕下令的，後一處為湖北督軍蕭耀南所做。吳夾在其間，擔當惡名，實在冤枉。

議院成了壞蛋窩

張程：# 議會墮落 #1913 年，社會上通電、演講滿天飛，組黨熱潮此起彼伏，熱鬧得很，但都是東施效顰的假象。通電的內容五花八門，許多人以能夠署名「露臉」為榮；政黨千奇百怪，三五好友就能宣告組成，分別擔任主席、總理和主任，玩笑而已。

@ 趙秉鈞身處「多黨制」，頗多感慨：「我本不曉得什麼叫做黨，不過有許多人勸我進黨。統一黨也送什麼黨證來，共和黨也送什麼黨證來，同盟會也送得來。我也有拆開來看的，也有擱開不理的。我何曾曉得什麼黨來？」

@ 共和黨眾議員王紹鏊：「競選者帶著一些人，一面敲著鑼，一面高聲叫喊：『某某黨某某某來發表競選演說了，歡迎大家來聽呀！』聽眾聚集後，就開始演說。聽講的人大多是士紳和其他中上層人士，偶爾也有幾個農民聽講；但因講的內容在他們聽來不感興趣，所以有的聽一會兒就走開

了，他們坐在那裡也不聽。」

@ 著名記者黃遠庸曾報導某省的都督屬於某個黨，不是本黨的人就不能做官。該都督對下屬進行甄別，不是看人好不好，能幹不能幹，而是看這個人是否屬於自己黨。有個都督則下指示說，查某人不是我們黨的人，立即把他的職務撤了。

@ 民國初年，社會對議會民主普遍感到失望。章太炎憤憤地發表宣言說：政黨已經為天下人鄙棄了，參議院也已成了培養壞蛋的地方。

@ 江蘇都督程德全：「近日實無所謂政黨，不過一二沽名之士以黨名為符號，而一般無意識之人從而附和，自命政黨，居之不疑，叩以政見，毫無所有……智識幼稚，如吾國是，則黨派實不應發生太早，由此點思之，吾國至少非有五年或十年之預備，不可言黨也。」

@ 袁世凱：「無論何種政黨……若仍懷挾陰私，激成意氣，習非勝是，蜚短流長，藐法令若弁髦，以國家為孤注，將使滅亡之禍，於共和時代發生，揆諸經營初造之心，其將何以自解。」

@ 段祺瑞：「黨派競爭，不顧大局，非武力震懾不可，自當密為籌備。」段在袁當政時期一度代理總理，虎威大揚。一次，他帶一隊衛兵去國會，幾個議員說：「我們現在不是討論借款應不應當成立，而是請政府注意，依照手續，借款合約是要國會批准的。」段很乾脆地把手一揮，「木已成舟，毋庸再議」，揚長而去。

張口評史：中國在民國初期尚不具備議會民主的社會基礎。參與政治的人口比例太少，議會民主缺乏依靠力量。中國基本是農業社會，沒有出現群體分化。與之相對應，民初各政黨只能是從政者內部的分化組合而已。

@ 有人要收買議員鄧元，委託中間人運作，事成後不給中間人好處。中間人提起訴訟，說：「買賣房產，中費多寡各方習慣不同，如賣豬買羊，

各地亦有成規，斷無霸吞行錢之理。豈議員而獨不然耶？況豬羊價賤，尚且優待行戶，議員價昂，何得刻苦中人。」議員和豬羊相提並論，人們不客氣地叫他們「豬仔議員」。

鍾伯毅：湖南李執中是國民黨議員中的激烈派，遭袁氏下令通緝，亡命日本，生計窘迫。鎮守使王正雅受過李的恩遇，說動都督湯薌銘向袁世凱求情。袁世凱下令撤銷李執中的通緝。李執中聞訊勃然大怒，徑電袁氏痛斥其禍國殃民之罪，說「吾本無罪，獨夫有何資格赦吾之罪？」聲名震動一時。害得王正雅幾乎因此被撤職。

@ 孫中山對李執中敬禮有加。李執中後來贊成護法，南下參加廣州國會，因為久處潦倒，一貧如洗。曹錕準備賄選總統時，李執中窮愁老衰，難以守正不阿，又有受賄議員的勸說，竟欲參加賄選。我們力勸他離開北京，李執中反過來怒斥我們多事，說自己年老體弱，不願離京。

@ 我們後來強拉李執中逃到天津。到天津後，李執中反而怕再受直系的威脅和關係戶的引誘，擔心自己無法抵抗壓力，催我帶他再往南逃。由此可見，名節之保全誠非易事。就是國民黨議員同志中，平素標榜黨性堅強而臨難變節受賄的也不少。

@ 其實憑直系之實力與聲望，曹錕原可順利當選總統，但曹氏左右急欲擁之登位，因此造作種種醜劇，貽笑千古。

@ 我曾赴洛陽拜訪吳佩孚，多次共進餐飲。席間話題如果轉至總統選舉，吳佩孚就默然流淚，不作答，可見其內心之痛苦。但他也從未積極阻止曹錕等人賄選行徑。

花錢買個總統當當

張程：曹錕賄賂議員，原則上 5,000 元一票，操作起來根據議員地位和作用不同，「開價」也不同。多的超過 1 萬元，低的還不足 2,000 元。少數議員不在乎金錢，直系就拉攏議員吃喝玩樂，封官許願。一些議員在金錢和官職之間搖擺，既有收了錢又來退錢要官的，也有當了官又來退官要錢。曹錕聽之任之，一共為賄選花費了 1,356 萬元。

《北京報》：票價名為 5,000 元，然實為起碼數，有 8,000 者，有 1 萬者，所簽支票，自邵瑞彭舉發之大有銀行以外，有鹽業、有勸業，並聞有特別者則為匯業麥加利之支票。所簽之字，潔記（邊潔卿）以外，尚有蘭記（王蘭亭）、秋記（吳秋舫）、效記（王效伯）等。二、三兩日，頗有議員持票至銀行對照者。（1923 年 10 月 6 日）

張程：賄賂是在 10 月 1 日以支票形式發放的，為此還引起了軒然大波。有議員懷疑曹錕開的是空頭支票，萬一曹家在銀行沒有這麼多錢怎麼辦？直系專門派人拉著議員去銀行看曹錕的戶頭金額，又帶他們去參觀了曹錕的產業，這才平息了議員們的懷疑。

@ 浙籍議員邵瑞彭，假意受賄，在大選前將拿到的 5,000 元支票攝影製版公布，並向檢察廳檢舉高凌爵、王毓芝、邊守敬、吳景濂行賄，控告曹錕「騷擾京師，詡戴洪憲」，「遙制中樞，聯結疆吏」，「不自斂抑，妄希尊位」，「勾通軍警，驅逐元首」，「收買議員，破壞制憲」，「多方搜括、籌集選費」等諸項大罪。

@1923 年 10 月 5 日選舉新總統。五六百名便衣警察混雜在群眾當中，散布在宣武門一帶。北京的東西車站和各交通出口，都遊弋著軍警。他們不是維持治安，也不是防止亂黨破環選舉，而是防堵國會議員出逃。原來，不少議員不願違心投票，又不堪其擾，想逃出北京躲過一劫。

@ 在各口岸布防的軍警們事先已經熟悉議員特徵外貌，發現有出逃議員，便衣就上前揪住吵鬧，大聲誣賴議員逃債或者宣稱雙方有仇，接著軍警過來干涉，「帶回警局盤問」，直接把議員押回國會總統選舉現場。

@ 選舉原定上午 10 點舉行，可是到了下午 1 點 20 分還沒湊足投票法定人數。曹錕要求不惜一切手段，拉人湊數。於是向不願意出席的議員承諾，只要列席會議就能領取 5,000 元，選不選曹錕都沒關係。當即有十餘名議員趕到國會，準備投票賺錢。又到醫院把那些真的臥病在床的議員抬到國會；發動議員的妻妾友人「陪送」幾十個議員趕到國會，總算湊足了數。

《北京報》：昨口上午，直派議員四山拉人，亦有付現者，又有 5,000 元以外增價者，並聞對於前拆臺而昨出席之議員，許以投票白由，票價照付。而兩院員役，由祕書長以至打掃夫，各另給薪工兩月，由吳景濂發出，共 8 萬元，以為犒賞，此賄選之大概情形也。（1923 年 10 月 6 日）

張程：偏偏在這時，有一個蒙古議員指認在場的一位蒙古席位參議員和另一位蒙古席位的眾議員並非真身，而是冒牌貨。隨即，各有一名山西和江西議員被指出濫竽充數。

@ 負責議員身分確認和簽到的「簽到處」職員萬分緊張，護住簽到處不讓其他人靠近。一些擁護曹錕的議員環繞簇擁著簽到處，也不讓外人靠近。所謂的「簽到簿」散會後馬上被密封，嚴戒相關職員不得洩漏情況。所以，10 月 5 日到底有幾個議員參加了總統選舉，其中又有幾個是貨真價實的議員，外人不得而知。

@ 下午 2 時，投票正式開始。據說曹錕親臨現場。他走到國民黨議員呂復跟前，發現他沒選自己，竟然附耳輕語：「為何不選曹某？」呂復指著曹錕怒喝道：「你要能做總統，天下人都能做總統了。你要是當了總統，總統也就不是總統了。」說罷，情緒激動的他還拿起桌上的硯臺擲去。

@ 一場風波過後，曹錕公然引導議員們說：「誰又有名又有錢，誰就可以當總統。」人群中馬上有人提議：「大帥，梅蘭芳既有名又有錢，我看可以當總統。」引來哄堂大笑。

@ 下午 4 時投票畢，當眾開票。總票數 590 票，曹錕得 480 票，以絕對優勢當選民國第六位總統。另外：孫中山 33 票，唐繼堯 20 票，岑春煊 8 票，段祺瑞 7 票，吳佩孚 5 票，王家襄、陳炯明、陸榮廷各 2 票，張作霖、唐紹儀、汪精衛等人各 1 票。當年製造「臨城劫車案」的土匪孫美瑤還得了 1 票，「五千元」(有人在選票上寫了「五千元」三個字) 也得了 1 票。

@ 根據選舉法，普通百姓可以旁聽選舉，充當會議監督。5 日一大早，大約有 100 多人來旁聽，被要求在國會院子裡臨時搭蓋的棚子裡等候。由於長時間站立，人擠著人，又沒有飯吃，沒有水喝，等到下午 3 時多選舉到達尾聲被允許入場旁聽時，這些旁聽者早已經疲憊不堪，哪裡還有監督的力氣？

@ 曹錕當選的消息傳來，張作霖叫嚷：「曹錕是三花臉，是小丑，我們東北人絕不捧他。」張作霖宣稱議員若拒絕曹錕賄賂，可以向自己領取相同數目的金錢，名曰「反賄選」。在廣州護法的孫中山下令討伐曹錕，通緝賄選議員。各省官紳也聲討本省的賄選議員，個別省分甚至開除議員的省籍，讓他們無臉面還鄉。

張口評史：對曹錕總統合法性的質疑聲，後人發出的比較多，在當時局限於京、滬兩地的知識分子和菁英階層。賄選一事影響十分有限。

張程：曹錕的部下王坦就說：「花錢買總統當，比之要了錢得貪汙之名的人強多了，也比拿槍命令選舉的人強多了。」

@ 直隸省長王承斌替曹錕籌集了大量經費。王承斌逮捕境內製毒販毒的奸商，勒令他們以錢贖身，斂財數百萬，又向直隸 170 個縣強迫性借款數百萬元，全部用來曹錕賄選。各省督軍、省長也多有「報效」，數目

最多的為山西督軍閻錫山、湖北督軍蕭耀南、江蘇督軍齊燮元，每人 50 萬元。

張口評史：賄選固然令人痛心，賄選背後透露的民國人物的政治觀更令人深思。

東北有個張大帥

姜登選：＃張作霖事蹟＃我在奉軍當師長的時候，看到張作霖大帥把自己的祕書長辭退了，又不替他安排新的職位。他是個外省人，在瀋陽生活都成問題了。我和幾個朋友去向大帥求情。大帥說：我對他並沒有什麼，不過他做了 8 年祕書長，沒有同我抬過一次槓，難道我這 8 年沒有做錯一件事？這樣只會奉承的祕書長，用來何益？

@ 吳旅長做大豆生意，虧空了軍餉 24 萬元，正在打算跑路或者自殺。張大帥知道後，當面質問：「你最近是不是在做生意？」吳旅長直言倒賣大豆虧空了軍餉，要自殺謝罪。張作霖大罵：你這小子太沒出息！男子漢的一條命難道只值 24 萬元？你好好把兵帶好，錢我撥給你！

戢翼翹：張老將最信任楊宇霆，楊宇霆也忠心耿耿替他做事。許多公事都是楊代拆代行、自做決定的。張問起，只要楊說「這件事是我叫做的」，張就不問了。事做得好，做成功了，固然皆大歡喜。萬一事做得不好，遭人攻擊，即便這事張老將不知道，他也會說：「這事是我主張的。」信任人到這個地步，的確不容易。

@ 張作相想讓兄弟到奉軍中來當官，就故意向張老將談起他的兄弟，老將就問他兄弟做什麼的。他就說：「現在沒做什麼，想叫他來服侍大哥。」張一點頭，張作相就叫兄弟來做馬弁。不久就派出來做軍官，在履

歷表上還要寫上當張老將馬弁這資歷，而且引以為榮，真是好笑。

@ 張老將不用人則已，一用人就信任不渝，他把軍隊交給人管後不加干涉，你向他匯報：「某旅增加多少人。」「現在又添了某某人。」他都批准，給械給餉從不多問。

@ 張作霖會原諒別人的錯誤，有時一些軍官擾民被人告了，他會憤憤地說：「抓了來，我要槍斃他！可惡！老百姓告他。」抓來後，只要那人跪下去頭一磕，說自己錯了，再說：「我是赤心為老將的。」他的心就軟了，說：「去吧，以後好好幹。」也就無事了。

@ 張宗昌最初沒有地盤，用人又不加選擇，過於膨脹，錢不夠用。他就天天陪老將打牌，每天都大輸，每天都叫部下替他借錢，最後輸到數百萬了。張宗昌就對老將說：「我沒錢了，部下的餉也發不出去。」張老將打牌喜歡贏不喜歡輸，輸了很不高興，但贏了再還給你沒關係。他聽張宗昌沒錢了，便讓他當山東督辦。

朱銘軾：我是奉軍司令部的參謀。張作霖相信宿命論，迷信武力。聘算命瞎子為常年顧問，專門占卜休咎。他常說：「法律是人造的，怎能約束我呢？」又常說：「什麼是外交？一隻手拿著槍，一隻手與外國人辦事。」

@1926 年，孫傳芳被北伐軍打敗，微服跑到天津，以晚輩禮節見張作霖，向他行大禮，卑詞謝罪，連說對不起大帥。張撫慰說：「過去的事不要提了。」他詢問孫傳芳的實力，除直轄部隊約有 5 萬餘人外，尚有五省聯軍 20 餘萬人。張作霖當即任命孫傳芳為安國軍副司令。

@ 張作霖就任陸海軍大元帥，孫傳芳在九江慘敗，傷了元氣，又跑到北京慶賀，請求張作霖發給糧餉彈藥。楊宇霆極力勸張作霖趁機殺了孫，以洩舊恨，杜絕後患。張作霖對楊說：「你的氣度要放大些，不打不成交，過去的事情又何必再提呢？」他對孫傳芳恩禮有加，還支持大量軍火和兵源。

@1927 年，張作霖就任中華民國陸海軍大元帥，權勢達到巔峰。但當時奉系處境已經非常危險，北京震動，群情惶惑。張作霖為了安定人心，維持統治，在居仁堂召集各部門科長以上人員講話。這次講話，沒有用祕書預備稿子，表現出他的個性和思想。

@ 張作霖說：「我叫張作霖，跟我來的人都知道我張作霖是怎樣一個人，你們大家是不知道的。我張作霖也是個人，並沒有什麼特別出奇的地方。我也常想和你們大家見個面，談一談，不過這些捧臭屁的，我一出門，就禁了街，誰也見不著。」

@ 張作霖說：「人家都說我張作霖有錢，其實我哪裡有多少錢呢？是我當二十七師師長的時候，累積了 20 萬兩銀子。因為我善於經營，才累積了幾個錢。可是我現在已經拿出來墊補軍費啦，你們大家打聽去，哪個外國銀行有我張作霖存的錢？哪個外國租界裡有我張作霖蓋的樓房？便宜便宜中國人，我不能便宜外國人。」

@「過年三十那天晚上，你們大家可能都睡覺了，我張作霖並未睡覺。我拿著整股香，跪在四照堂院禱告。我說，天啊！要叫我張作霖統一天下，救救老百姓，老天爺，你就助我張作霖一臂之力吧，趕快消滅這些壞蛋，我統一中國，叫百姓好好地過個日子。不然的話，就憑我這塊臭色，在中南海裡待著，算幹什麼的！」

戢翼翹：張老將出身綠林，但相貌清秀，不像一般人所想像的。個子不高，看起來不像武人。他的知識不高，甚至哪一省在哪都不知道。但為人豪爽，知人善任，可以補其短。我初到東北在陸軍整理處工作，經常看他來整理處，各部門都看看，找人聊天，因為他不看公事，每天無事可做，隨便走走看看，聊聊天。

鄧漢祥：張作霖的發跡，日本人出力不小，世人就以為張作霖和日本人關係親密，甚至認為他對日本人百依百順。一次，我同他談話，副官報

告說:「日本總領事來電話,馬上要來會大帥。」張作霖說:「我現在沒工夫見他,以後再說。」

王鐵漢:外傳張作霖曾替日本當游擊隊,助日攻俄,這是不正確的。因張作霖在光緒二十九年(1903)已經正式編為巡防營,成為清廷的正規部隊,清政府絕對不敢讓正式的部隊參加作戰,替日本打游擊,事實上亦無可能。

戢翼翹:張老將在東北崛起,日本人以為出身綠林的張老將一定好對付,哪知道張老將真有一手,小權小利可以讓的好商量,有關國家命脈或地方安全的堅決不放手。而且張老將重用楊宇霆,楊宇霆的政治外交手腕很高明,對日本的內情知道得很清楚,所以他能對付日本人的要索。

@ 九一八事變後,日本軍人從檔案中發現部分日本要人以至於政黨從張老將這裡拿錢。

@1927年,日本人乘奉系兵敗,提出所謂「滿蒙五路建築權」要求,為張作霖堅決拒絕。濟南慘案發生,日本人認為有利於張氏,暗示張接受日本援助,對抗國民政府。而張反以大局為重,通電停戰,以免為外患所乘,陷國家於危亡之地。日本人的陰謀詭計又未得逞。

@ 日本一直希望張作霖「幡然改圖」,在張出關的前一日,日本芳澤公使還帶著譯員進謁。張嚴詞拒絕,說:「此我家事,與貴方何與?吾寧受南軍之繳械,不願借貴方之助,以保此小朝廷。」辭色俱厲,讓芳澤很難堪。至此,日本人認清張作霖不為己用,憤恨之餘,使出最後的醜惡一招 —— 犧牲張氏,以圖另創局面。

孫科:從前聽說張作霖是土匪出身,以為他粗魯剽悍,見面後見他長得非常清秀,個子不高,不像土匪。他每天早上派專車接我共進早餐,吃的是小米稀飯,生活非常簡樸。飯後,照例由他的祕書長帶著一個祕書和各方的函電公文,向他報告。他聽完後,逐一口述,由祕書記錄辦理。

一百多件公文，不到一小時就處理完了。

曹汝霖：張作霖最推崇袁世凱。他說：只有項城（袁世凱）的能力、智力，能統一中國，惜誤於群小，忽起帝制運動，中道而殂。

@張作霖評價段祺瑞：他雖有剛愎之性，但用人不疑，對人誠實，不用權術，故門生故舊人才眾多，無一不樂為之用，惜過信徐樹錚。徐樹錚之才勝過楊宇霆，唯鋒芒太露，反有時為合肥（段祺瑞）之累。

@張作霖評價徐世昌：有容人之量，缺乏實幹才能，他的學問深，但理論不切於時勢，也許我們沒有他的學問，故不易了解。

@張作霖評價黎元洪：碌碌庸才，靠了一時運氣，做了副總統，還要亂出主意，以致處府院不和。

@張作霖對馮玉祥則深惡痛絕，說：這種反覆小人，唯利是圖，還要裝偽君子。這人險而詐，同他共事，真要小心。

顏惠慶：張作霖所受的教育，十分有限，完全憑藉本人天賦的智慧和機變，造成主事四方的領袖地位。他能在東三省，日本軍閥極度侵略之下，維持地方秩序，經歷若干年，其應付能力非一般武人所能及。至於他的弱點，要為中國一般武人所共有，不能對張氏個別加以苛刻指摘。

梁士詒：張雖一武夫，而十餘年撐持東北，苦心孤詣，功績實不容沒。張死，而東北之局壞矣。

北張南陸：兩大土匪軍閥

張程：＃陸榮廷事蹟＃與張作霖齊名的是桂系軍閥陸榮廷，人稱「北張南陸」。兩人都出身綠林，都槍法出眾。一次張陸相會於北京太和殿，談得投機，一隻鳥飛過，陸拔槍便射，飛鳥應聲落地。張也想打，但天上

沒有鳥了，立即脫衣扯褲，比比誰身上傷疤多。結果，張計有五十餘處傷痕，而陸則有八十餘處，張自愧弗如，連呼陸為大哥。

@ 陸榮廷行走江湖，全靠槍法吃飯。他神射的祕訣全在苦練，每天起床後就練射擊，風雨無阻，直至垂死之前拿不動槍為止。不但自己苦練不懈，還要求家人無論男女都要練射擊，每週進行一次家庭射擊比賽，射中靶心的獎，射不中的罰下廚三天。陸榮廷後來打槍幾乎不用瞄準，全憑感覺，隨手一甩，目標應聲而倒。

李宗仁：統治廣西十年、威震西南數省、號稱「南中國第一人」的陸榮廷咸豐八年（西元 1858）出生於一個無賴的家庭。其父不務正業，淪為小偷，被其族人拘入祠堂吊死。其母因貧病交加，不久又去世。這時陸榮廷才十四五歲，無處藏身，遂流浪到南寧，在鴉片煙館及賭場裡向人乞憐討錢過活。

@ 龍州有一位法籍傳教士，畜有警犬一頭，十分凶猛，經常咬傷婦孺。官民畏懼教士，均不敢告。一日，教士往訪龍州州官，把狗繫在衙門大堂的柱上。榮廷因事走過，該犬狺狺相向，陸氏一怒之下，用木棍將狗打死了。教士就向中國官廳要狗。地方官恐開罪洋人，乃緝捕陸氏。榮廷一時藏身無處，不得已，逃入盜藪，落草為寇。

@ 陸氏在中越邊境橫行數年，法方無計可施。最後，駐越南法督恃強逼迫中國官廳限期剿滅。駐龍州提督蘇元春不得已，乃改剿為撫，許陸以高位。榮廷乃率其黨羽就撫，任管帶之職。嗣後以剿匪有功，逐年升遷，至辛亥年，已官至廣西提督。

張程：陸榮廷發跡後，法國領事聽說他好狗，特地從巴黎運來一條上好的獵狗相送。過幾天，該領事上門拜訪，問狗好不好，陸答：「好是好，可惜皮子厚了一點。」法領事不解。後來，有人告訴他，他的獵狗已經讓陸吃了。

@ 陸榮廷流浪時，曾短期在龍州團結村一位寡婦黃媽的粥店打工。黃媽對陸榮廷很好，在陸當了土匪後還無微不至地接濟、幫助他。陸榮廷發跡後，念念不忘黃媽，派人尋到黃媽，熱熱鬧鬧地接到府邸安享晚年。黃媽去世後，陸榮廷操辦了十分隆重的葬禮，出殯時單扛挽幛的就有 600 多人，墓地建屋，派人守墳。

徐啟明：陸榮廷綠林出身，所部舊人缺乏新知識，對軍校畢業的青年軍官不加重用。當時李宗仁、白崇禧、黃紹竑等都在其部下，不得重用。後來陸覆敗再起之時，陸的外甥、邊防軍總司令李白雲對我說：「今大用你們這些學生太遲了，先十年八年用，軍事上不會這樣失敗。」陸榮廷也親口對我說：「我可惜用你們太遲了。」

倒戈將軍馮玉祥

張程：＃馮玉祥事蹟＃清末，保定某兵營出缺，求情送禮要當兵領餉的人踏破了門檻。管帶想到部下哨官馮有茂因為傷病被裁掉了，家裡很困難，有心讓他的兒子補缺。可是，管帶不知道馮家兒子叫什麼名字，就隨手在新兵名冊上寫了「馮御香」。馮家兒子個大體壯，很不適合這麼女人味的名字，當兵後就改名「馮玉祥」。當年他 15 歲。

@ 父親馮有茂傷病臥床，馮玉祥生性孝順，既在家盡心盡意服侍父親，又堅持在軍營操練。每次去野外打靶，父親心疼他太小，總給他幾個銅板買燒餅吃。馮玉祥捨不得花，攢下來等湊夠了數，買上點豬肉飛奔回家讓父親能吃上點葷。當父親問出買肉的錢是哪來的時候，不禁老淚縱橫，一句話也說不出來。

@ 馮玉祥終生生活簡樸，發達後請客吃飯，用的都是自備的粗瓷碗、

粗瓷碟。

@ 軍營中喊口令的士兵，薪資高。為了多賺點餉銀供奉父親，馮玉祥苦練喊操，起早貪黑一年到頭地高喊口號，甚至邊走邊喊，惹得人說他是神經病。戰友們叫他「外國點心」，意思是早晚得讓外國人打死。馮玉祥回敬：「被外國人打死，是為國而死，那倒成全了我。」他特地刻了一個「外國點心」印章，還拿它蓋章。

@ 保定軍營外樹木很多，居民常來偷砍做柴禾，屢禁無效。一次馮玉祥拿著禁止伐木的告示前往勸阻，眾人不聽，反而撲上來對他大打出手，馮玉祥隻身勇鬥，把對手全打跑了。此後，馮玉祥一生提倡種樹愛樹，走到哪裡種到哪裡。他駐兵徐州時，寫有一首詩：「老馮駐徐州，大樹綠油油。誰砍我的樹，我殺誰的頭。」

鄭廷璽：馮玉祥後來信奉基督教，還在軍中推行基督教。第一次直奉戰爭時，馮玉祥軍隊北上，我陪曹錕去做動員。曹錕說了很多，效果不大，最後知道馮部官兵是基督徒，就說：「弟兄們前進啊，前進就是上天堂！萬不可後退，後退就是入地獄！」全體官兵，經曹錕這一番鼓舞，一擊而使奉軍潰退。

張程：馮玉祥中年喪妻，提親者絡繹不絕，其中最令人注目的是老大曹錕的千金。曹錕派副官向馮玉祥提親，馮玉祥道：「大帥厚愛，我求之不得，只是需得千金過門之後，必須委屈她做到三條：一不許穿綾羅綢緞，只穿粗布衣裳；二要紡紗織布；三要精心撫養前妻的三個孩子。」於是，曹錕知難而退。

李宗仁：馮玉祥的專車駛近了，只見一布衣敝履的關東大漢，站在車門口，向我們招手，大家才知道這位大漢便是馮總司令。車停了，大家便一擁向前去歡迎，他也走下來和我們握手為禮。馮氏穿一套極粗的河南土布製的軍服，腰束布帶，足穿土布鞋，與這批革履佩劍，光彩輝耀的歡迎

人員形成一尖銳的對照，頗覺滑稽可笑。

@ 軍官每有升遷，馮氏常按北方軍的陋習，先罰打軍棍數十，然後發表升官派令。故其部曲如有無故被打軍棍的，同僚必購酒肉，燃爆竹，為他慶賀，因打一頓屁股之後必然官升一級。黃埔畢業生曾有數百人奉命至馮玉祥集團見習，不久悉行潛逃，因打屁股升官的作風，實非一般現代軍人所能忍受也。

@ 馮氏治軍素稱嚴厲。軍中菸酒嫖賭，概行嚴禁，軍紀嚴明，秋毫無犯，為時人所稱頌。馮氏以身作則，粗衣素食，與士兵共甘苦。他善於裝模作樣，親自為傷病兵員洗腳、剪髮。偶有士兵思親思鄉，馮氏便令將其父母接來軍中小住，關懷彌切，優禮有加，每使頭腦純樸的鄉人父老感激涕零，叮嚀子姪為馮氏效死力。

@ 馮氏的為人卻難免恃才傲物，倚老賣老。他口才伶俐，演說起來，幽默諷刺一時俱來，極盡尖酸刻薄之能事，常使聽者處於尷尬萬分的境地。所以馮氏實可說是一時的怪傑。以他的歷史背景和習性來加入革命，與一般黨人，如胡漢民、蔣中正、譚延闓等相處，令人有鑿枘不投之感。

張程：進入國民政府時期，馮玉祥的作派和國府同僚格格不入。汪精衛時間觀念差，開會經常缺席、遲到，馮玉祥就寫了一副對聯送給了他：一桌子點心，半桌子水果，哪知民間疾苦；兩點鐘開會，四點鐘到齊，豈是革命精神？

張紹程：馮玉祥調任陸軍檢閱使，沒有地盤，軍隊給養非常困難，要求總統黎元洪維持餉糧。黎雖然表示「有飯大家吃」，但點金乏術。總理張紹曾就想把崇文門稅監給馮玉祥，黎元洪不同意。原來崇文門稅收一向為皇室所獨享，到了民國就成了總統府的特別開支。張紹曾以辭職相要挾，黎元洪勉強同意，但每月截留 10 萬元。

@ 一次，我陪黎元洪去看馮玉祥。當時馮玉祥正患小腸疝氣，聽到總

統來訪，極為高興，由兩個衛士架著出迎。馮見面就表示軍隊生活太苦，軍士每天吃的都是小米飯，希望黎為他的軍隊多結些糧餉。黎元洪不但未安慰他的病情，還說小米是最富營養價值，多吃頭腦清楚。從此，馮對黎更加憎恨。

＠曹錕要排擠黎元洪，好讓自己當總統。馮玉祥積極贊成，先是天天去鬧餉，後又派兵包圍黎元洪的住宅衚衕，說是武裝保護，實際上就是要趕他下臺。

鄭廷璽：馮玉祥擔任檢閱使後，軍隊維持困難，欠餉積壓至 11 個多月。馮玉祥每次請求餉糧，就遭到財政總長王克敏和總統府收支處長李彥青的百般刁難和侮辱。曹錕批示發放馮部的欠餉，王李二人藉口沒錢，拒絕發放。馮玉祥性格剛直，也不得不低聲下氣哀求，還向李彥青行賄，才擠牙膏式地拿到一丁點錢。

李仲三：北京政變時，馮玉祥占領總統府，第一件事就是槍斃李彥青。

朱銘軾：張作霖用巨金買動馮玉祥倒戈。由奉天世合公銀行，開出支票一紙，計奉小洋 100 萬元，在北京某銀行支取，折合現銀元 100 萬元。馮玉祥得金後，就蓄謀倒戈，推翻曹、吳。

傅興沛：我是奉軍參謀科長，曾與馮玉祥祕密聯繫倒戈，我還知道有郭瀛洲、馬炳南等奉系人馬與馮玉祥聯繫，並經安福系要人賈德耀之手，送給馮玉祥 200 萬日幣。

于立言：我身為段祺瑞的密使，聯繫奉系合作倒直。大約是在 1924 年 3 月，我從奉系拿回票面 200 萬元日本金票的匯票，在天津正金銀行取現大洋 162 萬元。段祺瑞接到後和我說：「這次的錢給馮玉祥 150 萬元，是三個月軍餉用的。」

張口評史：金錢是北京政變的推手，在當時，沒有錢就不能維持軍

隊，沒有軍隊就沒有地位。直系諸人刁難馮玉祥的糧餉，難免讓他產生異心。

李仲三：陝西軍閥胡景翼是民黨出身，素為孫中山所信任，在形勢不利時接受直系改編，伺機而動。曹、吳對胡部一面利用，一面尋機予以消滅。胡部官兵，軍官每天只發 400 文制錢、士兵每天只發 250 文制錢（銀幣 1 元兌換 1,200 文制錢）。官兵每年發單、棉製服一套，日子過得很苦。

＠胡景翼派人聯繫馮玉祥起義。馮玉祥見我們態度誠懇，就命令左右隨從人員離開，跟我圍坐火爐，開始密談。我們筆談，邊寫，邊看，邊燒。我們就密談商定了推翻曹錕政權，解決直系軍隊的計畫。

溥儀被「請」出紫禁城

中國新聞週刊：1924 年 11 月 5 日，溥儀在儲秀宮踢毽子，接到馮玉祥軍隊要進宮的消息。御花園裡，以婉容為首，提著大小包裹迎候溥儀，集齊後坐上鹿鍾麟的車。有積蓄的太監、宮女捲鋪蓋自謀出路，有的太監無人可投奔，連路都不認識，才出宮，就跳了筒子河……

張程：當天，鹿鍾麟、張璧帶著手槍隊和大刀隊進宮，沒有一點商量餘地，逼遜清皇室搬遷。溥儀心急火燎地讓太監孫耀庭趕緊把岳父榮源找來。孫耀庭四處尋找了一圈，有的太監告訴他，榮源與那些內務府大臣被宮外的「大炮」嚇昏了，不知躲到哪裡去了。

＠其實，鹿鍾麟只帶了一小隊士兵進紫禁城，所謂的「大炮」子虛烏有，說出來虛張聲勢的。

中國新聞週刊：皇后婉容哭喪著臉，小聲對孫耀庭說：「你可甭為了我們這點東西喪了命啊！要是有軍隊的大兵來要這些個東西，你就告訴他

們，這是我們『主兒』的，非要不可的話，索性痛痛快快地遞出去，就是千萬別出什麼亂子，能保住人怎麼都行……」沒想到，平日她對大家沒顯出過多親熱勁兒，節骨眼上還挺有點情分。

溥儀：據太監告訴我，（父親載灃）聽說我在（皇室優待條款）修正條件上簽了字，立刻把自己頭上的三眼花翎一把揪下來，連帽子一起摔在地上，嘴裡嘟囊著說：「完了！完了！這個也甭要了！」

@ 鹿鍾麟問我：「溥儀先生，你今後是還打算做皇帝，還是要當個平民？」「我願意從今天起就當個平民。」「好！」鹿鍾麟笑了又說，現在既是中華民國，同時又有個皇帝稱號是不合理的，今後應該以公民的身分好好為國效力。張璧還說：「既是個公民，就有了選舉權和被選舉權，將來也可能被選做大總統呢！」

郭松齡造反有理？

張程：# 郭松齡反奉 # 奉系將領郭松齡早年駐防四川，1910 年加入同盟會，屬該會早期成員。武昌起義後，四川獨立，排斥外省人，郭松齡返回奉天，參加了關東同盟會的起義密謀，不幸被捕，判斬首之刑。女青年韓淑秀冒死攔截刑車，說郭松齡是她未婚夫，返回奉天是為舉行婚禮，從未參加革命黨。郭松齡被釋放，還真和韓淑秀結婚了。

@1917 年，孫中山組建護法軍政府，郭松齡剛從陸軍大學畢業，去投奔孫中山，當參謀、營長。護法運動失敗後，郭松齡無法留在廣州，返回奉天任東三省陸軍講武堂戰術教官。據說是孫中山建議他「打入敵人內部」的。

齊世英：郭松齡軍校畢業後發到陸軍第 33 鎮，隨軍駐紮四川，升任

營長。後來的四川大軍閥劉湘是他屬下的排長或連長。郭松齡在廣東警衛軍中及韶關講武堂做過參謀及教官等職務，後來的新疆大軍閥盛世才是他那時的學生。加上在東北講武堂教書時，張學良是郭松齡的學生。郭的學生還真是「青出於藍而勝於藍」。

@ 郭先生體格修長而健壯，經常穿軍服，好讀書，生活嚴肅，思想前衛，治軍甚嚴，以天下國家為己任。不近菸酒，不貪汙，不受餽贈，亦不置家產。與夫人韓淑秀女士伉儷情篤，其夫人雖無所出，亦不納妾，不嫖，家庭生活極為樸素，毫無當時東北高官之奢靡情形，誠為後來東北新軍之楷模。

張程：郭松齡結識在講武堂當學生的張學良。郭雖比張年長 19 歲，兩人卻成了莫逆之交。張學良不斷向父親張作霖推薦，加上郭松齡屢立戰功，郭松齡在奉系的地位扶搖直上，直至代理奉軍精銳的第十軍軍長。第一次直奉戰爭失敗後，張作霖立志整訓軍隊，放手給張學良和郭松齡負責。

齊世英：張學良是皇太子式的軍人，故他的軍隊裝備最精，軍需亦獨立，而一切都由郭替他作主。郭性嚴肅，不含糊，凡事能行則行，故有人在背後呼之為「郭鬼子」（意謂日本式作風）。

張程：「郭鬼子」的綽號來由還有另一種說法。郭松齡鬼主意多，為人機靈，學員們就替他起了綽號「郭鬼子」。

@ 客觀說，郭松齡的整訓，提高了奉軍的素質。不論是裝備、軍容，還是戰鬥素養，當時的奉軍都是軍閥部隊中一流的。連日本人都承認奉系軍官的素質頂呱呱。

魏益三：我是郭松齡的參謀長。郭反對奉軍參與軍閥混戰，反對搶地盤。他悄悄對我說：「我主張鞏固國防，開發東北，最反對為少數人去爭督軍。試想這樣誰受害，還不是東北人民嗎？」郭反對進關爭奪地盤，他

認為東北有的是事做。

@ 奉軍入關後，張作霖如日中天，各國公使都來謁見，姜登選、韓麟春等奉系將領不斷來獻殷勤、謀職位，就是郭松齡不去。張學良暗中對我說：「你和松齡說說，別和直系和馮玉祥的人走得太近。他想要地盤，黑龍江、吉林任他選擇。」郭聞言說：「我絕不要地盤，我一心就是要練兵。」

@ 一天張學良來電話，說大帥準備去別墅休養，希望郭松齡去送行。郭當時在電話裡就表示有事去不了，實際情形是郭主張多辦實事，不必養成送往迎來這一套官場習氣。經我勸說，郭才跟我一起去車站送行。

齊世英：郭松齡通電宣告反奉理由：1. 直奉戰爭導致官兵傷亡慘重，人民生活困苦；2. 帝國主義對東北伺機而動，侵略日亟；3. 每次內戰都是軍閥擴張地盤，發展個人勢力：4. 要班師出關，更張省政，收毀濫鈔，免除苛稅，優遇勞工，振興教育，建設東北，實行文治以御外侮，永遠不再參與內戰。

張口評史：郭松齡的要求，簡單說，就一條：張作霖下臺！

齊世英：郭松齡起事後，我幫他負責外交。起初，日本人答應中立，不幫張作霖也不偏袒我們。後來，日本關東軍態度急轉直下，增兵交通線，嚴格限制郭軍的行動範圍，不利我們作戰。數年後，日本外交官告訴我，日本外交部的態度是嚴守中立，無奈軍方支持張作霖。為此，他們還向我表達「遲到」的歉意。

張程：張家對郭松齡有大恩，郭松齡反奉後，《盛京時報》刊登一副對聯，上聯：「論權、論勢、論名、論利，老張家那點負你」；下聯：「不忠、不孝、不仁、不義，爾夫妻占得完全」。當時軍閥部隊講「良心」、「義氣」，郭的行為很不被理解。郭松齡夫婦兵敗被槍決，張作霖命令暴屍三日方可收葬。

@ 郭松齡起事通電中，專門譴責「楊宇霆唆使進關打仗，弄權禍國」。起事後，楊宇霆大力協助張作霖與郭作戰。郭失敗後，楊宇霆下令槍決郭松齡夫婦。一般人都認為楊宇霆攜私報復，做得「有點過」了。張學良和郭松齡關係親密，因此恨上了楊宇霆。這也是張學良掌權後槍殺楊宇霆的一個原因。

齊世英：在解往瀋陽途中，奉天來命令，將郭松齡夫婦就地槍決。以後我有機會見到楊宇霆，楊對我說：「下令槍決是我的意思，張老將原要把他解到瀋陽，親自殺他，我們知道張老將的脾氣，可能東一刀、西一刀，郭要受人罪了，與其如此不如死個痛快，故我下令就地槍決。」

戢翼翹：楊顧慮的是另一層。郭的倒戈，張學良實在脫不了關係，據說他們曾開過天津會議。郭倒戈後，張老將父子也鬧得很不愉快。如果讓老將親自審問郭松齡，郭把天津會議內幕公開出來，把一切責任都推給少帥，那老將父子之間將無法善後。因此他對老將說：「郭反正是要死的，不如就地槍決，以免過肆株連。」

@ 郭松齡造反後，我親見張學良還和郭松齡電話保持聯繫。張學良曾說郭松齡「不下臺，也不自殺」。其間，張學良一直不敢去見父親張作霖。蛛絲馬跡，令人懷疑。很不幸的是，楊宇霆的一片苦心竟被人歪曲，反而惹禍上身，最終被張學良槍斃，真不值得。

張口評史：如此看來，楊宇霆槍殺郭松齡，還幫了張學良一個大忙，不料竟被張學良誤會了。或者，郭松齡造反奪張作霖的權，背後就站著張學良。

扯大旗的「五省聯帥」孫傳芳

張程：＃孫傳芳事蹟＃武衛右軍執法營務處小軍官王英楷的妻子患瘋癲，請人說合娶一個二房。山東濟南有個窮苦無依的母親願意把女兒送來做小，但條件是王英楷要供養自己及獨子生活。王英楷官卑家貧，養一大家子人很困難，就在小舅子 17 歲時把他送到保定常備軍當兵。這個小舅子就是直系後期的主要軍閥孫傳芳。

＠孫傳芳曾留學東京士官學校，嫌軍校生活清苦，星期天外出大吃大喝，一次醉酒誤了晚點名。區隊長岡村寧次怒氣沖沖的賞了他兩耳光，還抓住他的辮子，大叫豬尾巴。孫傳芳猛地抓回辮子，死命拱向岡村寧次，把他頂了一個仰面朝天。岡村寧次不怒反喜：「孫君，你的膽量大大的！是一條漢子！」兩人成了好朋友。

孟星魁：我是孫傳芳的參謀長。孫傳芳成立浙、閩、蘇、皖、贛五省聯軍，自任總司令兼江蘇總司令。但他的嫡系只有浙江的盧香亭一個師，能夠完全支配的地盤只有江蘇、浙江兩省，所謂的「五省」只是聲勢所及而已。

張口評史：孫傳芳稱霸東南五省，運氣很重要。皖系在江浙勢弱，奉系大舉南侵，敵方又有內奸開門相迎，孫傳芳趁虛而來，沒有經過惡戰，就占領了中國的經濟中心。

孟星魁：我曾問孫傳芳：「中國軍閥割據，於國計民生均有不利，但何人能領導全國軍政，這是當前首應研究的問題。」孫說：「這一領導人，我自問無能，能做個吳越的錢王，就心滿意足了。」他當時滿足於蘇浙兩省富庶的地盤和五省聯帥的地位，沒有更大的野心。

張程：1926 年底，孫傳芳祕密前往天津，親自向張作霖表示捐嫌修好，共同對抗北伐軍。孫傳芳卑躬屈膝，連說「對不起大帥」，張連連表

示「過去的事不要提了」，二人遂化敵為友。經共同商議，決定成立安國軍，張作霖任總司令，孫傳芳任副司令。

＠軍閥混戰，幾乎都不取人性命。勝利者都放失敗者一條生路。雙方男人在廝殺，太太可能在搓麻。孫傳芳和奉系作戰時，俘虜了奉系將領施從濱，砍了他的腦袋，是罕見的惡例。1935 年 11 月午後，隱居信佛的孫傳芳在佛堂中被施從濱之女施劍翹殺死。當時全國輿論同情施家，施劍翹後被無罪釋放。

愛搞花樣的閻錫山

劉象山：＃閻錫山事蹟＃閻錫山是個腦筋很複雜的人，點子很多，隨時有新花樣，組織那些「公道團」、「犧盟會」等等，但實際效果不好，很多都停在空中樓閣的階段。他大力推動的「兵農合一」政策，更受到山西人的反對。當然，閻錫山肯用心研究如何建設山西，和其他軍閥只知魚肉鄉民不同，不過一些做法和想法卻值得商榷。

張程：閻錫山特別喜歡提理論、喊口號，什麼「三不二要主義」、「六政宣言」、「村本政治」等等，還頒布《人民須知》、《家庭須知》、《村禁約》等等，成立洗心社、村公所、息訟會、監察會、人民會議等等，最後把山西建設成「模範省」。其實是他一個人在山西關起門來，自己搞自己的花樣。

劉象山：閻錫山有他的一套，獨霸山西，別人都侵犯不進來。孔祥熙是總理介紹給閻錫山的，孔本來想當縣長，但閻錫山根本不用他，只給他一個空頭的參議名銜。孔祥熙只好去辦學校。知識階層裡，只有很少的人曾反對他。他對付政敵、不附和他或意見不同的人，不濫殺人，就是把他

們趕走，讓他們在山西都生存不下去。

@ 閻錫山在山西那麼長一段時間，中央一直沒有辦法在山西開展工作，表面上在省會太原成立了省黨部，但根本無法深入地方，難以開展黨務工作。地方上老百姓根本不知道國民黨是老幾。閻錫山在山西是家喻戶曉的人物，有些地方甚至還把他「神聖化」。中央打不進山西是有道理的。

@ 閻錫山很自私，為自己的私利打算。而在山西做黨務的人，都死心塌地地擁護中央。他們等於是拚著生命辦黨務，常處於危機的狀態。像做地下工作，就是很危險的事。黨務工作者去地方發展組織，還曾被閻錫山找藉口抓起來。

@ 閻錫山是個封閉的人，他用的人也差不多是一樣類型腦筋封閉的人，稍微有點新知的抑或開通乃至雄才大略的人，是完全無法在山西立足的。他左右多少年來就是一個進士、兩個秀才。所謂一個進士，是指賈景德。兩個秀才，一個是趙戴文，另一位是楊兆泰。

@ 趙戴文是個老秀才，留日，加入同盟會，是個操守很好、很廉潔的人，他妻子生病，沒錢就醫而上吊自殺身亡，媳婦在鄉間採野菜作為食物，可見其雖家境貧困而仍廉潔自持。他是個好人，但腦筋固執得很，揚言「一部《孟子》治天下」，可以說是傳統類型的老學究。

@ 趙戴文在北伐成功後當過一陣子的內政部長，因為那時北伐剛成功，政治上成為「分贓政治」。（蔣介石、馮玉祥、閻錫山三方瓜分了中央政府席位。）把內政部、蒙藏委員會這兩個部門分給閻錫山，他要誰去做就由誰去做。趙戴文因此當上了內政部長。

張程：趙戴文是閻錫山的老鄉，五臺人，清末留學日本時認識，一起加入同盟會，一起回太原。趙戴文辛亥革命前辦新學，從政後辦軍事學校，「晉綏軍將校多出其門」。兩人看似夥伴，其實趙戴文比閻錫山年長將近 20 歲，當內政部長時都 62 歲了，是「山中宰相」式的人物。

西南王唐繼堯

唐筱蓂: ＃唐繼堯事蹟＃先君唐繼堯留日歸來,軍機大臣徐世昌接見。徐看見先君名字,微微搖頭:「繼堯兩字不甚妥當,我給你改一改如何?」徐大概認為君主時代,繼堯兩字犯諱。先君答:「這是家父為我起的名字,不便任意更動。」徐聽了似乎很不愉快,但也不勉強。事後有人說:「軍機大臣為你更名,你竟然拒絕,真是不受抬舉。」

@一日,先君帶我到田壟間去散步。偶經一處,有幾間茅屋,竹頂土牆,破敗幾如狗窩,人和畜生擠在一起,附近幾個赤身露體的小孩,滿身汙穢,在那裡嬉戲。

先君對我說道:「記著!當你豐衣足食時,千萬不可以忘記,在世上還有千千萬萬人和這些人一樣地在貧苦地生活著!」

龍繩武: 清末雲南選派留學生赴日,第一等學生學師範,第二等學生學軍事。唐繼堯被選為師範留學生。這個人生得漂亮,在上海等船赴日時四處亂玩,得了花柳病。這是非常不名譽的事,被取消了師範生資格。當時學軍事的人少,軍事留學生收不足人,陸軍監督就讓他去日本改學軍事。

白崇禧: 我部孫參謀赴昆明與唐繼堯交涉。據孫回來報告,昆明武華山唐之副元帥府,華麗無比,廳中鋪掛悉為黃色綾緞,儼如王宮,其侍衛皆官拜少將,一切全憑唐之喜好,無制度可言。

張程: 唐繼堯自辛亥革命起義後,年紀輕輕就已歷任貴州都督、雲南都督、護法軍總裁等,開始膨脹,似乎熱衷當「西南王」。他出兵貴州、四川、廣西,連年征戰,還自號「東大陸主人」,印行有自己大頭像的銀幣。1922年,部將顧品珍等人造反,就說他窮兵黷武,大興土木,窮奢極欲,私樹黨羽,不得人心。

@ 貴州不流血獨立後，各派面臨分權難題。雲南都督蔡鍔派唐繼堯出師援黔。途中，蔡鍔得知川情緊急，而貴州內部兩派鬥爭激烈，幾次急電命令唐繼堯停止進黔，改道四川。但唐繼堯一意入黔，到了貴陽後，僅僅用了一天就控制局勢。進城後大屠殺，「無論官長士兵，恐不為己用，繳械之後，驅至東郊，悉數坑殺」。

張口評史：看來，家人和旁人的看法，差別真大，甚至是截然相反。

唐筱蓂：1922 年，先君回滇，力量單薄。滇越鐵路當局以為有機可乘，對先君說：「如果你能答允在將來重掌滇政時，同意把滇越鐵路的駐軍權給法國，我們立即派車來襄助你運送軍隊，並在軍事上給你幫助。」先君勃然大怒：「我唐某人寧可失敗戰死也絕不肯出賣國家，你們的意見我絕不能接受。」於是率軍步行到前方作戰。

@ 先君召見招安的土匪吳學顯，得知他在受招安前被官兵打斷了一條腿，經過草藥醫生曲煥章的醫治，不到十天工夫居然斷骨接好，可以勉強步行。曲煥章是通海縣的一名普通草藥醫生，先君請他到陸軍醫院去試療傷兵，結果成績良好，於是先君勸他把治病的白藥公諸於世。這就是「雲南白藥」。

昆明老人：唐繼堯回昆明，是依靠土匪勢力過來的。當時所謂受唐繼堯招安的土匪，大大小小有十多起，整個昆明城成了土匪的世界。做生意的，見一個抓一個，吊打勒索，有一文拿一文，有兩文拿兩文，搶光了才算。……擺賭場，他們手下那些營長、連長也在街頭巷尾擺賭攤。一時間昆明處處是匪，都是賭徒……

張程：1927 年 2 月，龍雲、胡若愚等部下鎮守使聯合起來，對唐繼堯實行兵諫，逼他下臺。唐繼堯眾叛親離，極端鬱悶，到當年 5 月就病逝了，享年 44 歲。考慮到他在辛亥革命、護國運動、護法運動中的歷史功績，雲南當局對他舉行公葬。韓國流亡政府在雲南也得到唐繼堯的頗多照

顧，因此韓國獨立後也褒獎過唐繼堯。

@龍雲上臺後，立即著手清剿土匪武裝，包括那些「招安軍」。大土匪吳學顯就在酒席上被亂槍打成了窟窿。

「黨國叛徒」陳炯明

　　張程：＃陳炯明叛變＃國民黨歷史上有兩大叛徒，一個是投降日本的汪精衛，另一個則是陳炯明。雖然在政治上，陳炯明是個失敗者，但他一生律己甚嚴，為政不誤私利，不貪財，不好色，失敗後逃往香港，生活很貧窮，去世時連喪葬費都是他人資助的。九一八事變後，日本人蒐羅失意政客出面當傀儡，找到陳炯明。陳炯明斷然拒絕。

　　@陳炯明，廣東海豐人，7歲時父親、祖父相繼去世，全家人不得不靠借貸度日。其母楊氏寧願餓著肚子出去打工，也要維持幾個孩子讀書。一家人飢寒交迫，常為一口清粥互相謙讓。陳炯明從小懂事，每天五更起來讀書，感動了一位賣豆腐的老者，他每早為陳炯明留下一碗豆腐。20歲時，陳炯明考中了第一名秀才。

　　@晚清新政期間，陳炯明進入廣東法政學堂第一期就讀，以頭等優異生的成績畢業。他在法政學堂時，讀了嚴復編譯的《天演論》，深受影響，從流行的「物競天擇，適者生存」觀點中為自己取字「競存」。同時期，胡適也從這句話中替自己取字「適之」。

　　@1908年陳炯明從法政學堂畢業，沒有留在廣州謀舒適的差事，而是返回老家海豐祕密革命，1909年創辦了《海豐自治報》，揭露清廷官場腐敗醜聞、宣揚「地方自治」、「還政於民」。每逢當地有盜案，陳炯明都以「不均產之害」為標題，抨擊貧富懸殊。當年，他當選廣東諮議局議員。

@ 辛亥年，陳炯明在粵東組織民軍，與清軍作戰，是廣東最大的革命武裝。廣州清軍主動投降，胡漢民從香港回廣州擔任廣東都督，鑑於陳炯明的實力，推舉他為副都督。胡漢民後隨孫中山北上南京，陳炯明繼任都督。二次革命爆發，陳炯明響應孫中山號召，宣布廣東獨立，失敗後流亡海外。

范體仁：陳炯明是 1910 年廣州起義的同盟會骨幹，黃興分派他率領一支部隊進攻廣東巡警教練所。槍聲響後，陳炯明無跡可尋，這一路起義沒有發動。事後遭同志遣責。1917 年孫中山南下護法，陳到滬謁見中山，表示願效馳驅。前廣東省長朱慶瀾移交親軍二十營，孫中山命陳炯明為親軍總司令。這是陳炯明的基礎部隊。

張程：孫中山被桂系勢力排擠離去，第一次護法失敗。陳炯明的部隊滯留閩南漳州，成了孤懸他鄉的一支散兵。孫中山極端重視這支部隊，盡全力資助陳炯明。據說，當時海外華僑贊助孫中山的經費，孫中山都轉給了陳炯明。孫中山一度還把自己的上海寓所典當了，維持陳軍的運轉。

范體仁：直皖之戰，段祺瑞失敗後，先後派兒子段宏業與徐樹錚到滬謁見中山，主動承認錯誤，表示願意在中山指導之下合作反直。經商定由皖系福建督軍李厚基資助陳炯明回粵討伐桂系，陳炯明原駐的漳州等縣政權，交還閩督。孫中山於是下令陳炯明率軍回粵平桂。陳炯明一舉擊敗陸榮廷，一度雄霸粵桂兩省。

李宗仁：陳炯明就在總司令部的客廳裡召見我，客廳十分寬敞。陳氏高高上座，離我很遠，雙方都須大聲說話，才能聽得清楚。陳炯明身材魁梧，儀表非凡。但是他有一個最大的缺點，便是他總不正眼看人。談話時，他遠遠的目光斜視，殊欠正派。陳炯明召見我，三言兩語之後，遂無下文，或許他是很忙，也沒約我吃飯。

張程：1922 年 6 月 16 日凌晨，陳炯明的部隊炮轟大總統府，孫中山

出逃,第二次護法失敗。史稱「六一六事件」。這一事件讓陳炯明從革命元勳成為黨國叛徒。陳炯明是否知情,抑或是官兵的自發行動?陳炯明是否提前通知孫中山要炮轟,有沒有派兵捉拿孫中山?說法不一。這是國民黨黨史上的一個「謎案」。

@ 陳炯明長期追隨孫中山,但並不認同孫中山的激進革命立場,並認為以廣東為基地的北伐戰爭不切實際。他認同自治和聯邦的政治理想,信奉民主協商方式。陳統一兩廣不久,孫中山就積極張羅北伐,兩人矛盾激化。孫長於演說,常慷慨激昂,陳不喜高談闊論,內心卻固執己見,這也造成了兩人溝通障礙。

胡適:孫文與陳炯明的衝突是一種主張上的衝突。陳氏主張廣東自治,造成一個模範的新廣東;孫氏主張用廣東作根據,做到統一的中華民國。這兩個主張都是可以成立的。但孫氏使他的主張,迷了他的眼光,不惜倒行逆施以求達他的目的。……孫氏還要依賴海軍,用炮擊廣州城的話來威嚇廣州的人民。

張程:孫中山顯然對陳炯明的粵軍有恩。當時輿論普遍認為陳炯明忘恩負義。就是陳軍內部許多官兵,也覺得長官這麼做不對。六一六事件的最大受益者是蔣介石。孫中山避難永豐艦,蔣介石從上海跑到艦上護駕追隨。孫中山大為感動,開始重用蔣介石。蔣在國民黨內地位竄升。

@ 陳炯明認為自己與孫中山的矛盾,「對公不對私」。他堅持「聯省自治」的政治主張。與孫中山決裂後,吳稚暉、李石曾、汪精衛等人曾試圖調節孫陳二人的關係,孫中山表示如果陳炯明能夠寫「悔過書」,自己可以既往不咎,但個性倔強的陳炯明拒絕。兩人關係終無法復合。

范體仁:二次革命失敗後,孫中山避居上海。張作霖派代表楊宇霆、段祺瑞派徐樹錚、浙督盧永祥派兒子盧小嘉聯繫孫中山,商定孫中山與奉系、皖系合作。孫中山能夠指揮的國民黨殘部,會同皖系舊部合攻原為皖

系後投靠直系的閩督李厚基，之後再回粵討伐陳炯明。這促成了孫中山第三次占據廣東。

@ 孫中山派兒子孫科偕同盧小嘉至天津與段子段宏業、張子張學良會晤，為孫、段、張三角同盟進一步聯繫，世稱「四公子會議」，時為1923年11月。「民國四公子」說的就是這四位。

劉樹亮：1923年討伐陳炯明，一顆子彈從左翼射中我的頸部，隨即鮮血直流，水上漂起了血花，我暈了過去，身邊的警衛員急忙把我架走。我被護送到一戶農家，一位老農問：「你們是孫軍還是陳軍？」警衛員說：「我們是孫軍，我們的團長是被陳軍打傷的，請給我們方便方便吧！」老農「嗯」了一聲就忙給我照護。

@ 中山先生特派夫人宋慶齡前來慰問。她說：「中山先生聽說你與叛軍英勇作戰時負了重傷，非常關心，他讚賞你為國為民的奮不顧身的精神。」她關照醫護人員對我精心治療照護，並親自為我端來了牛奶，以後又來探望了兩次，還帶來了經大元帥親署發給我的500元獎勵金。我深感中山先生對部下無微不至的關懷。

@ 博羅城被陳炯明叛軍三面包圍，城中守軍單薄，增援部隊一時難以調來。敵軍重重圍困了四五十天，處境十分艱險。許崇智幾次勸孫先生返回廣州，孫一再斷然表示：「決與博羅共存亡！」守軍的糧食彈藥幾已告罄，糙米都難得吃上，菜蔬更是困難，大家只得喝糙米粥，蘸鹽滷湯，中山先生也和官兵一同吃這些東西。

張程：廣東國民政府發動了兩次東征，東征以黃埔軍校師生為主力，以桂軍等旁系為輔，在1925年徹底殲滅了陳炯明的勢力。陳炯明逃往香港。海外洪門組織改組為中國致公黨，推舉陳炯明為總理，唐繼堯為副總理。中國致公黨反對國民黨「一黨專政」，之後始終站在國民政府的對立面。

@ 陳炯明 40 歲時還沒有子嗣，親朋好友都勸他納妾，他嚴詞拒絕。據說，陳炯明刻有兩枚圖章，上刻「不好色」和「不蓄私財」。他掌權廣東 20 多年，都不貪錢攬財。1933 年陳炯明病逝於香港，去世時家無長物，多虧了老友和舊部的接濟才得以入殮。

李宗仁大難不死有後福

李宗仁：# 李宗仁打仗 # 我令號兵吹衝鋒號，向敵逆襲，竟無一兵一官向前躍進。我拿起營旗，躍出戰壕，大聲喊殺，衝上前去。全營士兵見我身先士卒，蜂擁而前。忽見前面一丈多遠，有黑影一閃，泥土紛飛，濺得我滿頭滿臉。我用手將臉上泥土抹去，繼續揮兵反擊。剛才那黑影原是一顆炮彈，似乎沒有爆炸，只把泥土掀起，濺了我一身。

@ 我在戰場上觀察敵情。忽然一排機槍射來，正打入我胯下。我覺得大腿的肌肉振動了一下，俯視即見血流如注。立刻伏在地上，但仍大呼衝鋒。事後，我發現自己身中四彈，然其中只有一彈射入大腿，其他三彈只打穿了褲子，未傷及肌肉。如果我站高一點，這四顆子彈必將射入腹部，那就不堪設想了，真是險極！

@ 我在亂軍中被擠落河裡。在水中忽又被同溺的二人抱住雙腿，三人一同沉入江底。幸而我神志尚清，先把右腿掙脫，然後用右腿猛踢抱我左腳的人的頭部，那人才鬆了手，我乃脫身浮出水面。抬頭一看，只見江面上萬頭鑽動，馬匹行李，逐浪翻騰，人號馬嘶，哀叫呼救。溺者四處亂抓，萬一被抓住，勢必同歸於盡。

@ 我和幾位高級軍官逛街。有位至少將的，我當時是少校，官階最低。有個看相的拉住我說：「按相上來說，你明年要連升三級。」我說：「除

非明年這裡發瘟疫，把我這批朋友都害死了，我才有這機會連升三級！」大家闌堂一笑。看相的堅持說我「鵬程萬里，前途無疆」，還不收相金。我認為是江湖術士信口雌黃。

@誰知翌年粵桂戰爭又起，我竟由營長而幫統，而統領，最後升任邊防軍司令，一年之內恰恰連升三級。（統一廣西後）那個看相的跑到南寧要見我。為了避免議論說我們革命軍人提倡迷信起見，我沒有親自接見他，只下了一張條子，叫軍需處送他 500 元，讓他也不虛此行。

張程：1923 年初，革命政府依靠各派小軍閥部隊，擊敗陳炯明部，收復廣州。這時，滇、桂、粵、湘等軍雲集廣州，出現「十三省司令部共存」的局面。他們搶占繁華市區，委官設卡，瓜分了稅收大權，還發展黃賭毒，僅「煙賭稅」每月可得 8 萬餘元。桂、滇所部士兵毫無軍紀，搶劫事件時有發生，人民飽受其苦。

李宗仁：范石生曾經告訴我當時廣州的情形。范說，滇軍楊希閔、桂軍劉震寰稅收到手，向來不發給士兵。有時官兵鬧餉，他們便說：「你們有槍還怕沒有餉？」

張程：國民政府決定編練革命軍隊，建立黃埔軍校。劉、楊也在廣州積極擴軍，1924 年 11 月，黃埔軍校從上海招來 97 名新兵，結果被滇軍截留，蔣介石出面再三請求，才放回 32 人。楊劉也辦軍校。滇軍的軍校有 1,000 多人，規模和黃埔軍校相仿。前來投軍的覃異之，就是先進了劉震寰開的桂軍軍校，再轉到黃埔軍校的。

李宗仁：當時軍餉的來源，正稅之外，最大的收入是「禁煙特別捐」和「防務經費」兩種。所謂「禁煙特別捐」即鴉片稅。在廣東每兩煙土課稅在一元以上，收入很大。所謂「防務經費」即賭捐。兩廣人民嗜賭成習，官府禁之無效，乃課以重稅。這種煙捐、賭捐在任何政體內都是犯法的，但在當時是政府經費的主要來源之一。

　　范體仁：孫科在 1923 年至 1924 年之間任廣州市長，拍賣廣州各大姓宗祠的祠產，並開徵筵席捐及花捐（即妓女捐），實非得已。

　　李宗仁：國民政府財政部長宋子文在廣東的理財政策本是竭澤而漁。為了替政府和各軍籌經費，他簡直是不顧一切地「橫徵暴斂」。我曾批評他那種做法把老百姓搞得太苦了。宋說：「不這樣做，哪裡有錢來革命呢？」事實上，當時廣東的經濟來源，也虧著他用這麼狠心的做法，否則真不易維持。

　　@ 我想把廣西財政交給中央統一辦理，中央卻不願接受。我數度和財政部長宋子文詳談。宋部長坦白地說：「你們廣西稅收太少了，軍隊太多了，收支不能相抵，中央統一了，財政部是要吃虧的。」我說，中央如對窮的省分就不統一，對富的省分就「統一財政」，這還成個什麼體統呢？

　　張程：# 兩廣混戰 # 孫中山病逝後，麾下軍閥蠢蠢欲動。唐繼堯宣布就任「副元帥」，出兵侵犯兩廣，他還任命劉震寰為廣西省軍務督辦，準備任命楊希閔為廣東軍務督辦。劉楊聯名指責國民黨中央執委會，他們不聽指揮，向廣州集中軍隊。楊希閔還潛赴香港，與北洋政府、陳炯明、港英政府等處的代表密謀推翻廣東革命政權。

　　@ 第一次東征，楊希閔和劉震寰分別負責左翼和中路，但他們按兵不動。代理大元帥胡漢民向楊劉發出最後通牒，要他們服從政府，但遭到拒絕。鑑於此，大本營正式宣布討伐楊劉。楊自恃兵力強大，說：「請代帥（胡漢民）先攻打我們三天，我們再回手。」結果僅一天半，楊劉部隊就一觸即潰，兩人相繼逃往香港。

　　李宗仁：唐氏素來自命不凡，封建思想極為濃厚，他的衛士號稱飲飛軍，著古羅馬武士裝，手持長槍大戟。每逢唐氏接見重要僚屬或貴賓時，飲飛軍數百人在五華山總司令部內排成層層的儀仗隊，旌旗招展，盔甲鮮明，傳帥令，開中門。唐氏本人則著戎裝大禮服，踞坐於大廳正中高高矗

起的黃緞椅上，威儀顯赫，侍衛如林。

@ 唐繼堯要推翻廣東國民政府，最大的障礙便是我們。但是我們廣西的力量和唐氏比真是螳臂當車。所以唐氏料定我們不敢說半個不字，就任命我和黃紹竑軍長之職，派文某來南寧遊說我們。說如果同意，就送雲南鴉片煙土 400 萬兩（約值 700 萬元）。我對唐氏的為人和作風，深惡痛絕，覺得唐氏十分可鄙。

@ 廣東方面也派董福開到南寧來爭取我們。他和唐繼堯代表文某同住在南寧酒店，只開了一間三等房間，他看到文某一派僕從如雲、往來冠蓋不絕於途的欽差大臣氣派，以為我們已接受唐繼堯的委任，故不敢暴露身分。躲了好幾天。一天突然看到文某房前站著衛兵，被看管了起來，不免喜出望外，立刻到督辦署來看我。

@ 董福開是革命元老，他說廣東革命政府當時情況很窘迫。廣東同人伙食都成問題，他動身前夕，旅費尚無著落，最後還是胡漢民向私人借了 200 元，才勉強成行。他們對我們無絲毫接濟，故不好意思明白地要求我們作「螳臂當車」式的犧牲。

@ 滇軍大舉進攻廣西。他們人數雖眾，但滇桂黔三省邊區多崇山峻嶺，道路崎嶇，人煙稀少，數萬大軍一時俱發，難以齊頭並進。加上滇軍餉糈多賴鴉片維持，沿途銷售鴉片，妨礙了行軍速度。據說唐繼虞隨軍攜帶數百萬兩煙土，因為等上海、武漢一帶商人來做生意，耽擱了行軍日程。我們有充分時間，從容部署。

潘宗武：滇軍除人手一支武器真槍之外，還多帶一支鴉片煙槍和一盞煙燈，煙癮來時隨時隨地點燃煙燈吸食鴉片。滇軍軍餉也以鴉片煙土代替隨軍運送，能大批出賣，即以現款發軍餉；不能出賣，即以鴉片煙土代替軍餉發交各部隊，由各部隊自行處理。

@ 滇軍占領南寧。南寧警察廳長原為周炳南，滇軍入城次日，即改派

另一人為警察廳長接替周炳南。新廳長布告就職後,隨員巡視城牆,不幸被一流彈射中嘴巴從後腦穿出,當時一命嗚呼。次日又恢復周炳南警察廳長職務。人生有幸有不幸,往往禍福於旦夕之間,實難預料。

@ 一日晚上,省議會一職員醒後欲往洗手間方便,剛起身坐定尚未下床,一顆流彈正射中背部所睡位置墊褥上,倘不起床,子彈必貫穿胸部,既不死也必受重傷,嚇得此職員心驚膽顫。

李宗仁:滇軍范石生始終反唐,請纓援桂,企圖擊敗唐氏回鄉。全軍上下皆有煙癖,軍紀極壞,訓練毫無。沿途強買強賣,鬧得梧州貴縣一帶雞犬不寧。我很不客氣地規勸他們:「你們這種軍隊,怎麼能打回雲南呢?」范說:「積習難除,以後要痛加改革。」楊蓁說:「我們是土匪軍,范石生是大土匪頭,我就是二十匪頭!」

@ 我在五塘整整等了兩天,才見范石生和參謀長楊蓁各乘四人綠呢人轎一頂,姍姍而來。石生一見我,露出很難為情的微笑,尷尬地說:「敵人跑得太快了,我的爛部隊偏偏又走得太慢些。辛苦了貴軍,請即收隊休息,由我們來接替。」石生並要楊蓁立刻寫信給龍雲勸降,而楊蓁要等鴉片抽足,才能動筆。

@ 經數度激烈戰鬥,俘獲唐軍數千,器械無算。侵桂唐繼虞所部潰不成軍,退回雲南,沿途為廣西民團據險截殺,殘部所剩不多。龍雲在南寧尚不知唐繼虞已潰敗,仍困守孤城。我們挑選了兩三百俘虜送入南寧城,去告知龍雲滇軍潰敗的情形。龍雲性情殘暴,竟認為他們接受我方愚弄,意欲動搖軍心而悉數槍決。

@ 我們不得已,又從俘虜中選旅長二員和士兵 500 餘名再送入南寧,至是龍雲才信唐繼虞確已慘敗。此時南寧城中,糧彈缺乏,疫病流行,且廣州方面響應唐繼堯入粵的劉震寰、楊希閔等部隊都在此時覆滅。龍氏知困守南寧無益,夜間放棄南寧,渡河向左江方面逃竄。

@陸榮廷殘部陸得標團投誠，請求改編。陸得標行伍出身，為人粗野，毫無現代觀念和軍事學識。所部都是陸榮廷的心腹，器械精良而驕橫成性，官兵已不堪造就。我調該團來南寧點驗。陸問要否帶武器。我說帶。陸才放心，率全團荷槍實彈來集合。陸團集合後，我訓話畢，便喊「立正、架槍」，把他們遣散了。

革命尚未成功，先驅駕鶴西去

張程：#孫中山逝世#1924 年 11 月，孫中山應北方國民軍的邀請，乘永豐號軍艦北上上海，決定入京大展拳腳。被推翻的直系軍閥不甘心失敗，派出殺手去上海刺殺孫中山。殺手計劃在孫中山走下輪船時行刺，但被上海民智書店的職工發覺，報告給了孫中山身邊的警衛人員。警衛隨即加強了防範，讓殺手無機可乘。孫中山平安抵達寓所。

范體仁：在中山到達上海之前，英國《字林西報》即著論說孫中山不宜在上海進行政治活動，又《大陸報》於 11 月 19 日發表「條約神聖」一文，反對廢除不平等條約。孫中山即在上海記者招待會上申斥他們。他說：「上海是我們中國的領土，我是這裡的主人，……無論什麼政治運動，我都可以做。」

張程：孫中山到達天津，因肝癌病倒。他在津治病期間，馮玉祥被張作霖和段祺瑞聯合排擠出北京。段祺瑞執政府通告各國，繼續執行各個喪權辱國的不平等條約。孫中山受到刺激，病情加劇。那一邊，段祺瑞多次來電催孫中山進京。孫中山在 12 月 31 日入京。肝病忌急忌怒，需要靜養。如此一來，孫中山病情大大惡化了。

張程：1 月 24 日孫中山病勢加重，26 日下午 3 點被用擔架抬到協和

醫院。醫生開刀後，眾人用肉眼即可看到孫中山的整個肝臟已經堅硬如木。醫生只能取下肝臟的極小一部分以備試驗，洗淨肝臟縫合。西醫沒有辦法了，孫中山等人開始求助中醫。2 月 18 日，宋慶齡等人陪著孫中山遷往鐵獅子衕衕 11 號行館，改由中醫治療。

@ 早在手術前，于右任認為孫中山應該事先留下遺囑，包括政治的和家事的遺令或者遺訓。吳稚暉認為：「吾輩係平民主義，不應帶帝王語氣，建議用『遺囑』二字。」於是，吳稚暉起草了孫中山的遺囑草稿，政治委員會再三討論修改。拖到 2 月 20 日，孫中山病危了。政治委員會趁孫中山頭腦還清醒，請他確定遺囑。

@ 孫科、宋子文、孔祥熙三位孫中山親屬和汪精衛，帶著遺囑草稿請示孫中山。孫中山聽說留遺囑，不肯留言，問：「你們要我說什麼，有沒有為我考慮？」汪精衛說：「我們已預備了一份稿子，請先生核定，現在我可以唸給先生聽一聽嗎？」得到同意後，汪精衛唸了草稿。孫中山對兩個草稿表示認可，但沒有簽字。

@3 月 11 日，孫中山即將走到生命的終點。他對守護在床邊的眾人說：「現在要分別你們了，拿前幾日所預備的那兩張字來呀，今日到了簽名的時候了。」剛好在場的汪精衛連忙把遺囑草稿和墨水筆遞上。孫中山虛弱到了極點，雙手不斷顫抖，拿不住筆。宋慶齡含淚，扶著丈夫的右手腕，孫中山這才簽名成功。

@ 孫中山簽名後，宋慶齡、孫科和在側的張靜江、吳稚暉、汪精衛、宋子文、孔祥熙、戴恩賽、邵元衝、戴季陶、鄒魯、陳友仁、何香凝依次簽字證明，汪精衛最後署名為「筆記者」。後人認為汪精衛是孫中山遺囑的筆錄者。其實，孫中山遺囑是由吳稚暉起草，政治委員會集體討論確定的，並不是孫口述由他人筆錄的。

@ 政治委員會擬定的遺囑共有兩篇，第一篇是政治遺囑。這份遺囑被

抽象成「革命尚未成功，同志仍須努力」的口號。第二篇是家事遺囑。孫中山的主要遺產是上海寓所（今孫中山故居），是在租界內的獨門獨院，係四位加拿大華僑見孫中山居無定所，集體出資為他買的。孫中山推託不掉，就收下作為住宅。

@11 日下午，孫中山心力開始衰竭，脈搏細若遊絲，用微弱的聲音不斷喃喃自語：「和平、奮鬥、救中國。」1949 年後，何香凝據此將孫中山的遺囑歸納為「和平奮鬥救中國」。次日（3 月 12 日）上午 9 時 30 分，孫中山逝世，享年 59 歲。

@ 孫中山生前選定南京紫金山為墓地。當時南北混戰、交通斷絕，入葬紫金山很困難。國民黨決定在北京為領袖入殮，日後再南葬紫金山。15 日，孫中山遺體盛殮楠木玻璃蓋棺，在協和醫院大殮，19 日移靈至中央公園（今中山公園）社稷壇大殿安放，24 日開吊致祭，供民眾致哀瞻仰。4 月 2 日靈柩移往京西香山碧雲寺。

@ 蔣介石北伐占領北京後，在 1929 年 6 月 1 日為孫中山舉行了隆重的遷葬典禮，將靈柩遷往南京紫金山中山陵。碧雲寺則留下了孫中山的衣冠墓。

@1940 年，國民政府通令全國，孫中山「倡導國民革命，手創中華民國，更新政體，永莫邦基，謀世界之大同，求國際之平等」，尊稱他為「中華民國國父」。孫中山先生被尊稱為「革命先行者」，每年的 3 月 12 日（孫中山忌辰）被定為了「植樹節」—— 孫中山生前關心國家建設，號召綠化西部。

@ 孫中山遺體在協和醫院作了防腐處理，肝臟被取出存放在醫院。抗戰中，大漢奸、汪偽政府「外交部長」褚民誼發掘肝臟的政治價值，1942 年 3 月底專程前往北京取出肝臟，護送到南京，交中山陵保管。一路上，褚民誼大事張揚，張羅了大小報紙的記者跟蹤報導，拍攝了一組「國父靈

臟奉安」照片,往自己臉上貼金。

@ 抗戰勝利後,褚民誼被判死罪。他說自己保護國父靈臟及遺著「不能謂無功」,要求法院重審。法院在大小報紙上大肆介紹褚民誼當年如何與日本人交涉,如何接收肝臟,為褚民誼開罪。民眾對法院和褚民誼利用孫中山肝臟牟利的行徑極其憤概,一致要求維持褚民誼的死刑原判。最終,褚民誼以漢奸罪被槍決。

蔣介石與李宗仁結拜兄弟

李宗仁:# 蔣介石事蹟 # 白崇禧說他以前做我的參謀長時,凡事認為應當做的他都可以當機立斷,放手做去,所以工作效率高,事情也容易做得好。他當蔣總司令的參謀長,情形便完全不同了。蔣介石耳明眼快、事必躬親,使參謀長不易發揮效率。白說他這個參謀長,實在是如臨深淵,如履薄冰,小心之至,遇事總要請示總司令親身處理。

@ 在長沙,我遇見了二、三、四、六各軍的高級官員,他們一提到補給的情形,不免異口同聲的怨言四起。他們舉個明顯的例子說,各軍出發以來,例須按期發放草鞋。然蔣總司令卻吩咐,他的第一軍每一士兵發給兩雙,其他二、三、四、六各軍,卻平均每一士兵連一雙草鞋還領不到。

@ 第一軍中黃埔出身的中下級軍官鬧虧空,上級無法解決時,照例報告蔣介石。蔣總是把營長或連長叫到辦公室,責問他為什麼鬧虧空。此人往往坦白:「報告校長!我一時行為失檢,把餉銀賭輸了,發不出餉來。」蔣聞言大怒,罵得他狗血淋頭。但罵過之後,寫一張便條手諭,叫他拿去向軍需處領錢,將虧空填平。

@ 黃埔學生都知道蔣總司令這一套作風,因而都喜歡單獨求見「校

長」。他們對「校長」的處理辦法，亦從不諱言，並津津樂道，以誇耀於人。故全軍上下，皆耳熟能詳。因而所謂層層節制，按級服從的制度，可謂蕩然無存。蔣氏不但不以為慮，還以黃埔學生忠於他個人為得計。

張程：黃埔學生手可通天，可以和蔣介石直接聯繫，強化了國民黨內部的「嫡庶之分」，也打破了正常的行政和指揮程序。蔣介石後來越來越喜歡越級指揮，這在北伐時期就有伏筆了。

李宗仁：中央如決心使全國軍隊一元化，蛻變為國家的軍隊，我就力勸蔣介石不要再兼黃埔軍校校長，以免學生有「天子門生」觀念，自我特殊化。我說，一有革命部隊特殊化，它必然自外於人，故步自封，因而引起與其他部隊對立的現象。如是，革命陣營便無法相容並包，將致後患無窮。蔣氏默不做聲。我也只有言盡而退。

@ 後來總司令部在廬山召開軍事會議，我和鄧演達、陳公博、陳銘樞三人某次閒談，我便說我曾勸總司令不要再兼軍校校長，以避免軍中加深門戶之見。鄧演達笑著說：「糟了！糟了！你所要避免的，正是他所要製造的，他故意把軍隊系統化，造成他個人的軍隊。你要他不兼校長，不是與虎謀皮嗎？

@ 蔣介石的個性極強，遇事往往知其不可為而為之。面析無益，我們也只有應付罷了。蔣介石總喜歡遇事蠻幹，一味執拗，不顧現實。蔣介石這種個性可說是他個人成功的因素，也可說是國事糟亂的種子。

戢翼翹：我到奉天後，有一次學生符紹騫來找我，他說：「將來把中國收拾好的一定是蔣某人。」我聽了覺得符紹騫太武斷。蔣介石在東京唸書時叫做蔣志清，留日入軍事學校時，我還做他的班長，並不見得太特殊，回國後也不見得有什麼表現，怎麼讓他出來收拾中國呢？

李宗仁：滇軍將領都有煙癖，范石生說：「有時我們正在煙榻上吸煙，忽然部屬來報告說『大元帥來了』，我們便放下煙槍，走出去迎接大

元帥，回到煙榻房間坐下，請問大元帥來此有何指示。如果是譚延闓或胡漢民來訪，我們就從煙榻坐起，請他們坐下商談。有時蔣介石也來，我們在煙榻繼續抽鴉片，連坐也不坐起來的。」

劉象山：在「蔣（介石）馮（玉祥）閻（錫山）」中，還是蔣先生的氣度比較大，能用人，所以他成功了。王世傑本來是和汪精衛比較接近的，但蔣能信任他，能用他，就是例子。又如傅斯年，攻擊孔宋不遺餘力，孔宋是他的心腹，而蔣先生不以為意，對傅斯年還是很尊重，從這裡可以看出他是有當領袖的氣度的。

李宗仁：民國十五年（1926）5月11日，我和蔣介石第一次會面。我對他的印象是「嚴肅」，「勁氣內斂」和「狠」。其後我在廣州珠江的頤養園和白崇禧聊天，白氏問我對蔣介石的印象。我說：「古人有句話，叫做『共患難易，共安樂難』，像蔣介石這樣的人，恐怕共患難也不易！」白氏對我這評語也有同感。

@ 白崇禧受任為北伐軍第二路代總指揮，指揮陳調元等軍。陳調元是白崇禧的老師，且獨霸一方多年，此次屈居白氏之下，頗感不服。因親往見蔣介石，頗有抱怨之辭。蔣說：「白崇禧行！你應該接受他的指揮。以後你就知道了！」陳調元始鬱鬱而退。嗣後，白氏用兵如神，每每出奇制勝，陳調元不禁為之擊節嘆賞。

@ 張靜江告訴蔣介石，論功論才，白崇禧均屬第一等，應對白氏完全信任，使其充分發展所長，不可時存抑制他的心理。蔣搖頭皺眉說：「白崇禧是行，但是和我總是合不來，我不知道為什麼不喜歡他……」這是張靜江當面對我和李濟深說的。

@ 北伐中，蔣介石主動要和我換帖。我慚愧得很，實在不敢當，向後退，堅決不收。他搶上兩步，硬把他的蘭譜塞入我的軍服口袋，並一再叮囑我也寫一份給他，弄得我非常尷尬。出來後，我拿蔣介石所寫的蘭譜

看，誓詞之後除「蔣中正」三字的簽名之外，還附有「妻陳潔如」四個字。

@ 我想當時南北雙方的要人，相互拜把或結為親家的不知有多少，但是往往今朝結為兄弟，明日又互相砍殺，事例之多不勝列舉。我的心裡老大的不高興，所以除妻子一人之外，我未向任何人提及此事。

@ 蔣介石給我的蘭譜，後來在民國十八年（1929）他向武漢進兵，我身陷滬上，因軍中無主，致全軍瓦解，連我的行李也一道遺失了。蘭譜中所謂「親如兄弟」、「同生共死」的話，轉瞬間竟變成兵戎相見、你死我活了。難怪有人曾說，政治是最汙濁的東西啊！

出乎意料的北伐戰爭

李宗仁：# 北伐戰爭 # 綜計和我革命軍為敵的全國大小軍閥，實力約在 100 萬人以上。以我革命軍區區 10 餘萬人的基本部隊，若欲掃蕩軍閥統一全國，難度不小。當時，吳佩孚在南口向馮玉祥部國民軍進攻甚急。北軍精銳尚在京漢線北段。革命軍才能出奇制勝，掌握有利時機，將敵人各個擊破。

張程：馮玉祥面對奉系和直系南北夾擊，計劃撤出北京、退往西北，期望讓吳佩孚和張作霖占領北京後爭權內訌。不過計策雖好，無奈部下鹿鍾麟等人實在捨不得北京，不願往西北去，計策失敗了。國民軍把奉軍、直軍始終牢牢吸引在北京周邊，致使南方軍閥勢力空虛。這一點被李宗仁抓住，不遺餘力遊說國民政府派兵。

李宗仁：1926 年廣東各派對北伐都不熱心。我們桂系去湖南支持唐生智，取得了對北軍作戰大捷。唐生智見事有可為，在大捷之後正式宣布就革命軍第八軍軍長之職。三日後，中央才正式發表蔣中正為北伐軍總司

令，宣言出師北伐。換句話說，便是我們自動入湘作戰的部隊已取得決定性的初期勝利之後，中央諸公才決意北伐。

張程：熱心北伐的除了李宗仁的桂軍外，還有李濟深的粵軍（第四軍）。當時廣東駐紮著譚延闓、程潛、朱培德、李福林等客軍。李宗仁勸李濟深積極北伐，讓各支客軍不好意思不跟進，間接地造成了「驅逐客軍出粵」的目的。李濟深深以為然，遂積極鼓吹北伐。他又派並非嫡系、深受左派影響的第四軍葉挺獨立團為先鋒。

李宗仁：在我軍占領長沙前，全國各地認為我們的北伐不過和中山先生昔日的北伐大同小異，最多又是一次湘粵邊境的小戰事罷了。不僅北方軍閥如此看法，即使廣州中央不少軍政大員對勝利也殊覺渺茫而一再遲疑觀望。但是當我七、四兩軍入湘援唐的部隊迭克名城之後，全國的觀感便不一樣了。

劉樹亮：北伐戰爭開始，我被編入了國民革命軍第一軍，何應欽是軍長，我任特務營長，擔負著全軍的警衛任務。政治部主任周恩來、蘇聯顧問鮑羅廷都隨第一軍行動。我派一排人組成腳踏車隊，沿途一直護送著他們。

李宗仁：左右依違的地方勢力，也開始和我們暗通款曲，冀圖加入革命陣營。首先來歸的是貴州的袁祖銘。他聲稱願將他的兩軍改隸於國民革命軍，參加北伐。經軍委會核准，袁部軍隊被改編為第九軍、第十軍，自貴州出湘西，直搗常德。馮玉祥、山西閻錫山、安徽陳調元、浙江夏超等也是成建制地投誠，北伐軍迅速壯大。

@湖南歷年來受北軍的禍患很大，人民啣恨。每逢北軍過境，居民便逃避一空。加以北人食麵，南人食米，生活習慣、容貌身軀、言語行動和當地人民都有顯著的不同，平時紀律又壞，所以一旦潰敗，便遍地都是敵人。凡潰兵所到之處，人民都到革命軍內來報信，並領路去包圍繳械。

@ 賀勝橋敵軍仍圖頑抗，我軍衝殺甚猛。吳佩孚見情勢危急，親自到賀勝橋頭督戰，排列機關槍、大刀隊於橋上，凡畏葸退卻的，立被射殺。吳佩孚手刃退卻的旅、團長十數人，懸其頭於電線柱上，表示有進無退。所以敵軍的抵抗極為頑強，機關槍向我軍掃射，疾如飆風驟雨。

@ 我軍士氣極旺，竟以敵人的機槍聲所在地為目標，向槍聲最密處抄襲。敵軍不支乃棄槍而遁。敵軍潰兵因後退無路，被迫向督戰大刀隊作反衝鋒，數萬人一闖而過，奪路逃命。據說敵將陳嘉謨見大勢已去，竟滾在地上大哭。這時我追兵已近，馬濟在一旁大叫：「你再不走，就要被俘了！」衛士把他架起來，奪路而逃。

@ 吳軍全線潰敗時已近黃昏。潰兵和追兵混成一團，不分先後向武昌城前進。我軍有炊事兵數名和大隊失去聯繫，竟挑著飲具，一夜未停，跟隨敵人潰兵進入武昌城。嗣後這幾名伙夫被關在城裡，當了四十幾天的俘虜。

@ 後來武昌克復，這幾名伙夫才被釋放。攻克武昌的是第四、八軍，指揮部因為他們隸屬第七軍，而我第七軍又已遠去江西，所以要送他們回廣西後方服務。這幾名伙夫卻不願回去，又趕到江西前線來歸隊。

張知本：唐生智部進武昌後軍紀很差，有兩個下級軍官闖進我的住所，說這房子很好，要借來用用，隨手就拿了兩床被子。走到客廳看到我掛著譚延闓寫給我的一副對聯，就問我：「你認得譚軍長？」（當時譚延闓是北伐軍軍長。）我說我們倆是老朋友了。他們拿起被子趕緊走了。

汪崇屏：湖北酣戰，吳佩孚調河南高汝桐增援武漢。高汝桐暗中與靳雲鄂等人密謀要另立山頭，帶著隊伍慢慢走，走一站，停一站，還留下隊伍占據鐵路與車站，使其他軍隊無法通過。吳佩孚的十幾萬軍隊都在河南及其以北地區，受高汝桐的阻攔不能南進。前方無可戰之兵，才給革命軍以可乘之機，否則北伐不會輕易成功。

@ 武漢大敗後，吳佩孚元氣大傷，又遭到馮玉祥打擊。他殘存的主力是河南南陽的于學忠第九軍。於是吳佩孚一手提拔的，卻不願意追隨吳，想投靠奉系。我看出于軍不穩，告訴吳。吳說：「姑娘大了，總要嫁人，不管他算了。」第二天于學忠就自己跑了，投奔了奉系。第九軍先投降馮玉祥，後來又陸續回到于的懷抱。

李宗仁：江西箬溪一役，當時我軍孤軍深入，與總部和友軍都斷了聯繫，完全靠死戰，擊潰孫傳芳精銳謝鴻勛部兩萬人。衝入敵軍主將謝鴻勛的指揮部，其中鴉片煙燈猶明，文電狼藉，官佐或斃或俘，極少漏網。修水浪急人多，敵軍跳河逃生，河中人頭滾滾，逐波而逝。謝鴻勛重傷被俘，然無人認識，遂為其衛士偷抬逃去。

@ 敵軍遺屍遍野。單單俘虜就超過萬人，我軍因無法收容，只得任其四處流散。我軍傷兵暨擄獲器械，便責令俘虜挑擔。後來據當地居民報告，當時敵軍參謀長、旅長等都雜在俘虜中擔任伕役。我們因俘虜太多，無法清查，多為其乘間逸去。

@ 程潛親率自己的第六軍和王柏齡的第一軍第一師，偷襲占領南昌。孫軍主力反攻，程潛知孤軍難守，棄城南撤，在南昌城南被敵軍重重包圍。程潛剪掉鬍鬚，易上便服，奪路逃生，全軍潰不成軍。白崇禧說程潛當時狼狽的情形，恰似「曹孟德潼關遇馬超」，「割鬚棄袍」而逃。

@ 第一軍代軍長王柏齡性好漁色，占領南昌之後，得意忘形，以為大事已定，潛入妓寮尋歡。孰知敵軍驟至，該師因軍中無主，被敵人衝得七零八落，倉皇亂竄。王柏齡脫險後，自知軍法難容，匿跡後方，不敢露面，遂被宣告「失蹤」。直至我軍占領南京，真的大事已定，王氏才在上海露面。

張程：王柏齡與蔣介石關係非同一般。兩人是保定軍校同學，又同時考取留日生，一同赴日，且同學炮科。王柏齡歷任黃埔軍校教育長、第一

軍一師師長、第一軍副軍長（軍長蔣介石），起初是蔣介石依為心腹股肱的頭號人物。但他成天不務正業，在黃埔系中的地位逐漸為何應欽超越。

＠因為在南昌臨陣脫逃，王柏齡雖然在蔣介石的庇護下沒有被軍法審判，但之後沒有擔任重要職務，在黃埔系中逐漸邊緣化，只是連任幾屆國民黨中央執行委員，是蔣介石同學中「混」得比較差的一位。

李宗仁：蔣介石親至南昌南門外指揮攻城。南昌城垣堅固，我軍屯兵堅壁之下，背水作戰，實犯兵家大忌。白崇禧極不贊成圍攻南昌，無奈蔣頑固堅持硬攻。白知無可挽回，密令在贛江上游搭浮橋二座。攻城失敗，敵軍敢死隊反攻，我軍情勢危急。蔣氏數度執白氏之手，連問「怎麼辦？」白氏命令全軍沿贛江上浮橋渡江後撤。

劉樹亮：南昌激戰，蔣介石親自到前沿陣地指揮，我帶著警衛營的官兵護衛著他。電話鈴響了，是程潛打來的，蔣聽到前線失利、傷亡很重，急得臉色蒼白，隨即屬色發令：「從現在起，師長陣亡，副師長代理，團長陣亡，副團長代理，營長陣亡，副營長代理，一定要堅持到底，非把南昌攻下不可！」多次發動猛攻，終於攻占了南昌。

李宗仁：在北伐中，蔣氏嫡系的第一軍，在戰場上的表現微不足道。何應欽的東路軍入閩雖節節勝利，然浙閩地區固非敵人主力所在，福建周蔭人部原不堪一擊，而北路作戰，自第二師在武昌圍城參戰之後，亦無赫赫之功。嗣後南昌一役，第一師棄甲曳兵而逃。就戰功言，第一軍比不上四、七兩軍，就是其他雜牌軍也比不上。

汪崇屏：民國十二年，孫總理跟蔣夢麟談到北伐的事，並感慨地說：「北伐打勝了固然好，就算不幸打敗了，把這些驕兵悍將，一齊打死，豈不更好？」可見孫總理對南方那些不聽命令的軍閥，是怎樣的深惡痛絕！

吳佩孚流亡生涯

汪崇屏：＃吳佩浮晚景＃直系覆滅，吳佩孚流亡河南、四川，所過之處多為人跡罕至的地方，攀藤附葛，有如登天。有時無路可走，須從這座山頭，翻到那座山頭。士兵們因路難走，又背著食糧，故一路走，一路向路旁丟擲彈藥。風餐露宿，衣衫襤褸，真是備極艱苦。那天路過一個山溝，兩邊山上都是埋伏的隊伍，向我們亂打槍，危險極了。

@ 我們在前邊走，張聯升的隊伍（投靠馮玉祥的雜牌軍）在後面跟著走，我們在山上睡，他們在山下睡，我們下山，他們再上山，起初我們並不知道，後來他派人向我表示態度，說明此舉完全為了應付馮玉祥。希望我們不用跑得太快，並且說：「你們做你們的，我們做我們的。」

@ 吳佩孚和四川軍閥楊森的淵源較深，原先熊克武打楊森，吳佩孚支持了楊，使其不垮，因此楊森終生感激吳佩孚，支持吳佩孚。入川之前，與楊一點聯繫都沒有，但吳總覺得四川的將領過去都跟他有淵源，且交情亦甚篤，所以很有把握。

@ 楊森對吳佩孚實在太好了，我們到夔府後，他為大家準備的東西，從女人用的胭脂、粉、肥皂、襪子、高跟鞋，直到長袍馬褂、短裝軍服，應有盡有。而且吳本人的、幕僚的、眷屬的、士兵的，每人各一份。楊森還撥出夔府（白帝城）地區給吳佩孚一行人駐紮。

@ 吳住夔府時，南京國民政府正對吳為難得屬害，每天都有電報給楊森（當時楊為國民革命軍第二十軍軍長），要楊將「吳逆迅速押解來寧」。類似的電報檔卷，達一厚冊。楊很重義氣，就回電報敷衍說：「森之老長官窮途來歸，僅係遊歷性質，優遊林泉，絕無政治作用，森願力任擔保。」南京方面亦無可如何。

@ 當時吳佩孚「大帥」的架勢沒變，大帥府、五色旗，樣樣齊全。吳

駐的地方太重要了，不管誰到四川，就先看到白帝城上飛揚的五色旗。這面五色旗在一片青天白日旗中特別扎眼。

@ 楊森對中央實在說不過去，就勸（吳佩孚）移往大竹。到大竹不久，另一個軍閥羅澤洲出兵來奪地盤，吳佩孚就從大竹移往達縣。羅澤洲親自禮送到大竹邊界。當時，四川軍閥鄧錫侯、田頌堯、劉湘、楊森各人自己掏腰包送錢給吳，就由我向下發餉，四人輪流著送，總算夠了。他們四人雖不合作，但對吳都很好。

@ 在四川住了幾年後，吳佩孚一行人經西北遷往北京。吳在北京跟在四川完全一樣，人家送錢給吳，吳即用此錢發餉。吳在北京做寓公時，軍隊與隨從人員都是由中央接濟，需用的款項，原由張學良供給，後由北平軍分會何應欽供給，再後由冀察政委會宋哲元供給。等到七七事變後，由日本當局供給。

@ 日本同華北偽政權的王克敏送給吳一個「最高顧問」的頭銜，吳將聘書立刻撕碎，往地下一擲，表示絕不接受偽職的決心。我問他：「錢怎麼辦呢？」他說：「這個我不管，你們去辦去。」吳的意思很明顯，日本人的錢是要的，名義則絕對不要。

@ 土肥原勸吳出山說：「日本戰無不勝，攻無不克。」吳佩孚說：「我以前也是打勝仗，所向無敵，別人都稱我為常勝將軍，現在還不是只剩下光桿一人。」

@ 日本人野畸誠近原為段祺瑞的顧問，在北方住過很久，曾任保定軍官學校的教官，是個著名的「中國通」。他經人介紹來見吳，根本沒有機會見到吳，只管送錢，每月照送，維持吳的現狀，絕不談及吳出山之事。

@ 跟吳打過仗的人，後來都變成朋友，只有馮玉祥，他是死都不能原諒的。

軍閥要搞笑，誰也擋不了

陳瀟一：#軍閥軼事#曹錕性情暴躁，一言不合，就扇人嘴巴，打人屁股。擔任北洋第三鎮統制時，有人密告某軍械官貪汙舞弊。曹錕大怒，立即把軍械官綁起來，打了幾十軍棍。不久得知事情子虛烏有，軍械官被仇人陷害。曹錕立刻升軍械官為管帶，對他說：「屁股消腫了沒？俗話說，越打越發。你不就升官了嗎？」

@趙倜一開始在清朝舊式軍隊中當司書，工作糊弄，一次寫公文的時候，將長官的名字都寫錯了。校對員發現後，說趙倜辦事粗心，應該嚴懲。趙倜懷恨在心，乘那個校對員不備，讓他飽嘗了一頓鐵拳。

@北洋元老王士珍沒有子嗣，圈內人紛紛勸他廣納妻妾。王士珍嘆息道：「我也有妻妾，也行房事，但做那事的時候老想著要生個兒子、生個兒子，年復一年，都是空想。漸漸的，我也就不好女色了！」

@倪嗣沖當「安徽王」的時候，貪財好利，搜括得很厲害。他喜歡賭博，常常在衙門裡搓麻將，一千元一局。一次，倪嗣沖就缺某塊麻將，他知道牌在同桌的部下陶某手裡。陶某就是不放。倪嗣沖急了，大叫：「你這混蛋，敢不放牌？」

張程：直系軍閥陳光遠當江西都督，為自己慶壽，廣收賀禮，商會以赤金鑄八仙人一套進獻。陳連連稱好，後來嘆息道：「只可惜小一點。」此事與倪嗣沖搓麻有異曲同工之妙。

@馮國璋喜歡吃醬肉，為了防止買醬肉的僕人偷吃，就要求僕人切成規規矩矩的正方形回來。來朋友了，他才切兩三片醬肉招待朋友，但他又捨不得多給，就把醬肉切得跟紙片一樣薄。切肉的小刀上沾了一點肉末，馮國璋都要用舌頭把肉舔乾淨，不小心割破了舌頭，舔得滿嘴是血。

@馮國璋是北京城裡有名的蹭飯高手。哪戶人家或者是哪個同事家裡

擺了宴，馮國璋只要是知道，肯定是每席必到，風雨無阻。段祺瑞看不起馮國璋這種格局比較小的同事，說馮國璋這個人就是一個「錢痴」。

＠ 袁世凱辦模範團，培養嫡系武力，自己當團長，陳光遠當團副。第一期學員畢業，陳光遠訓話。他不學無術，又附庸風雅。只聽他說：「你們已經畢業，由大元帥親手培養。大元帥對你們期望很大，你們要好好幹，將來你們『不堪設想』啊！」猜想他本意是「不可限量」。

＠ 山東督軍張懷芝傳見本省籍候補縣知事 180 餘人訓話：「你們各人有各人掌控的省分，同樣的地皮，何以不刮外省而向本省來刮！我年輕當兵的時候拿穩宗旨，不升官便去做強盜，我絕不在本省做強盜，一因於心不忍，二則做強盜發了財，本鄉本土知道錢財的來源，我不能向人誇耀。你們這一批知事真是太不知事了！」

＠ 天津人齊英身材瘦小，一隻眼斜，卻報名北洋速成學堂。體檢教官看到他就搖頭。齊英忙敬禮說：「學生身雖小而志如鴻鵠。」檢查相貌的教官看著他就覺得無奈。齊英又敬禮說：「學生眼雖斜而能識遠。」就這樣，齊英成了該學堂炮兵科二期學員，畢業後更名為齊燮元，日後成了直系大軍閥和汪偽大漢奸。

汪崇屏：江蘇督軍李純患病，他的姨太太與馬弁私通，被李撞見。馬弁驚慌失措，跑到李純的部將齊燮元處，跪地請求救命。齊說：「這個還用得著我，你自己不會想辦法嗎？」這話也許是無心，也許是暗示，馬弁回去深夜抽槍把李純打死。同時齊燮元把李親信的兩個團長也槍殺了，對外宣布李純自殺，自己當上了江蘇督軍。

＠ 蕭耀南每升一次官，就死掉一個兒子，等到做了湖北督軍後，兒子都死光了。蕭很想再生兒子，便吃起春藥來，吃了以後，興奮得不能睡覺，再吃安眠藥，終日如此反覆，飲鴆止渴。最後吐血不止，沒過幾天就死了。

＠ 曹錕的弟弟曹鍈參加蕭耀南的葬禮，一清早過江，風勁天寒，又在

蕭的靈前痛哭一場，心情甚壞，體力頓感不支，回去後就得了病。曹錕也和蕭耀南類似，和漢口名妓幾乎日夜纏綿，旦旦而伐，身體早被掏空了，得病後沒幾天就死了。

張程：湖南軍閥唐生智結識了佛教密宗居士顧伯敘，引為知己，就想用佛教對部隊進行約束，灌輸忠義思想。他下令部下官兵一體受戒，身披袈裟，合十頂禮，五體投地，由顧和尚摩頂傳戒，一律成為佛教徒，人稱「僧軍」。

@膠東軍閥劉珍年也想訓練出一支效忠自己、唯自己馬首是瞻的軍隊，於是想出了一個很「前衛」、很有建設性的方法：讓官兵們佩戴自己的像章，背誦自己的語錄。劉珍年的像章是陶瓷的，可以別在胸口；語錄是摘錄的劉珍年的講話，做成小開本，便於攜帶。

@河北軍閥孫殿英用祕密宗教「廟會道」的巫術詭道來安定軍心。孫殿英行軍打仗，總帶著一柄寶劍和拂塵，說是神仙託夢所賜，具有法力，平時用黃緞子包裹，由兩個親信背負，有事就拿出來焚香拜視一番，揮舞幾下，以指揮士兵衝殺。

@軍閥張宗昌知名度很高，人稱「三不知將軍」。第一，不知道自己的錢有多少；第二，不知道自己的部隊番號有多少、人和槍有多少；第三，不知道自己的姨太太有多少。其實這「三不知」說的都是說張宗昌的「三多」，所以有人把張宗昌稱為「張三多」。

@不知道錢有多少是因為他花錢如流水，瘋狂搜刮，苛捐雜稅無數。不知道部隊有多少，是因為部隊一天一個番號，不斷地有臭味相投的土匪、流氓、痞子來投靠，張宗昌任由這些江湖兄弟報號，報一個團的給一個團的番號，報一個師的給一個師的編制，很快就編出十幾路軍來了。不知道姨太太多少，是因為荒淫無度。

@軍閥軍隊作戰的典型場面是這樣的：進攻的一方一窩蜂地往前衝，

軍官站在後面督陣；防守的一方拿起槍衝著前面就是一頓亂打，大家都想著趕緊把子彈打完，子彈打完了就往後退。戰場上基本處於一種原始的狀態，儘管雙方都有了近代槍械，但是造成的殺傷力很小。每一場戰鬥能傷亡上百人就算是大戰了。

@20 世紀，多個省分突然興起了「聯省自治」，搗鼓「省憲法」，「選省長」。表面是為本省謀利益，其實是各省軍閥力量強的時候，就高唱中央集權，僅能自保或希圖自保的軍閥就搬出「自治」來。或者同一軍閥、進攻時宣布武力統一、退守時宣布聯省自治。

@1923 年 8 月《孤軍雜誌》統計，從 1912 至 1922 年共有內戰 179 次。

@ 民國政客和軍閥有了錢後，喜歡投資實業，他們的投資活動十分普遍，從麵粉到採礦都有，其中以黎元洪、周學熙、王占元、倪嗣沖、梁士詒等人為佼佼者。雖然他們是赫赫有名的掌權者，但他們的企業卻是以私人資本形式出現的，不過享有一般投資者享受不到的扶植、保護和特權。

@ 多數軍閥鉅富，倪嗣沖死後遺產 8,000 萬元，王占元去職時有現銀五六千萬元，趙倜卸任時有私產 3,000 萬。陳光遠擔任江西督軍，把全省每年收入 2,000 萬的八成裝入私囊。曹錕當直隸省長時六年，斂財超過 4,000 萬元。張作霖在日本銀行存款 2,000 萬日元，張宗昌存款五六百萬，孫傳芳存款 1,300 多萬。其餘數十幾百萬的，不可勝數。

盛文：盛世才被調離新疆後，還攜帶大量武器，隨身有 14 支手槍。我說：「你帶武器對你不利，沒有武器對你好些，你的安全我們保險，並非對你多心，而是有槍對你更危險，你以後不用攜帶武器了。」我擔心他一旦和人相處不睦，一用槍，事態就擴大了，以後在西安的一段期間幸運地未肇事端。

@ 祝紹周擔任陝西省主席時，曾請盛世才吃飯，他們兩人彼此很熟，餐席上在座的還有胡宗南、陶峙嶽和我。盛世才在我鄰座，我發覺他不喝

酒,當時我能喝,告訴他:「你放心!」於是舉杯先把酒喝下去以釋其疑。他的疑心病很重,在臺灣也如此,沒有固定的居處,很神祕。

張程:盛世才實力有限,為了鞏固統治,除了殺戮軍民、推行殖民統治外,還投靠蘇聯。蘇聯援助了數以百萬計的軍火,在新疆駐軍,扼守新疆與內地交通要道。盛世才祕密加入蘇聯共產黨,黨證號碼是1859118,還多次向蘇聯提出把新疆作為蘇維埃共和國,加入蘇聯。斯大林基於策略考慮,沒有答應新疆入盟。

@ 在蘇聯的幫助下,盛世才頒布「反帝、親蘇、民平(民族平等)、清廉、和平、建設」六大政策。一時間,新疆各地紅旗飄揚,到處懸掛史達林和盛世才的巨幅畫像。

盛文:和他多接觸,也發覺他很爽快。我曾問他:「你在新疆殺了那麼多人,是不是個個都該殺?」「我雖也殺過不少人,但相信該殺的才殺,而且都經過法定程序。」他回答說,「唉!殺也有道理的。蠻夷之心難測。我想你去了也會殺的」

@ 盛世才74歲了,健康甚佳,身材不高,遠遠看來外貌是一個普通老頭子的形狀,恐怕即使仇人窄路相逢也未必認出來。他不失為一個英雄,有勇氣,有決心,有魄力,能忍,能狠。

軍閥喜歡辦大學

張程:# 軍閥辦教育 # 張作霖主政東北,非常注重教育。張作霖說:「我沒讀過書,知道肚子裡沒有墨水子的害處,所以可不能讓東北人沒有上大學求深造的機會。」奉天(今瀋陽)的師範學校免學費和伙食費,學校免費提供三餐。張作霖穿著長袍馬褂跑到各個學校向老師們鞠躬作揖,說

些「教書育人責任重大」、「老師辛苦」之類的話。

@ 張作霖留下了一句擲地有聲的名言:「寧可少養五萬兵,也要辦起東北大學!」他每年撥出百萬經費,支持東北大學的發展。章士釗等名教授來東北任教,月薪高達800元,抵得上一個連的軍餉了。東北大學從無到有,在奉天拔地而起,成為當時遠東的名牌大學。

@ 當年梁思成在美國學成歸來,見多識廣的父親梁啟超比較了北大、清華等多所學校後,讓兒子去東北大學任教,可見東北大學的吸引力之大。

@ 曹錕手頭就沒有寬裕過,可是也辦了一所河北大學。河北大學的規模不大,薪資也不高。但發薪資時,曹錕要求學校行政人員用紅紙把大洋包好,用托盤托著,畢恭畢敬地送去給教授。曹錕安排身邊的副官、親兵到大學裡當行政人員。這些大兵看到教授都畢恭畢敬、低聲下氣,看到外人就換上凶神惡煞般的嘴臉。

@ 曹錕對教授很溫柔,看到教授用顯微鏡做試驗說:「先生這樣用腦子,俺每月才給先生那麼點銀子,心裡太不落忍了!」他每次對學生訓話都強調:「這些教授都是俺曹錕辛辛苦苦請來的,誰對教授無禮就是對俺曹錕無禮,俺就要誰的腦袋!」剛說完,他扭頭就問教授們:「各位先生,你們看俺說得在理不?」

@ 劉文輝在川西的貧瘠蠻荒之地自立為王,建立了西康省。當地縣政府破爛得還比不上江浙一帶長工住的房子,縣長的穿著打扮頂多就是一富農。可是,西康每個縣都有中小學,學堂乾淨寬敞,老師穿著中山裝、揣著懷錶、拄著文明棍,比縣長光鮮多了。原來劉文輝下令:哪個地方的衙門比學堂好,縣太爺就地正法!

@ 閻錫山在山西境內推廣了義務教育,下令比較大的村鎮都要成立國民小學,適齡兒童都要上學。為了快速、高效地推行普及教育,閻錫山想

出了一招：軍隊辦學！每支部隊負責一個區域的辦學任務，都在作戰地圖上標明。學校辦起來了，軍官們兼任校長；學校沒有辦起來，軍官們也就不用幹了，回家種地去。

@土匪張宗昌是個文盲，最先在奉軍中混日子。奉軍中引入了不少學院派，開會時許多軍官就互相炫耀自己是哪所學堂畢業的。張宗昌連那些學校名字都沒聽說過，既尷尬又孤立，可是他又爭強好勝，常自稱：「老子是綠林大學畢業的！」占領山東後，張宗昌就決定創辦「山東大學」來揚眉吐氣，親自兼任校長。

@大字不識幾個的張宗昌到山東大學演講：「俺張宗昌識不了幾個大字，今天輪到咱當校長了，沒有多說的話，就一句：人家欺負咱的子弟，咱不答應他！」臺下師生心中暖暖的，就鼓起掌來。張校長接著說：「俺是你們的校長，你們要靠俺出來，你們不好好唸書，鬧革命，注意你們的腦袋！」

張口評史：張宗昌的例子說明，軍閥雖然興學辦學，卻是將學堂當做自己的「私產」，將學生看做門生和部下。他們辦大學，是為了培植私人勢力，這樣的舊思想猜想在辦大學的各個軍閥腦中都有。

國民黨內派系之爭

徐啟明：＃國民黨內爭＃辛亥革命後，同盟會幹部驕功跋扈，爭權奪利，引起社會各界的不滿。孫毓筠剛任安徽都督，柏文蔚便與之爭奪，他求黃興轉告孫中山派他做都督，孫答：「柏、孫都是革命同志，又是安徽同鄉，讓他們自己商量，如孫不願相讓，以後再談。」

張程：國民黨系統一開始就存在派系之爭。興中會最初就有美洲華僑興中會、香港興中會之爭。同盟會由興中會、光復會和華興會合併而成。

國民黨又是同盟會與統一共和黨、國民公黨、國民共進會、共和實進會、全國聯合進行會合併而成。孫中山先生因為聲望卓越而被推舉為領袖，但他不擅長黨務工作，不能消弭派系。

鍾伯毅：二次革命失敗後，國民黨激進派（孫中山嫡系）流亡日本，孫中山倡組中華革命黨，黨員均須按印指模，宣誓效忠。黃興與黨中健將如李根源、章士釗、李烈鈞、程潛等組織「歐事研究會」。護國運動實為進步黨與歐事研究會攜手合作的成果，中華革命黨始終沒有參與。

范體仁：國會中原屬於國民黨籍議員，除政學系（以李根源、谷鍾秀、張耀曾為頭目，始終與孫中山對抗）外，還有吳景濂、褚輔成等益友社，謝持、鄒魯、馬君武、王用賓、彭養光、馮自由等丙辰俱樂部（後來稱為大孫派），孫洪伊、王湘、時功玖、李綺、王乃昌、彭介石等韜園（後改稱民治社，又稱為小孫派）。

鍾伯毅：譚延闓和程潛爭奪湖南地盤，常打仗。我們去勸和，程潛對我們很歡迎，但坦率相告：「有譚無我，有我無譚。」我們又去勸譚延闓，譚開始還說：「我與程毫無意見，君等何必多事？」一夜我和他散步閒談，譚延闓才說：「天下之事，若非東風壓倒西風，即是西風壓倒東風。」我知道譚程二人嫌隙已深，無法調和。

李宗仁：唐生智在湖南被北洋軍隊壓迫，一度準備退往廣西。我曾好奇地問他，你從湘南撤退，為何不打算撤往廣東，而偏欲撤往廣西，我說：「廣西貧瘠，什麼也沒有，只有一些石山，你們退到廣西，難道想吃石頭嗎？」唐生智說：「我退往廣東去讓譚延闓、程潛繳械收編嗎？」我們相對大笑。

張程：譚延闓、程潛、唐生智三部都是湘軍，都歸於國民黨陣營。但相互提防猜忌，比陌路人還隔閡，幾乎就是敵人。唐生智在湖南情勢危急，譚程二部冷眼旁觀。一等湖南形勢改觀，唐生智軍隊節節勝利，譚程

二部又不甘落後，紛紛「北伐」。

鍾伯毅：進占湖南的吳佩孚率軍北上和皖系作戰，但討要大軍「撤退費用」。湖南無力籌措，我就商得護法軍政府方面同意，始獲解決。吳佩孚隱約表示索價毫洋 60 萬元，軍政府同意了。吳佩孚撤退時，我親自送 60 萬毫洋。這件事沒有載明在護法軍政府和吳佩孚的條約上。

張程：1927 年後，國民黨內派系之爭轉變為中央軍和雜牌軍之爭，中央內部的 CC 系、政學系和黃埔系之爭。蔣介石這個人，很擅長組織和人事，拉一派壓一派，能在派系之間取得平衡。

劉象山：在我看來，陳立夫、陳果夫他們兄弟相當廉潔，但是私心太重，用人唯己，只用自己人，這樣自然成為一個派。當然，真正來說，CC（中央俱樂部）並不是有組織的，而是一個自然形成的集團，尤其到了選舉時更為明顯，彼此呼應。

@ 在國民黨內，政學系也是一大派系，但他們的成員完全「唯官是視」，可以說是勢力的結合，現實得很。他們見蔣先生勢力大，所以就靠蔣先生這邊。他們不是有宗旨的結合，彼此氣味相投而以追逐權力「獵官」互為奧援。

李宗仁：黃埔軍校第四期畢業生 150 餘人到第七軍隨軍見習。我軍將該批學生分發到營、連內任見習官。誰知這批學生十分驕縱，不聽營、連長的約束。行軍或宿營時，任意脫離隊伍，不聽命令。不受紀律的約束。他們在校時期太短，所受教育已極膚淺，又未養成恪守軍紀、吃苦耐勞的習慣，將來如何為國家的干城？

張程：李宗仁對黃埔學生的責難，有黨同伐異的味道，但也不是空穴來風。恰恰是這樣作派的黃埔系，組成了蔣介石賴以統治的嫡系軍隊。據說，蔣介石用人標準，一黃二陸三浙，黃埔軍校出身排第一，之後是陸軍大學畢業、浙江人。一個人如果占了這三條，不想發達也難。

國民黨內眾生相

李宗仁：我們對汪兆銘的革命理論多少也有點迷惘。如汪氏談起革命時，總是口口聲聲「革命的向左走」。一次在悟州郊外參觀，汪氏誤向左邊走去，我招呼他向右走。汪笑著說：「革命家哪有向右走之理？」我說：「向左去走不通啊！」說得大家都大笑起來。所以我們對他的一套革命理論也只是姑妄言之，姑安聽之而已。

張知本：汪精衛聰明有餘，但穩重不足。有一次在保和殿開會，汪精衛擔任主席，南京飛機投彈，他抓了皮包就跑。其實他只需宣布「現在停止開會」就好了，但他慌張得什麼都顧不得，我想起來還覺得好笑。中山先生在世，有時叫汪撰文，有時叫汪演講，但從未讓他擔任實職，這是中山先生對人能用其所長的地方。

汪崇屏：張學良看戲只是應酬而已，心並沒有在戲上。于學忠告訴過我：「人家說張少帥喜歡玩，實際上他將團長級以上軍官的相片與他們的出身背景都了解得很清楚，用人之先，早有周密的考慮。」

@ 張學良的私生活，確實有點浪漫，但對大計並無影響。他長得很像梅蘭芳，民國十五年，我跟他在一起時，我常常看他看得出神，覺得他真是一個標準的美男子。到民國二十年，再見到他時，因為荒唐過度，臉色發暗，兩眼無神，身體就糟蹋得不像樣了。

李宗仁：孫中山任命的廣西省長馬君武是老革命黨人，也是臨桂縣人，和我同鄉。他一見到我就發牢騷，說他雖為省長，但號令不出郭門，全省各地都為駐軍盤踞，無人約束。他告訴我：「你部隊的軍餉、彈械不能倚靠我。」我也以鄉誼請他向陳炯明緩頰，不要再追繳我的四門山炮，馬氏也一口承諾。

張程：李宗仁和馬君武的關係很好。後來，舊桂系復出，馬君武被排

擠出廣西，沿途遭到李宗仁部下的搶劫。馬的愛妾在亂軍中為了保護馬君武，被李的部下槍殺。李宗仁聞訊，親自追上馬君武，百般道歉。馬君武一介文人，衝著李宗仁大發其火。李宗仁一直賠著笑臉。

@ 李宗仁和黃紹竑、白崇禧等人占據廣西時，都不到30歲。三人出身草根，難免不能適應身分的突變。黃紹竑就生活腐化，還抽上了鴉片，整個人沒有精神，讓幾個兄弟很擔心。李宗仁就決定替黃紹竑找個老婆，管管他。他挑中了省立第二高等女子學校的校花蔡鳳珍。

李宗仁：黃紹竑知道後，不待我問，便把幾套極精緻名貴的鴉片煙具，當我的面搗毀，從此戒絕鴉片，重新做人。一般人戒煙都要吃三四個月西藥才可戒除，而紹竑居然硬著頭皮，不用藥品，一舉戒絕。不到一月便恢復健康了。娶了蔡鳳珍為妻後，黃紹竑果然重新做人。

@ 唐生智對我仗義援湘，促成北伐，並推薦他任前敵總指揮等心懷感激，占領湖南後主動說有幾個收入極豐的稅局，問我可否推薦數人去擔任局長。唐氏加入革命不久，頭腦裡還充滿舊軍閥的想法，他以為我推薦幾個私人去當稅局局長，我便可乘機分肥，以飽私囊。我回答，不必如此，我們革命軍人不應該有這種念頭。

@ 劉文島出任第八軍黨代表兼政治部主任。劉氏欣喜之餘，屢次天真地問我、黨代表究係什麼階級。我說，可能是上將，即中將也不小啊！其實，黨代表在當時是沒有官階的。劉氏後來的官階是中將政治部主任，階級並不算低，但他卻以官階在唐生智（第八軍軍長）之下為恥，平時竟不肯穿軍衣。

@ 一日，我在長沙街上步行，又碰到劉文島。他坐了一乘華麗的四人大轎，前呼後擁而來。我們都向兩旁讓開，駐足側目而視。誰知劉文島一眼看到我，連忙拍轎桿，要轎伕停下，匆忙下轎，向我立正敬禮並寒暄一番。劉文島在長沙是十分顯赫的人物，經他這樣卑躬屈節，街上圍觀的市

民才知道我便是第七軍的李軍長。

@ 第七軍成立時，第十三團團長羅浩忠因習俗相傳「第十三號數不祥」，辭不就職。因此，第十三團團長空缺。

@ 黃埔軍校井然有序，到處貼滿了革命標語，革命的空氣，十分濃厚。唯就技術觀點說，軍事教育的水準卻不甚理想。因為學生入學程度既不齊（有許多系老同志保送，未經考試而入學的），受訓時期也太短。第一、二、三各期連入伍期在內，只有六個月。政治和黨務課程又占據時間很多，軍事教育在短期中學不出什麼來。

@ 國民黨是個老大政黨，黨員極眾，可說是少長咸集，良莠不齊。其中青年黨員和一部分少壯派的領袖們都熱情洋溢，堅苦卓絕地為革命而奮鬥。其革命熱情有時發展到「革命狂」的程度。但卻雜有官僚、政客和腐敗的軍人，思想陳舊，生活腐化，對革命意義一無所知。他們也混在革命陣營內高喊革命，掛羊頭賣狗肉。

張知本：我一直主張「現役軍人不得參政」，軍人要退役三年以上才能發表政見、擔任官職。但是軍人同志大感不滿。朱培德說：「這條是專門對付我們軍人的，又會恢復滿清時代好漢不當兵的現象了。」言畢，軍官們掌聲雷動。何應欽比較和緩，列舉軍事形勢，說明如果軍人不兼任行政長官，政局將糜爛不堪。

徐啟明：我們集體加入中國國民黨，在軍中組織區黨部，開始研讀三民主義。軍官自動在晚間搬凳子集合討論三民主義。黨方面下發國父在十三年關於三民主義的演講稿，仔細研讀後覺得很有道理，加深對國父對三民主義的信仰。伍廷颺說：「三民主義就是像聖經一樣，不能改的。」我不贊同這種說法，認為不能盲目信仰。

六、三千年未有之變局，讓我們撞著了

晚清官場崇洋媚外風氣重，對歐風亦步亦趨。還有個官員出洋辦差，吃多了，要放屁，努力憋著，偷偷問翻譯：「外國人是怎麼放屁的，我好學樣？」有人穿上西服後，覺得自己的鼻子太塌，不能像外國人那樣架眼鏡。就在鼻子上「削材高之」，像外國紳士那樣架著個鏡片。不知道這算不算中國最早的隆鼻手術？

進步就是騾子拉火車

宙頤：李鴻章在西元 1872 年提出要修鐵路運兵，遇到各式各樣的反對意見：外國人可以用，我們不能用、用了就是我們中華民族沒面子。鐵路的鐵軌一震，驚到祖宗，驚動祖墳；第二是修鐵路封山、鑿隧道、架橋樑會驚動地神、山神，我們朝廷社稷是靠這些神保佑的，外國人不信，我們不能不信。

@ 最驚人的反對意見是：火車是個悶罐子，陌生男女在悶罐子裡幾天幾夜，成何體統，會做出什麼事？外國不講男女大防，我們中華民族要講。

李鴻章：唉，我是深知修鐵路的好處，無奈眾人反對，一直不敢動手。後來我擔任直隸總督，開發唐山煤礦要運煤，就悄悄地修了 2 里的鐵路，只運煤不載客。為了不驚動祖宗神靈，我下令用騾子拉著車皮運煤。為此，我還擔心會從哪裡飛來彈劾的摺子呢！

@ 醇親王奕譞當海軍衙門大臣，我把他請到北洋水師去閱兵。老醇覺得很威風，我就趁機說：王爺，您看這些船這麼大，在海面上游來游去很威風，但要燒煤，我們靠騾拉火車，根本就供不上，打起仗來，軍艦沒有煤就是一堆廢鐵。老醇說：咱也用大火車，但你要偷偷地做，我支持你，等時機適當了我向朝廷打報告。

張程：進步不易，欲速則不達。中國近代的點滴進步都是像李鴻章這樣偷偷做出來的。

外國的月亮就是圓

汪康年：# 崇洋媚外 # 晚清某官員平日慷慨激昂，動不動就揚言為了國家百姓不惜犧牲生命。一次，有個算命的拉住他，誇他日後要大富大貴。該官員洋洋得意。算命的接著說：不過某年你有血光之災，可能會橫死。他勃然大怒，痛罵算命的一頓後，怏怏而去。旁人勸說：你時刻準備著為國捐軀，還相信江湖術士騙錢的無稽之談嗎？

@ 晚清官場崇洋媚外風氣重，對歐風亦步亦趨。還有個官員出洋辦差，吃多了，要放屁，努力憋著，偷偷問翻譯：「外國人是怎麼放屁的，我好學樣？」有人穿上西服後，覺得自己的鼻子太塌，不能像外國人那樣架眼鏡。就在鼻子上「削材高之」，像外國紳士那樣架著個鏡片。不知道這算不算中國最早的隆鼻手術？

@ 晚清報紙消息常常不實，公信力差。有個人長途旅行後，一安頓下來就要看當地報紙。旁人勸他沒什麼好看的。他說：「不然，中國的報紙冠絕寰球！」旁人不解，他解釋：「西洋報紙都是事情發生後再報導，而我們中國的報紙寫的都是些沒有發生的事情，難道不是勝於洋人？」

張程：我再八卦一個：甲乙兩官爭執中西曆法的優劣。甲說：「中曆好。中曆五年就有兩個閏月。按西曆，我是 70 歲；按中曆，我就能年長 28 個月，是 72 歲零 4 個月。」乙說：「年紀是空的，錢財才是實的。如果用西曆，我活 70 歲就能憑空省 28 個月的費用。」兩人爭執了一整天，誰也說服不了誰。

@ 宣統年間，陸軍部要定製呢子軍裝。裁縫說：「西洋呢子都被軍諮府和貴冑們搶光了，只能給你們用中國料子。」陸軍部說：「這是什麼話？中國人就應該用國貨。」裁縫說：「不然。中國料比西洋料每件要貴四元錢，穿幾個月就會發皺、起球。而且中國料訂貨後，經常不能及時到貨。」崇洋之因，或許可見一斑。

張程：西元 1885 年，上海公共租界工部局打算擴建外灘公園（Public Park，公共花園）。唐茂枝等八人聯名寫信給工部局：「中國人與外國人在使用公共花園方面遭受到不同的對待是令人不滿的⋯⋯⋯⋯工部局拒絕華人入園，僅僅是從種族方面來區別，這不管以權宜之計或國際禮儀作為理由，都是站不住腳的。」

@ 最讓唐茂枝八人生氣的是，外灘公園向日本人和朝鮮人開放，就是不允許他們這些喝咖啡、吃奶油麵包的新派中國人進入！唐茂枝等人建議工部局發券給那些「高貴階層的中國居民」，允許他們入園。上海的華商團體也為此聯名上書工部局。工部局在壓力下同意外灘公園有條件向中國人開放，讓少數華人憑券入園。

@1890 年，公園管理方報告，有中國人在遊園券上弄虛作假，更改券面日期（遊園券有效期只有一週）。華人「有挾妓以入者，此已犯西人之所忌，而妓又愛花成癖，往往一見鮮花，必欲折取」。「中國人入滴園後，往往不顧公益，任意涕唾，任意坐臥，甚而至於大小便亦不擇方向。」中國人不文明行為讓管理方為難。

@ 工部局決定收緊入園券發放的範圍，限制那些素質低下的中國遊客入內。為了分流華人遊客，工部局將蘇州河邊一片河灘改建為華人可以隨便進的「華人公園」。華人公園雖然裝置簡陋、環境衛生也差，但此後華人的抗議之聲就基本平息了。

@1885 年《公共租界工部局巡捕房章程》第 24 項第 1 條說「腳踏車及犬不准入內」，第 5 條說「除西人之傭僕外，華人一概不准入內」。可能後人將第 24 項的這兩條規定合而為一，得出了洋人將狗和華人並列的結論。在民族主義情緒的刺激下，人們很容易從中品出辱華的味道，把它簡化為「華人與狗不得入內」。

@1928 年，面對中國人洶湧的抗議浪潮，租界工部局宣布：外灘公園對所有中國人開放。至於「華人與狗不得入內」的告示，有人說親眼所見，有人說沒有看到過。

張程：上海人在 19 世紀都以西化為時髦。洋人在上海舉行的活動，雖然不對華人開放，許多華人依然歡天喜地去觀看。跑馬場賽馬，上海人傾巢出動，萬人空巷，連附近的蘇州、杭州、嘉興等城市的人們也不顧勞頓，奔波趕來。租界的重大慶典，如法國國慶、英王登基等，上海人均踴躍參加，比慶祝慈禧的生日積極多了。

@ 清末，長三角地區許多人千方百計移居租界，投奔相對自由寬鬆和富裕的生活環境。這一方面是中國人對西方的積極態度，但另一方面，即使是生活在上海租界的很多中國人，也激烈譴責列強侵略。

@ 在暢銷的政論小冊子《猛回頭》中，陳天華激憤地列舉了列強的罪行：「海禁大開，風雲益急，來了什麼英吉利、法蘭西、俄羅斯、德意志，到我們中國通商，不上五十年，弄得中國民窮財盡⋯⋯⋯⋯中國的官府好像他的奴隸一般，中國的百姓，好像他的牛馬一樣⋯⋯我中國雖說未曾瓜分，也就比瓜分差不多了。」

@ 洋人乘坐人力車，用「文明棍」敲打被大車壓彎身子的中國車伕的後脊梁骨，催逼加快腳步的鏡頭，成了中國人近代史認知中的經典形象。這是需要中外雙方反思的事情。

張之洞尊師重教

張知本：張之洞 9 歲就能寫詩，13 歲時由其父貴州興義知府張瑛出資，自費出版了《天香閣十二齡草》。當時胡林翼是臨近的安順知府，看了張之洞的詩集後，指出吟風弄月無補於國家。從此，張之洞專心務實，從做實事著手。他雖然是科舉場的佼佼者，卻看輕科舉，告誡後輩以事業為重。

@ 張之洞雖然是直隸南皮人，但面目清秀，像南方的文弱書生。他作息不定，晝夜辛勞，甚至連續幾夜不睡，往往在見客的時候閉著眼睛假睡休息，不知情的人還以為張之洞故意慢客。

@ 張之洞的思想介於新舊之間，新派覺得他不夠徹底，舊派覺得他不合古訓。他寫了〈勸學篇〉提出「中學為體，西學為用」之說，分送給湖北師生。江漢書院楊山長看後，退回原書，還夾了張條子：「非勸學也，勸不學也；非勸中學也，勸西學也。」極盡諷刺侮辱。張之洞一笑了之，並不為難他。

@ 兩湖書院學生待遇很好，一個學生兩間房，一間書房、一間臥室，十個學生配聽差、廚師各一名伺候。每個學生每月發四兩銀子，每月考試一次，成績超等者另獎十二元、特等者十元，其他人一律發八元，所以每人至少能領十幾塊錢。當時稻米一石才幾百文錢。學生生活極為優裕，甚至可以贍養家眷。

@ 兩湖書院作息敲鼓。每日五時頭鼓，六時三鼓上課，冬季時天尚未亮。如果二鼓了學生還沒有起床，聽差必來催請：「老爺，二鼓啦！」當時湖北有兩湖書院、自強學堂和武備學堂，僕役們稱兩湖書院的學生為老爺，稱自強與武備學堂學生為少爺，可見兩湖書院當時受人尊敬的程度。

@ 兩湖書院教體操的教習，是武備學堂出身，地位低於學生。一二頑皮同學，輕視教習，上體操課時不願意換裝，還藐視教習的指揮口令。教習們向張之洞投訴，反而遭到訓斥，說他們不諳教育方針。此後書院把教習改為領班，身分與學生相等，又勉勵學生們「諸君將來出將入相」，要文武兼備。這才勉強上體操課。

@ 我官派留學日本。張之洞等人到輪船前送行，對學生頻頻答禮。湖北提督張彪趕來，向張之洞屈膝請安。張之洞銜著長旱煙桿，視若無睹。我們學生見此，不免暗笑，更感受到自己所受的優遇。

@ 辜鴻銘早年是張之洞幕僚。一次飯局上，袁世凱的文案劉某對辜鴻銘說：「君之宮保重學問，餘之宮保重事業。」（前後宮保指張之洞、袁世凱。）劉某得意洋洋。辜鴻銘呷了口酒，慢慢說：「我覺得啊，天下只有一種事業不需要學問。是什麼？倒馬桶。」頓時哄堂大笑，劉某面紅耳赤，羞惱萬分。

「文憑熱」和「留洋熱」

張程：19 世紀末 20 世紀初，中國興起了「新文憑熱」。有錢的留學、「遊學」國外，撈一張洋文憑；沒錢的就進國內的新學堂，拿一張土文憑。1905 年科舉廢除後，「新文憑熱」就更火了。

@ 與後來「重理輕文」不同，當時是「重文輕理」，而文科中的重中之

重又是現在的冷門專業：政治學！學政治、談憲法，是當時的顯學，而金融、財政、投資等是冷門。至於像詹天佑那樣去學鐵路、李四光那樣去學地質，更是冷門中的冷門了。

@ 仁人志士疾呼「法政為立憲基礎」，學部更是明文規定：「所有議員、自治職員、審判官吏，非有法政之素養，不足以趨赴事機。」在朝廷推動下，法政學堂如雨後春筍，迅速遍布全國。宣統年間，全國各類專門學堂的總數是 111 所，在校學生 20,672 人，而法校即占 47 所，學生人數達 12,282 人，超過其他專門學堂人數的總和。

@ 張之洞推崇留學，在 1901 年奏請把留洋作為當官的門檻，凡未經出洋者不得開坊缺、送御史、升京官、放道員。他還說「出洋一年，勝於讀四書五年，入外國學堂一年，勝於中國學堂三年」。他當政的湖北地區，是中國留學最火熱的地區之一。

張口評史：參加革命的湖北留學生比例也是最高的。

張程：從留學目的地上看，留學日本的最多。原因是：第一，甲午之戰、日俄戰爭，日本都贏了。為什麼日本能打敗兩大帝國呢？值得中國學習。第二，日本和中國同屬儒家文化圈，同文同種，且國情相近。第三，留學日本「便宜」，比去歐洲便宜多了。宣統年間，在日本的中國留學生有七八千人之多。

@ 日本人很歡迎中國留學生，表面上看來是培養親日分子，其實是為了賺錢。為了賺錢，日本出現了不少為中國留學生「量身打造」的「速成」學堂，原本六七年的學業被壓縮為一年半甚至一年，還鼓勵「提前畢業」。教學更有「竅門」：老師以日語口授，課上有中國「學長」翻譯，學生以中文筆記講義。

@ 朝廷對留學歸來的「人才」，也像科舉考試一樣舉辦各級考試，通過者授予舉人、進士等功名，可以當官。什麼專業畢業的，就授予什麼進

士，當時出現過「牙科進士」，讓那些傳統的科舉進士不齒。1911 年，透過廷試的「法政幹部」有 78 名充實到了地方州縣衙門，擔任知縣。

@ 除了少數信奉「堡壘最容易從內部攻破」而混入王朝體制中的革命者，比如徐錫麟、吳祿貞等人外，多數為清政府任用的留學生是濫竽充數的平庸之才。北京曾出現過翰林不識字的笑話來。光緒末年，一位留學生歸國被授予翰林職位，竟然將「秋耋」讀為「秋輩」、「奸宄」讀為「奸究」，真實學問可想而知。

@ 黃炎培批判「法政人才」成災，說：「入學者求官，辦學者求錢。」真正有志救國救民的，為什麼不去學實業、學科技，一窩蜂去學政治呢？

@ 日本也有「克萊登大學」，有人就買張文憑回國。蔡元培是當了翰林後，又去日本留學的，對這些人極為不滿：「這些買了招牌的新學生，腐敗一如舊官僚，加之學得外國鑽營的新法，就變為『雙料官僚』。」

學校不是官場

蔡元培：#民國高等教育#我在譯學館的時候，就知道北京學生的習慣。他們平日對於學問上並沒有什麼興會，只要年限滿後，可以得到一張畢業文憑。教員是自己不用功的，把第一次的講義，照樣印出來，按期分散給學生，在講壇上讀一遍。學生覺得沒有趣味，或瞌睡，或看看雜書；下課時，把講義帶回去，堆在書架上。

@ 等到學期、學年或畢業的考試，教員認真的，學生就拚命地連夜閱讀講義，只要把考試對付過去，就永遠不再去翻一翻了。要是教員通融一點，學生就先期要求教員告知他要出的題目，至少要求表示一個出題目的範圍；教員為避免學生的懷恨與顧全自身的體面起見，往往把題目或範圍

告知他們了。

@ 尤其北京大學的學生，是從京師大學堂「老爺」式學生嬗繼下來（初辦時所收學生，都是京官，所以學生都被稱為老爺，而監督及教員都被稱為「中堂」或「大人」）。他們的目的，不但在畢業，而尤注重在畢業以後的出路。

@ 專門研究學術的教員，他們不見得歡迎；要是點名時認真一點，考試時嚴格一點，他們就藉個話頭反對他，雖罷課也在所不惜。若是一位在政府有地位的人來兼課，雖時時請假，他們還是歡迎得很；因為畢業後可以有闊老師做靠山。

@ 我到校後第一次演說，就說明：「大學學生，當以研究學術為天職，不當以大學為升官發財之階梯。」

@ 那時候我又有一個理想，以為文理是不能分科的，例如文科的哲學，必植基於自然科學；而理科學者最後的假定，亦往往牽涉哲學。地理學的人文方面，應屬文科，而地質地文等方面屬理科，歷史學自有史以來，屬文科，而推原於地質學的冰期與宇宙生成論，則屬於理科。

@ 我對於學生運動，素有一種成見，以為學生在學校裡面，應以求學為最大目的，不應有何等政治的組織。其有年在二十歲以上，對於政治有特殊興趣者，可以個人資格參加政治團體，不必牽涉學校。所以民國八年夏間，北京各校學生，曾為外交問題，結隊遊行，向總統府請願。當北大學生出發時，我曾力阻他們。

@ 五四運動之目的既達，北京各校的秩序均恢復。獨北大因校長辭職問題，又起了多少糾紛。……我不得已，乃允回校。回校以前，先發表一文，告北京大學學生及全國學生聯合會，告以學生救國，重在專研學術，不可常為救國運動而犧牲。

汪崇屏：蔡先生兼收並蓄，這樣給學生們一個概念，就是每一個問

題沒有絕對的「對與不對」，使學生們的思想境界放寬，遇到一個問題，可從各種角度去看它，知道一條路，怎麼走都可以，不限定某一種特定方式，因此也養成北大的學生跟誰都可以合作，也跟誰都不可以合作的習慣。

張知本：國民政府的教育政策是限制文科，發展理工。我認為文理應該並重，相輔而行。理工人才如果欠缺，還可以延聘外籍人才，人文歷史人才就不能請人代庖。但是教育當局認為學法科者，供過於求，無所用心，專門與政府搗蛋。

民國教授就是厲害

張程：辜鴻銘入民國後堅持穿長袍，頭頂瓜皮小帽，腦後拖著辮子出入大庭廣眾。辜鴻銘第一次拖著辮子走進北大課堂，引起學生們哄堂大笑。辜鴻銘平靜地說：「我頭上的辮子是有形的，你們心中的辮子卻是無形的。」此言一出，馬上鎮服了滿堂北大學子。

@ 北大的一些外國教師感覺高人一等，趾高氣揚。辜鴻銘偏偏要殺殺他們的銳氣，他精通英、法、德、拉丁、希臘數門語言，見到英國教授就用倫敦腔罵他，見到美國教授用美式英語罵他，見到德國教授用德語罵他………有時用對方的母語罵完了，他還會換另一種外語接著罵。最後，北大的外籍教師看到辜鴻銘都繞著走。

@ 辜鴻銘在歐洲接受系統教育，精通西學，擁有西方多所大學的學位（據說包括德國的土木工程學位）卻堅決抵制「全盤西化」，斥責西方為「四夷之邦」，鼓吹儒家文化。他在東交民巷用英語為外國人講「春秋大義」，還賣票，一張票兩塊錢，比梅蘭芳的戲票還貴。

@ 即便如此，西方人還爭著去聽他的講座，甚至有「到中國可以不看紫禁城，不可不看辜鴻銘」的說法。

@ 北洋軍閥各派都想拉攏辜鴻銘，一次有人參選議員，送來400元「投票費」請辜鴻銘投自己一票，辜鴻銘轉手全送給了天津名妓「一枝花」，在天津玩到投票結束才回來。事後，議員怪辜鴻銘言而無信，辜鴻銘順手拿起文明棍就打，硬生生把那人打得落荒而逃。

@ 一次在政客和名流雲集的宴會上，有位外國記者採訪辜鴻銘：「中國政局如此混亂，有什麼法子可以補救？」辜鴻銘不假思索地說：「法子很簡單，把現在所有在座的政客和官僚，通通拉出去槍斃掉，中國政局就會安定些！」

張口評史： 辜鴻銘對權力的蔑視和捉弄，在當時知識分子看來並不為過，而且是一種「時尚」。自由和獨立，是當時多數文化人的行為準則。一些著名教授，寧願在學校教書，也謝絕官職，不願去當廳長、部長。

張程： 蔣介石兼任中央大學校長時，中大的大多數師生們並不買「校長」的帳。一天，蔣介石在百忙之中撥冗來校「視事」，隨從人員精心布置了會議室，擺上各式點心、牛奶、咖啡，準備進行一場誠摯而熱烈的座談。時間到了，會議室裡除了蔣介石及其隨從，一個教師和學生也沒有。師生們壓根不把蔣介石當回事。

@ 國學大師劉文典擔任安徽大學校長，蔣介石親臨安徽大學「視察」，嚴厲地要劉文典交出民主運動學生。劉文典對蔣很感冒，隔著桌子罵他：「我知道該怎麼做，容不得你這個舊軍閥來管。」蔣介石被罵得火起，衝上去「啪啪」扇了劉文典兩個大嘴巴。劉文典飛起一腳踹在蔣介石的肚子上，痛得蔣直不起腰來。

@ 劉文典被關押了七天，經蔡元培等人營救出獄，但蔣介石撂下狠話：「劉文典必須滾出安徽！」馬上，清華大學校長羅家倫聘請劉文典出任

清華大學國文系主任。劉文典換了一所學校，繼續當他的教授。

@ 劉文典是《莊子》專家，舊學功底深厚。在西南聯大期間，一次躲避日軍轟炸，氣喘吁吁地往防空洞跑，途中看到自己看不起的新派作家沈從文也在逃命，劉文典不跑了，攔住沈從文問：「我跑，是為中國保留《莊子》。我死了，就沒人能講莊子了。你跑什麼跑？」

是人才就該破格錄取

張程：羅家倫報考北大，數學零分、作文滿分，胡適將他破格錄取。羅家倫後來成了清華校長，錄取了英文滿分、數學才 15 分的錢鍾書，文史和英文滿分、數學才考 6 分的吳晗，國文和歷史滿分、英文 0 分的錢偉長。數學大師華羅庚連考試都沒有參加，因為寫了篇很厲害的數學論文，就被清華破格錄取。

@ 在畢業環節上，清華大學也常常破格。著名詩人林庚畢業時不想寫學術論文，就提出用文學作品代替。當時的國文系主任朱自清考慮後，同意了他的要求，林庚就這麼畢業了。

@ 一些沒有文憑但有程度的人，比如錢穆、王國維、魯迅等，被民國大學錄用，成為一代名師。魯迅好歹留學過日本，雖然沒有學位，算是喝過洋墨水的；王國維也去過日本，但是因為政治原因流亡去的；錢穆壓根沒進過高等學堂，是鄉間舊式教育培養出來的文史大師。他們在「唯學歷」的時代，猜想要被拒之千里。

@ 大部分有真才實學的教師在 35 歲左右都成了教授，學有專長或者留洋歸國的博士，還能夠破格晉升為教授。比如徐寶璜被聘為教授時僅 25 歲，朱家驊 26 歲，胡適 28 歲。而梁漱溟在 24 歲就當上了教授，而且還

沒有大學學歷。教授晉升壓力不大，可以一心一意地做學問。

@1930 年代初，大中小學教師的平均月薪分別為 220 元、120 元和 30 元。這是什麼概念呢？當時，普通警察的月薪是 4 銀元，縣長一個月 20 銀元。一個四五口人的民國普通家庭，一年的收入大約在 50 銀元左右，折合月薪大約是 4 銀元。而一個大學講師的收入是普通人一家收入的 20 到 30 倍。

@1921 年魯迅和周作人兄弟倆替商務印書館翻譯小說，稿酬每千字 5 塊銀元。同時期，留美歸來又是北大教授的胡適投稿給商務印書館，每千字稿酬 6 塊銀元，連空格和空行也算在內。蔡元培的稿酬則是 7 塊銀元每千字，且題材和內容自定。蔡元培遊學德、法，在國外寫了稿子發回國內，靠稿費供養了一大家子人。

@魯迅的最後十年居住在上海，辭去工作，沒有固定收入，只能賣字為生。他每月收入在 500 圓以上，生活品質非但沒有下降，還比之前更寬裕。民國的十里洋場供養著龐大的「自由撰稿人」群體，包括茅盾、巴金、老舍、田漢、曹禺、丁玲、沈從文、柔石等人，無論題材如何、觀點左右，都能自食其力。

@亞東圖書館出版胡適著作，版稅一律為 15%；新月社挖亞東的牆腳，請胡適「自定版稅」，胡適定的是初版 15%，再版 20%。魯迅是「暢銷書作家」，作品大多交給北新書局出版，版稅一律為 20%。後來，魯迅發現北新書局剋扣版稅，「關起門來」談判，北新書局承認「拖欠」了 2 萬元版稅。可見魯迅的版稅相當可觀。

@當時，北京城內一座有 8 到 10 間房的四合院，每月房租在 20 銀元左右；一間 20 平方公尺的單身宿舍，月租金四五元；京城一般飯店包伙每月 10 元錢出頭，每頓都是四菜一湯的標準；當時涮羊肉一席只要 1 元錢。按照實際購買力衡量，文化人的收入完全可以支持一個四五口人家在北京過上小康生活。

@ 浙江大學校長竺可楨問新生們兩個問題：第一，到浙大來做什麼；第二，將來畢業後要做什麼樣的人。如果學生們回答出了這兩個問題，大學教育的目的就達到了一半；如果在大學期間就開始付諸行動，那麼他就基本上是一個合格的畢業生了。

張口評史：竺可楨之問，前一半是做人的問題，後一半是做事的問題，人和事都懂了，就可以步入社會了。

到農村去，建設農村

張程：＃鄉村運動＃民國早期有一個海歸：美國耶魯大學政治學學士、普林斯頓大學歷史學碩士，不去謀一份體面的美差，卻立志不做官，不發財，把終身獻給勞苦的大眾，成立了到處化緣做善事的 NGO：平民教育會。這個傻子是誰？他就是四川人晏陽初。

@ 晏陽初曾說：「目前，90％的中國人生活在衛生狀況極其落後的環境裡，他們根本不知道什麼叫清潔，許多人整年沒有洗過一次澡。無論男女老少生了病，沒人給醫，也沒錢求治。如果我們這些人不負起責任去幫助他們，誰又來負此責任？」這種責任感，讓他脫下西裝、穿上布鞋，走向農村、住進農家。

@ 陳築山，16 歲考中秀才，後留學日本、美國 11 年，是民國國會議員。在晏陽初的感召下，陳築山辭去了北京法政專科學校校長一職，加入平民教育會。一次，他被軍閥逮捕入獄，當晏陽初到看守所去營救時發現，陳築山正在那裡教兩名士兵認字！

@ 在平民教育會的行列中，還有康乃爾大學博士馮銳、艾奧瓦大學博士劉拓、哈佛大學博士熊佛西、哈佛大學博士瞿士英、威斯康辛大學博

士陸燮鈞、哥倫比亞大學碩士李景漢等。除了洋博士，國內的大中學畢業生以及熱血青年更多了。留法歸來的著名媒體人孫伏園也是該組織《農民報》的主編。

@ 晏陽初選定河北定縣做實驗，在定縣 472 個村子辦起 470 所平民學校，發放《平民千字課》300 萬冊。他們訓練出一批鄉村保健員，以打防疫針為主，也可以為村民治一些小病；又設立區衛生所、縣保健院，逐步收治病情較重的病患農民。

@ 晏陽初發現，滿足基本要求後的農民，表現出了參與政治的意識，於是跟進在定縣進行政治改革。他逐級教導農民成立公民服務團、鄉鎮改造委員會、鄉鎮公民大會，掌握鄉鎮權力，進而成立縣政委員會，採取美式的分權制衡政治。1937 年抗戰爆發，定縣實驗戛然而止。

@ 晏陽初的平民教育活動，是民國知識分子深入農村，探索農村發展的無私嘗試。除了定縣，在山東鄒平有梁漱溟主持的鄉村建設運動，在江蘇崑山有黃炎培創辦的鄉村改進試驗。1920 ～ 1930 年代，這股「到農村去」的運動聲勢浩大，參與的各類團體和機構數以百計。

「聞人」就是老大中的老大

程錫文：# 上海灘幫會 # 清末，住在上海張家弄的黃家母子六人相依為命，生活困難。但黃家的母親為人熱情，經常幫助隔壁陶家洗衣服。陶家的母親鄒氏深表同情，恰巧陶家的兒子畢業進入法租界捕房充當翻譯，就在捕房裡替黃家的小兒子謀了個最底層的巡捕。這個小兒子，就是後來叱吒上海灘、黑白通吃的黃金榮。

@ 黃金榮喜歡和黑社會廝混，在黑道上的關係廣了後，就玩起了賊喊

捉賊的把戲。他約好一批黑幫嘍囉作威作惡、搶劫行凶，然後親自帶領偵緝隊將他們一網打盡。法租界當局看黃金榮連連破案，「業績」出色，逐步提拔他。殊不知，這些歹徒都是黃金榮的門徒，前腳進了捕房，後腳就被黃金榮放出去了。

張程：民國初期，法租界最高行政長官魏志榮的夫人到太湖旅遊，被當地土匪綁為肉票，法租界當局束手無策，顏面盡失。當時在法國租界巡捕房擔任華捕的黃金榮出面，太湖地區的盜匪恭恭敬敬地用轎子把魏志榮的夫人給送了回來。為什麼？因為黃金榮早就是黑道中人，太湖地區的兄弟們不能不給面子。

程錫文：黃金榮從來沒有加入過黑幫，沒有真正的幫派身分。按照幫會規定，凡是沒有入過幫會的，稱為「空子」。但他和黑幫分子終日廝混，以前輩自居。黃金榮有權有勢，熟知底細的黑幫中人也不敢戳破。他就這樣成了青幫老大。

張程：租界是舊中國的「國中之國」，中國政府管不了租界，租界卻管得了中國人。蔣介石剛上臺的時候，不明就裡，帶了 60 多名警衛，開了兩輛軍車準備進入法租界，結果被法租界安南巡捕攔住，扣押了軍車和警衛班長。最後又是經黃金榮協調才得以放人。

@ 據說蔣介石在上海灘炒股票的時候，曾拜到黃金榮門下，做了後者的弟子。後來蔣介石成了國家領導人，黃金榮趕緊偷偷退還門生帖子，絕口不提此事。

@ 黃金榮將弟子分成兩大類，一類是「門徒」，招收底層人士，這些人要遞帖子開香堂，跪拜入幫。另一類是「門生」，專門接收有身分有地位之人。他們需要中人介紹，遞紅帖，孝敬封金，但只需向黃金榮磕頭或者三鞠躬就算入門，不必開香堂。蔣介石就屬於後者。

張程：黃金榮是青幫的老大，但影響絕非一般的黑幫老大可比。當年

上海灘專門造了一個詞來稱呼他這種級別的人：聞人。黃金榮被稱為「海上聞人」。上海灘能夠被稱得上「聞人」的人，只有青幫的三大頭目：黃金榮、杜月笙和張嘯林。黃金榮排名第一。

＠杜月笙在上海街頭討生活的時候也向黃金榮遞交了門生帖子，但杜月笙精明能幹，很快後來居上，超越了黃金榮，是實際上的老大，但名義上的頭把交椅始終讓著黃金榮。

＠三大聞人中的張嘯林，一直居後，暗中對黃金榮、杜月笙兩人不滿。抗日戰爭爆發以後，黃杜二人拒絕投日，杜月笙還隨著國民政府遷徙到了巴蜀，但張嘯林投靠了汪偽政府，一度出任浙江省偽政府主席。國民黨特務組織要刺殺張嘯林，杜月笙也授意徒弟參與刺殺活動。張嘯林最後死在被軍統策反的貼身保鏢槍下。

＠杜月笙出生在現在上海浦東新區高橋南一戶普通農民家庭，家境赤貧。十幾歲來到上海灘，進入一家水果攤做學徒。在水果攤，杜月笙練就了一手絕技：一邊跟人說話一邊用刀子盲削蘋果。發達後杜月笙時常在徒弟和賓客面前露幾下盲削蘋果的絕技，絲毫不避諱自己貧寒的出身。

＠三大聞人事業的核心是三鑫公司。這家公司不僅走私、販賣鴉片，還向所有上海的鴉片販子收「保護費」，金額巨大。黃金榮、杜月笙、張嘯林三人集鴉片走私、販運和銷售為一體，動用巡捕房的巡捕和國民政府的軍警保護鴉片貿易，建立了以上海為中心、輻射整個長江流域甚至華北、華南的巨大的販毒網絡。

＠上海是外國鴉片向華傾銷的大本營，後來又成了國產鴉片的集散地。這要拜青幫之賜。盤踞江蘇的直系軍閥齊燮元和浙江的皖系軍閥盧永祥，軍餉和個人財富來源，大多取之於販賣鴉片的髒錢。這個地盤初屬盧永祥，齊燮元非爭不可，兩人就在 1924 年爆發了江浙戰爭。事因鴉片而起，被戲稱為「第三次鴉片戰爭」。

杜月笙一次要吃「三碗麵」

張程：#杜月笙事蹟#杜月笙雖然日入斗金，卻一直缺錢，手頭緊張，一度還「極難為情」地默許身邊人在幫派內部攤派，籌錢替自己還債。這是什麼原因呢？這要怪杜月笙講義氣、講排場，花錢如流水。

@上海灘的人都很講場面，所謂「場面不能不繃」，杜月笙尤其講場面。他掛在嘴邊的口頭禪就是：「我混的就是一個面子！」他的另一句口頭禪是：「世上有三碗麵最難吃：人面、情面、場面！」有了面子什麼都好辦，沒有面子什麼都辦不成。

@為了維持場面，杜月笙交友廣闊。凡是能跟他說上話請他幫忙的，杜月笙盡其所能，施以援手，因此花錢如流水，沒有什麼積蓄。他說：「錢總有用完的時候，面子是用不完的。別人攬財，我留面子。」

@一次，杜月笙和川幫的一個大財閥打牌。那個財閥輸了二三百萬元。支票遞到杜手中，杜月笙連聲說：「笑話，笑話！」當場撕成碎片。此事傳開後，四川地區泛起一片讚揚聲：杜月笙真「四海」，夠朋友，真是經過大場面的！

@杜月笙樂善好施，施捨得非常有藝術，絕不讓求他的人難堪。比如一些文化人走投無路，前來向杜月笙求助。杜月笙在袖子裡藏上幾百、上千塊錢的支票，趁握手的時候將支票偷偷塞入對方的手中，讓人不至於難堪。民國時期，大到段祺瑞、楊度，小到內地中小官僚的家眷，只要來上海，都受過杜月笙的接待。

張口評史：杜月笙屹立三四十年而不倒，不僅是靠講排場、會辦事，更在於他充當了政府與地下社會的橋梁。在混亂的民國，總有政府公權力發揮不了作用的地方。租界當局也好，國民政府也好，總免不了需要杜月笙這樣的人出面幫忙。殖民者需要藉助杜月笙來管理租界裡的中國人，而

中國政府需要藉助杜月笙和租界打交道。

@ 抗戰勝利以後，國民政府收回了上海的租界，蔣介石可以帶著成百上千的衛兵堂而皇之地自由進出黃浦江了。黃金榮、杜月笙等人身為中國政府與租界溝通橋梁的作用喪失了，地位一落千丈。杜月笙失落地說，幫派分子就是官府的「夜壺」，少不了用的時候，卻絕不會提上臺面。

@ 杜月笙屹立不倒的另一個法寶是他始終以社會底層的代言人自居，真正地為正常秩序之外的人維護權益。杜月笙深知，底層人們的支持是自己力量的根源。當他當選租界華董，進入租界管理層的時候，租界內外響起了陣陣鞭炮聲。門生來向他道喜，杜月笙卻面色凝重地說：這每一聲炮仗，都是一筆債啊！

@ 碰到政府公權力侵害底層社會利益，他不惜與租界當局、與國民政府翻臉。當資本家侵壓普通工人權益的時候，杜月笙也毫不猶豫地號召青幫成員參加罷工罷市。上海灘有一個說法，不管你是街頭小販還是暗娼私妓，被人欺負了或者遇到什麼難事，只要你有本事讓杜先生知道，杜先生一定會給你一個說得過去的「說法」。

袍哥兵痞滿地跑

張程：民國四川的官場，袍哥的影響很大。各地文官、武官，幾乎都有袍哥背景。沒入袍哥的掛單官吏在四川官場混事，是不可想像之事。官府在縣市官衙公堂辦公，袍哥的茶館也公開處理日常例行公事，成為官府行政職能的補充。

@ 四川各派軍隊，多數由袍哥隊伍改編而成。袍哥將收編參軍稱為「拖灘招安」利用袍哥拖灘成軍，募兵甚易，一夜之間即可得人槍數千，

是四川軍閥割據一方、擁兵自重的主要手段。

@ 袍哥成軍快，卻是烏合之眾，剛一交火，一方袍哥成員只要見勢不妙，便腳底抹油，溜之大吉。大家都把主要精力投入調停時的唇槍舌劍、偷奸耍滑。故而川人被人謔稱為「川耗子」。

@ 各方面的人物，都是袍哥中人，平日稱兄道弟、禮尚往來，卻為擴充勢力爭奪地盤打得頭破血流；今天是飲血誓盟、兩肋插刀的生死弟兄，明天便六親不認、刀兵相見；戰場上兩支部隊打得昏天黑地，公館裡兩家的太太、小姐聚在一處吃喝玩樂，其樂融融。四川內戰不斷，但是對社會造成的損失卻小於其他地區。

@ 典型的川兵被稱為「丘八」，看上去就是一個又窮又惡的袍哥，骨瘦如柴，軍帽歪戴，衣領敞開，一年四季穿著草鞋，個子矮小，一張口就是粗話。其實他們從小吃苦耐勞，背得重物、跑得遠路、經得飢渴，憋急了也橫猛過人，給幾塊銀圓就敢拚命；他們不停地打仗，槍法精準，戰場經驗豐富，敢和任何軍隊抗衡。

@ 四川是各派袍哥勢力的「大碼頭」，他們關起門來打不休，但絕不容許「外人」染指。用行話說，叫做「肉爛了在鍋頭」。一旦有川外的勢力企圖占據川地，昨天還在火併的軍閥部隊立刻就抱成一團，組成統一戰線槍口對外。

@ 不過抗日剛起，四川軍閥是要求抗日聲音最強的地方實力派，為抗戰作出了巨大的犧牲。也因為國家有難，各派袍哥勢力接納了國民政府的西遷，允許其他勢力進入四川。結果，袍哥勢力在四川逐漸衰落。

民國也蝸居

張程：＃民國城市化＃開埠時上海人口不足 10 萬；至 1949 年為 520 萬人。從上海開埠至 1949 年百餘年間，吸引了數以百萬計來自各地的移民，其中有相當部分是底層百姓，甚至是躲避家鄉水旱災害的難民。這些早期移民後來就成了「老上海人」。

@1862 年，英美租界合併成公共租界，各區的街道名稱需要統一。英、美、法各國人屁開始各說各話，都堅持用自己原來的街名來稱呼公共租界的街名。英國領事看事情不對，趕緊訂了《上海馬路命名備忘錄》統一用中國地名來命名，南北向用省分、東西向用城市名。於是上海地圖就成了一張小型的「中國地圖」。

@ 公共租界不到 6,000 英畝的土地竟然擠進了超過 100 萬人口，每平方公里近 5 萬人，是今天上海中心城區人口密度的 5 倍。當時的法租界臨街的房屋向街道要空間，二樓以上的房間向街道突出，行人走在下面的街道上，頭頂上就是房屋；這些房屋好像騎在行人的頭上一樣，所以得名「騎樓」。

@ 上海人多地少，房價奇高。絕大部分人在上海買不起立錐之地，只能租房居住。房屋仲介行業應運而生。從業者消息靈通，對於物價的消長、市面的變遷都爛熟於胸，做起生意來說得天花亂墜、面面俱到，上海人戲稱他們為「地鱉蟲」。另一個用蟲稱呼從業者的行業是米店，上海人稱米店中人為「米蛀蟲」。

@ 房屋仲介每筆生意要收取一筆仲介費，上海人稱之為「小租」。租客付給房東的租金是大租，付給房屋仲介的佣金是小租。小租一次性付，數目不一，一般是一個月的租金。有一些比較緊缺的地段或者是租客比較急的「小租」也能夠漲到三個月或者五個月的租金。而長期無人租賃的房屋，房東也願意自己承擔小租。

@ 除了小租外，房屋仲介還有「挖費」。某人覬覦某間店面，可是已由他人租賃，正在經營，他可以跑到房屋仲介去私下運作，請仲介幫忙將該處門面房搶過來。房屋仲介再去找房東，說服房東按期或提前收回門面房轉租給他人。達成目的後，要專門付給仲介挖費。挖費少則數百，多則上萬，視房屋大小和位置而定。

@ 民國，在上海獨立租賃一幢公寓自住的人不多見。普通一所石庫門宅子，少則四五家，多則七八家一起居住。客廳住一家，廚房住一家，樓梯口住一家，陽臺住一家，大一些的臥室，中間隔幾塊木板，可以住四五家。樓房左右廂接出幾塊坡屋頂，用硬紙板一圍（上海人叫灶板間），又可以住幾家。上海人稱這種群租空間為「鴿子籠」。

@ 上海中式建築的頂層往往建有「亭子間」，就是在屋頂的斜坡上搭一個亭子。這樣的亭子間，竟然也能塞入一家人。魯迅先生的雜文集《且介亭集》就是在上海租界的一個亭子間裡寫成的，因痛心租界喪權辱國而去掉「租界」二字的部首，取名「且介亭」。

@ 底層工人連拼租都拼不起，只好自找空地搭建簡易房。今天上海天目中路以北、大統路以西原是一塊占地 90 畝的垃圾場，民工們把毛竹烤彎，插在地上，搭出一個半拱形的架子，上面蓋上蘆席，用篾片一拴，向陽的一面割出門來，地上鋪塊爛棉絮，就是一家人的住所。這種簡易窩棚雅稱「棚屋」，俗稱「滾地龍」。

「如今只有屁無捐」

張程：每天早晨，民國上海里弄中的大媽、阿姨們就要恭恭敬敬將馬桶放到門口，挑糞夫收集糞便，販賣到鄉下。每逢月底或四時八節，挑糞

夫要挨家挨戶討取「酒錢」。挑糞夫這種職業雖然臭，獲利相當可觀，以至於這個行業被黑社會看上了。黃金榮的姘婦阿貴壟斷上海運糞行業，每月坐收租金萬餘元。

＠上海人口眾多，下水道系統並不發達，全靠挑糞夫清理居民的排泄物。但是在其他地方，挑糞夫要花錢向百姓人家購買糞便，再販運到鄉下，賺取差價。一些人出錢在城市鄉鎮修建公共廁所，歡迎甚至是拉人進來方便，然後將廁所裡積蓄的糞便賣給挑糞夫。一個行業就這麼產生了：糞業。

＠原本應該解決城市糞便問題卻無力去做的官府看到了好處，紛紛開徵糞稅或者是糞捐。據說最初開徵糞捐的是四川軍閥楊森。楊森看到成都四鄉都有挑糞夫在活躍，於是派兵在成都各個城門口把守著，挑糞夫進出的時候要繳稅。青年郭沫若為此寫了一首歪詩：「自古未聞糞有稅，如今只有屁無捐。」

＠各個官府衙門都眼紅糞業的利潤。衛生局說：人畜糞便，有礙衛生，捐稅該由衛生局來徵收；社會局說：人畜糞便是市政重要內容，應該由社會局來主導；稅務局說了：自古以來，任何捐稅都是我們的事。於是乎，就產生了一個名詞：糞政，就是協調各個政府衙門處理糞捐、糞稅事務的政事。

上海灘的兩副面孔

張程：上海市面繁華，富豪不斷湧現，這其中有很多人都是靠著勤勤懇懇、白手起家的，甚至是出身赤貧，從學徒、童工做起的。俗話說得好：不吃苦中苦，怎為人上人？但是，十里洋場也少不了欺詐和骯髒。

@ 全國各地都知道上海製造的商品品質好、物美價廉，知道上海商業繁榮，自然對上海的商品和商店抱有迷信。有一些騙子就從上海向全國各地的商家、顧客寄送郵購廣告，等各地的顧客誤信，把款匯過來以後逃之夭夭。

@ 一些騙子租一間門臉，不開店先貼出紅紙，大書特書「本店定某月某日開張」，同時預先銷售購物券。比如市場價每塊錢五斤油，他就說顧客只要預付一塊錢，到開張時可以購得七斤油。於是，一傳十，十傳百，大家爭先恐後預付。等到開張那天，顧客們前去取油，不料店鋪雙門緊閉，租客攜款潛逃，蹤影全無。

@ 某些郵局或商家吸收顧客存款，為了鼓勵顧客存款，常常進行存款抽獎甚至高額返息活動。他們承諾顧客只要存一次現款，即可月月獲得抽獎機會，滿一定年限後連本帶息返還。因為他們吸收儲蓄的期限短，手續方便，一般貧困百姓趨之若鶩。不料，該處商家吸納存款到一定數額的金額後，就捲款潛逃，害人無數。

@ 一些不法之徒看中上海銀行業准入門檻低，常常開設小型銀行，空開支票，騙取貨物商品。更有一些不法之徒，利用臨時開設的銀行，專門拿著空頭支票去各處騙取貨物。收票人以為是銀行的支票，絕無空頭之弊，就盲目收用了，但到期卻發現該家銀行、錢莊已經倒閉，騙子早已逃之夭夭。

張程：舊上海貧富懸殊。菜館一般是粵菜館，最上等的菜每席超過300元，一般人望而卻步。最貴的菜餚單品價格就要在50元之上，原料除了豬羊雞鴨等常見的肉類，還有山珍海味、奇禽異獸等貴重食材。因此，上海人說：「富家一席酒，窮漢半年糧。」實際上，富人家吃一桌菜，都抵得上底層百姓好幾年口糧了。

@ 十里洋場中貧困老百姓始終是大多數，他們湧入工廠做工。這些工

廠大多位於閘北。普通工人一天工作 13 個小時之上，卻只能得到大約六毛錢薪水。「一二八事變」發生後，閘北各處工廠業務清淡，薪資一律減發，工人日薪從六毛錢降到了四毛錢，後來又實發三毛錢。即便如此，各個工廠的門口還是人頭湧動。

@ 當時閘北地區距離市區比較遠，還集中了墳墓和各種殯儀場所。工廠為了盡可能地榨取剩餘利潤，規定清晨 4 點半天還沒亮就要到廠做工，下午 6 點半才下班。一群群女工上班的時候正是公雞開始打鳴時，下班時已經滿天星辰，路旁就是座座墳墓，墳墓之間磷光閃閃，所以女工們自嘲是「雞叫做到鬼叫」。

@ 郵政總局每天都僱用臨時苦力搬運郵包。郵政總局所在的街道每天都聚集許多衣衫襤褸、蓬頭垢面的窮苦人，愁容滿面地等著做一天臨時苦力。郵局職員出來，人們一擁而上，將他團團圍住。職員把手中的號紙一拋，頓時塵土四起，槍聲震耳，人們相互踐踏，去爭那一張號紙。搶到號紙的人，就意味著能扛一天郵包。

@ 搶到號紙的，面有喜色地跑進去做工。沒搶到號紙的人，垂頭喪氣地退回路邊，再等郵局職員出來拋號紙。臨時苦力搬運郵包的酬勞是一小時兩毛錢到三毛錢。如此微薄的薪資足夠這些貧苦百姓在上海三餐果腹。如果運氣好，一天能搶到好幾回號紙，就能夠略有盈餘，回去接濟家裡。

@1925 年中國女工平均日薪資 0.45 元。1928 年青島紗廠女工日薪資最高 0.73 元，最低 0.18 元，平均 0.455 元。而 1929 年山東各縣一等警察隊巡長日薪資才 0.4 元。（《青島黨史數據》第二輯）可見女工收入高過巡長。為什麼工人還生活困苦呢？因為社會動盪，沒有完善的社會保障體系，許多人一旦生病就無錢醫治，只能等死。

萬花筒裡的上海灘

張程：清朝末期以來，娼妓雖然是違法行業，但一直在世面上流行，官府熟視無睹；進入民國以後，社會動盪，民不聊生，娼妓行業卻得到了快速發展。為了從中牟利，各地政府多有將娼妓行業合法化的，稱妓女為「公娼」或者是「樂女」，劃出特定區域或者樓房讓娼妓開設妓院招嫖。

@ 民國大批文人、政客因為前途失意、社會動盪，灰心之下轉而投身歡場。大名鼎鼎的《官場現形記》的作者李伯元就創造性地想出了「妓女選美」。他在上海創辦了一張小報，為增加銷量，策劃了第一次上海妓女的選美，選票就刊登在自己的小報上。讀者可以將中意的妓女名字、住所寫在選票上寄回報社，得票多者獲勝。

@ 報紙匯總選票，評選出了上海妓女行業的花界總統、花界總理和花界各部的總長，並配上了傾國傾城、國色天香等讚語。遺憾的是，現在我們看當時的評選結果，那些妓女從照片上來看根本算不上美。當時就有美國讀者寫信抱怨「選舉不公」。

@ 李伯元的點子一下子讓報紙銷量大增，並且導致了照相行業和廣告行業的畸形發展。一些妓女為了爭奪選票，拍下自己的玉照刊登在報紙上。照相業為了吸引這些妓女前來拍照，改良器械，改進手法。照仕女像成為一時風尚，發展到後來，良家婦女為了留住自己美好的時刻，也學妓女的做法紛紛去留影拍照。

@1918 年，上海名妓林黛玉懸牌為妓。《新聞報》總理汪漢溪為她力捧，免費刊登了一條封面廣告，大書：「瀟湘館主老林黛玉重行出山絃歌應徵」16 字。報紙頭版登召妓廣告，這還是頭一回。此林黛玉在清末讓徐世昌大為傾倒，曾想不顧前途娶之為妻，後為人勸止。林黛玉命運多舛，從良下海反覆多次，最後貧病而亡。

　　張程：清末民初，上海福州路上有一家女子公司，完全用女性來充當店員，取代了幾千年來的店小二和夥計。後來，鼓吹性學的張競生在上海開設了「美的書店」也全部僱用年輕貌美的女性為夥計。1930 年代初，上海各大商號中僱用女性職員成為一種潮流，其他如銀行、公司的書記、打字員、接待，都以女性為主了。

　　@ 民國時期，有很多外地的商號在上海派駐了辦事處或者是採購員。一個旅館的顧客大多是外地在滬採購辦事人員，他們都請一位茶房去郵局代寄郵件、貨品，額外付給茶房車費或者酒錢。茶房接受的貨物信件越來越多，乾脆辭職開了一家郵包公司，替客人寄郵件包裹，賺了十餘萬金，退居二線做富翁去了。快遞業由此發端。

　　@ 民國時期，中國最早的現代性用品在上海地區公開銷售。保險套叫做「龜頭套」，最初由一些天津雜貨店在上海出售，顧客購買時必須要用隱諱名稱說出來，才能夠得償所願。除了龜頭套，雜貨舖還銷售一些泥製的春宮玩具。顧客也要叫出隱諱的名字才能買到，不然，多數雜貨店都會拒絕銷售或推說沒有。

　　@ 十里洋場被稱為花花世界，主要因為吃喝玩樂興盛。吃喝玩樂興盛的一大指標就是遊樂場所眾多，從華人地區到租界，遊樂場所遍布大街小巷。當時的「百樂門」（Paramont）舞廳素有「遠東第一樂府」美譽，「大世界」是當時亞洲最負盛名的娛樂中心。位於租界中心的跑馬廳則是當時亞洲規模最大、設施最先進的跑馬場。

　　@1912 年，商人黃楚九就在南京路、浙江路、湖北路交會處建造了一幢高聳巍峨的屋頂遊樂場，叫做「樓外樓」。黃楚九的「樓外樓」下面開設戲院，裡面引入了上海最早的電梯（當時稱為升降梯）運送顧客上下。同時，樓外樓在大門入口處還設定了哈哈鏡（當時稱為凹凸鏡）。顧客趨之若鶩。

@ 上海很快跟風出現了新世界、大世界、天外天、秀雲天、勸業場等。黃楚九後來脫離樓外樓，創設了規模更大的遊樂場，稱為新世界。新世界有南北兩部。為了將兩部連在一起，黃楚九在馬路底下挖了一條隧道，方便遊客隨意往返。隧道裡面由瓷磚鑲嵌而成，耗費巨資，這可能是中國最早的地下人行道了。

混在十里洋場

張程： 上海人形容一個人在社會上混得好，說這個人「兜得轉」或「跑得開」。上海人和上中下各階層、三教九流都要有交情，做起事來才能兜得轉、跑得開。所謂的上中下指的是達官貴人、律師、醫生，到警察、偵探、巡捕以及社會上的小混混、痞子，各個階層的人都要認識一個，才不至於吃虧。

@ 在上海謀生，人們無論如何小心謹慎、安分守法，都免不了「閒在家裡坐，禍從天上來」的是非，到時候才知道人脈關係的重要。民國時期，人們常常感嘆上海灘是一個滑頭世界，全社會充滿了狡猾的氣象，有滑頭本領的人張牙舞爪、耀武揚威才可以創家立業，一般人都感嘆上海人都把工夫花在滑頭上。

@ 上海市民坐電車的時候，如果戴著帽子，車窗又開著，每逢車子緩緩開始行駛的時候，乘客頭上戴的帽子常常被車外的人順手搶了去，等到乘客察覺，車已經開動，只好無奈苦笑。上海人稱之為「拋頂宮」。因此老道的上海居民坐公車，常常要把帽子摘下，或拿在手裡，或放在膝蓋上。

@ 中國人喜歡講場面，愛面子，好面子，上海人尤其如此。即使窮得

叮噹響，妻哭子嚎，一無所有，上海人出門依然得衣冠楚楚、大搖大擺。上海話說「身上綢披披，家裡沒有夜飯米」。如果遇到喜事、喪事，上海人尤其不能不大事操辦，大張鋪排，以示闊綽。他們常說：「場面攸關，不得不如此來一下。」

＠ 好場面的上海人到小吃店裡去吃飯，付帳的時候，一共才幾毛錢，他的身上明明有零散的鈔票，還是要掏出一張十塊錢或五塊錢的大鈔票，讓夥計去找。為什麼藏著方便的小鈔票不用，而要掏出十塊錢、五塊錢呢？因為一毛錢、一塊錢的鈔票顯示不出顧客的闊綽來。

張程：典當行業的櫃臺是三百六十行中最高的，大約有五六尺高，櫃臺裡面的典當師（朝奉）總是俯視著顧客，而顧客都被迫踮著腳、仰著頭，把要當的物品雙手捧上去。這樣，當鋪給人的強烈印象就是一種唯我是求的傲慢態度。

＠ 在上海，各個當鋪的要求相對較高，他們比較歡迎金子和銀子，對當衣物越來越不歡迎。衣物只能按照二三折當，女性衣物甚至當鋪拒收，因為奇形怪狀的摩登女裝，價值難以評定。而上海窮人較多，典當行不愁顧客，因此對一般人家的衣物拒絕典當。上海話說「典當是窮人的後門」。

＠ 窮人跑進當鋪去當錢，坐在臺上的朝奉先生就會豎起一副傲慢的面孔將東西翻了又翻，看了又看，才大聲問道：「當多少錢？」這雖然是朝奉先生對顧客的問話，其實他翻看東西後，心中早已經有了數目，不過是假客氣一回罷了。如果當戶不知趣，囉囉嗦嗦，那朝奉先生就會扭過腦袋去不理不睬。

＠ 和顧客價格談不攏，朝奉先生會退還典當物。在退還的時候，他偷偷在當物上做了一個行內人才能認出的記號。當顧客再拿著同一件當物去其他當鋪時，同行先生一看就知道這件當物已經輾轉多處。各家當鋪會統一以低價買入，絕不讓顧客多要當錢。

@ 上海市面上有「跑老虎當」的。他們專門在舊貨攤、小店物色衣服、首飾、珠寶，買回來後改造，裝飾一新，然後去當錢。朝奉先生如果失察，就會真「上當」了。比如一樣東西，買價 4 塊錢，反而當了 6 塊錢。跑老虎當的人，當了錢以後又把當票賣了，再賺一筆小錢。愛貪便宜的人常常買他們的當票再去把東西贖出，最終吃大虧。

@ 過期當戶無力贖回的物品是死當，按規定由當鋪所有。當鋪最大的收入就是處理死當。根據民國時期太原的當鋪老店員說，死當在當品中占 1/3 以上。處理死當，當鋪東家坐收漁利。太原幾家大當鋪的老闆既開古董店，又開金店，又開衣店，裡邊的商品全都來自於當鋪的死當。

鴉片為什麼禁而不絕？

張程：# 鴉片貿易 # 軍閥們無恥地用禁煙之名，行種煙之實。他們把直接強迫百姓種煙的機關稱作「禁煙局」，把勘察煙土種植的官員稱為「禁煙委員」，把販運鴉片所得稱作「土藥罰款」，在「以罰代禁」的名目下勒取了大量錢財。山西省的煙稅比田賦多三四倍；湖北煙稅每年 2,000 萬元，占全年收入的一半。

@ 上海市政府規定，每一箱鴉片抽取 300 至 1,000 元不等的鴉片稅。而湖南則對鴉片從種植到銷售、吸食的全部環節收取罰金和煙苗稅、印花稅、護送稅、起運稅、過境稅、落地稅、出售稅、煙燈稅等等。所謂的煙燈稅，指的是每個鴉片吸食的場所每桿煙燈每晚要交納從一兩毛到一兩塊不等的稅金。

@ 歷屆上海政府勾結租界及青洪幫對鴉片運輸進行保護。比如在一份 1923 年政府當局與鴉片走私銷售商簽訂的合約當中規定，國產鴉片上海市

政府每箱抽取 400 元，土耳其鴉片每箱抽取 1,000 元，印度鴉片每箱抽取 1,400 元的「保護費」。此外，運送鴉片的船隻還要以登陸費的名義向上海駐軍繳納保護費，向緝私水警繳納保護費。

@1926 年，根據中華國民禁毒會會長唐紹儀的猜想，中國每年至少有 10 億元消耗在鴉片之上，超過了 1929 年上海地區的進出口貿易總額。

@ 統治湘西的軍閥、「湘西王」陳渠珍指令各縣農民種植鴉片，拒絕不種鴉片的農民要徵收所謂的懶稅、懶捐。龍山縣在縣城和農村的一些城鎮設立了土膏站，規定出售煙土的人要先交印花稅，吸食鴉片的人要先交煙燈稅，有勞力而不種鴉片的人要抽取懶稅。

@1930 年代，「山西王」閻錫山大喊禁煙，成立了禁煙考核處，卻祕密從綏遠、內蒙古等地大量購進罌粟，批次製造煙土，並取名為「光明」戒煙藥品，還大言不慚地在報紙上宣傳、鼓吹，說研發出了新的戒鴉片煙癮的特效藥，光明戒煙藥品能造成退癮的效用。

@ 山西各縣專門設立了禁煙委員會，負責坐地推銷閻錫山的這種戒煙藥品。實際上，有經驗的煙民一看就知道所謂的特效藥本身就是十足的煙品。他們管閻錫山的這種戒煙藥品叫「官土」，區別於鴉片私販銷售的「私土」。

@ 抗戰勝利後，閻錫山生產「鎮定片」。所謂的鎮定片以 30% 的大煙片作為原料，配製西藥壓製成片。每盒一百片，售價銀元 1 元，因為批次生產，售價便宜，在山西境內大受歡迎。不過，當時北平、天津和內蒙古地區就不承認閻錫山的「鎮定片」。攜帶鎮定片赴北平的人，被北平當局查獲，即以攜帶毒品治罪。

@ 湖南王何鍵在販毒方面頗有天賦，想到用飛機來販運自製的嗎啡。1931 年 5 月，何鍵成立了湖南航空部，購買了十多架飛機，最主要的是兩架較大的運輸機，其他都是掩人耳目用的教練機。這兩架運輸機平常的主

要作用就是為何鍵販運毒品和嗎啡。

@ 在鴉片重災區四川，西北地區青壯年幾乎無人不吸鴉片，一度使得該地區軍閥和官僚找不到合適的兵源。貴州、雲南、四川等地的軍閥部隊被稱為「雙槍將」，一桿槍是步槍，另一桿槍是煙槍。行軍打戰時，一手拿著步槍，另一手拿著煙槍場面相當壯觀；打敗後，繳真槍不繳煙槍。

龍繩武：吸食鴉片可以有助於提高戰鬥力。第一，抽了煙之後，會使人心神安定不暴躁，打起仗來穩得住。甚至煙癮發作時，士兵更要拚命作戰，因為打輸了的話只有死路一條。第二，雲南和其他地方地理氣候不同，雲南軍隊到其他地方容易生病，當時醫藥不便，只好仰靠鴉片來治療。

張程：龍師長，萬一敵人在你犯煙癮時來進攻，你怎麼辦？

龍繩武：雲南人吸鴉片所用的煙槍、煙燈、煙盤子都很講究。煙燈稱為白菜燈，燈罩玻璃很厚，看來光潔漂亮，形狀像個倒啤酒瓶。我們到德國去訂做這種燈罩，德國人感到奇怪，不知道這上頭有洞的瓶子有什麼用途。他們派人到廣東看，才知道是鴉片燈罩。

@ 抽煙是隨時隨地都可以抽的，士兵和窮人沒什麼錢，平常吞吞煙泡子，只在放假時抽煙。他們抽了煙後，煙灰可以用來抹膏子，連灰都吃下去了。一兩鴉片可以吃很久。雲南抽鴉片的人口約占總人口的四分之一。下層社會或多或少都會吃煙，轎伕更是百分之百吃煙，吃了才有力氣抬轎。

龍夫人：我剛嫁到昆明（龍家）時，大家還有拿鴉片招待客人的習慣，客人一坐下，就請他吃鴉片，跟現在抽煙一樣平常，所以非常容易上癮。我公公龍雲也吃鴉片煙，一吃煙就好講話，曾經講了許多從前的故事，例如說到他當師長時在街上抓起人家的東西吃，忘了要付錢，被商家追趕，才想起要給錢。

張法乾：所謂兩支槍的部隊，應該是指川軍和黔軍，而雲南軍隊則是三支槍，除了步槍、鴉片槍外，還有水煙槍。我看到一個滇軍師長在聊天時，都會帶著水煙槍，抽起來咕咕響。

龍繩武：抽煙是有階級的，將級以上的官員才有資格帶煙槍，一般下級士兵煙抽得並不重，因為抽不起。我們一天吃兩次煙，白天一次，晚上一次，平均起來每天恐怕不只吃一錢煙。

＠（鴉片是否傷害了雲南人的健康？）我覺得沒有。

兵匪不分家

潘宗武：＃民國匪患＃廣西各地紛紛成立大小不同、互不相屬的自治軍，有的稱呼總司令、邊防司令、支隊司令、師長、旅長等，紛紛出奇招招兵買馬，擴充勢力，能招得幾支槍的就給你一個排長或連長的名義。年輕人在自治軍的誘惑和「人無橫財不發，馬無夜草不肥」的口號下，結隊挾槍投入自治軍，滿足出任排長、連長的虛榮心。

張程：民國初期戰爭不斷，社會治安很亂，這些自治軍就是表現。他們設卡收稅甚至勒索富戶收保護費，跟土匪無異。事實上，他們一旦被打散，或者糧餉接濟不上，就直接上山落草當土匪。頻繁的戰爭和部隊整編，也導致士兵們搖身變為土匪。加上走投無路的貧苦百姓，各省都有土匪。兩廣、雲貴等南方地區更多。

潘宗武：政府之力量強大時，匪徒即應招撫，相安一時。當匪幫力量強大時，又聚集為匪。此種招安政策不能收徹底之效果，結果變成了鼓勵僥倖之徒購槍為匪，結隊搶劫，待其勢力蔓延，政府即招之出山，改編為巡防隊。做匪打劫，可以升官，這種鼓勵誘民為匪的政策，民眾受害

太深。

張口評史：亂世俗語有云：要想升官發財，殺人放火受招安！

潘宗武：古人所謂「賣刀買牛」，廣西之情形則是「賣牛買槍」。廣西民情剽悍，遍地皆山，匪徒藏在山洞中，根本很難清剿。所以當時廣西被形容為：「無處無山，無山無洞，無洞無匪。」陸榮廷就是土匪中的佼佼者，他專搶法國人、安南人，還接濟貧苦人家，所以得到貧窮人民擁戴，勢力日益壯大。

張程：何止是陸榮廷，龍濟光、張作霖、張宗昌等人都是土匪出身，唐繼堯的滇軍、劉湘等川軍中也有不少土匪改編的部隊。四川的土匪和袍哥地下組織交叉融合，在幫派大哥的招呼下，一呼而出，馬上就能組成軍隊。因此，一些軍閥也喜歡「招安」土匪：招兵快，而且自帶軍火。

白崇禧：土匪降而復叛，叛而復降，令人不勝其煩。我當連長時，槍斃招降幾次以上的慣匪，以絕後患。陸榮廷聞之大怒：「如此做法，若各地之匪皆不受招安，廣西全省地方治安誰敢負責？」我聞之默然，但仍認為斬草務必除根，獨斷獨行，槍決了招安匪首 80 餘人，再藉口土匪晚間搶槍謀叛被斃報營長。上司也奈何不得我。

李宗仁：我發現新兵中有人持槍、瞄準熟練，很詫異，後來得知這些人都是當過土匪的，後來受招撫才改邪歸正的。因此我特別注意他們的生活和行動。出乎我的意料，他們每次戰鬥，不只勇敢善戰，而且極重義氣，毫無欺善怕惡的習氣，較其他的士兵反而容易管教。古語說「盜亦有道」，這確是我寶貴的經驗。

@ 我第一次實戰，聽到槍炮聲情緒很緊張。反觀路旁耕種的農民，反而神態自若，令我暗中吃驚，慚愧萬分。原來此地民風強悍，族與族或村與村之間，每因爭奪牧場和水利灌溉而發生械鬥，情況的激烈，有如兩軍對陣，必須政府派軍隊彈壓，方才停止，所以他們視戰爭等於家常便飯。

@廣東民風，有兩姓械鬥的舊習，因此民間儲備槍械甚多，匪風猖獗，此亦為原因之一

徐啟明：我家原籍廣東省惠州，道光末年五世祖遷徙到廣西省永福縣寨沙（今廣西榴江縣）務農。據鄉中前輩云，廣東移民（即客家系）越來越多後，遭到當地土人排斥，引起土客之爭，反覆械鬥了多次，客家人將土人趕入山中，才在寨沙扎根下來。

張程：清朝後期，官府對鄉村的控制力大為削弱。械鬥似乎成為華南地區的一種暴力傳統，有時候表現為殘酷的「屠村」。

@械鬥讓華南一些地區經濟一蹶不振，生命受到威脅。成千上萬的居民因此踏上前往東南亞、夏威夷和舊金山的移民路途。械鬥相當程度上促使四邑農民冒險走上「豬仔」之旅。

徐啟明：客家人為什麼以寡敵眾，鳩占鵲巢呢？第一，客人團結，各地設有廣東會館、設有祠堂，不僅將當地客人納入組織，且可與鄰近客人聲氣相通，守望相助。咸豐年間，大隊土人襲擊寨沙客人，柳州廣州會館得信即派人來援，自帶飯包武器助鬥，擊敗土人。據說，洪秀全率太平軍路過寨沙，即助客人將土人打進山中。

張口評史：太平軍也是以廣東的客家人為核心，發動組織的。有人就認為，械鬥是推動太平天國運動爆發的一大原因。

徐啟明：第二，客人有尚武精神，每家男丁少年時即參加獅隊練習舞獅，每逢新年舉行比賽，蔚為風俗，寓練武於娛樂。第三，客人有文化基礎，能發揮政治力量，客村學風頗盛，人人設法讀書，求取功名，秀才舉人甚多，文化基礎高於土人，對於官廳有了講話的力量，不會在政治上吃虧。客人這才在艱險的環境中屹立壯大。

張口評史：第三點才是最重要的原因。客家人和官府走得比較近，又有子弟進入官場，因此占據了政治上的有利地位。

打仗最愛「漢陽造」

中華遺產：西元 1883 年英國人馬克沁發明了機槍 —— 馬克沁機槍。第二年，李鴻章在倫敦看到了這種新式武器，看到馬克沁機槍在半分鐘內發射了 300 發子彈，李鴻章大呼：「太快了！太快了！」一問價格，他又驚呼：「太貴了！太貴了！」所以，舊中國還是從國情出發，大造以漢陽造為主的仿製槍械。

張程：漢陽造，是仿照德國毛瑟槍，由漢陽兵工廠製造的步槍的俗稱。張之洞當湖廣總督的時候，對造槍特別留心，並在西元 1890 年創辦了湖北槍炮廠。因為廠子設在漢陽，人們都叫它漢陽兵工廠。

中華遺產：根據美國武器研究者史宗賓的猜想，西元 1895 年到 1944 年，漢陽造總共生產了 1,083,480 支，其中超過 87 萬支是在漢陽造的，還有 20 多萬支是抗戰西遷後在重慶造的。

@ 從晚清的新軍開始，到北洋軍、雜牌軍和國民軍，最後到人民解放軍，漢陽造步槍都是中國士兵的主戰槍械。一直到朝鮮戰爭時期，不少志願軍士兵還端著漢陽造衝鋒。直到朝鮮戰爭結束，中國軍隊的槍械才統一更換成嶄新的制式武器。1960 ～ 1970 年代的民兵還在用漢陽造，看看那時候的照片和宣傳畫，就能看出來。

李宗仁：桂系軍隊組建之初（國民革命軍第七軍）所用的主戰步槍為德製七九雙筒步槍。它們是第一次世界大戰後，協約國將德軍解除武裝，由商人私運至中國出售的。

@ 蔣介石告訴我，俄國運來步槍萬餘支、重機槍百餘挺、無線電發報機數十座，將撥一部分接濟第七軍。我當即感謝。這批槍械遲遲沒有撥付，我找相關部門多次，又當面質詢蔣介石。蔣含糊其辭。最後總算領到了俄製七七口徑步槍一千支、重機槍四挺、無線電收發報機二座。開啟木

箱一看，這批槍也是一戰的舊武器。

@ 北伐初期，廣西軍隊的重武器有管退炮四門、架退炮兩門。這種山炮是清末張鳴岐任兩廣總督時所購，原有 24 門。辛亥革命時，王芝祥帶廣西的 12 門到南京，廣東尚存 12 門。民國五年討伐龍濟光時，林虎奪得數門，嗣後輾轉多次為我軍所有，也已歷盡滄桑了。

@ 總司令部發下的無線電收發報機一臺，原是第一次世界大戰時的俄國舊品，笨重不堪，隨軍移動時，需十六人分兩班抬運。機件故障時常發生，實不堪使用，然又棄之可惜，成為行軍時的一大累贅。

徐啟明：清末在中越邊界建造了炮臺。當時這一條由七個關口、七十餘座大小炮臺構成的國防線是很兼顧很不錯的，但到我巡視要塞時，大炮多已腐鏽，炮彈小已失效，沒有用處了，每炮臺留一老兵看守，等於是看守廢鐵一樣。所幸邊界平靖，不然是經不起考驗的。

@ 我們（桂軍）武器很複雜。統一廣西時候繳過陸沈舊軍和滇軍的各式各樣武器，有七九、六八步槍，也有土槍、十三響槍、九響槍。改編時，廣東方面給了一些六八步槍，我們把土槍、十三響槍都淘汰了，每連原則上配備好的步槍九十支，戰鬥力無形中更提高一些。

龍繩武：滇軍向法國軍火商（龍東公司）購買軍火。這些軍火原產捷克、比利時，不過其中輕機槍由法國改良，款式都屬於法國式。自動步槍是七九口徑，彈匣改為直式，沒有舊槍的缺點。我們所用的法國軍火比中央軍的配備好。我們已經有反坦克炮，但是數量不多，一連只有一排人配備。日軍專門通知部隊，說滇軍裝備好。

中華遺產：1949 年前，當兵的武器金貴得很，修改起來一直是「拆東牆補西牆」，所以幾乎所有存世的漢陽造步槍都是拼湊起來的。把不堪使用的舊槍上有用的部件，合併成可用的新槍。

@1928 年，漢陽兵工廠還仿製了一種半自動駁殼槍，是僅次於漢陽造

的「暢銷產品」，也在中國戰場上威風了幾十年。這槍長什麼樣子呢？它俗稱快慢機、盒子槍，是如今抗戰影視片裡的常客。

參考文獻舉要

- 北京市檔案館編：《檔案中的北京五四》，新華出版社 2009 年 11 月出版。
- 北京市檔案館編：《辛亥革命後的北京》，新華出版社 2011 年 9 月出版。
- 陳灝一著：《睇向齋祕錄（附二種）》，中華書局 2007 年 4 月出版。
- 費行簡等著：《民國十年官僚腐敗史／北京官僚罪惡史》，中華書局 2007 年 5 月出版。
- 高敬主編：《讀點民國史》，紅旗出版社 2012 年 1 月出版。
- 胡思敬著：《國聞備乘》，中華書局 2007 年 6 月出版。
- 李喬著：《清代官場圖記》，中華書局 2005 年 4 月出版。
- 龍繩武口述：《「雲南王」龍雲之子口述歷史》，九州出版社 2011 年 11 月出版
- 李振廣編著：《民國軍閥》，中國大百科全書出版社 2010 年 2 月出版。
- 李宗仁口述、唐德剛撰寫：《李宗仁回憶錄》，廣西師範大學出版社 2005 年 12 月出版。
- 《南方週末》編：《晚清變局與民國亂象》，北京工業大學出版社 2011 年 1 月出版。
- 溥儀著：《我的前半生》，群眾出版社 2007 年 1 月出版。
- 溥儀著：《我的前半生》（灰皮本），群眾出版社 2011 年 1 月出版。
- 全國政協文史與學習委員會編：《親歷辛亥革命：見證者的講述》（三卷），中國文史出版社 2010 年 12 月出版。

參考文獻舉要

- 汪崇屏口述:《汪崇屏先生口述歷史:我所知道的五四運動及吳佩孚一生成敗》,九州出版社 2012 年 3 月出版。
- 汪康年著:《汪穰卿筆記》,中華書局 2007 年 4 月出版。
- 王開璽著:《晚清政治新論》,商務印書館 2006 年 12 月出版。
- 徐珂著:《清稗類鈔》(外交卷),中華書局 1984 年 12 月版
- 徐啟明口述:《我所經歷的戰爭 (1911-1950)》,九州出版社 2011 年 10 月出版
- 許指嚴著:《十葉野聞》,中華書局 2007 年 4 月出版。
- 葉赫那拉·根正、郝曉輝著:《我所知道的末代皇后隆裕》,中華書局 2008 年 1 月出版。
- 鬱慕俠著:《上海鱗爪》,上海書店出版社 1998 年 3 月出版。
- 張程著:《辛亥革命始末》,紅旗出版社 2011 年 9 月出版。
- 張知本口述:《辛亥革命及國民黨的分裂:國民黨湖北省主席口述歷史》,九州出版社 2011 年 10 月出版。
- 張祖翼著:《清代野記》,中華書局 2007 年 4 月出版。
- 范良:〈我為中山先生守陵〉,刊於臺灣網。
- 范良:〈在中山先生身邊的日子裡〉,刊於臺灣網。
- 范體仁:〈孫中山先生三次回粵鬥爭紀實〉,刊於孫中山紀念館網站
- 劉樹亮:〈追隨中山先生東征北伐〉,刊於孫中山紀念館網站。
- 孫科:〈國父與黃克強先生革命之追憶〉,刊於臺灣網。
- 楊睿:〈楊乃武與小白菜冤獄真相〉,刊於中華網。

從「知情人」口述，揭開中國近代歷史真相：

溥儀、晚清大臣、民國學者……從歷史人物到學術史家，用第一手口述資料來現身說「史」！

作　　者：張程
發 行 人：黃振庭
出 版 者：崧燁文化事業有限公司
發 行 者：崧燁文化事業有限公司
E - m a i l：sonbookservice@gmail.
　　　　　com
粉 絲 頁：https://www.facebook.
　　　　　com/sonbookss/
網　　址：https://sonbook.net/
地　　址：台北市中正區重慶南路一段
　　　　　61 號 8 樓
8F., No.61, Sec. 1, Chongqing S. Rd.,
Zhongzheng Dist., Taipei City 100, Taiwan

電　　話：(02)2370-3310
傳　　真：(02)2388-1990
印　　刷：京峯數位服務有限公司
律師顧問：廣華律師事務所 張珮琦律師

定　　價：499 元
發行日期：2024 年 07 月第一版
◎本書以 POD 印製

國家圖書館出版品預行編目資料

從「知情人」口述，揭開中國近代歷
史真相：溥儀、晚清大臣、民國學
者……從歷史人物到學術史家，用
第一手口述資料來現身說「史」！ /
張程 著 .-- 第一版 .-- 臺北市：崧燁
文化事業有限公司 , 2024.07
面；　公分
POD 版
ISBN 978-626-394-566-1(平裝)
1.CST: 近代史 2.CST: 中國史
627.6　　113010571

電子書購買

爽讀 APP

臉書